濉溪年鉴

2013-2014

方志出版社

图书在版编目（CIP）数据

滩溪年鉴. 2013～2014 / 滩溪县地方志办公室编
—北京 ：方志出版社，2015.11
ISBN 978-7-5144-1794-4
Ⅰ. ①滩… Ⅱ. ①滩… Ⅲ. ①滩溪县—2013～2014-年鉴
Ⅳ. ①Z525.44
中国版本图书馆 CIP 数据核字（2015）第 263566 号

滩溪年鉴（2013～2014）

编　　者：滩溪县地方志办公室
责任编辑：王笃银

出 版 人：冀祥德
出 版 者：方志出版社
地址　北京市朝阳区潘家园东里 9 号（国家方志馆 4 层）
邮编　100021
网址　http://www.fzph.org
发　　行：方志出版社发行中心
电话（010）67110500
经　　销：各地新华书店
印　　刷：温州大草原印业有限公司

开　　本：889×1194　　1/16
印　　张：18
字　　数：486 千字
版　　次：2015 年 11 月第 1 版　　2015 年 11 月第 1 次印刷
印　　数：0001～1600 册

ISBN 978-7-5144-1794-4　　**定价**：200.00 元

濉溪县地方志（年鉴）编纂委员会

名誉主任：李加玉

主　　任：赵德志

副 主 任：周　昆　王　申　朱秀芳

成　　员：孙荣本　刘继华　刘　兵　王亚辉
陆　建　赵德光　陈文娟　刘　溪
丁正武　吴　飞　魏任重　张广华
周金华　关春燕　刘须芹　秦雪峰
许小松　陈永乐　何维军　韩建国
吴　翔　禹延梅　杜曙光　王　莉

《濉溪年鉴（2013-2014）》编纂人员

责任主编：禹延梅

执行主编：王玉山

副 主 编：李　芹

编　　辑：王成华　李安杰　王建设　袁志毅
李光朝　赵忠伦　任明清　高　翔
李明星　束强华

编 辑 说 明

一、《濉溪年鉴（2013–2014）》是由濉溪县人民政府主办，县地方志办公室承编的大型综合性刊物。编辑以中国特色社会主义理论体系为指导，它系统地记载了濉溪县2013–2014年全县经济、政治、文化、社会等各项事业发展的基本情况，为广大读者了解、研究和建设濉溪提供了丰富可靠的信息。

二、本期年鉴为两年卷，除特载、县情综述、人物，镇、企业、学校简介和宣传图片内容超出断限外，其他记述的内容均为2013年1月至2014年12月全县社会经济发展情况。领导干部名录以2015年7月30日为限。

三、本刊资料由县直各部门、各乡镇政府办公室及有关单位提供，凡集中反映全县综合情况的数据由县统计局提供。

四、《濉溪年鉴（2013–2014）》的编纂工作得到了全县各部门、各单位及社会各界的关心支持，承担撰稿任务的同志付出了艰辛的劳动和汗水，在此谨表谢忱。刊中陋误之处，恳请广大读者批评指正。

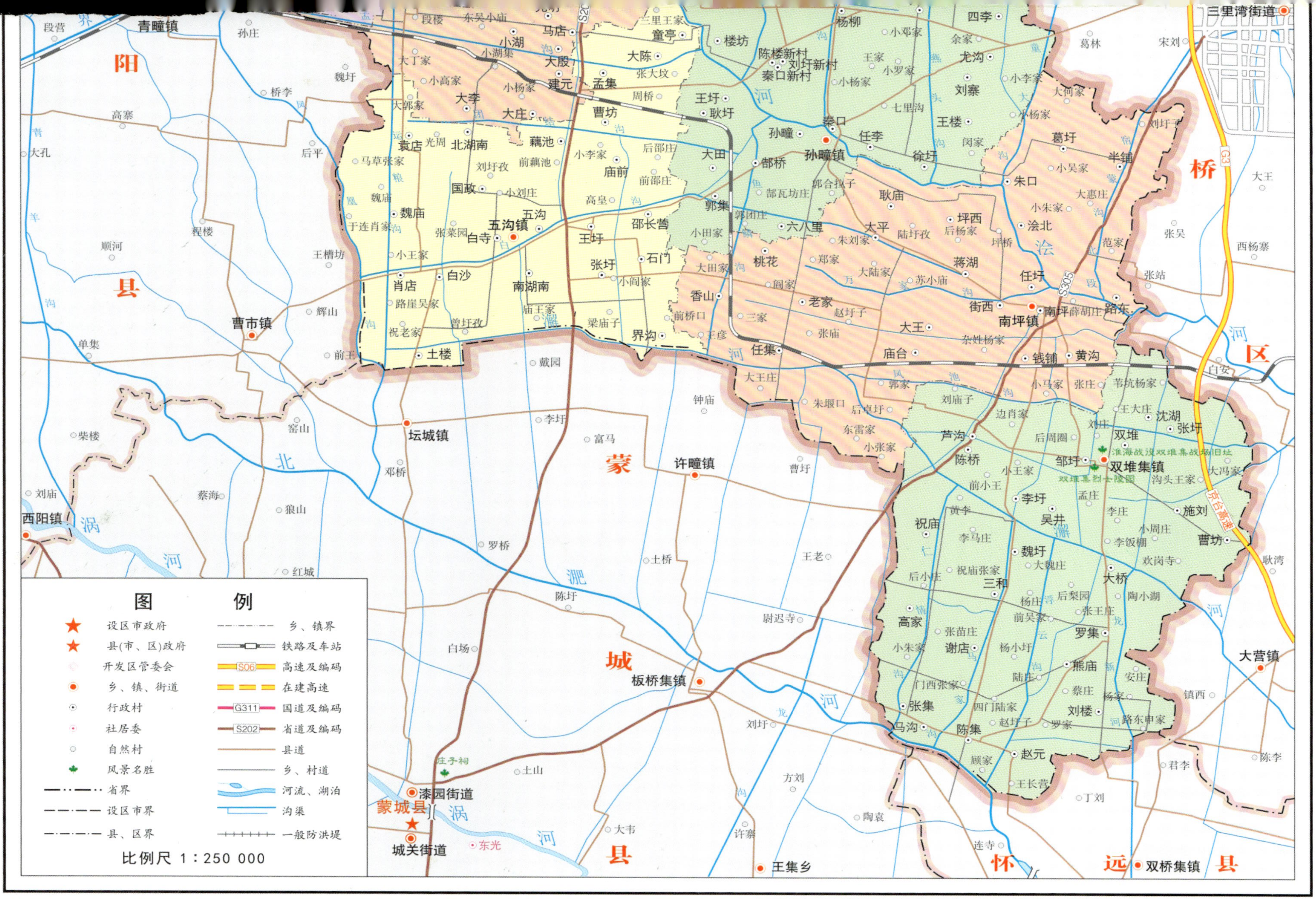

濉溪县地方志办公室　安徽省第四测绘院　编制　　审图号:皖S(2015)074号

二〇一五年十一月

内部用图

濉溪县行政区划图

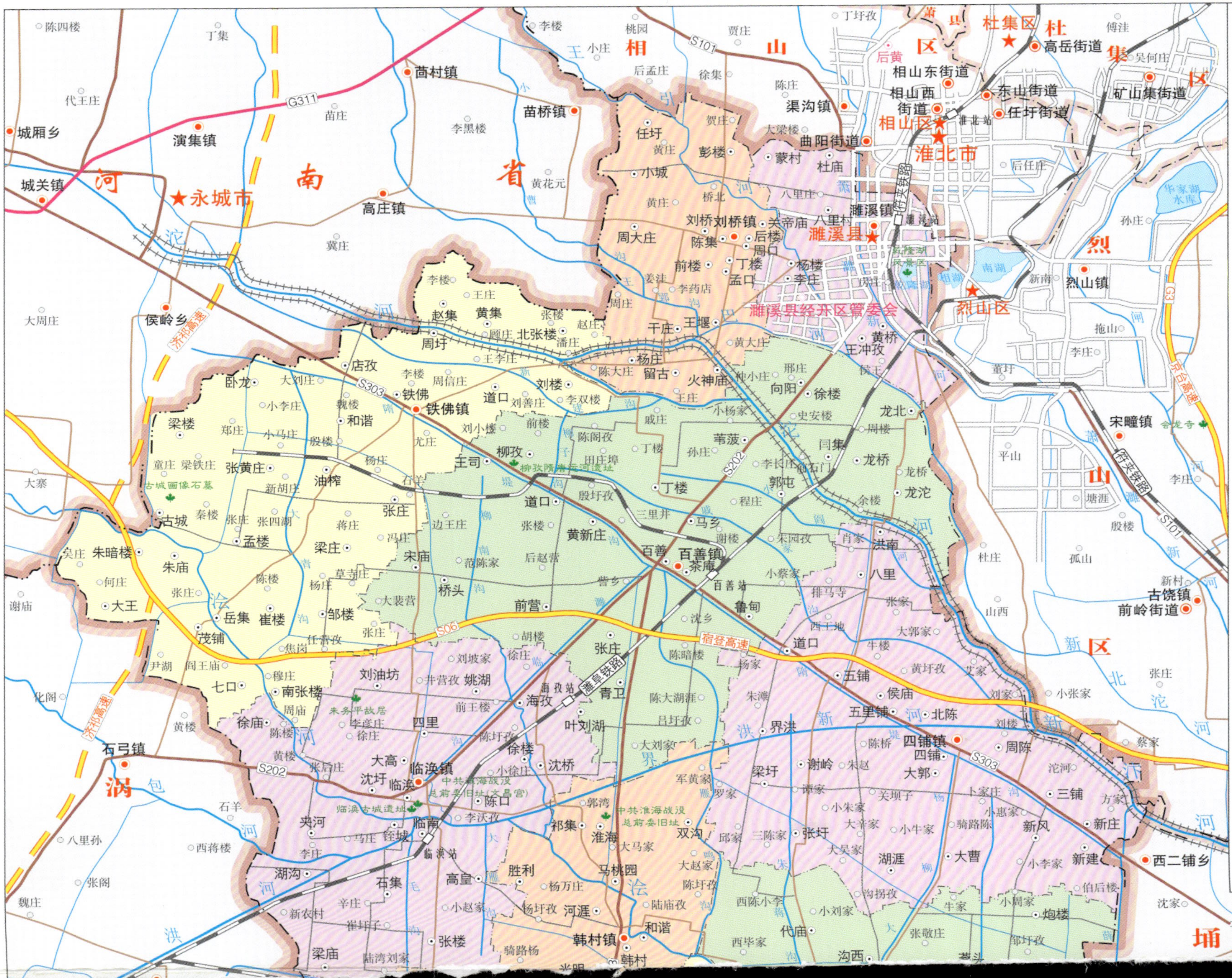

领导视察

省长王学军（左四）视察县园区建设

省委常委、常务副省长詹夏（右四）到视察县工业发展

省委常委、副省长陈树隆（前排中）视察县经济发展

省委常委、组织部长王炯（右一）视察濉芜产业园

省人大常委会原主任孟富林（右四）到县视察

领导视察

2014年9月11日，市委书记肖超英（左二）到濉溪镇开展“五个一”活动

2014年5月28日，市长黄晓武（右一）出席小麦机收现场会

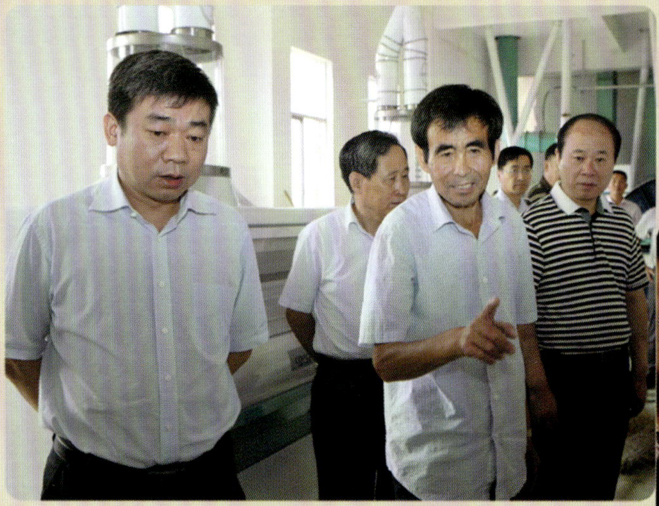

2014年7月15日，县委书记李加玉（左一）到昊晨食品调研

县长赵德志（右二）和留守儿童在一起

--陈丽伟摄

重要会议

濉溪县第十六届人民代表大会第五次会议会场

县政府廉政会议

县委书记李加玉在县人大十六届五次闭幕式上讲话

县长赵德志向大会作《政府工作报告》

县政协九届四次会议会场

--陈丽伟摄

濉芜产业园

淮北市委书记肖超英（左三）检查园区安全生产

淮北市市长黄晓武（右四）听取园区发展汇报

主任朱群（左一）慰问困难群众

招商签约

濉芜产业园

县委书记李加玉（右四）
县长赵德志（右一）视察

凤宁产业园到园区参观

全省“3+5”园区会议经验交流

百日会战动员会

濉芜现代产业园总规划图

濉溪县国土资源局

县国土资源局开展6·25土地日宣传活动

濉溪县召开地理国情普查会议

县开展“国土杯”法律知识竞赛

县国土资源局开展岗位大练兵活动

局长许小松为国土干部职工上党课

濉溪县双堆集镇国土资源网格化管理工作动员大会

濉溪县水务局

市水务局局长王明新（右二）检查水利工程

县委书记李加玉（右二）调研老濉河整治工作

县长赵德志（右一）现场听取县水务局长李秀侠关于王引河治理工作的汇报

县长赵德志（右一）检查水务工作

县水务局长李秀侠（右一）检查基层水利工程

濉溪县地税局

2014年4月3日，省委督导组莅临县局督导群教活动

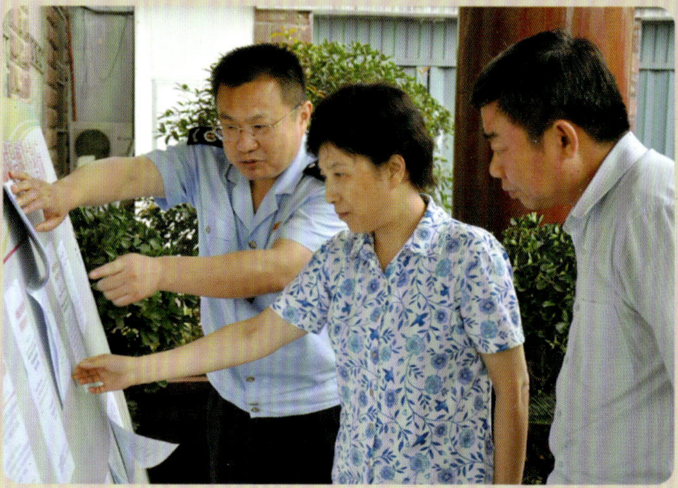

2014年9月11日，市委书记肖超英（中）调研指导党的群众路线学教活动

2014年7月31日上午，召开党组班子专题民主生活会

2014年3月12日，召开试行“先批后审”行政审批新模式工作会议

按季召开“税企恳谈会”

濉溪县地税局

2014年1月17日，省地税局巡视员方学军（左二）调研指导百善分局

2014年1月23日上午，慰问双堆镇施刘村困难群众

2013年10月8日上午，淮北市地税局长戴国琨（右一）到办税服务厅查看省级数据大集中新软件上线应用情况

2013年，推行办税“一机双屏”，征纳互动，使办税更直观透明

2013年6月21日上午，召开县局党组中心组干部管理监督政策学习（扩大）会议

濉溪县妇联

省妇联副主席高莉（左三）到县调研

开展女干部综合素质培训班

县出席市妇联十次代表大会代表合影

巾帼志愿者慰问残障儿童

最美家庭颁奖会场

调研巾帼示范基地，解决妇女创业难题

妇女创业领取小额担保财政贴息贷款现场

组织大学生志愿者教留守儿童做手工

淮北市淮海酒业有限公司

总经理　杨洪斌

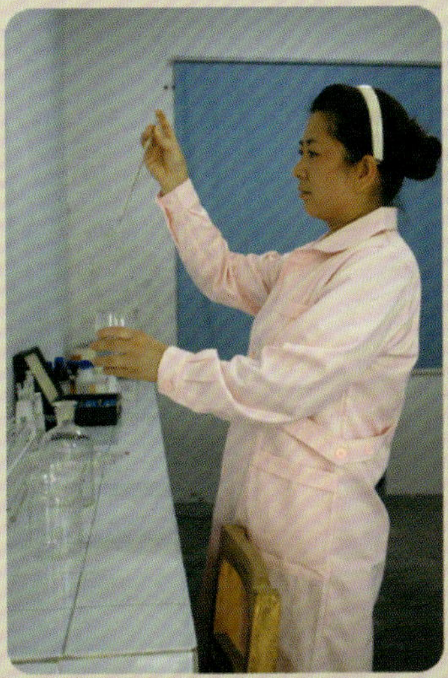

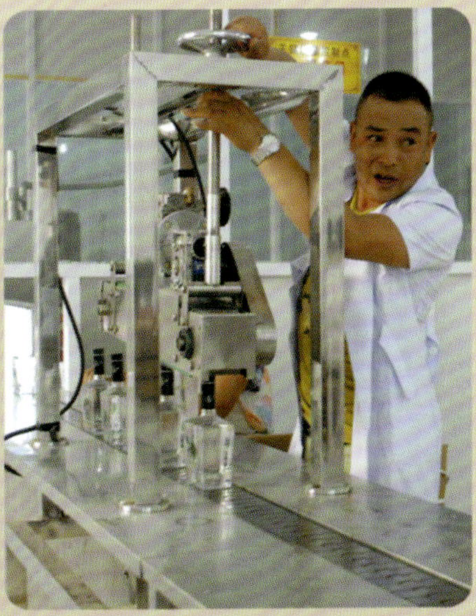

淮海酒业有限公司是一家由原濉溪县淮海酒厂改制组建的民营企业。公司位于老城十北街2号，始建于1993年，占地13800平方米，现有固定资产千万元，年产高、中、低档优质白酒2000吨。

主要产品为“乾隆”、“口丰”、“沱河”、“内供专用”、“中原民俗”五大系列，二百多个品种。系列优质白酒以地产优质高粱、小麦、大麦、豌豆等为原料，固态发酵，经久窑存，按传统工艺老五甑结合新科技精心酿制。系列酒具有入口绵甜、窑香浓郁、回味悠长等特点，并做到口不干、头不疼，产品深受消费者厚爱。

该厂始终坚持以质量求生存，以效益求发展，不断开发研制新产品。全面的质量管理体系、完善的质量保证体系和检测体系满足了不同消费者的需求，并多次荣获省、部“优质白酒”和“重合同、守信用”单位称号。

濉 溪 镇

市委书记肖超英（左二）到濉溪镇北关社区调研

市委组织部部长沈光继（右二）慰问蒙村困难党员

濉溪镇北关社区居民健身广场一角

濉溪镇蒙村文化乐园

淮北登豪服装有限公司流水线生产车间

淮北顺发食品有限公司生产车间

养鸡场

乾隆湖风景区

刘 桥 镇

镇党委书记　张敬民

镇长　李新

整洁干净的后吕楼村

淮北巨哲箱包有限公司生产线

刘桥镇农民新区一期

群众文化生活

刘桥镇敬老院

刘桥镇凤栖湖风光

刘桥镇卫生院

省卫计委主任于德志（左一）到刘桥镇卫生院调研

市委书记肖超英（左三）到刘桥卫生院走访调研

镇卫生院

镇卫生院门诊部

镇卫生院预防保健门诊

镇卫生院住院部花园

镇卫生院部分荣誉

刘桥镇卫生院始建于1956年，现下辖17个村卫生室、有乡村医生71人，承担本辖区约6万余人口的医疗救治和预防保健工作，为国家一级甲等医院、安徽省示范标准化乡镇卫生院、市级文明单位。卫生院现有职工62人，其中专业技术人员55人（执业（助理）医师25人、执业护士23人）。占地约1万平方米，业务用房2560平方米，床位40张。科室有内科、外科、中医科、妇产科、检验科、放射科、功能科、疾病控制科、预防接种科、卫生监督科及10余个临床、公卫科室，配有进口CR、全自动生化分析仪、三分类血球仪、彩超等先进医疗设备。

临 涣 镇

临涣街道

高皇道路

农民工回乡创业

石湖广场

石湖新村

石湖水厂

南 坪 镇

任集新村

任集新村一角

年吞吐量84万吨的南坪港建成使用

满载货物的货船在南坪港准备装卸货

占地500亩的良丰家庭农场

传统艺术竹马旱船是南坪人民喜闻乐见的娱乐节目

韩 村 镇

安徽省首批美好乡村中心村马店村

配套设施齐全、环境优美的韩村镇社会福利中心

农民文化活动丰富多彩

民营企业异军突起

工业集中区内大型企业的生产车间

省“861”重点工程 — 临涣煤焦化

丰收

蔬菜大棚富农家

淮海战役总前委旧址小李家

五 沟 镇

春风行动，搭建企业用工和农民就业平台

北湖南村成立巾帼志愿者清洁服务队

培育道德模范，打响“好人之乡”品牌

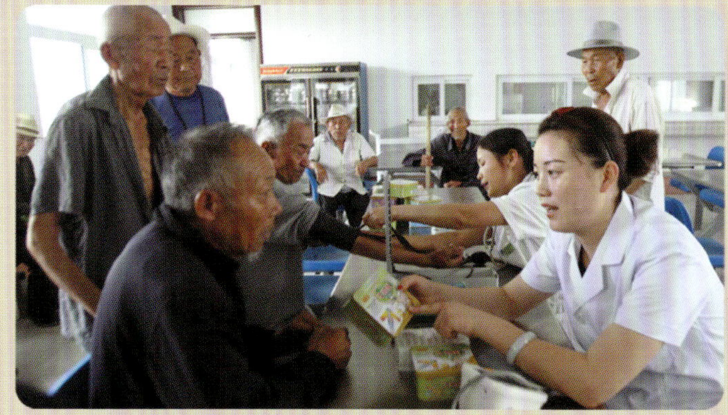

开展志愿者服务活动，关心关怀五保老人生活

迎春运动会拔河比赛

文艺下乡，扶植“草根艺人”

入住五沟新镇区，舞出幸福新生活

关爱留守儿童，亲近自然，感受温暖

目　录

大事记

2013年……1
2014年……16

县情综述

名称来历……31
地理位置……31
政区沿革……31
2014年年末濉溪县各行政区面积人口村（居）表……34
人口面积……35
地形地貌……35
气候……35
水文……35
矿产资源……36
自然灾害……37
国民经济和社会发展综述……38
重点项目建设……38
招商引资……38
城市投资建设……39
美好乡村建设……39
文明创建工作……40

农　业

种植业……43
【农村经济稳步增长】……43
【农民人均纯收入增加】……43
【经营体制机制不断创新】……43
【惠农政策落到实处】……43
林业……44
【造林绿化】……44
【林政管理】……44
【森林公安】……44
【林业有害生物防治】……44
畜牧业……44
【概况】……44
【重大动物疫病防控】……45
【动物卫生监督】……45
【饲料生产】……45
水产业……+……45
农业机械……45
【概况】……45
【平安农机创建】……45
【新机具、新技术推广应用】……46
【农机教育培训】……46
【农机社会化服务体系建设】……46
【农机午、秋会战】……46
【联合收割机等大中型农机具增长快】……47
【农机市场整顿】……47
水利……48
【概况】……48
【农村饮水安全工程】……48
【创新管理模式】……48
【农田水利建设】……48
【重点小型水利工程】……48
【中小河流治理】……49
【防汛抗旱】……49
【依法治水】……49
农村能源……50

工业　园区建设

工业……51
【工业经济平稳增长】……51
供电……52
【概况】……52
【供用电】……52
民营经济……52
园区建设……53

【濉溪经济开发区】……………………53
【濉芜现代产业园】……………………53
【刘桥工业园】…………………………54
【南坪镇工业集中区】…………………54
【韩村镇工业园】………………………54

商 贸

商贸流通……………………………………55
【消费市场】……………………………55
【农村市场体系建设】…………………55
【完善商贸流通政策体系】……………55
【重点商贸项目建设】…………………55
【商务民生】……………………………55
【电子商务】……………………………55
【商业业态】……………………………55
【商贸流通诚信体系建设】……………55
【打击侵权假冒】………………………56
【外贸进出口】…………………………56
粮食…………………………………………56
【概况】…………………………………56
【粮食市场建设】………………………56
【粮食仓容建设】………………………56
【粮食安全储存】………………………56
供销…………………………………………57
【新网工程】……………………………57
【综合改革】……………………………57
个私工商业…………………………………57
【个体经济】……………………………57
【私营经济】……………………………57
商贸企业简介………………………………58
【安徽快乐真棒集团商贸有限公司（原淮北市新惠康商贸有限公司）】……58
【安徽顺达商贸集团】…………………58
【濉溪县中瑞农副产品有限责任公司】……………………………………58
【淮海国际商贸城】……………………58
【淮北龙升商贸有限责任公司】………58
【濉溪县欣诚五交化有限公司】………59
【安徽省弘顺医药有限责任公司】……59
【香舍黎饭店】…………………………59
【淮北市三丰肥业有限公司】…………59
【淮北科尔能源有限责任公司】………59
【淮北茂昌粮油贸易有限公司】………59

交通运输 邮政 电讯

交通…………………………………………60
【省道建设】……………………………60
【县道建设】……………………………60
【乡道建设】……………………………60
【农村公路危桥改造】…………………60
【争取交通建设资金】…………………60
【道路养护】……………………………60
道路运输……………………………………60
【社会客运】……………………………60
【客运场站设施建设】…………………60
【行业管理】……………………………60
邮政…………………………………………61
移动…………………………………………61
联通…………………………………………61

市政 市容

市政建设……………………………………62
【城乡规划】……………………………62
【城市绿化】……………………………62
【市政建设】……………………………62
【供水】…………………………………63
【供气】…………………………………63
【乡镇街道集市建设】…………………63
市容…………………………………………63
【概况】…………………………………63
【文明县城创建】………………………63
【市容环境卫生】………………………63
【市容秩序管理】………………………64
【城市基础设施管理】…………………64
【广告渣土管理】………………………64
【美好乡村环境整治】…………………65
【控违拆违监督】………………………65
【环保绿色通行管理】…………………65

房地产管理……65
【概况】……65
【房地产市场运行】……66
【廉租房建设】……66
【廉租房补贴发放】……66
【城市棚户区改造】……66
【房地产交易】……66
【白蚁防治】……67
房屋征收安置……67
【概况】……67
【房屋征收】……67

财税　金融

财政……68
【财政收入支出】……68
【服务经济发展举措】……68
【财政保障】……68
【民生工程】……68
【城乡统筹】……68
【财政重点改革】……68
国家税务……69
【国税收入】……69
【纳税服务】……69
地方税务……69
【地方税费收入】……69
【整体工作水平提升】……69
金融管理……70
【概述】……70
【完善金融体系】……70
【提升担保能力】……70
中国银行濉溪支行……70
中国建设银行濉溪支行……70
【概况】……70
【存贷业务】……70
【强化管理,防范风险】……70
中国工商银行濉溪支行……70
【概况】……70
【存贷款业务】……71
中国农业银行濉溪支行……71
【概况】……71
【三农业务开展】……71
中国农业发展银行濉溪支行……71
濉溪农商银行……72
【概况】……72
【存贷业务】……72
【改制工作圆满完成】……72
【网点布设】……72
【金融创新】……72
【电子银行】……72
濉溪县邮政储蓄银行……72
安徽徽商银行濉溪支行……73
【概况】……73
【存贷业务】……73
马鞍山农村商业银行濉溪支行……73

综合管理

发展改革管理……74
经贸管理……74
人事管理……75
【机关公务员及事业单位人事管理工作】……75
【公务用车改革】……75
【清理“吃空饷”】……75
【军转工作】……75
【机关事业单位工作人员工资改革及职工退休保障】……76
行政服务管理……76
【概况】……76
【清理行政审批项目】……76
【政务服务中心标准化建设】……76
【创新管理模式】……77
【转变工作作风】……77
政务招投标管理……77
统计监督管理……77
【基本单位名录库建设】……77
【濉溪县第三次全国经济普查】……78
【统计服务与监督】……78
【统计执法】……78
城乡调查……78

【概况】……………………………………78
【城乡住户收支与生活状况调查】……78
【粮食产量调查】………………………78
【主要畜禽监测调查】…………………79
【贫困监测调查】………………………79
【统计法制建设】………………………79
审计监督……………………………………79
【概况】……………………………………79
【财政审计】……………………………79
【专项审计和审计调查】………………79
【政府投资审计】………………………79
【经济责任审计】………………………80
【其他审计】……………………………80
【审计整改与结果公告】………………80
工商行政管理………………………………80
【概述】……………………………………80
【商标监管】……………………………80
【广告监管】……………………………80
【合同监管】……………………………80
【食品安全监管】………………………81
【打击侵犯知识产权和制售假冒伪劣商品专项行动】……………………………81
【农资市场监管】………………………81
【重点市场整治】………………………81
【商品质量监测】………………………81
【经济检查执法】………………………81
【打击传销】……………………………82
质量技术监督………………………………82
【概述】……………………………………82
【特种设备安全监察】…………………82
【食品安全监管】………………………82
【标准化工作】…………………………82
【计量监督工作】………………………82
【质量强县工作】………………………83
【实施名牌战略】………………………83
【质量认证监管】………………………83
【市场监督检验】………………………83
市场监督管理………………………………83
【概述】……………………………………83
【工商质监食药监管体制改革】………83
【食品安全监管】………………………83
【药品医疗器械监管】…………………84
【特种设备安全监察】…………………84
【经济检查执法】………………………84
【打击传销】……………………………84
【农资市场监管】………………………85
【合同监管】……………………………85
【标准化工作】…………………………85
【计量监督工作】………………………85
【质量强县工作】………………………85
【质量认证监管】………………………85
【实施名牌战略】………………………85
【打击侵犯知识产权和制售假冒伪劣商品专项行动】…………………………85
【广告监管】……………………………86
【商品质量监测】………………………86
【市场监督检验】………………………86
【市场监督管理稽查】…………………86
物价监督管理………………………………86
【概况】……………………………………86
【价格法制宣教】………………………86
【价格监测】……………………………86
【价格监督检查】………………………86
【价格鉴定认证】………………………87
【价格调节基金征收】…………………87
【收费年审】……………………………87
【清费治乱】……………………………87
【价格举报】……………………………87
国土资源管理………………………………87
【城乡建设用地增减挂钩】……………87
【压煤村庄搬迁】………………………87
【土地登记发证】………………………87
【耕地保护和土地整治】………………87
【国有土地招拍挂】……………………87
环境监督保护………………………………88
【环境监察】……………………………88
【环境监测】……………………………88
【环保审批】……………………………88
【信访工作】……………………………88
【总量减排】……………………………88
【环境宣传教育】………………………89
安全生产监督管理…………………………89

【概况】……………………………………89
【安全生产检查】……………………………89
【打非治违专项行动】………………………89
【安全生产标准化创建】……………………90
【安全生产宣传教育活动】…………………90

政 党

中共濉溪县委员会……………………………91
【重要文件】…………………………………91
【重要会议】…………………………………92
【信息工作】…………………………………93
【督查工作】…………………………………93
【保密工作】…………………………………93
组织工作……………………………………93
【村“两委”换届】…………………………93
【整顿村党组织】……………………………94
【选派选聘工作】……………………………94
【基层服务型党组织建设】…………………94
【离任村干部补助工作】……………………95
【非公经济和社会组织工作】………………95
【党的群众路线教育实践活动】……………96
宣传工作……………………………………96
【理论教育】…………………………………96
【群众路线教育实践活动】…………………96
【舆论宣传】…………………………………96
【精神文明建设】……………………………97
【文化工作】…………………………………97
县直机关工委工作…………………………97
【党员教育管理】……………………………97
【基层组织建设与党务公开】………………98
【反腐倡廉工作】……………………………98
信访工作……………………………………98
【概况】………………………………………98
【组织领导】…………………………………98
【领导接访】…………………………………99
【源头化解】…………………………………99
【督查督办】…………………………………99
【专项活动】…………………………………99
【体制机制建设】……………………………100
【目标管理】…………………………………100
【服务工作】…………………………………100
【队伍建设】…………………………………100
党校工作……………………………………101
【教育培训】…………………………………101
【拓展办学方式】……………………………101
党史工作……………………………………101
【资料征编】…………………………………101
【宣传教育】…………………………………101
档案工作……………………………………101
【创建国家级档案馆】………………………101
【档案管理及利用】…………………………101
【监督指导】…………………………………101
【人员培训】…………………………………102
纪检监察工作………………………………102
【落实中央“八项规定”】…………………102
【案件查处】…………………………………102
【经济监督检查】……………………………103
【干部教育监督】……………………………104
【干部队伍建设】……………………………104
【机关效能建设】……………………………105
【惩防体系建设】……………………………105

人大 政府

濉溪县人民代表大会常务委员会……………106
【代表大会】…………………………………106
【监督工作】…………………………………106
【决议决定】…………………………………106
【议案和建议办理】…………………………106
【代表活动】…………………………………107
【人事任免工作】……………………………107
濉溪县人民政府……………………………107
【常务会议】…………………………………107
【县政府文件】………………………………109
【县政府办公室文件】………………………109
法制工作……………………………………110
民族宗教工作………………………………111
【概况】………………………………………111
【少数民族人口管理】………………………111
【扶持少数民族企业】………………………111
【建立健全宗教信息数据库】………………112

【宗教财务监督管理】……………………112
【宗教公益慈善事业】……………………112
【宗教团体和教职人员队伍建设】…………112
【宗教人员备案及社保】…………………112
【宗教活动场所安全】……………………112
机构编制工作………………………………112
【单位设置及变更】………………………112
【编制审批】………………………………113
【人员核定和调整】………………………113
【单位核定和调整】………………………114
【制度建设】………………………………114
【实名制系统核查】………………………114
【事业单位登记管理】……………………114
【中文域名注册】…………………………114
电子政务和信息工作………………………114
【政务信息工作】…………………………114
【政府网站建设】…………………………114
【政务办公网建设】………………………115
【政府信息公开】…………………………115
【网民留言办理】…………………………115
地方志工作…………………………………115
【《濉溪年鉴》出版发行】…………………115
【《濉溪大事记》编纂发行】………………115
【完成《濉溪县志》(通志)编修的前期准备工作】……………………………………115

政协 人民团体

政协濉溪县委员会…………………………116
【全体会议】………………………………116
【常务会议】………………………………116
【党的群众路线教育实践活动】……………117
【召开民营经济发展研讨会】………………117
【政情通报会】……………………………117
【县区政协主席座谈会在县召开】…………117
【政治协商】………………………………117
【民主监督】………………………………118
【参政议政】………………………………118
【提案工作】………………………………118
【对外联谊】………………………………118
统战工作……………………………………118
【理想信念教育活动】……………………118
【统战文化建设】…………………………119
【民主党派干部工作】……………………119
濉溪县总工会………………………………119
【劳动竞赛】………………………………119
【送温暖和促进再就业】…………………119
【安康杯竞赛及夏季送清凉】……………120
【工会组织建设】…………………………120
【实施“彩虹计划”活动】…………………120
共青团濉溪县委员会………………………120
【概况】……………………………………120
【青年就业创业】…………………………120
【青少年思想道德教育】…………………120
【青少年法制宣传和维权】………………121
【青年志愿者行动】………………………121
【“希望工程”“爱心助学”】………………121
【团组织建设】……………………………121
濉溪县妇女联合会…………………………121
【概况】……………………………………121
【妇女创业】………………………………121
【妇女儿童维权】…………………………122
【妇女文明创建】…………………………122
【妇女儿童关爱】…………………………122
【创业扶持项目品牌】……………………123
【基层妇女组织建设】……………………123
工商联工作…………………………………123

司法 武装

政法委及综治工作…………………………124
【概况】……………………………………124
【政法委工作】……………………………124
【维护社会稳定】…………………………124
【防范和处理邪教】………………………124
公安…………………………………………124
【概述】……………………………………124
【维护稳定工作】…………………………124
【刑事侦查工作】…………………………125
【治安管理工作】…………………………125
【交通管理工作】…………………………126

【防控体系建设】……………………………126
【监所管理工作】……………………………126
【网络安全管理】……………………………127
【出入境管理】………………………………127
【规范执法工作】……………………………127
【公安队伍建设】……………………………128
检察……………………………………………128
【概况】………………………………………128
【反贪反渎工作】……………………………128
【职务犯罪预防】……………………………128
【侦查监督】…………………………………128
【公诉工作】…………………………………128
【民事行政检察】……………………………128
【控告申诉检察】……………………………129
【监所检察】…………………………………129
【检察技术】…………………………………129
【民生检察】…………………………………129
【检务保障】…………………………………129
审判……………………………………………129
【概况】………………………………………129
【刑事审判】…………………………………129
【民商事审判】………………………………129
【行政审判】…………………………………129
【执行工作】…………………………………129
【审判管理工作】……………………………129
【审判监督工作】……………………………130
【涉诉信访】…………………………………130
【综合治理】…………………………………130
【司法为民】…………………………………130
【司法公开】…………………………………130
【队伍建设】…………………………………130
【诉调对接】…………………………………130
【文化建设】…………………………………130
【基础建设】…………………………………131
司法行政………………………………………131
【概述】………………………………………131
【普法依法治理】……………………………131
【人民调解与矛盾纠纷排查工作】…………131
【社区矫正工作】……………………………131
【安置帮教工作】……………………………131
【法律援助工作】……………………………131
【公证、律师工作】…………………………132
【司法行政服务平台建设】…………………132
【司法行政队伍建设】………………………132
人民武装………………………………………132
【首长机关和参谋业务训练】………………132
【军事训练装备保障】………………………132
【国防动员演练】……………………………132
【结对挂钩帮扶】……………………………132
【落实财经管理规定】………………………133
【民兵整组工作】……………………………133
【应急分队训练】……………………………133
【民兵训练】…………………………………133
【参加文明县城创建】………………………134
【学雷锋，树新风】…………………………134
【征兵工作】…………………………………134
【服务保障】…………………………………134
人民防空………………………………………134
【概述】………………………………………134
【人防宣传教育】……………………………134
【人防法制化建设】…………………………134
【人防“结建”】……………………………135
【人防指挥通信】……………………………135
【基层人防工作站】…………………………135
武警……………………………………………135
消防……………………………………………135
【概况】………………………………………135
【火灾扑救】…………………………………135
【拥政爱民】…………………………………135

文化 教育 科技

文化……………………………………………136
【文化工作成果】……………………………136
【送文化下乡活动】…………………………136
【图书馆工作】………………………………136
【艺术创作】…………………………………136
【非物质文化遗产传承保护】………………136
【民生工程建设】……………………………137
【文化市场管理】……………………………137

【文物保护与管理】……………………138
【柳孜运河遗址申遗工作】…………138
【体育工作】………………………………139
广播电视……………………………………140
文联工作……………………………………140
【戏剧大赛】………………………………140
【赴台文艺交流】…………………………140
【文学研讨】………………………………140
【举办晚会】………………………………140
【文艺采风】………………………………140
【艺术交流】………………………………140
【书画大赛】………………………………140
【协会换届】………………………………141
【协会成立】………………………………141
【赠送字画】………………………………141
【为群众义务写春联】……………………141
【大型书画展、摄影展、工艺美术展】……………………………………………141
【图书出版】………………………………141
【文艺获奖】………………………………141
文艺团体简介………………………………141
【濉溪县民间职业泗州戏剧团】………141
【濉溪县艺术团】…………………………141
【濉溪县四铺青年花鼓剧团】…………141
【濉溪县新时代文化艺术团】…………142
【濉溪县城北梨园情艺术团】…………142
教育……………………………………………142
【概况】……………………………………142
【教育民生工程】…………………………142
【学前教育】………………………………142
【义务教育标准化建设】………………142
【高中教育】………………………………143
【民办教育】………………………………143
【校干、教师队伍建设】………………143
【素质教育】………………………………143
【教科研工作】……………………………144
【教育宣传工作】…………………………144
【工会工作】………………………………144
县教育局直属学校简介……………………144
【安徽省濉溪县职业教育中心】………144
【安徽省濉溪中学】………………………145
【安徽省濉溪二中】………………………145
【濉溪县孙疃中学】………………………145
【濉溪县临涣中学】………………………146
【濉溪初级中学】…………………………146
【濉溪县实验小学】………………………146
【濉溪县新城幼儿园】……………………147
中心学校简介………………………………147
【濉溪经济开发区中心学校】…………147
【濉溪县城关中心学校】………………148
【濉溪县城关中心小学】………………148
【濉溪县城关中心学校第七小学】……148
【濉溪县百善中心学校】………………149
【徐楼中心学校】…………………………149
【濉溪县刘桥中心学校】………………149
【临涣中心学校】…………………………150
【濉溪县祁集中心学校】………………150
【南坪中心学校】…………………………150
【濉溪县任集中心学校】………………150
【濉溪县韩村中心学校】………………151
【濉溪县海孜中心学校】………………151
【濉溪县铁佛中心学校】………………151
【濉溪县岳集中心学校】………………152
【五沟中心学校】…………………………152
【濉溪县白沙中心学校】………………152
【孙疃中心学校】…………………………153
【濉溪县杨柳中心学校】………………153
【双堆中心学校】…………………………153
【濉溪县陈集中心学校】………………154
【四铺中心学校】…………………………154
科技工作……………………………………154
【概况】……………………………………154
【科技计划项目争取工作成效显著】……………………………………………154
【高新技术产业快速发展】……………154
【知识产权工作稳步推进】……………155
【科学技术奖励工作】…………………155
科协工作……………………………………155
【实施科普行动计划】…………………155
【设立青少年科技创新县长奖】………155

【评选科普示范社区】……………………155
气象……………………………………155
【综合观测体系建设】……………………155
【气象预测服务】…………………………155
【人工影响天气服务】……………………156
地震监测…………………………………156

卫生 食品药品监督 计划生育

卫生……………………………………157
【县级公立医院改革】……………………157
【基层医院改革】…………………………157
【城乡居民合作医疗】……………………157
【基本公共卫生服务】……………………157
【重大疾病防控】…………………………158
【妇幼保健】………………………………159
【卫生监督执法】…………………………159
【卫生服务体系建设】……………………159
【中医药】…………………………………159
医院简介…………………………………160
【濉溪县医院】……………………………160
【濉溪县中医院】…………………………160
【濉溪镇社区卫生服务中心】……………160
【百善镇卫生院】…………………………161
【徐楼分院】………………………………161
【濉溪县刘桥镇卫生院】…………………161
【临涣镇卫生院】…………………………161
【南坪镇中心卫生院】……………………161
【韩村镇卫生院】…………………………161
【铁佛镇卫生院】…………………………161
【五沟镇卫生院】…………………………162
【五沟镇卫生院白沙分院】………………162
【孙疃镇卫生院】…………………………162
【双堆集镇卫生院】………………………162
【双堆集镇卫生院三和分院】……………163
【四铺镇卫生院】…………………………163
食品药品监督管理………………………163
【餐饮服务食品安全监管】………………163
【食品安全专项整治】……………………163
【许可受理】………………………………163
【药品医疗器械监管】……………………163
【投诉举报工作】…………………………164
人口计生工作……………………………164
【人口控制成效明显】……………………164
【落实目标管理，严格兑现奖惩】………164
【出生人口性别比综合治理】……………164
【计划生育优惠政策落实】………………165
【流动人口管理】…………………………165
【社会抚养费征收】………………………165
【计划生育队伍建设】……………………165
【计生经费投入】…………………………166
【计划生育服务】…………………………166
【人口信息化建设】………………………166

社会生活保障

民政工作…………………………………167
【概况】……………………………………167
【城乡低保】………………………………167
【农村五保供养】…………………………167
【社会养老机构建设】……………………167
【流浪乞讨人员救助站建设】……………167
【孤儿基本生活保障】……………………167
【救助工作】………………………………167
【艾滋病患者救助】………………………168
【城乡医疗救助】…………………………168
【救灾救济】………………………………168
【优抚安置工作】…………………………168
【社会事务管理工作】……………………168
【基层民主政治建设】……………………169
【村级组织服务用房建设】………………169
【厅市合作协议项目】……………………169
社会保障工作……………………………169
【就业再就业工作取得新成绩】…………169
【社会保险体系逐步完善】………………169
【维护劳动者合法权益取得新进展】……170
残疾人工作………………………………170
【概况】……………………………………170
【贫困白内障患者免费复明手术】………170

【贫困精神病残疾人药费补助】……………170
【贫困残疾儿童抢救性康复项目
筛查】……………………………………170
【残疾人就业培训】………………………171
老干部工作…………………………………171
【概况】……………………………………171
【思想政治建设】…………………………171
【政治待遇】………………………………171
【生活待遇】………………………………171
消费者权益维护……………………………171
【申诉举报工作】…………………………171
【消费维权】………………………………171

镇简介

濉溪镇………………………………………172
百善镇………………………………………177
刘桥镇………………………………………181
临涣镇………………………………………185
南坪镇………………………………………191
韩村镇………………………………………193
铁佛镇………………………………………196
五沟镇………………………………………199
孙疃镇………………………………………202
双堆集镇……………………………………204
四铺镇………………………………………207

人　物

逝世离休干部名单…………………………210
濉溪县级劳动模范（先进工作者）
名单…………………………………………212
模范人物……………………………………212
晋升副高职称人员名单……………………213
领导干部名录………………………………213

附　录

县委书记李加玉在县委十届六次全体
（扩大）会议上的报告……………………220
县长赵德志在县第十六届人民代表大会
第五次会议政府工作报告…………………227
濉溪县 2013 年国民经济和社会发展
统计公报……………………………………235
濉溪县 2014 年国民经济和社会发展
统计公报……………………………………238
常用电话……………………………………242
查分热线……………………………………242
政府机关单位电话…………………………242
11 镇电话……………………………………243
市属其他单位电话…………………………243

索　引

索引…………………………………………244

Main Contents

MILESTONES

2013 ········· 1
2014 ········· 16

OVERVIEW OF SUIXI

History of Name ········· 31
Situation ········· 31
Build History ········· 31
Administrative Aear of Village in the Population ········· 34
Population and Topography ········· 35
Topography ········· 35
Climate ········· 35
Water Resources ········· 35
Mineral Resources ········· 36
Natural Disaster ········· 37
Overview of Economy and Development ········· 38
Major Project Construction ········· 38
Investment Promotiony ········· 38
Urban Investment and Construction ········· 39
Beautiful Country Construction ········· 39
Spiritual Civilization Construction ········· 40

AGRICULTURE

Plantation ········· 43
Forestry ········· 44
Animal Husbandry ········· 44
Aquaculture ········· 45
Agricultural Machinery ········· 45
Irrigation ········· 48
Rural Energy ········· 50

INDUSTRY ZONE CONSTRUCTION

Industry ········· 51
The Power Supply ········· 52
Private Economy ········· 52
Zone Construction ········· 53

COMMERCIAL BUSINESS

Commercial Business and Trade ········· 55

FOOD ······56
Supply and Marketing Cooperatives Business ······57
Private Introduction and Commerce ······57
Bisiness Enterpris Introduction ······58

TRAFFIC AND POSTAL SERVICE

Traffic ······60
Road Transport ······60
Postal ······61
Mobile ······61
Unicom ······61

URBAN CONSTRUCTION URBAN APPEARANCE

Urban Construction ······62
Urban Appearance ······63
Real Estate Management ······65
House Acquisition and Resettlement ······67

FINANCE TAXATION

Finance ······68
National Revenue ······69
Local Revenue ······69
The Financial Management ······70
Introduction of the Bank ······70

INTEGRATED MANAGEMENT

Development and Reform Managenment ······74
Iconomy and Trade Management ······74
Human Resource Management ······75
Administrative Service Management ······76
Government Bidding Management ······77
Statistics Management ······77
Civil and Country Investment ······78
Audit ······79
Industrial and Commercial Administration ······80
Quality and Technology Supervision ······82
Market Supervision Management ······83
Commodity Price Manegement ······86
National land Resoureces Manegement ······87
Environmental Supervision and Protection ······88
Safety of Work Environment Supervision ······89

PARTY

Suixi Municipal Committee of CPA ······91
Organization Work ······93
Media Administration ······96
Working Committee for Municipal Departments ······97
Petition ······98
School of the Communist Party ······101
History of Communist Party ······101
Record Work ······101
Inspection of the CPA ······102

PEOPLES CONGRESS AND GOVEERMENT

Peoples Congress ······106
The Peoples Govermengt of Suixi ······107
Legality Work ······110
Ethnic and Religious Affair ······111
Administration of Organization Establishment ······112
The Electronic Governmeng Affairs and Information Work ······114
At Work ······115

CPPCC AND PEOPLES ORGANIZATIONS

Suixi Municipality Committee of CPPCC ······116
United-front Work ······118
Suixi Municipal FederaPion of Trade Unions ······119
The Communist Youth League ······120
Suixi Municipal Women s Federation ······121
Industry and Commerce ······123

THE RULE OF LAW AND ARMED

Politics Work ······124
Public Security ······124
Procuratorial Work ······128
Judgment ······129
The Judicial Administrative ······131
Government legality ······132
Armed Police Detachment In Suixi ······134
Armed Police Fire-fighting Detachment In Suixi ······135

LITERNATURE EDACATION AND SCIENCE

Liternature ······136

Radio and Television ··· 140
Literary Work ··· 140
Literary Group Introduction ··· 141
Edacation ··· 142
Directly Affiliated School Profile ··· 144
Central School Profile ··· 147
Science and Technology ··· 154
Association for Science and Technology ··· 155
Meteorology ··· 155
Earthquake Prevention and Disaster Reducation ··· 156

PUBLIC HEALTH FOOD AND DRUG SUPERVISION ADMINISTRATION POPULATION CONTROL

Public Health ··· 157
Introduction of Hospital ··· 160
Food and Drug Supervision ··· 163
Administration Population Control ··· 164

SOCIAL WELL-BEING

Civil Affairs Administration ··· 167
Social Insurance ··· 169
Municipal Disabled Persons Work ··· 170
Adiministration of Retired Veteran Cadres ··· 171
The protection of Consumers' Rights and Interests ··· 171

INTRODUCTION OF THE TOWN

SuiXi Town ··· 172
BaiShan Town ··· 177
LiuQiao Town ··· 181
LinHuan Town ··· 185
NanPing Town ··· 191
HanCun Town ··· 193
Tiefu Town ··· 196
WuGou Town ··· 199
Suntuan Town ··· 202
ShuangDuiJi Town ··· 204
SiPu Town ··· 207

大 事 记

2013 年

一 月

4 日，副县长李春山检查四铺镇 “三农” 工作。

7 日，召开县人大常委会主任会议。

9 日，副省长谢广祥先后到刘桥镇、临涣镇调研乡镇文化工作。

同日，市委书记肖超英调研县“百亿口子”行动计划落实情况。

10 日，省民政厅一行调研刘桥镇敬老院使用情况。

同日，市政协主席、县委书记阚相华接待群众来访。

同日，县长李加玉督查县城环境卫生整治工作。

同日，县政协九届十三次主席会议召开。

11 日，市委书记肖超英到安徽益农源养猪育种公司等公司走访调研。

12 日，全县开展公开评议机关和科（股）长活动。

14 日，濉溪境内出现严重雾霾天气，能见度不足 50 米。

15 日，省农网中心一行到刘桥镇前吕楼村调研远程教育工作。

同日，县人大常委会主任李相军接待群众来访。

15 日，全县烟花爆竹安全工作会议召开。

15-16 日，河南郏县县委书记张国晓来县考察招商引资工作和经济发展情况。

同日，《濉溪铝产业基地发展规划 2010-2020》评审会在淮北召开。

16 日，县委常委、政法委书记朱成文主持召开信访维稳工作会议。

17 日，市委书记肖超英到县调研农业产业化发展情况。

同日，县长李加玉、常务副县长姜颖、副县长亓峰检查县经济开发区公共租赁房二期施工安全生产情况。

同日，召开全县离退休老干部迎春茶话会。

同日，全县城乡居民养老保险续保动员会议召开。

18 日，市政协主席、县委书记阚相华，县长李加玉，县委副书记郭海磊，县纪委书记王劲松，县委办公室主任周昆，县委组织部部长徐从亮，副县长朱秀芳分别到濉溪镇、刘桥镇、县经济开发区等 10 户贫困妇女儿童家中开展慰问。

同日，南坪镇举行长篇纪实章回体小说《浍水风云》出版发布会。

20 日，县长李加玉督查县城建设和环境卫生整治工作。

21 日，县人大常委会主任李相军先后慰问县经济开发区、孙疃镇困难职工和低保困难户。

同日，常务副县长姜颖等出席拖欠农民工工资清欠会议。

同日，2013 年第一次县长办公会议召开。

22-24 日，县政协主席杨恒仁、县政法委书记朱成文慰问特困职工、特困户、困难党员及老干部。

23 日，省人口计生委副主任杨武到南坪镇慰问计生贫困户。

同日，省政府原副省长、安徽省老年基金会会长张润霞一行慰问刘桥镇敬老院。省国土厅副厅长郑春林到刘桥镇慰问困难群众。

同日，县纪委书记王劲松、县人大常委会副主任赵岩等到韩村镇看望慰问贫困党员、困难群众。

同日，全县2012年工业、能源统计工作会议召开。

25日，常务副市长叶露中到县调研铝产业发展及美好乡村建设工作。

同日，市政法委书记方宗泽到刘桥镇孟口村调研美好乡村建设。

26-27日，召开濉溪县美好乡村建设规划评审会。

28日，市政协主席、县委书记阚相华调研县农田水利工作。

同日，县委副书记郭海磊到濉溪镇蒙村菩提寺看望慰问县宗教界人士。

同日，县十六届人大二次会议议案建议和县政协九届二次会议提案交办工作会议召开。

同日，县长李加玉、常务副县长姜颖等慰问县经济开发区部分贫困党员和群众。

29日，副市长朱浩东到五沟镇界沟村调研美好乡村建设工作。

同日，县长李加玉慰问老干部。

同日，副县长吴杰慰问城关基督堂的宗教界人士和困难信众。

同日，县落实党风廉政建设责任制和领导班子年度考核大会召开。

31日，省委组织部部长王炯到县慰问困难群众。

同日，召开全县信访维稳工作会议。

同日，副县长朱秀芳接待群众来访。

1月 濉溪经济开发区扩区规划获批。

二　月

1日，副省长杨振超到县调研民营经济发展情况。

同日，召开濉溪县2013年迎春茶话会。

3日，全县安全生产工作会议召开。

4日，县领导郭海磊、姜颖、吴杰慰问军分区及武警官兵。

同日，副县长李春山带队检查食品安全工作。

同日，县食品药品监督管理局对2013年春节期间餐饮服务市场集中检查。

4、5、17日，县人力资源和社会保障局、县总工会、团县委、县妇联等单位联合开展“春风行动”专项活动，分别在临涣镇、百善镇和孙疃镇举办农民工专场招聘会。

5日，市委副书记樊勇、副市长谌伟到韩村、五沟等镇调研森林增长工程进展情况。

同日，县长李加玉等到皖北煤电集团走访慰问。

同日，召开县政协九届十四次主席会议。

6日，送文化下乡活动在刘桥镇后吕楼村举行。

同日，50余名巾帼志愿者到刘桥镇敬老院“新春携手献爱 巾帼情暖夕阳”春节慰问活动。

7、9日，市政协主席、县委书记阚相华，县长李加玉，县人大常委会主任李相军，县政协主席杨恒仁先后慰问矿业集团、口子集团干部职工及节日期间一线工作人员。

16日，县领导郭海磊、朱群及县直机关300余人参加义务植树活动。

18日，召开铝基新材料循环经济项目调度会议。

同日，召开县政府第12次常务会议。

同日，县政协主席杨恒仁走访慰问委员企业。

19日，市长牛弩韬到刘桥镇凤西湖调研采煤塌陷治理情况。

同日，召开县全国“两会”期间信访维稳工作会议。

19日，百善镇举办第十届“粮贸杯”篮球邀请赛。

19-23日，市政协主席、县委书记阚相华，县长李加玉分别带队赴苏、浙、沪、粤招商。

19-24日，县政协主席杨恒仁率团赴浙江温州、江苏苏州、上海等地开展新春拜访和招商工作。

25日，召开县人大常委会主任会议。

同日，濉溪龙锦商厦项目签约濉溪，总投资3.6亿元。

同日，宏安物流项目签约濉溪，总投资2亿元。

同日，溪河西路改造工程（淮海路至王桥段）开工建设。

25-3月4日，县文化艺术代表团一行赴台湾文化艺术交流。

26日，县人大常委会副主任闻斌调研城乡社会救助体系建设工作。

同日，县政协主席杨恒接待上访群众。

27日，省国土局到刘桥镇验收土地置换工作。

同日，省国税局局长龙岳辉一行到县调研。

同日，市委政法委书记方宗泽检查刘桥镇综治工作。

同日，市人大常委会副主任杨彦颖到临涣镇调研美好乡村建设工作。

同日，市政协副主席王云升调研五沟镇美好乡村建设情况。

同日，团县委举行县青年创业者协会二次会议暨青年创业小额贷款贴息发放仪式。

同日，县妇联举办“贫困母亲”两癌救助款发放仪式。

同日，淮海南路改造工程（淝河路至省道101段）开工建设。

28日，全县经济工作会议召开。

同日，常务副县长姜颖接待上访群众。

同日，县人大常委会副主任赵岩调研文化市场管理工作。

同日，县人大常委会副主任孙建平调研计生工作。

同日，先后召开2013年第一次安全生产工作会议和全县土地卫片执法工作会议。

三　月

1日，市委书记肖超英调研县交通运输工作。

同日，召开全县领导干部大会。

同日，县保健按摩学会成立大会暨第一届会员代表大会召开。

2日，县长李加玉带队督查森林增长工程建设。

同日，北方重工设备设计有限公司高精度双零铝箔生产线项目签约县经济开发区，总投资12.3亿元。

5日，县委书记张明到韩村镇调研机关作风建设。

同日，县十六届人大常委会召开第八次会议。

同日，副县长沈振宇接待群众来访。

同日，召开县政协九届十五次主席会议。

同日，县巾帼志愿者到启言聋儿语训中心慰问听障儿童。

同日，中国妇女发展基金会赠送1台医疗救护专车“母亲健康快车”到县。

同日，郎溪县委书记邵建华率团到县参观考察。

同日，县人大常委会主任李相军视察县农林工作。

7日，市政法委书记方宗泽等督查县信访工作。

同日，县委书记张明到刘桥镇调研。

同日，县政协主席杨恒仁等到韩村镇马店行政村马店中心村考察。

8日，县委副书记郭海磊接待群众来访。

同日，举行县庆祝“三八”国际劳动妇女节103周年表彰大会暨“美好濉溪 巾帼先行”活动启动仪式。

10日，县巾帼林示范揭牌仪式在刘桥镇干庄村王引桥百亩桃树种植基地举行。

11日，召开县长办公会议。

12日，副市长周勇等督查县信访工作。

同日，市人大常委会常务副主任张旭调研刘桥镇美好乡村建设工作。

同日，县委书记张明接待群众来访。

同日，县政协召开九届六次常委会议。

12-13日，濉溪县党政代表团赴芜湖

县开展合作交流活动。

15日，县委书记张明调研县城市建设管理工作。

同日，县工商局等20多家职能部门举办“3·15”国际消费者权益日宣传纪念活动。

16日，广东坚美集团董事长曹锐斌率团考察县经济开发区。

17日，召开濉芜产业园现场办公会。

18日，县委常委、组织部部长徐从亮接待群众来访。

19日，县政协主席杨恒仁考察调研淮海战役总前委旧址小李庄。

20日，县人大常委会主任李相军接待群众来访。

同日，召开县政府第13次常务会议。

同日，县妇联联合县卫生局、妇幼保健站到南坪镇开展“母亲健康快车”送健康宣传义诊活动。

21日，市委副书记、代市长黄晓武调研县经济社会发展情况。

同日，市委副书记樊勇调研孙疃镇美好乡村建设工作。

同日，县委书记张明带队到铁佛镇调研美好乡村建设工作，并主持召开美好乡村建设现场调度会。

同日，县委工作会议召开。

同日，县长李加玉接待群众来访。

22日，县政府与供电部门第一季度电网规划建设对接会召开。

22-24日，县委书记张明、县人大常委会主任李相军赴上海、广州、东莞等地招商。

23日，全县开展系列活动纪念“3·23”世界气象日。

26日，省人大常委会原副主任任海深到县调研文化遗产保护工作。

27日，市人大常委会副主任余敏辉一行到县调研新型城镇化建设情况。

同日，县委书记张明、县政协主席杨恒仁等到淮海战役总前委旧址小李庄考察调研。

同日，先后召开全县民族宗教工作会议和全县建筑工程第一季度质量安全生产会议。

28日，全县经济形势报告会召开。

同日，县城南菜市街一处群众反映强烈的违法建筑被成功拆除。

同日，全县开展综治普法宣传活动。

30日，省政府参事李朝东到县调研煤化工产业发展情况。

31日，县长李加玉等督查2012年度土地卫片执法检查中违法用地整改情况。

四　月

1日，副县长朱秀芳慰问濉溪镇蒙村贫困母亲。

2日，县委书记张明率考察团到庐江县、凤台县考察创建文明县城工作。

同日，县委常委、县人武部政委王军接待上访群众。

同日，县政协主席杨恒仁调研苏州博能炉窑铝业有限公司等企业。

6日，市委副书记、代市长黄晓武到县调研文化旅游工作。

同日，召开县委中心组专题学习会。

8日，团县委、县教育局联合举办“青春建功美好濉溪”十八岁成人宣誓仪式，全县2000名年满十八周岁的学生参加仪式。

9日，县委书记张明检查县人口计生工作。

同日，县政协主席杨恒仁率县广电台人员采访淮海战役亲历者。

同日，召开县政府九届十六次主席会议。

9-24日，县人大常委会主任李相军带队督查美好乡村建设。

10日，全县宣传工作会议召开。

10-12日，人民网《安徽万里行》栏目组采访县经济开发区铝产业基地及双堆集镇芦沟村美好乡村建设情况，并在人民网安徽频道专题报道。

11日，湖南省湘西自治州常务副州长邝邹飞一行到县参观考察。

同日，省政协副主席张学平到刘桥镇调研新型城镇化建设。

同日，市人口计生委主任张洪海等检查县人口计生工作。

同日，县人大常委会副主任吕廷华接待上访群众。

12 日，东至县政协主席朱福民率团到县考察。

同日，濉溪“文明创建大讲堂”在县实小礼堂举行。

13 日，县委书记张明调研县市场建设与管理工作。

14 日，县委书记张明到百善镇调研美好乡村建设工作。

15 日，县人大常委会主任李相军到刘桥督查美好乡村建设工作。

同日，县人大常委会副主任闻斌调研县人民法院行政审判工作。

16 日，市委书记肖超英视察柳孜村隋唐运河码头遗址并调研文化旅游工作。

同日，县人大常委会副主任吕廷华视察全县安全生产工作。

17 日，芜湖县人大常委会主任夏正木一行考察濉芜产业园区建设情况。

同日，县民营经济发展大会召开。

18 日，县委书记张明率濉溪县党政考察团赴江苏沛县学习考察。

同日，先后召开全县被征地农民养老保险工作会议和校车安全管理工作会议。

同日，县青年创业者协会合肥分会揭牌仪式在安徽新华学院召开。

同日，县直工委组织举办“我与十八大”主题演讲比赛。

19 日，市政协促进民营经济发展专题调研组调研县民营经济发展工作。

20 日，省人社厅专家服务团到县开展服务活动。

同日，县人大常委会副主任孙建平视察县基本农田水利建设。

21 日，县委书记张明主持召开县城环境整治工作现场调度会。

22 日，副县长朱秀芳检察濉溪中学考点体育中考加试工作。

22-27 日，县政协主席杨恒仁赴北京寻访淮海战役总前委的子女及淮海战役亲历者。

23 日，县十六届人大常委会召开第 9 次会议。

25 日，常务副省长詹夏来到县濉芜现代产业区调研。

同日，省委副秘书长陈启涛到县调研。

同日，召开第一季度县经济运行分析会。

26 日，召开 2013 食品工业博览会濉溪县欢迎酒会暨招商推介会。

同日，刘桥镇党委、政府开展联合执法行动，对该镇小城村违法违章建筑进行强制拆除，共拆违 2 万多平方米。

27 日，省委副书记、代省长王学军调研濉溪开发区口子工业园。

同日，召开县委常委会（扩大）会议；濉溪县农历“三月十八”古会开幕。

28 日，哈尔滨工业大学与安徽理士电源（电池）技术有限公司举行联合实验室和实践教学基地揭牌仪式。

同日，县召开纪念“五一”劳动节暨劳动模范表彰大会。

4 月 濉溪县上调企业退休人员基本养老金。调整标准从 2013 年 1 月 1 日起执行。

五　月

1 日，县委书记张明到刘桥镇实地督查濉永路改造等重点工程进展情况。

2 日，副省长谢广祥到县调研大运河安徽段保护申遗工作。

同日，市长黄晓武检查县农林水利工作。

同日，县人大常委会副主任孙建平接待上访群众。

同日，县举办庆祝“五四运动”94 周年文艺会演暨表彰大会。

3 日，省委副书记李锦斌到县调研经济社会发展情况。

7 日，国际古迹遗址理事会副主席郭旃，国家文物局保护与考古司（世界文化遗产司）副司长陆琼、唐炜一行到隋唐古运河柳孜遗址考察、指导申遗工作。

同日，召开县政协九届十七次主席会议。

同日，濉岳路改造工程开工。

8日，副市长朱浩东查看刘桥镇周口村姜洼岩溶塌陷地灾害隐患点和刘桥小学校舍受损情况。

同日，市政协副主席陈美德到韩村镇马店村开展调研。

9日，县委书记张明检查全县招商引资重大项目建设及拟供地项目选址规划情况。

10日，先后召开县政府第14次常务会议和全县文明创建暨城乡建设管理工作会议。

11日，副县长李春山检查全县防汛工作。

同日，淮海路中段原食品公司地块房地产开发项目举行开工奠基典礼。

13日，县委书记张明、县长李加玉到黄新庄村观摩美好乡村建设。

同日，县人大常委会主任李相军考察县经济开发区企业项目建设。

14日，县政协主席杨恒仁视察淮海战役胜利65周年纪念活动开展情况。

同日，县政协副主席沈志华接待上访群众。

15日，省财政厅农发局一行到县调研。

同日，副市长谌伟检查孙疃镇美好乡村建设工作。

同日，先后召开县土地管理委员会第1次会议和全县妇女儿童工作会议。

同日，县“两癌”专家组在双堆集镇三和分院开展乳腺癌筛查。

15-17日，县政协主席杨恒仁率团赴霍山县政协学习考察红色旅游、文史资料采编工作。

同日，县政协副主席任婷调研全县民办教育发展工作。

16日，市委书记肖超英调研县经济开发区重点项目建设工作。

18日，昆山安徽商会会长、昆山春光石油经贸有限公司董事长吴家玉率团到县考察。

同日，东关入口景观工程和淮海路南端入口景观工程开工建设。

20日，先后召开县长办公会议和县第十六届人大常委会第10次会议。

同日，县人大常委会主任李相军率常委会组成人员到百善镇黄新庄村、县经济开发区视察美好乡村建设及园区建设。

21日，县长李加玉接待上访群众。

22日，县长李加玉接待群众来访。

同日，县政协副主席张发杰调研全县宗教工作。

同日，全县第二季度建设工程质量安全工作会议召开。

同日，县妇联、县科协在韩村镇马桃园小学开展科普安全知识宣传。

同日，团县委、县质量监督技术所开展“计量实验室开放日”活动。

23日，县人大常委会主任李相军到百善镇农业科技试验示范基地视察农业生产情况。

同日，县政协副主席任婷接待上访群众。

24日，岳西县政协主席储诚根一行到县考察政协工作。

25日，县委组织部部长徐从亮到刘桥镇中心校慰问贫困儿童。

同日，城乡爱心家庭结对帮扶活动启动仪式暨庆“六一”活动在刘桥镇中心学校举行。

28日，省食品安全联合检查组到百善农贸市场等地开展食品安全检查。

同日，市长黄晓武慰问双堆集镇中心幼儿园、中心小学。

同日，市政协大运河遗址研究会一行到大运河柳孜遗址考察。

同日，县委书记张明调研口子酒业等企业。

同日，县委常委、组织部部长徐从亮接待上访群众。

同日，县人大常委会副主任孙建平带队开展《中华人民共和国城乡规划法》贯彻实施执法检查。

同日，县长李加玉到县启言聋儿语训中心为58名听障孩子送去节日礼物。

29日，县委书记张明到县实验小学慰问贫困留守儿童。

同日，召开2012年度人口计生工作总结表彰大会。

同日，县政协主席杨恒仁等到百善镇、韩村镇、五沟镇视察美好乡村建设。

同日，举办首届濉溪县“美德少年”评选表彰会。

同日，县长李加玉先后主持召开全县涉农资金管理使用情况专项检查工作会议和全县金融工作调度会。

30日，县委书记张明接待上访群众。

同日，县人大常委会副主任闻斌视察全县劳动人事调解仲裁工作。

同日，副县长李春山接待上访群众。

同日，市政协主席阚相华、副市长杨军等到县经济开发区调研铝基产业发展情况。

同日，铁佛镇举办纪念淮海战役胜利65周年文艺会演。

六　月

1日，濉溪县2013年“安全生产月”活动正式启动。

3日，县委书记张明、县长李加玉一行到百善镇观摩大项目建设情况。

3-4日，省委宣传部部长曹征海一行考察隋唐大运河柳孜码头遗址。

4日，县政协副主席梁健接待上访群众。

5日，省审计厅副厅长胡海波到县调研审计工作。

同日，召开县政协九届十八次主席会议。

6日，省粮食局局长孙良龙一行到县调研夏粮收购工作。

同日，市委书记肖超英来县调研“三夏”工作。

同日，淮北首个家庭农场濉溪县永建家庭农场成立。

同日，濉溪县首届“口子酒乡 活力濉溪”2013优质地块招商推介会在合肥天鹅湖大酒店举行。

7日，省教育厅巡视组视察县高考考试运行情况。

同日，省旅游局局长胡学凡一行到县调研旅游工作。

8日，上海银行党委书记孟建松率团考察县经济开发区。

9日，副县长李春山到安徽福润禽类食品有限公司等企业调研。

10日，以刘旸事迹为题材的大型现代泗州戏《濉溪好人》汇报演出在濉溪镇举行。

12-14日，县城区因周边地区燃烧麦茬，烟雾弥漫，能见度低。

13日，县政协主席杨恒仁一行到县公安局督办提案《关于加强交通管理力度，提升城市整体形象》办理情况。

同日，县人武部政委王军接待上访群众。

同日，县工商局、县商务局等多家单位联合开展文明创建市场督察活动。

14日，合肥、芜湖、马鞍山青年企业家代表团到濉溪县经济开发区参观考察。

同日，县政协副主席梁健到县农林委和百善镇督办提案办理情况。

17日，先后召开县人大常委会主任会议和全县压煤村庄搬迁工作会议。

18日，省农委综合处一行到永建家庭农场考察调研。

同日，市人大常委会副主任李晓光带队到县检查道路交通安全管护工作。

同日，县政协副主席李家龙到县经信委督办提案办理情况。

同日，县妇联、县委宣传部、县安监局等7部门举办第四届“安全伴我行”演讲比赛。

19日，县委书记张明接待上访群众。

同日，县政协副主席沈志华到县交通局督办提案办理情况。

20日，市财政局一行到县答复市十五届人大一次会议第63号建议案办理情况。

同日，县人大常委会副主任赵岩带队视察全县基本公共卫生服务工作情况。

同日，县妇联、县交管大队、百善镇政府举办留守儿童安全教育活动。

同日，县政法委书记朱成文接待上访群众。

21日，市委督察组督查百善镇美好乡村建设工作。

同日，县政协副主席任婷到县人社局督办提案办理情况。

同日，召开全县十二五规划中期评估工作会议。

同日，团县委组织140名青年志愿者在濉河沿岸开展"保护母亲河，低碳濉河行"活动。

22日，县50户恒大明都业主因不满建筑装潢质量，到恒大明都维权。

24日，召开县政府第15次常务会议。6月25日，省人口计生委主任孙爱民到百善镇黄新庄村调研人口计生工作。

同日，县人大常委会召开第11次会议。

同日，县政协副主席张发杰到县卫生局督办提案办理情况。

26日，市纪委书记朱斌到县调研美好乡村建设。

同日，县委组织部长徐从亮接待上访群众。

27日，县文化委、团县委联合举办"大运河申遗与保护"志愿服务启动仪式。

同日，县委常委、县经济开发区主任王培杰接待上访群众。

28日，县长李加玉接待上访群众。

同日，先后召开县政协党组会议和2013年全县第二次安全生产工作会议。

6月 团县委、县公安局组织青年志愿者在县城主要路口开展为期两个月的文明交通志愿劝告导服务活动。

七　月

1日，副县长胡远文接待群众来访。

2日，召开九届十九次主席会议。

同日，副县长亓峰检查巨成化工企业生产情况。

3日，县委书记张明一行到百善镇黄新庄村现场观摩、调研美好乡村建设。

4日，召开县长办公会议。

5日，县人大常委会主任李相军到县经济开发区、濉芜产业园视察企业情况。

同日，先后召开县政协九届七次常委会议和县规划委员会会议。

同日，启动濉溪县2013年"江淮普法行"活动。

同日，县工商局、县妇联等单位在县沱河路北侧开展"江淮普法行"法律法规咨询宣传活动。

6日，国家文物局组织有关专家对柳孜运河遗址申遗进行实地检查预演。

7日，省文明办一行到县调研文明创建工作。

8日，县长李加玉一行到孙疃镇调研信访维稳工作。

9日，市人大常委会常务副主任张旭到刘桥镇前吕楼村调研美好乡村建设情况。

同日，县委副书记郭海磊接待群众来访。

同日，县妇联举办妇女创业扶持专项资金项目培训班。

11日，市人大常委会副主任李晓光视察县2013年"食品安全江淮行"活动开展情况。

15日，藁城市副市长孙瑞峰带队到百善现代农业综合开发示范区学习考察。

同日，市人大常委会一行到县调研人大工作。

16日，市人大常委会常务副主任张旭到县参加"百名代表看创城"活动。

同日，县政协召开第六届民营经济发展研讨会。

17日，县人大常委会主任李相军视察县安置房和保障性住房建设情况。

17–18日，省委政法委书记、公安厅党委书记徐立全到县调研党的群众路线教育实践活动。

17-23日，县妇联组织各镇妇联开展为期一周的留守儿童暑期安全教育大家访活动。

18日，副省长梁卫国到县调研农业生产情况。

同日，浙江南浔农村商业银行一行到县考察。

同日，市政协副主席王平到五沟镇大陈村调研美好乡村建设情况。

19-22日，县长李加玉率团赴浙江温州招商。

20日，举办濉溪县中小学校长培训班。

21日，《濉溪县绿化总体规划》评审会召开。

23日，县政协副主席张发杰接待来访群众。

24日，省统计局一行到县调研群众路线教育实践活动。

同日，市政协主席阚相华到县调研天主教工作。

同日，县人大常委会主任李相军等慰问孙疃镇复退军人重点优抚对象。

25日，市县财政局一行到铁佛镇督查农村财政管理及"一事一议"财政奖补工作开展情况。

同日，市政协主席阚相华等走访慰问县经济开发区重点优抚对象。

26日，县委副书记郭海磊等到铁佛镇看望慰问老复员军人和烈属。

同日，县政协主席杨恒仁一行到百善镇开展"八一"慰问活动。

同日，县委宣传部部长周昆、县政协副主席张发杰到五沟镇、临涣镇慰问。

27日，召开重点信访案件调度会。

29日，省审计厅审计组到县进行农村环境整治项目审计。

同日，县委书记张明、县长李加玉等到淮北军分区慰问。

同日，县长李加玉接待来访群众。

30日，省委宣传部一行到县视察文明创建工作。

同日，副市长周勇到刘桥司法所调研基层司法行政工作。

同日，县人大常委会主任李相军接待来访群众。

31日，县人大常委会主任李相军等到县经济开发区企业开展"送清凉"慰问活动。

7月　安徽段（淮北、宿州）大运河入选国家《"十二五"大遗址保护规划》名录。

八　月

1日，省委政法委副书记时侠联率队到县调研综治维稳工作。

同日，省审计组一行到百善镇审计调查农村环境连片整治示范项目进展工作。

同日，先后召开县人大常委会主任会议和《濉溪县商业网点规划》编制工作会议。

同日，县政协主席杨恒仁接待来访群众。

2日，市人大常委会部分委员到县经济开发区调研企业运营情况。

同日，召开政协九届二十次主席会议。

6日，副县长亓峰率队检查全县安全生产工作。

同日，全县食品药品安全知识大讲堂在西大堤公园开讲。

7日，浙江南浔农村商业银行负责人到县考察。

同日，市长黄晓武到濉溪镇八里村调研人口计生工作。

同日，县人大常委会副主任闻斌率队视察县检察院侦察监督工作。

同日，召开县政府第16次常务会议。

8日，副市长、市公安局长周勇到县调研消防安全、交通管理工作。

同日，市县科协、县妇联共同组织的暑期科普行活动在铁佛镇岳集中心学校举行。

同日，召开全县重点信访案件调度会。

同日，县人大常委会主任李相军视察濉芜产业园等项目进展情况。

同日，县长李加玉一行慰问顺达企业职工及市容环卫工人。

同日，濉溪县2013年“全民健身日”群众体育展示活动启动仪式在县体育场举行。

9日，先后召开县十六届人大常委会主任会议和全县被征地农民养老保险工作动员会议。

10日，县长李加玉督查县文明创建暨城市建设工作。

11日，省体育局一行到县调研美好乡村建设示范点体育设施建设工作。

同日，召开全县信访工作调度会。

12日，濉溪县县域分类考核工作会议召开。

13日，省司法厅督导组到县检查普法工作。

同日，县人大常委会副主任闻斌视察《安徽省残疾人保障条例》贯彻实施情况。

同日，副县长亓峰接待来访群众。

14日，省财政厅一行到县检查民营经济发展专项资金使用情况。

同日，县政协主席杨恒仁视察全县民族宗教工作。

15日，省林业厅一行到县检查林业工作开展情况。

同日，全县经济社会发展形势分析会召开。

16日，创建全省文明县城暨城乡同治工作推进会召开。

17日，县委组织部部长徐从亮等到百善食品工业园建筑工地开展送清凉活动。

同日，召开全县农民工工资清欠工作会议。

18日，中国书法进万家走进临涣文昌宫书法作品捐赠仪式在淮海战役总前委旧址纪念馆举行。

20日，召开县第十六届人大常委会第12次会议。

同日，副县长李春山到部分镇检查指导抗旱工作。

同日，爱心圆梦大学助学金发放仪式在翡翠明珠会议中心举行。

21日，县政协副主席梁健等到百善镇黄新庄村和道口村调研美好乡村建设情况。

16日，投资30多万元建成的四铺镇张圩村幸福生活驿站面向群众开放。

26日，召开县长办公会议。

27日，省第三次全国经济普查领导小组一行现场调研指导县第三次全国经济普查综合试点区入户登记工作。

同日，县人大常委会主任李相军先后视察县经济开发区部分项目建设及濉芜产业园基础设施建设情况。

同日，县政协副主席李家龙接待来访群众。

28日，国家文物局文物保护与考古司副司长唐炜一行到百善镇柳孜村检查大运河申遗各项准备工作。

同日，副市长朱浩东到县经济开发区调研重点项目建设情况。

29日，省人口计生委一行到县开展党的群众路线教育实践活动调研。

同日，市领导肖超英、黄晓武、阚相华、张旭等到县调研观摩项目建设情况。

同日，县人大常委会副主任赵岩率队调研学前教育工作。

同日，县长李加玉接待来访群众。

30日，市政协副主席、市委统战部部长李彦秋到县经济开发区、濉芜现代产业园调研县工业园区建设。

九　月

2日，县长李加玉到濉芜现代产业园和濉溪经济开发区调研园区建设。

3日，县人大常委会副主任孙建平接待上访群众。

4日，濉溪县在全省2012-2013年度农田水利基本建设“江淮杯”竞赛中获三等奖，并获省级农田水利专项资金奖补200万元。

同日，市人大常委会副主任李晓光到刘桥镇视察指导美好乡村建设工作。

同日，市政协主席阚相华到刘桥镇调研美好乡村建设工作。

5日，市人大常委会常务副主任张旭到百善、铁佛两镇调研镇域经济发展情况。

6日，省政府招商引资专题调研组到濉溪经济开发区调研。

同日，先后召开县“十二五”规划纲要实施中期评估座谈会、全县庆祝第29个教师节暨表彰大会和全省食品药品安全示范县创建工作会议。

9日，市委书记肖超英调研县人口计生工作。

10日，市委书记肖超英走访部分驻县市人大代表。

同日，县委副书记郭海磊接待上访群众。

11日，凤台县副县长马翠兵率团到濉溪经济开发区考察学习。

同日，召开县政协九届二十一次主席会议。

12日，市政协主席阚相华到濉溪经济开发区调研铝基产业发展情况。

同日，县人大常委会副主任赵岩率队检查《中华人民共和国科技进步法》实施情况。

同日，县政协主席杨恒仁一行调研濉溪老城规划及龙圣寺周边环境整治工作。

同日，市政协副主席蒋守彬等到县经济开发区调研招商引资工作。

同日，副县长亓峰接待上访群众。

12-13日，县人大常委会主任李相军率团赴浙江温州招商。

13日，美国客商淮北考察团抵达淮北、濉溪进行为期两天的商务考察活动。

同日，省水利厅厅长纪冰一行到县调研农村水利工作。

同日，市政协主席阚相华等到濉溪经济开发区调研铝基产业发展情况。

同日，市县科协在四铺镇张圩村举行“科普美好乡村行”活动。

17日，县人大机关、县政协离退休老干部到刘桥镇视察美好乡村建设工作。

同日，召开文明委扩大会议暨第二届“感动濉溪”十佳人物、文明诚信工商户、“十星级”文明户表彰会。

18日，召开全县计生形势分析暨季度考评奖励兑现会议。

21日，市人大常委会常务副主任张旭到县老城石板街视察。

22-23日，省农业综合开发项目验收组对县2012年国家农业综合开发项目检查验收。

23日，县长李加玉接待上访群众。

同日，召开全县2013年第三季度安全生产工作会议。

24日，省统计局一行调研县“三经普”综合试点工作。

同日，副县长朱秀芳接待上访群众。

25日，省食安办督查组到县对肉及肉制品质量安全情况专项督查。

同日，市人大常委会部分驻会委员到濉芜产业园视察。

同日，全县招商引资工作调度暨“百日攻坚”活动动员会召开。

26-27日，县委宣传部、县妇联、县文化委联合举办濉溪县迎国庆“美好乡村 魅力巾帼”广场健身舞展演活动先后在五沟镇北湖南村、濉溪镇蒙村启动。

26日，西藏山南地区错那县县长布多率团到县考察经济社会发展情况。

同日，召开全县工业、投资及项目工作会议。

同日，县法院对4·12“两非”案件进行公开审理，周某某等8人因开展非法医学需要的胎儿性别鉴定和选择性别的人工终止妊娠，分别获有期徒刑或缓刑。

27日，县食品药品监管局督查国庆期间全县食品药品市场环境。

29日，省消防协会在县开展消防知识培训。

同日，濉溪县委、县政府在瑞安举办安徽濉溪·温州经济交流恳谈会。

同日，举办“迎国庆，创文明县城 建美好乡村”书画大赛颁奖典礼。

30日，副县长李春山到铁佛镇、百善镇调研人口计生工作。

十　月

2日，县委副书记郭海磊到双堆集镇、南坪镇调研人口计生工作。

6日，县长李加玉督查全县文明创建及夜景亮化工作。

同日，副县长吴杰率队到濉溪镇、县开发区督查文明创建工作。

同日，县政协副主席任婷接待来访群众。

10日，全县社区星级志愿服务广场志愿活动在濉溪县时代广场启动;

11日，召开县人大常委会主任主任会议。

同日，省政协常委、副秘书长杨玉华到百善镇黄新庄调研美好乡村建设情况。

12日，市政协退休老干部参观百善镇黄新庄村、柳孜运河遗址等。

同日，召开县政府九届二十二次主席会议。

13日,百善镇黄新庄村举办重阳节“百名老人乐园汇”文艺会演。

15日，县委常委、县委办公室主任周昆接待来访群众。

同日，县人大常委会主任李相军一行到百善、四铺镇视察秋收秋种工作。

同日,召开县政协九届八次常委会议。

16日，副省长梁卫国到百善镇“田丰土地托管服务中心”检查指导。

同日，县人大委员会副主任闻斌调研县城乡居民养老保险工作。

同日，县人大委员会副主任赵岩、吕廷华分别调研县食品药品安全示范县创建工作和全县民生工程实施工作。

17日，副县长胡远文接待来访群众。

18日，召开全县领导干部大会。

同日，县政协主席杨恒仁视察濉芜产业园建设发展情况，

19日，县妇联、淮北师范大学支农社开展“一帮一”帮扶活动。

20日，先后召开县政府第17次常务会议和县规划委第18次主任会议。

21日，濉溪县湖商村镇银行发起人大会召开。

22日，省人口目标考核组到百善镇前营村进行考核。

同日，召开县十六届人大常委会第13次会议。

23日，安庆市政协主席张金锐率队考察县经济开发区。

同日，省人大食品安全工作检查组对全县食品安全工作情况跟踪检查。

同日，县人大常委会主任李相军到百善工业园视察县人大招商引资项目建设。

同日，全市农民文化乐园建设试点现场会在百善镇黄新庄村召开。

24日，镇江团市委书记贾敬远率镇江市青年企业家一行到县考察交流。

25日，安庆市人大常委会常务副主任方川林考察县口子酒业股份有限公司发展情况。

28日，市计划生育保障检查组到县检查保障措施落实情况。

同日，副县长吴杰接待来访群众。

29日，四川省广安日报社“追寻邓小平足迹”采访组一行到淮海战役总前委旧址濉溪县韩村镇小李家实地采访。

同日，市人大常委会常务副主任张旭到五沟镇肖店村调研村级建设。

30日，省关工委检查组一行8人到县检查。

同日，县委常委、县纪委书记刘铁接待来访群众。

同日，全市基层应急处置机制建设经验交流会在韩村镇召开。

31日，副市长王莉莉调研县全县教师队伍建设。

十一月

1日，全县镇、区纪委书记会议召开。

同日，县第七小学路口一辆公交车在校门口连撞6车，一名接孩子放学的家长不幸身亡。

2-4日，举行全县第十四届中小学生田径运动会。

3日，召开全县党的十八届三中全会期间信访维稳工作会议。

同日，县领导李加玉等督查文明创建工作。

同日，省农机局一行到县调研和指导农机补贴工作。

5日，县委常委、政法委书记朱成文接待上访群众。

同日，召开县政协九届第23次会议。

同日，韩村镇举行首届“农民健身舞”大赛。

6日，召开争创国家级经济开发区动员会。

7日，芜湖市政协主席胡邦明率团到县视察学习。

同日，召开县长办公会议。

8日，省财政厅一行到县检查民生工程实施工作。

同日，副县长亓峰接待上访群众。

9日，县委常委、政法委书记朱成文接待上访群众。

10日，国家宗教局一行到县调研宗教工作。

11日，省商务厅厅长曹勇一行到刘桥镇任圩村调研帮扶工作。

同日，副省长花建慧一行来县调研。

同日，副县长李春山接待上访群众。

同日，由县文化委主办的“美好乡村、文化惠民”送文化下乡巡演启动仪式在濉溪镇蒙村举行。

12日，河北省东光县一行5人到县交流学习“大督查”工作。

同日，县委组织部部长徐从亮接待上访群众。

同日，县人大常委会副主任赵岩视察县文物保护工作。

同日，县第三次全国经济普查动员大会召开。

13日，台湾企业家参观考察县经济开发区。

同日，副县长吴杰接待上访群众。

同日，先后召开创建全省文明县城测评检查情况通报会和全县领导干部大会。

14日，省知识产权局局长周宏一行到县检查国家知识产权强县工作。

同日，由市科协、九三学社淮北市委共同举办的“百名专家进学堂讲科普”走进濉溪中学。

同日，召开县小老板培育工程工作总结表彰会。

14-15日，省食药监局一行督查县食品药品监管工作。

16日，县教育局举行“唱童谣 育经典”启动仪式暨“童心向党”歌咏比赛。

18日，省人大常委会副主任沈卫国率团视察县民生工程实施情况。

同日，宿州市委书记张曙光、市长史翔率团到百善镇黄新庄村参观考察。

同日，召开县人大常委会主任会议。

19-20日，县在杭州萧山举办安徽濉溪·杭州企业家经济交流恳谈会。

20日，濉溪县“预防农村职务犯罪百场讲座进乡村”宣讲活动走进韩村镇。

22日，先后召开县委常委（扩大）会议和县十六届人大常委会第14次会议。

同日，县人大常委会主任李相军带领常委会组成人员视察园区建设。

22-23日，县教育局、团县委联合举办濉溪县少先队辅导员培训班。

24日，由省委宣传部、省文明办共同编创的《好人安徽大舞台》基层巡演在县实小礼堂举行。

同日，市县财政局到韩村镇调研民生工程工作。

同日，召开县委常委民主生活会。

25日，召开濉溪县2013年度第4次安全生产工作会议。

26日，省清房领导小组第六督查组到县督查清房工作。

同日，市第三次全国经济普查领导小组到四铺镇督查指导经济普查工作。

同日，县委书记李加玉接待上访群众。

同日，县委副书记、副县长赵德志到四铺镇调研美好乡村建设工作。

同日，县政协副主席沈志华接待上访群众。

27日，省人大常委会城乡建设环境与资源保护工作委员会主任余焰炉到县调研农村公路建设工作。

同日，召开2012年度全县自主创新政策兑现会议。

28日，市委书记肖超英到县调研保障性安居工程建设进展情况。

29日，由淮北市学前教育专业委员会组织的全市幼儿园教师精品课展示活动在县城关中心幼儿园举行。

同日，县人大常委会主任李相军接待上访群众。

11月 淮北市顺达商贸有限公司的"图形"商标、安徽家园铝业有限公司的"明浩"商标、安徽伊亚格管业有限公司的"伊亚格"商标及濉溪县福泉酒业有限责任公司的"古坛"商标被评为安徽省著名商标。同时，濉溪县鲁王制粉有限公司的"咏禾"商标、安徽口子酒业股份有限公司的"口子及图"商标等再次被认定为安徽省著名商标。

同月，濉溪县通过国家农业标准化示范县验收，并再度被评为全国科技进步考核先进县。

十二月

1日，市委书记肖超英一行到百善镇黄新庄村观摩美好乡村建设情况。

2日，县委副书记、副县长赵德志到五沟镇、韩村镇调研。

2-10日，县政协副主席梁建、张发杰、李家龙、沈志华、任婷走访委员。

3日，县委副书记、副县长赵德志专题调研县城市基础设施建设、重点项目和城市管理工作。

同日，县人大常委会党组召开民主生活会。

3-4日，濉溪县通过省教育厅农村义务教育薄弱学校改造计划图书、多媒体远程教学设备项目检查组验收。

4日，省政府副秘书长吴行一行到百善镇黄新庄村视察美好乡村建设。

同日，省农民文化乐园建设试点工作督导组到县督导省级农民文化乐园建设试点工作。

同日，县人大常委会主任李相军检查"12·4"全国法制宣传日宣传情况。

同日，全县43家单位279名普法志愿者在县城沱河路集中开展大型法制宣传活动。

同日，先后召开县"小产权房"清理整治专项工作会议和濉溪县2011-2012年度"青年文明号"命名表彰大会。

5日，市人大常委会常务副主任张旭率部分在淮北省人大代表到县经济开发区视察。

同日，市安监局局长曹宏新带队到县督查安全生产工作。

同日，省人社厅一行到县调研人力资源和社会保障工作。

同日，省城市基层党建工作调研组到县调研检查非公党建工作。

6日，副县长亓峰接待来访群众。

6-7日，市县安监局专家组对县职业卫生丙级资质认证工作现场考核。

8日，淮北市爱心车队为四铺镇颜道口村瘫痪卧床、无钱治疗的16岁少女谢漫茹送去米面油和捐款等。

同日，县委副书记、副县长赵德志到县经济开发区现场督查项目建设。

9日，召开县政府第18次常务会议。

10日，县委副书记袁九森调研全县美好乡村建设工作。

同日，县政协主席杨恒仁接待来访群众。

同日，县安监局、县公安局、县消防大队联合对县城三堤口烟花爆竹市场开展突击检查。

11日，淮北军分区司令员程小云一行到县调研人民武装工作。

同日，市政协主席阚相华到顺发食品有限公司等企业调研。

同日，市安监局督查县非煤矿山安全大检查"回头看"工作。

同日，先后召开县人大常委会主任会议和全县批而未供和闲置土地清理工作会议。

12日，市委副书记樊勇到县调研美好乡村建设。

同日，县人大常委会主任李相军走访孙疃镇尤沟村、炮楼村联系代表和选民。

13日，省人社厅到县检查城镇职工社会保险档案达标验收工作。

同日，副县长朱秀芳到徐楼中心学校大王小学慰问“感动濉溪教育人物”代玉萍。

同日，召开县政协九届二十四次主席会议。

13、16日，副县长朱秀芳到企业车间、医院科室走访慰问一线科技工作者。

14日，中共中央办公厅信息综合室主任王中华等到县调研农村土地流转工作。

15日，县委副书记、副县长赵德志主持召开101、203公路建设调度会。

16日，副市长周勇到县专项检查县工业园区企业消防安全工作。

17日，副县长朱秀芳接待来访群众。

18日，省经信委煤炭办公室一行到界沟煤矿督查煤矿安全工作。

同日，省水利厅一行到县检查农村饮水安全工程运作情况。

同日，县委副书记、副县长赵德志到县财政局、地税局调研财税工作。

同日，召开县十六届人大常委会第15次会议。

19日，省教育厅调研组一行到海孜中心学校调研学籍管理和免费教科书管理使用工作。

同日，召开县政协九届九次常委会议。

20日，市委书记肖超英等到县调研“百亿口子”行动计划进展情况。

21-22日，举办全县粮食系统冬训会。

22日，县委书记李加玉到县经济开发区调研重点项目建设情况。

同日，全县经济工作务虚会召开。

23日，砀山县委书记陶广宏率队到县考察学习城乡文明创建及“三线三边”环境整治工作。

24日，先后召开全县资产清理工作调度会和全县商业网点规划征求意见会。

25日，省煤矿安全监察局一行督查指导界沟煤矿安全生产工作。

同日，县委书记李加玉接待来访群众。

同日，召开全县2013年打击传销联席会议。

26日，市县科协到五沟镇邵长营小学开展爱心助学送校园活动。

同日，中共濉溪县委十届五次全体(扩大)会议召开。

同日，县委副书记、副县长赵德志接待来访群众。

同日，县委常委、纪委书记刘铁接待来访群众。

同日，民建濉溪县支部召开第四次全体会员大会。

27日，先后召开县政府第19次常务会议和县第六次全国体育场地普查工作会议。

29日，召开县工商质监和食品药品监督管理体制改革工作会议。

31日，县人大常委会副主任闻斌接待来访群众。

同日，县妇联、安徽鼎元置业有限公司爱心捐助仪式在双堆集镇中心校举行。

2014年

一　月

1日，市统计局局长王亚辉一行到县指导经济普查登记工作。

2日，全县国土资源重点工作会议召开。

3-5日，政协濉溪县第九届委员会第3次会议召开。

4-6日，濉溪县第十六届人民代表大会第3次会议召开。

6日，先后召开全县安全生产专项检查工作会议和县政协九届二十五次主席会议。

7日，凤阳县凤宁现代产业园一行考察濉溪芜湖现代产业园。

同日，副县长胡远文到县人社局调研人力资源社会保障工作。

9日，县妇联、县教育局联合举办“科学教子、共育英才”家庭教育知识巡回讲座。

同日，召开县城乡居民养老保险工作动员会。

11日，省委组织部部长王炯到韩村镇走访慰问老党员和困难群众。

12日，市统计局局长王亚辉到韩村镇调研第三次全国经济普查工作开展情况。

同日，召开全县消防安全工作会议。

12-14日，县委副书记、副县长赵德志，县政协主席杨恒仁赴北京拜访淮海战役总前委子女及其亲属。

13日，马来西亚《星洲日报》“爱心助养行动”资助县6所小学56名贫困学生。

同日，市委宣传部部长顾文到百善镇黄新庄村调研农民文化乐园建设工作。

同日，市长黄晓武到县经济开发区、濉芜产业园调研。

13-17日，县政协副主席梁建、李家龙到刘桥镇等单位调研机关作风建设。

14日，市委书记肖超英调研孙疃中学。

同日，县委副书记、副县长赵德志拜会省商务厅厅长曹勇。

同日，副县长朱秀芳接待来访群众。

同日，百善镇举办首届农民乒乓球赛。

16日，省委宣传部、省文化厅举办的“我们的中国梦—2014年安徽省农民文化乐园慰问演出”到濉溪镇蒙村和百善镇黄新庄村演出。

同日，省人口计生委检查组等到县检查计生工作。

同日，安徽省煤矿安全监察局对县界沟煤矿瓦斯治理和利用目标进行检查。

同日，县委常委、县委办公室主任周昆接待来访群众。

17日，市安监局局长曹宏新到县三堤口批发市场及县瑞虹烟花爆竹仓库督查节前安全生产。

同日，召开县人大常委会主任会议。

同日，县人大常委会主任李相军等走访慰问离退休老干部。

同日，举行濉溪县2014年迎春茶话会。

18日，召开县政府第20次常务会议。

20日，县委书记李加玉，县委副书记、副县长赵德志率团到芜湖县考察。

20-21日，县委组织部部长徐从亮率团赴浙江瑞安招商。

21日，市委书记肖超英到刘桥镇调研塌陷搬迁安置区建设情况。

同日，市长黄晓武到县督查烟花爆竹市场安全管理工作。

同日，市政协副主席钱丹婴到县慰问家庭困难教师。

同日，市检察院检察长徐从峰率队到铁佛镇张黄庄村开展节前送温暖慰问活动。

同日，召开县政协九届二十六次主席会议。

22日，市纪委书记朱斌调研县纪检监察工作。

同日，县委书记李加玉，县委副书记、副县长赵德志分别到各镇看望慰问贫困妇女儿童。

同日，县委副书记袁九森、县人大常委会副主任闻斌到铁佛镇开展慰问活动。

同日，县委宣传部部长王申走访慰问异地安置离休老干部。

同日，县政协主席杨恒仁等到百善镇等地慰问困难群众。

23日，县人大常委会主任李相军到乾隆湖工业园慰问企业困难职工。

同日，举行全县老干部迎春茶话会。

24日，市妇联主席刘妍梅慰问铁佛镇贫困妇女。

同日，县委书记李加玉到濉溪镇、县经济开发区慰问困难群众。

同日，县委副书记、副县长赵德志看望慰问老干部。

同日，召开全县小麦抗旱工作调度会。

同日，县人大常委会主任李相军到刘桥镇走访慰问困难老党员和困难群众。

同日，县领导李加玉率队到淮北军分区走访慰问。

同日，县纪委书记刘铁等走访慰问军烈属、伤残军人。

同日，淮北市书法家协会书法爱好者10多人免费为韩村镇群众书写春联400幅。

25日，市委副书记樊勇到濉溪镇蒙村慰问计生贫困户。

同日，县委副书记、副县长赵德志调研节日市场供应和安全生产。

26日，县妇联、县人力资源保障局、县总工会在双堆集镇举办“春风行动”农民工专场招聘会。

27日，副县长朱秀芳到县湖滨敬老院看望孤寡老人。

28日，县委副书记、副县长赵德志，副县长李春山先后接待来访群众。

29日，县委书记李加玉接待来访群众。

同日，县委书记李加玉，县委副书记、副县长赵德志对“三线四边”治理及农村环境整治工作进行督查。

30日，县委书记李加玉看望慰问坚守岗位的一线职工。

同日，县委副书记、副县长赵德志专项检查食品安全。

二　月

6日，县委党的群众路线教育实践活动领导小组召开第一次会议。

7日，安徽（淮北）新型煤化工合成材料基地项目建设现场观摩暨指挥部第一次调度会议在临涣工业园举行。

同日，县委召开全县党的群众路线教育实践活动工作会议。

8日，县委书记李加玉到联系点濉溪镇杜庙村调研指导教育实践活动。

同日，先后召开县政协九届二十七次主席会议和重点信访案件调度会。

同日，副县长亓峰接待来访群众。

11日，全县金融工作座谈会召开。

12日，县委书记李加玉带队督查调研五沟镇区整体搬迁工作。

同日，副县长朱秀芳接待来访群众。

同日，县政协召开九届十一次常委会议。

12-14日，县卫生局组织有关人员分两组对县医院、县中医院、县疾控中心及各镇卫生院、分院的人感染H7N9禽流感防控工作督导检查。

13日，先后召开第2次县长办公会、创建省级园林县城工作动员会和H7N9禽流感防控工作会议。

14日，县委书记李加玉到百善镇调研百善现代农业综合开发示范区工作。

19日，濉溪经济开发区申报国家级经济技术开发区专项评审会在合肥召开。

同日，市县团委到韩村镇双沟村调研大学生村官创业工作。

同日，县委副书记袁九森接待来访群众。

同日，县政协主席杨恒仁调研县经济开发区企业生产。

20日，副县长胡远文接待来访群众。

21日，省文化厅调研组到县调研农民文化乐园建设工作。

同日，召开县综合治税暨财政支出管理工作会议。

22日，县委副书记、副县长赵德志到县经济开发区李庄村指导教育实践活动。

23日，县召开党的群众路线教育实践活动专题辅导报告会。

24日，县召开“作风建设提升年”动员大会。

25日，县委书记李加玉接待来访群众。

同日，县举行党的群众路线教育实践活动廉政警示教育报告会。

26日，市委书记肖超英调研教育工作。

27日，市委书记肖超英先后调研刘桥中心学校和濉芜现代产业园区。

同日，常务副市长杨军到五沟镇、韩村镇开展走访调研。

同日，县政协副主席张发杰接待来访群众。

28日，县政协召开2014年重点工作会议。

同日，县举行青年创业者协会三次会议暨青年创业小额贷款贴息发放仪式。

三　月

1日，县政协主席杨恒仁到百善镇参加闫集村党的群众路线教育实践活动动员会。

3日，副县长李春山接待来访群众。

4日，县委副书记、副县长赵德志率队督查森林长廊建设。

同日，先后召开县人大常委会主任会议和县妇联十届九次执委扩大会议。

同日，县人大常委会副主任闻斌视察县社会治安工作。

同日，县政协副主席李家龙接待来访群众。

5日，召开全县全国“两会”期间信访稳定工作会议。

同日，副县长胡远文接待来访群众。

同日，团县委组织开展青年志愿服务活动。

6日，县委副书记、副县长赵德志到县经济开发区中心学校调研。

同日，召开县十六届人大常委会第16次会议。

6-7日，县政协副主席张发杰到五沟镇魏庙村、北湖南村党的群众路线教育实践活动的联系点走访群众。

7日，县委副书记、副县长赵德志率考察团赴宿州市考察学习“三线四边”环境治理工作。

同日，县妇联、县文化委联合举办庆“三八”趣味运动会。

10日，召开县政府第21次常务会议。

同日，县政协主席杨恒仁到百善镇闫集村、徐楼村开展走访调研。

同日，县纪委书记刘铁到韩村镇走访老党员、群众代表。

10-11日，省人大常委会原主任孟富林率省人大工作研究会调研组到县调研县域经济发展情况。

11日，副县长胡远文预约接待信访群众。

同日，副县长朱秀芳检查祁集中心学校。

12日，县委书记李加玉调研城市重点项目工作。

同日，县人大常委会主任李相军到刘桥镇孟口村调研走访。

13日，市人大常委会常务副主任张旭到南坪镇等地走访市人大代表。

同日，县委副书记、副县长赵德志到濉溪镇北关社区开展走访调研。

同日，县委常委、组织部部长徐从亮接待4批6人次来访群众。

同日，副县长朱秀芳到百善镇中心小学检查教学工作。

14日，县委常委、县委办公室主任周昆接访来访群众。

同日，市人大常委会常务副主任张旭带领执法检查组检查县《中华人民共和国大气污染防治法》落实情况。

15日，濉溪湖商村镇银行正式营业。

同日，县质监、药监、司法等部门开展消费者权益保护日宣传纪念活动。

16日，县委副书记、副县长赵德志检查房地产和市政建设。

同日，县政协主席杨恒仁督查双堆集烈士陵园建设。

17日，县人大常委会主任李相军到县经济开发区视察企业项目建设。

同日，召开县政府廉政工作会议。

同日，县政协主席杨恒仁等走访政协委员。

18日，县委副书记袁九森到韩村镇调研。

同日，县人大常委会机关召开党的群众路线教育实践活动专题辅导报告会暨征求意见座谈会。

同日，常务副县长曹崇君约访信访群众。

同日，共青团濉溪县十二届七次全委（扩大）会议召开。

18-19日，县妇联、老干部局、县总工会、团县委、县科协联合举办党的群众路线教育实践活动专题辅导报告会和先进人物事迹报告会。

18-20日，县政协副主席梁建到濉溪镇黄桥村和房庄子居委会调研。

19日，县委副书记、副县长赵德志督查全县“三线四边”环境卫生综合整治工作。

同日，先后召开县政协九届二十八次主席会议和“三线四边”环境卫生综合整治工作现场会。

同日，县政协副主席沈志华接待来访群众。

同日，纪念“3·23”世界气象日暨气象防灾减灾工作会议在韩村镇召开。

21日，县委书记李加玉督查各镇机关作风建设和“三线四边”环境卫生综合整治情况。

21-23日，县委副书记、副县长赵德志率团赴温州瑞安招商。

24日，县委副书记、副县长赵德志接待来访群众。

同日，全县安全生产工作会议召开。

25日，县人大常委会主任李相军到孙疃镇走访人大代表。

同日，召开全县第一季度人口和计划生育工作考评奖励兑现会议。

26日，市委书记肖超英带队检查考核县党风廉政建设工作。

同日，市委党的群众路线教育实践活动先进事迹报告团到濉溪作巡回报告。

26-27日，市委书记肖超英到县部分镇村开展访民情活动。

同日，先后召开2014年第3次县长办公会和全县重点项目现场观摩暨调度会议。

同日，县人大常委会主任李相军接待来访群众。

28日，县委副书记、副县长赵德志，县人大常委会主任李相军到县经济开发区调研规划建设与发展工作。

31日，县委书记李加玉接待来访群众。

同日，县委副书记、副县长赵德志到五沟镇督查整体搬迁工作。

同日，县纪委书记刘铁约谈镇纪委书记。

四　月

1日，县人常委会主任李相军视察濉芜产业园。

同日，副县长朱秀芳、胡远文预约接待来访群众。

同日，濉溪县市场监督管理局挂牌成立。

2日，省宗教局局长孙丽芳到县调研宗教工作。

同日，县委副书记、副县长赵德志分别与全县各镇镇长及负责人开展群众路线教育谈心谈话活动。

2-4日，县政协主席杨恒仁率团赴江苏省泗洪县、南京市考察江苏省现代农业综合开发示范区。

3日，省委党的群众路线教育实践活动第二督导组督查濉溪中学教育实践活动开展情况。

同日，团县委、县教育局在濉溪中学联合举办十八岁成人宣誓仪式。

4日，市人大常委会常务副主任张旭一行到濉溪镇蒙村、百善镇黄新庄村调研美好乡村建设。

同日，召开县科协四届八次全委（扩大）会。

5-6日，县委副书记、副县长赵德志率团赴无锡考察五洲国际大市场。

8日，县委书记李加玉接待来访群众。

同日，召开县招商引资项目建设观摩调度会。

10日，市委副书记樊勇到韩村镇淮海村小李家调研红色文化旅游工作。

11日，韩村镇组织镇班子成员、各部门负责人到淮海战役总前委旧址小李庄接受革命传统教育。

14日，县人大常委会主任李相军视察濉芜产业园区建设。

15日，省人大常委会调研组就修改安徽省实施《中华人民共和国老年人权益保障法》办法开展立法调研。

同日，省审计厅副厅长胡海波到县经济开发区和濉芜现代产业园调研。

同日，常务副县长曹崇君接待来访群众。

同日，濉溪县医院与徐州医学院附属医院举行合作签约启动仪式。

16日，县委副书记、副县长赵德志调研县公路建设。

同日，市人口计生委在四铺镇召开基层建设提升年现场会。

同日，濉溪县公路建设调度会在韩村镇召开。

17日，召开全县“三线四边”环境卫生综合整治工作推进会议。

同日，濉溪县举办为期3天的物资交流大会。

18日，市委书记肖超英到刘桥镇孟口村调研。

20日，濉溪县2014年初中毕业升学体育考试在濉溪中学考点开考，11671名考生参加考试。

21日，副市长方宗泽到群众路线教育实践活动联系帮扶点铁佛镇北张楼村调研。

同日，县人大常委会主任李相军视察淮海战役双堆烈士陵园升级改造工程。

同日，先后召开2014年全县民生工程工作会议和县人大常委会主任会议。

22-23日，市长黄晓武到南坪镇、五沟镇、孙疃镇、百善镇调研乡镇经济社会发展情况。

23日，市委宣传部部长顾文到百善镇龙桥村调研后进村整顿工作。

同日，市委政法委书记赵怀印调研百善镇美好乡村建设。

同日，市长黄晓武到百善镇皖雪食品等企业调研。

同日，市政协主席阚相华等到百善镇闫集村调研软弱涣散村整顿情况。

同日，县人大常委会主任李相军视察县经济开发区、濉芜产业园企业项目建设。

24日，省编办主任罗昌平率组督查县工商质监食品药品监管体制改革工作。

同日，县委书记李加玉、县人大常委会副主任孙建平先后接待来访群众。

25日，县委常委、政法委书记朱成文预约接待信访群众。

28日，市长黄晓武等到县调研四月底集中开工项目进展情况。

同日，市人大常委会副主任李晓光到县开展“百名代表看创城”活动。

同日，先后召开县政府第22次常务会议和县委中心组专题学习会。

同日，县委副书记、副县长赵德志、副县长胡远文先后预约接待来访群众。

29日，县委书记李加玉慰问原省劳动模范吕武西和李天莲。

同日，先后召开县第十六届人大常委会第17次会议、纪念“五四运动”95周年暨表彰大会和县政协九届二十九次主席会议。

30日，蒙城县教育局一行到县考察交流。

同日，县委书记李加玉考察濉芜产业园和园区重点项目建设工作。

4月，濉河生态环境治理获安徽人居环境范例奖。濉河公园北起刘桥铁路专用线，南至五里郢桥，南北全长约4700米，宽70米，总建设面积约33万平方米。

五　月

2日，召开重点信访案件调度会。

4日，县委书记李加玉督查“三线四边”环境综合整治和绿化提升工作进展情况。

同日，县委副书记、副县长赵德志率团赴浙江诸暨、瑞安招商。

同日，县人大常委会主任李相军到濉溪镇杜庙村开展后进村帮扶调研。

同日，县纪委、县委宣传部联合在濉溪电视台《濉溪新闻》中开设“为民服务我承诺”专栏。

5日，召开县委常委会第45次会议。

6日，县委书记李加玉，县委常委、政法委书记朱成文先后接待来访群众。

同日，县纪委、监察局在全县开展“强素质转作风树形象”专题活动。

7日，市人大常委会副主任杨彦颖到孙疃镇王楼村调研党的群众路线教育实践活动开展情况。

同日，召开县政协九届三十次主席会议。

8日，市建委到县考察学习农村危房改造工作经验。

同日，中共濉溪县委召开党的群众路线教育实践活动领导小组第四次会议。

9日，市人大常委会副主任余敏辉带队到县检查《物业管理条例》贯彻实施情况。

同日，召开县党政干部清房工作领导小组会议。

12日，县政协主席杨恒仁到双堆集镇督办《关于重修双堆至罗集公路建议》的九届三次会议重点提案。

14日，省春季铲毒督导组一行对韩村镇禁毒及禁种铲毒工作进行全面督导检查。

同日，市长黄晓武到濉溪镇杜庙村、刘桥镇丁楼村调研软弱涣散村党组织整顿工作。

15日，上海宝钢型钢淮北生产基地揭牌仪式在濉溪经济开发区举行。

同日，淮北市打击“两非”工作推进会在县召开。

同日，濉溪县委宣传部、县妇联、县文明办、县广电台联合举办濉溪县“最美家庭”颁奖仪式。

同日，秸秆禁烧和综合利用工作会议召开。

16日，省宗教局一行专题调研韩村镇民族宗教工作。

同日，召开县委常委会第46次会议。

20日，县委副书记、副县长赵德志调研全县秸秆禁烧宣传工作。

同日，副县长朱秀芳预约接待来访群众。

21日，市科协、市地震局和县科协在刘桥镇任圩村联合举办防震减灾科普进校园活动。

同日，县人大常委会副主任孙建平开展《中华人民共和国环保法》执法检查。

同日，副县长李春山接待来访群众。

同日，四铺镇举办联合收割机手秸秆禁烧培训大会。

同日，南坪镇召开秸秆禁烧和综合利用大会。

22日，县委副书记、副县长赵德志，县人大常委会主任李相军调研招商引资项目建设。

同日，县长亓峰接待来访群众。

22-24日，市农委会同县科协邀请河北省专家组赴孙疃镇小麦测产。

22-25日，县政协副主席梁建视察养老事业。

23日，召开县信访维稳工作会议。

同日，县委组织部部长徐从亮到孙疃镇督查指导秸秆禁烧工作。

24日，召开全县建筑房屋安全及采煤塌陷村庄汛期安全工作会议。

25日，县妇联、县委宣传部、教育局、团县委联合举办“走复兴路，圆中国梦”演讲比赛。

27日，市政协主席阚相华到县经济开发区调研铝基新材料产业发展情况。

同日，召开县政府第23次常务会议。

28日，市长黄晓武一行到南坪镇走访浍河两岸渔民上岸安居工程前期情况。

同日，市委督查组一行对县经济开发区建设情况进行督查调研。

同日，召开县重点信访案件调度会。

同日，濉溪县老年书画研究会第三届会员代表大会召开。

29日，县委书记李加玉督查“午收”秸秆禁烧工作。

同日，县委副书记、副县长赵德志接待来访群众。

同日，县政协主席杨恒仁到双堆集督办《关于重修双堆集至罗集公路的提案》。

同日，全县治超工作会议召开。

30日，先后召开县委中心组专题学习会议和县委常委会第48次会议。

同日，省鼎元置业有限公司经理李小龙到陈集中心学校捐资助学。

同日，举行庆祝“六一”儿童节暨“点燃微心愿·同圆中国梦”捐助活动。

31日，县委副书记、副县长赵德志参加刘桥镇“点燃微心愿 同圆中国梦”留守儿童爱心圆梦活动。

同日，召开县计划生育、农业三夏、防汛抗旱工作会议。

5月 “感动濉溪”十佳人物蒋化荣入选“中国好人榜”；濉溪县铁佛镇张黄庄村马彩侠被评为安徽省“最美媳妇”；濉溪县青年赵雷获安徽省“最美青工”称号。

六　月

4日，市委副书记樊勇调研县“三夏”和秸秆禁烧及综合利用工作。

同日，县人大常委会主任李相军到濉溪镇杜庙村视察午收和秸秆禁烧工作。

5日，省教育厅调研组到县调研基础教育重点工作推进工作。

同日，县人大常委会主任李相军到刘桥镇视察午收和秸秆禁烧工作。

同日，召开全县2014年第二季度安全生产工作会议。

6日，县委组织部部长徐从亮到孙疃镇督导秸秆禁烧工作。

同日，县人大常委会主任李相军到四铺镇视察秸秆禁烧工作。

7日，市委书记肖超英到县调研指导工作。

8日，市委书记肖超英到县调研基层公安工作。

9-10日，县委副书记、副县长赵德志调研秸秆禁烧和夏种工作。

10日，县委副书记、副县长赵德志督查夏收夏种和秸秆禁烧工作。

同日，县委常委、县委办公室主任周昆到五沟镇带案走访。

同日，县人大常委会主任李相军视察濉溪镇午收和秸秆禁烧工作。

同日，县纪委书记刘铁等到双堆集镇督导秸秆禁烧工作。

11日，县人大常委会主任李相军到百善镇、四铺镇视察秸秆禁烧工作。

同日，濉溪县召开秸秆禁烧、夏种现场观摩会。

12日，湖北省黄冈市黄州区卫生和计划生育局一行到县学习出生人口性别比综合治理和“两非”案件查处工作。

同日，省统计局局长钱晓康到县经济开发区调研。

同日，县人大常委会副主任赵岩接待来访群众。

13日，县人大常委会副主任赵岩调研药品市场监管工作。

同日，县城区因周边地区燃烧麦茬烟雾绕城。

14日，市长黄晓武到四铺镇、刘桥镇督查秸秆禁烧和夏种工作。

16日，由中国中小企业协会、中国低碳产品信息化推进委员会和濉溪县委、县政府联合举办的百强企业·百亿基金进濉溪暨濉溪投资环境说明会召开。

同日，召开县人大常委会主任会议。

14-16日，全县共设濉溪中学等7个考点，390个考场，共11666人参加中考。

17日，副县长胡远文预约接待信访群众。

同日，召开县政协九届三十一次主席会议。

18日，省委组织部一行到刘桥镇大学生村官创业基地调研。

同日，安徽省军区司令员于天明少将一行到韩村镇视察淮海战役总前委旧址小李家。

同日，全县重点项目和投资工作调度会召开。

同日，县人大常委会主任李相军调研计划生育依法行政工作。

19日，县委副书记、副县长赵德志率团赴界首市考察学习秸秆禁烧和综合利用工作。

同日，县人大常委会主任李相军到刘桥镇调研城乡建设用地增减挂钩工作。

同日，召开县民俗文化保护和发展专题调研组成员会议。

20日，召开县政府第24次常务会议。

22日，第38届世界遗产大会宣布中国大运河项目列入2014世界遗产名录，柳孜大运河遗址成功申遗。

23日，市长黄晓武到县调研指导中小河流治理和河道疏浚工作。

24日，淮北市督导考核组督导考核复查县党政领导履职工作。

同日，召开县第十六届人大常委会第18次会议。

同日，县政协主席杨恒仁、副主席沈志华赴砀山县政协学习交流文史资料工作。

25日，副市长方宗泽到美好乡村联系点韩村镇大殷村调研。

同日，县委副书记、副县长赵德志接待来访群众。

同日，召开全县村两委换届选举工作会议。

25-26日，副市长范立新到县督查地方煤矿整顿关闭工作。

26日，县人大常委会主任李相军视察全县议案建议办理情况。

同日，县政协召开九届十二次常委会议。

同日，濉溪县农商银行开业典礼暨关爱留守儿童爱心捐助仪式在翡翠明珠会议室举行。

27日，全国妇联妇女发展部与中国农业大学经济管理学院调研组到县开展巾帼合作社发展状况专题调研。

同日，县委书记李加玉接待来访群众。

同日，县人大常委会召开乡镇人大工作会议。

同日，县纪委、监察局组织机关人员赴淮北市警示教育基地参观学习。

6月 濉溪县袁店中学退休教师杜从轩入围“中国好人榜”。

七 月

1日，县政协副主席李家龙接待来访群众。

2日，副市长谌伟调研县防汛工作。

同日，召开全县民间文艺工作者会议暨县民间文艺家协会第四届会员代表大会。

3日，省委副书记、省长王学军到安徽（淮北）新型煤化工合成材料基地内的新宇公司、临涣焦化股份有限公司和中利发电有限公司调研。

同日，县委书记李加玉接待来访群众。

同日，县公安局城关派出所捣毁一传销窝点，清查参与非法传销人员41人。

3-15日，县政协督查上半年委员会活动组工作开展及委员履职情况。

4日，县妇联开展“江淮普法行”法律法规宣传活动。

7日，县食品安全工作会议召开。

8日，市委书记肖超英到县调研信访维稳工作。

同日，县纪委书记刘铁接待来访群众。

9日，安徽理工大学外国语学院大学生志愿服务队到县开展暑期社会实践“三下乡”活动。

9-10日，县政协副主席李家龙陪同省政府参事室一行调研县民营经济发展情况。

10日，县政府党组召开党的群众路线教育实践活动专题民主生活会。

同日，县政协党组召开党的群众路线教育实践活动专题民主生活会。

14日，副县长亓峰走访慰问百善镇5名贫困留守儿童家庭。

15日，县委书记李加玉率队督查百善镇现代农业综合开发示范区建设情况。

同日，召开濉芜产业园建设调度会；县委组织部部长徐从亮到双堆集镇、韩村镇督导村“两委”换届选举工作。

同日，县委组织部对第16期4名信访

专员进行考核。

16日，召开第6次县长办公会议。

同日，县政协召开党组教育实践活动专题民主生活会情况通报会。

17日，市人大常委会常务副主任张旭率检查组对县贯彻实施《安徽省全民健身条例》执法检查。

同日，县人大常委会副主任吕廷华接待来访群众。

同日，先后召开县政协九届三十二次主席会议和全县村干部养老保险工作会议。

18日，市妇联主席刘妍梅到百善、刘桥等镇调研村级组织换届妇女参选参政情况。

21日，市长黄晓武到县走访调研美信铝业等企业。

同日，召开重点信访案件调度会议。

22日，县委书记李加玉先后到县经济开发区五里郢社区、溪河社区看望慰问优抚对象。

同日，先后召开县2014年夏秋季征兵工作会议和全县经济社会发展形势分析会。

同日，县政协副主席沈志华接待来访群众。

22-23日，县政协主席杨恒仁率队到含山县政协、来安县政协、灵璧县政协考察文史资料工作。

23日，县委副书记、副县长赵德志接待来访群众。

24日，县委副书记袁九森到铁佛镇走访慰问优抚军人。

同日，县委组织部部长徐从亮到孙疃镇慰问优抚对象。

同日，县纪委书记刘铁到韩村镇走访慰问复退军人及军烈属。

同日，县纪委督查村“两委”换届工作纪律执行情况。

25日，市财政局一行到韩村镇督查民生工程一事一议项目进展情况。

同日，县政协举办第七届民营经济发展研讨会。

28日，召开落实老字号上访群体政策有关问题协调会。

同日，县政协副主席李家龙到四铺镇看望慰问带病回乡退伍军人。

29日，县委副书记袁九森等慰问驻濉部队和县光荣院。

同日，县委常委、组织部部长徐从亮接待来访群众。

同日，县政协主席杨恒仁到百善镇柳孜、前营村看望慰问在乡复退军人及军烈属。

30日，召开县政府融资工作专题会议。

31日，县领导李加玉、赵德志、李相军、杨恒仁等到淮北军分区走访慰问。

7月 以“体验科学”为主题的“中国流动科技馆”全国巡展濉溪站开启。7月9日开馆，历时3个月，免费提供参观互动。

同月，濉溪镇城南居民委员会获“全国科普示范社区”称号。

八　月

1日，市委组织部部长沈光继看望淮北市最美军嫂祁集中心学校教师张永梅。

同日，县委副书记、副县长赵德志看望慰问市容局、城管一线人员。

同日，县委副书记、副县长赵德志，县政协主席杨恒仁调研柳孜运河遗址保护与开发利用工作。

同日，县政协副主席任婷接待来访群众。

4日，市领导肖超英等调研县企业发展情况。

同日，县人大常委会副主任闻斌视察人民检察院工作。

同日，县政协主席杨恒仁看望慰问企业职工。

5日，市妇联主席刘妍梅把全国妇联“两癌”贫困母亲救助金10000元送到南坪镇路东村村民杨勤家中。

同日，召开县人大常委会主任会议。

同日，县人大常委会主任李相军看望慰问企业职工。

6日，全县人口和计划生育工作形势分析会召开。

同日，县纪委书记刘铁到韩村、孙疃、四铺等镇调研村级换届选举工作。

7-8日，中央电视台《朝闻天下》节目"走基层寻找最美乡村教师"专栏以《邵文英：没有板书也一样教课》为题分集播出。铁佛镇岳集中心校油榨小学赵楼教学点教师邵文英，执教40年，身患重病仍坚守三尺讲台。

8日，市委书记肖超英参加百善镇道口村党总支党群众路线教育实践活动专题组织生活会。

同日，市委副书记樊勇到县调研村"两委"换届选举工作。

同日，市人大常委会副主任杨彦颖到孙疃镇王楼村调研后进村党组织治理"回头看"工作。

同日，县委书记李加玉参加刘桥镇孟口村党支部党的群众路线教育实践活动专题组织生活会。

同日，中央电视台科教频道《探索·发现》栏目播放《消失的大运河》对县柳孜大运河遗址进行报道。

11日，县城虎山北路标准化菜市场开业。

12日，省教育厅督察组督查县6所初中、小学和幼儿园校舍建设以及标准化建设配套项目实施情况。

同日，常务副市长杨军到临涣镇张楼村走访调研。

同日，市人大常委会副主任李晓光到双堆集镇罗集村调研。

13日，市委书记肖超英到县调研整治软弱涣散村情况。

同日，县委副书记袁九森接待来访群众。

同日，先后召开县政府2014年第7次县长办公会议、县人大常委会主任会议和临涣工业园项目建设问题协调现场办公会。

同日，濉溪政务微博开通。

14日，县委副书记、副县长赵德志率团赴萧县考察学习秸秆禁烧和综合利用工作。

15日，市长黄晓武先后走访调研软弱涣散村党组织整顿"回头看"工作。

同日，副市长谌伟到县检查人口和计划生育工作。

同日，县人大常委会主任李相军调研县经济开发区争创国家级开发区工作。

同日，韩村镇政府依法对境内2家煤矸石加工厂强制拆除。

16日，农民日报社副社长夏树一行到县采访农业产业现代园建设发展情况。

19日，市政法委书记赵怀印到铁佛镇就综治信访维稳工作开展走访调研。

同日，召开县委理论学习中心组学习会议。

同日，县委副书记、副县长赵德志到淮六路连接线工程现场督查征迁工作。

同日，副县长胡远文接待来访群众。

20日，团市委书记张红君到刘桥镇、百善镇青年创业基地调研濉溪青年创业情况。

同日，县希望工程2014年度"爱心圆梦大学"大型公益活动在翡翠明珠会议中心举行，全县159名学生领取爱心助学金50.9万元。

同日，召开县第十六届人大常委会第19次会议。

21日，市政协主席阚相华到大运河百善柳孜遗址督办重点提案办理工作。

同日，县委召开党的群众路线教育实践活动领导小组第5次会议。

同日，召开县民生工程推进会。

同日，县纪委监察局组织全县103名纪检监察干部进行业务知识测试活动。

22日，省政协副主席张学平率组到县就"坚持创新驱动、推进创新安徽建设"开展专题调研。

同日，召开全县民族宗教工作会议。

25日，召开县政府第25次常务会议。

26日，先后召开全县招商引资工作调度会和2014年秋季秸秆禁烧和综合利用工作会议。

同日，县人大常委会副主任赵岩视察全县保健品、化妆品市场监管工作。

27日，安徽顺达集团举办2014年大学生暑期交流会暨助学金发放仪式，为242名贫困大学生发放助学金。

同日，副县长张文举调研纪检监察工作。

同日，县妇联举办全县女干部综合素质培训班。

29日，县委书记李加玉、县委副书记、副县长赵德志先后接待来访群众。

同日，县人大常委会主任李相军视察濉芜产业园项目进展情况。

同日，举行“春蕾成才”助学金发放仪式，20名贫困女大学生获市春蕾成才助学行动6万元救助金。

九　月

1日，孙疃中心学校被人力资源社会保障部和教育部评为“2014年全国教育系统先进集体”。

2日，全县农民工工资清欠工作会议召开。

3-4日，县委副书记、副县长赵德志率团赴北京参观考察根源创新（北京）健康科技有限公司、北京根源金融投资公司等企业。

4日，副县长朱秀芳接待来访群众。

5日，县委副书记、副县长赵德志检查指导关闭煤矿和长期停产煤矿安全生产工作。

同日，副县长李春山接待来访群众。

同日，2014年第三季度安全生产工作会议召开。

9日，县委副书记、副县长赵德志到濉芜产业园调研。

同日，常务副县长曹崇君接待来访群众。

10日，省人大常委会副主任王翠凤率部分驻皖全国人大代表到县专题调研农村土地流转工作。

同日，县委副书记、副县长赵德志等看望、慰问一线教师。

同日，召开庆祝第30个教师节表彰大会。

11日，省教育考试院一行到县检查成人高考考生信息确认工作。

12日，全县商务经济形势分析会召开。

14日，省县城规划建设管理第二督查组来县督查工作。

15日，县委副书记、副县长赵德志到县经济开发区调研走访企业。

16日，相山、杜集、烈山三区人大一行来县考察交流代表活动室建设情况。

17日，县人大常委会副主任赵岩检查县《中华人民共和国传染病防治法》贯彻落实情况。

同日，全县城乡环境综合治理工作推进会召开。

19日，县委副书记、副县长赵德志接待来访群众。

同日，召开县政协九届三十三次主席会议。

20日，濉溪县教育局举办全县少先队辅导员说课大赛。

21日，县政协副主席梁建调研全县食品药品安全状况。

21-26日，濉溪县组团参加淮北市在浙江萧山、温州、宁波等地举办的招商推介会。

22日，全市首家非物质文化遗产曲艺项目淮北大鼓演唱团成立揭牌仪式在县体育场举行。

同日，常务副县长曹崇君预约接待来访群众。

23日，县人大常委会主任李相军到濉芜产业园、濉溪经济开发区视察项目建设情况。

24日，县委常委、县纪委书记刘铁接待来访群众。

同日，召开信访案件协调会。

25日，全市秸秆还田暨秋种会议观摩现场会在百善镇成睿家庭农场举行。

同日，县政协副主席张发杰接待来访群众。

26日，召开县纪念全国人民代表大会成立60周年暨地方人大设立常委会35周年大会。

同日，召开濉溪县民间工艺美术协会成立大会；县政协主席杨恒仁率队视察全县民生工程实施情况。

27 日，举办县文化旅游发展专题报告会。

28 日，民进濉溪县支部召开第四次全体会员大会。

29 日，县委副书记、副县长赵德志督查秋季秸秆禁烧、安全生产和计划生育工作。

30 日，市、县党政军领导与各界代表一起到淮海战役双堆集烈士陵园。

同日，参观县委书记李加玉接待来访群众；副县长胡远文、裴磊带队检查全县建设工程安全生产工作。

十　月

8 日，县委书记李加玉调研城市建设重点项目工作。

9 日，省统计局调研组到县就《安徽省部门统计工作规范》的制订征求意见。

同日，县纪委开展秋季秸秆禁烧及干部在岗督查工作。

同日，全县美好乡村建设工作调度会召开。

9-11 日，县政协主席杨恒仁赴国家文物局专题汇报柳孜运河遗址保护与发展工作。

11 日，省水利厅厅长纪冰到县调研重点水利工程建设和管理创新工作。

同日，市委书记肖超英率队观摩县 10 月份招商引资集中开工项目建设情况。

同日，先后召开县委中心组专题学习会和县政府第 26 次常务会议。

12 日，四铺镇召开全县秋季秸秆综禁工作现场会。

同日，铁佛镇油榨小学教师邵英文入选“9 月份中国好人”。

13 日，省人大人事代表选举工委一行到县调研人大代表小组建设情况。

同日，先后召开县重点信访案件调度会、县人大常委会主任会议、全县创建省级食品安全示范县工作会议和 2014 年质量强县工作会议。

13-17 日，县市场监督管理局举办三期企业信息公示暂行条例暨企业年度报告操作培训班。

14 日，召开县政协九届三十四次主席会议。

同日，县政协副主席李家龙接待来访群众。

15 日，县人大常委会副主任吕廷华视察民生工程实施情况。

同日，先后召开全县党的群众路线教育实践活动总结大会和县政府九届十三次常委会议。

16 日，市纪委书记宰学明到县调研纪检监察工作。

同日，副市长方宗泽带队调研县城市建设管理工作。

同日，县委副书记袁九森接待来访群众。

同日，县人大常委会副主任闻斌调研民族宗教工作。

17 日，省工商局一行调研县工商工作。

同日，县综治维稳信访中心（站）平台建设现场会在韩村镇召开。

20 日，省委副书记李锦斌到县就“三农”工作特别是农村改革和农业生产情况进行专题调研。

同日，副省长陈树隆调研县规划建设管理工作。

21 日，省审计厅副厅长胡海波到县调研经济开发区建设工作。

同日，县十六届人大常委会举行第 20 次会议。

22 日，副市长谌伟到中瑞农副产品有限公司开展调研。

同日，县委副书记袁九森到四铺镇调研小老板培育工程开展情况。

同日，副县长张文举接待来访群众。

23 日，县人大常委会主任李相军视察全县道路建设情况。

同日，县人大常委会副主任赵岩接待来访群众。

27 日，县委书记李加玉接待来访群众。

28日，江苏省沛县纪委到县纪委学习考察严管干部工作。

同日，省人口计生委来县开展农村地区人口目标考核。

29日，濉溪县第十六届人民代表大会第4次会议在县实验小学礼堂召开。

同日，省工商局打击侵犯知识产权和制售假冒伪劣商品第四工作督查组到县指导工作。

同日，县长赵德志接待来访群众。

30日，副市长谌伟来县调研。

同日，先后召开县党的群众路线教育实践活动“回头看”工作汇报暨座谈会和县民俗文化暨大运河遗址保护发展工作研究论坛组领导小组成员会议。

31日，召开规范县直纪委书记（纪检组长）分工工作推进会议。

十一月

1日起，县市场监督管理局联合县公安消防大队开展为期1个月的消防产品整治和宣传活动。

2日，召开县委理论学习中心组学习会。

3日，召开全县文明创建工作调度会。

4日，县政协副主席张发杰督查宗教活动场所安全工作。

5日，杜集区党政代表团到县经济开发区考察调研。

同日，县政协主席杨恒仁调研全县公路建设情况。

7-8日，省委书记张宝顺到县调研经济社会发展情况。

7日，召开县政协九届三十五次主席会议。

8日，市长黄晓武一行督查县文明创建工作。

同日，全县安全生产工作紧急会议召开。

9日，代庄批发市场百货顶棚由于电线老化短路起火，执勤交警紧急援助后火灾被扑灭。

10日，杭州市政协一行到双堆集烈士陵园、淮海战役总前委旧址临涣文昌官考察。

10-11日，县长赵德志检查全县教育工作。

11日，县公安局捣毁南坪一赌博窝点查获赌资6万余元。

11-14日，县委副书记袁九森率团赴上海、浙江招商。

13日，省工商局政策法规处一行督查全县企业信息公开工作。

同日，全市村“两委”妇女成员暨妇代会主任培训班在县举行。

同日，县委宣传部部长王申接待来访群众。

同日，县纪委书记刘铁到韩村镇走访看望联系困难户并为“廉政文化示范点”授牌。

同日，县人大常委会主任李相军视察县经济开发区、濉芜产业园安置房建设情况。

同日，先后召开县政府第27次常务会议和共青团濉溪县十二届八次全委会。

14日，省工商局信息中心回访县企业信用信息公示系统、综合业务管理系统的使用情况。

同日，县委书记李加玉参加“周五志愿服务日”活动。

15日，举行县女干部“周末大课堂”开班仪式。

16日，县委书记李加玉检查县文明创建工作。

17日，省委宣传部副部长贺懋燮到县调研红色文化旅游、美好乡村建设。

同日，副县长朱秀芳预约接待信访群众。

18日，县人大常委会主任李相军接待来访群众。

同日，县长赵德志调研计划生育和美好乡村建设。

同日，县妇联十届十次执委会议召开。

19日，县公安局联合市公安局治安支队完成新版旅馆信息系统操作应用培训。

20日，省老年大学教务长徐春林一行到县调研老年大学十二五规划落实情况。

同日，先后召开县治超暨“利剑”专项行动工作会议和县安全生产暨环境整治工作会议。

21日，芜湖县政协一行到县考察民族宗教工作。

同日，县长赵德志督查县压煤村庄搬迁工作。

21-22日，县纪委举办全县纪检监察干部业务培训班。

22-24日，县政协主席杨恒仁带队赴黄山市考察老城保护开发工作。

25日，省人大常委会研究室一行到县调研乡镇人大工作开展情况。

同日，召开县人大常委会主任会议。

同日，副县长胡远文督查县文明创建工作。

26日，省纪委信访室一行督查县赴省进京案件办理情况。

同日，副县长胡远文调度重点信访案件办理工作。

27日，省委督查组到县调研省委1号文件落实情况。

同日，省妇联副主席高莉一行到省“美丽家园行动”项目点黄新庄村调研。

同日，县长赵德志，县委常委、政法委书记朱成文先后接待来访群众。

28日，县委书记李加玉接待来访群众。

28-29日，市委书记肖超英到四铺镇开展调研。县长赵德志到县经济开发区下辖的村、社区、企业开展走访调研活动。

30日，市委书记肖超英到韩村镇马店村、百善镇柳孜村、刘桥镇王堰村调研美好乡村建设工作。

十二月

2日，县长赵德志督查全县重点道路建设进展情况。

同日，县交管大队联合县文明办、教育局、交通运输局、安监局等单位举办以“抵制七类交通违法、安全文明出行”为主题的交通安全宣传活动。

3日，先后召开濉溪县总规修编初步成果征集意见会和妇女创业扶持专项资金项目推进会。

4日，市政协在濉溪县召开县区政协主席座谈会。

同日，市妇联主席刘妍梅一行到县调研“下基层、访妇情、办实事”和基层妇女工作。

同日，举行国家宪法日法制宣传暨全县党员送法进万家活动启动仪式。

5日，县委副书记袁九森率队督查双堆集镇综治维稳信访工作。

同日，先后召开县政协2014年政情通报会和全县安全生产专项整治工作调度会。

7日，孙疃镇动用大型机械，拆除多家“粉尘企业”。

同日，刘桥镇联合县公安等单位对域内非法石料厂进行“三不留一毁闭”取缔行动。

8日，县委常委、政法委书记朱成文接待来访群众。

8-9日，市纪委书记宰学明到韩村镇马店村开展驻村走访调研活动。

8-16日，县政协副主席梁建、张发杰、李家龙、沈志华、任婷分别带队开展走访委员活动。

9日，先后召开全县信访维稳、性别比综合治理暨平安建设工作会议和全县校园安全工作会议。

同日，常务副县长曹崇君接待来访群众。

同日，县政协副主席梁建带队到韩村镇视察政协组工作。

10日，县长赵德志调研全县卫生工作。

同日，全县第四季度安全生产工作会议召开。

同日，县妇联、县财政局联合对全县4个省妇女创业扶持专项资金项目的资金使用情况监督检查。

11日，县委书记李加玉赴百善镇柳孜码头遗址和临涣镇古城遗址调研文化旅游工作。

11-12日，省住建厅率专家组到县考核验收省级园林县城创建工作。

12日，全县办公室主任工作会议召开。

同日，举行2014年下半年省青少年基金会助学金发放仪式，15名贫困学生得到资助。

13日，县人社局举办首届企业退休人员书画、摄影比赛。

13-14日，濉溪县“天之骄杯”教职工羽毛球比赛在濉溪二中综合活动中心举行。

14日，副市长朱浩东到韩村镇马店村开展驻村走访调研活动。

同日，县教育局、县科协联合主办濉溪县首届青少年科技创新大赛。

同日，先后召开县人大常委会主任会议和县政府第28次常务会议。

17日，县创建全省文明县城指挥部召开二堤口拆迁协调会。

同日，县人大常委会集中视察议案、建议办理情况。

同日，县市场监督管理局举行加挂食品药品监督管理局牌子仪式。

同日，召开濉溪县三堤口部分地段属地管理工作协调会。

17-18日，县教育局对2015年高考考生资格全面核查。

19日，县委反腐败协调小组召开工作会议。

同日，县人大常委会主任李相军到濉芜现代产业园视察生产项目建设情况。

同日，副县长胡远文到百善镇及县城周边建筑工地督查解决拖欠农民工工资工作。

20日，举办全县领导干部学习贯彻党的十八届四中全会精神集中培训班。

同日，召开县委第64次常委会。

22日，先后召开县政府第29次常务会议和县政协九届三十六次主席会议。

23日，安徽省港航建设投资集团有限公司、淮北市和濉溪县人民政府三方在合肥正式签订沱浍河淮北临涣至南坪段航道与港口工程省市县共建框架协议。

同日，县委副书记袁九森一行到铁佛镇调研计生工作情况。

同日，县第十六届人大常委会召开第21次会议。

24日，县妇联在濉溪镇蒙村开展普法知识和妇女创业知识宣传活动。

25日，市纪委书记宰学明到县调研经济社会发展情况。

同日，县妇联邀请市农委农科教办公室技术员到南坪镇葛圩村开展农业技术培训。

26日，副县长李春山接待来访群众。

同日，县政协主席杨恒仁带队赴蒙城县政协学习考察。

27日，共青团濉溪县第十三次代表大会召开。

28日，县教育学会六届一次会议召开。

29日，先后召开全县预防和解决拖欠农民工工资问题工作调度会和县事业单位“吃空饷”问题集中治理工作会议。

29-30日，全省大运河保护和申遗市厅际会商小组办公室工作会议在县召开。

30日，县委书记李加玉接待来访群众。

同日，召开全县普法依法治县领导小组成员单位工作会议。

31日，召开城南菜市场占地问题会议。

同日，县长赵德志接待来访群众。

同日，县政协主席杨恒仁走访百善镇困难户。

县情综述

名称来历

濉溪县城春秋战国时期即为“汴水入睢之口”，俗称“口子。”北魏郦道元《水经注》载，在蒙县（今商丘）以东大致沿今陇海路有一条汴水（又称获水），至彭城（今徐州市）北入于泗；在今闸河平原有一条白沟贯通汴、睢两水的河道。西晋杜预《春秋左氏经传集解》载：“睢受汴，汴受河，此古睢水之故道也。”春秋战国时期，此地已是“汴水入睢之口”的“口子”。

秦时口子属泗水郡相县。长期以来，由于商旅多从彭城入白沟水南下，或从河南等地沿睢水东南而下，并在口子歇脚、住宿，口子渐成湖集。因有徐姓人家在这里卖茶、摆渡，“口子”又称为“徐家口子”、“徐口子”、“徐渡口”。

宋朝建都汴京（开封），东南各州府的物资多由水运而达中原。徐口子适当睢水漕运往来卡口，加之邻近百余里的物资也集散于此，故集市商业日盛。金元时，由于黄河南灌，河南省地的睢水日渐淤废。后处在下游的宿州便开挖溪沟（即今溪河），上自永宿界的高溪口，下至徐口子，把上游入界之水导入睢水。徐口子又成为溪沟入睢之口，故又称“濉溪口”、“徐溪口”。

地理位置

濉溪县位于安徽省北部，北纬33°17′-34°01′，东经116°23′-116°59′。东临宿县，南接蒙城县、怀远县，西连涡阳县和河南省的永城市，北靠淮北市区和萧县，是淮北市唯一市辖县。县城濉溪镇，人民政府驻沱河路92号，电话区号0561，邮政编码235100，距省会合肥300千米。

政区沿革

春秋时期，本行政区属宋国，置铚邑，邑址在今临涣集。战国时期属楚国。秦王政二十六年（公元前221年）统一中国，设36郡，县境分属泗水郡的相县、铚县、蕲县、符离县。泗水郡及相县治所均在相城（今淮北市）。

西汉高祖四年（公元前203年），改泗水郡为沛郡，相、铚县未变。武帝元狩六年（公元前117年），封大将居翁为相城侯，沛郡改为侯国。宣帝地节元年（公元前69年）本地东部属彭城郡，其余属侯国。后侯国又改称沛郡。

三国时期，本地分属魏豫州谯郡的相、铚、竺邑、蕲和符离5县。

西晋时，沛国治所复迁相城。本地分属豫州沛国之相县、竺邑县、符离县和谯国之铚县、蕲县。南朝宋永初元年（公元420年），本地属徐州沛郡之相、竺邑、符离和谯郡之铚、蕲5县；梁武帝普通六年（公元525年）置临涣郡，治铚城，本地分属谯州之临涣郡、蕲城郡。东魏武定五年（公元547年），析临涣郡置白捭县和涣北县，白捭县治所在今百善集南，涣北县治所在今柳孜集南秦古城村。本地分属沛郡相县、蕲城郡蕲城县、临涣郡白捭县和涣北县。北齐天保元年（公元550年），复置竹邑县，治所在竹邑城；废临涣郡和涣北县，置临涣县，治铚城。武平三年（公元572年）本地分属彭城郡承高县、蕲城郡蕲城县、睢南郡竹邑县、符离县，谯郡临涣县、白捭县。

隋开皇三年（公元583年），竹邑县并入符离县。大业元年（公元605年），白掸县并入临涣县，本地分属谯郡临涣县和彭城郡蕲县、符离县、萧县。

唐初（公元618年），本地分属徐州之符离县、蕲县和亳州临涣县。武德四年(公元621年)析符离县置诸阳县，治所在今赵集山西村。元和四年（公元809年），析徐州之符离县、蕲县和泗州虹县置宿州，本地分属宿州符离县、蕲县和亳州临涣县。九年临涣县改属宿州，本地分属宿州之符离县、临涣县、蕲县。

北宋熙宁五年（公元1063年），分属淮南东路宿州之临涣县、符离县、蕲县。南宋时，长淮以北沦为金，本地分属金南京路宿州之符离县、临涣县、蕲县。

元至元二年(公元1265年)，撤临涣、符离、蕲县3县，辖地并入宿州。本地属河南行省归德府宿州。

明、清本地无县建置，属宿州。民国元年（1912年）改宿州为宿县，本地属宿县。

1950年7月1日，析宿县西境成立濉溪县，县城设在濉溪口(县老城)，县人民政府工作人员全部家当仅用两辆马车拉完，人称两辆马车拉来个濉溪县。县辖濉溪、蔡里、濉西、常山、百善、铁佛、临涣、孙疃、杨柳、五沟和双堆11个区、161个乡镇、715个行政村、2850个自然村。属皖北人民行政公署宿县行政专区公署。1952年4月12日，属安徽省宿县专区。1956年1月12日，属蚌埠专区。1961年4月13日，复属宿县专区。1971年3月29日改专区为地区，属宿县地区。1977年1月12日改属淮北市。

1951年撤销蔡里区，全县设10区，151个乡（镇）。

1952年11月，濉溪区改划为烈山区，原濉溪区辖的濉溪镇和任圩、戴圩、方城、张寨、口南5个乡划为城关区。

1953年4月，城关区改称濉溪区，原辖任圩等5个乡划归烈山区管辖。全县辖濉溪、烈山、濉西、百善、常山、铁佛、临涣、孙疃、双堆、杨柳、五沟11个区，187个乡（镇）。

1954年10月，增划岳集、韩村和四铺3个区。岳集区辖原铁佛区的岳集、孟楼、朱庙、浍南、古城、邹楼6个乡，原临涣区的七闸口、焦岗、袁楼3个乡，共9个乡。韩村区辖原临涣区的韩村、陈圩、双沟、祁庙、高皇、尹湖6个乡，原五沟区的童亭、建元、筱湖3个乡，原杨柳区的楼坊、陈楼2个乡，共11个乡。四铺区辖原百善区的龙桥、傅桥、干鱼头、五铺、洪南5个乡，原常山区的双河、四铺、平山、水池、新建、石佛、三铺7个乡，原杨柳区的牛小集、三陈2个乡，共14个乡。

1954年11月，铁佛区的张井乡划属河南省永城市；杨柳区的薛塘乡、曹湖乡和常山区的二铺乡划属宿县。1955年元月，江苏萧县(今安徽萧县)的蒋台乡和王杨、张院、后土型3个自然村划归县龙岱乡；8月，宿县符离区的古东乡和古饶乡分别划归烈山区和常山区。

1955年12月，为适应农业合作化发展的需要，撤销烈山、常山、杨柳、韩村、岳集5个区，增划区级濉溪镇，并把原186个乡（镇）改划为70个乡（镇）。

1958年3月，将濉西区并入濉溪区，铁佛区并入百善区，除濉溪镇外，全县70个乡（镇）合并为39个乡（镇）。

同年8月，为成立人民公社打下基础，除仍设濉溪镇外，将全县39个乡（镇）合并为17个乡（镇）

同年9月后，以乡、镇为基础建立东风、卧龙、徐楼、百善、岳集、临涣、韩村、海孜、四铺、赵集、南坪、孙疃、五沟、杨柳、陈集15个人民公社，实行政社合一体制。撤销区改制。

1959年7月，将东风人民公社分划为烈山、濉西和濉溪3个人民公社。

1961年1月，境域北端的方城大队和渠沟大队划属濉溪市（今淮北市）。

同年年底，恢复区改制。全县设9区1镇和64个公社。

1965年12月，烈山区的任圩公社及烈山公社的8个大队划属濉溪市。原烈山公社保留的新南、新北、土型3个大队和原宋疃公社的王庄、花庄、宁山、旗杆4个大队合并为新安公社。

1969年3月，第二次撤区，把63个公社调整为濉溪、马桥、蔡里、刘桥、钟楼、铁佛、岳集、百善、徐楼、四铺、赵集、古饶、临涣、海孜、孙疃、杨柳、任集、五沟、韩村、白沙、三和、南坪和双堆23个公社。

1969年4月，撤销濉溪公社，濉溪镇易名为城关镇。

1972年，新划柳孜、城郊、五铺和尤沟4个公社。

1980年12月重新设区，全县设刘桥、马桥、铁佛、百善、四铺、临涣、五沟、孙疃和双堆9个区及城关镇。原23个公社改划为63个公社。

1983年4月，根据政社分设的精神，对人民公社体制进行改革，把63个公社改为63个乡。同时，新置南坪区，新划6个乡，城关镇复称濉溪镇。县辖刘桥、马桥、铁佛、百善、四铺、临涣、五沟、孙疃、双堆、南坪10个区和濉溪镇1个镇，69个乡，617个行政村，2867个自然村。

1986年9月20日，设置临涣、韩村、古饶、南坪、百善、刘桥6个标准镇，县辖马桥、铁佛、四铺、五沟、孙疃、双堆6个区，濉溪、临涣、韩村、古饶、南坪、百善、刘桥7个镇。

1987年1月17日，刘桥、百善、临涣、南坪4区均实行镇区合并，一套机构两块牌子。

1992年2月，撤区并乡。由原来的13个区镇67个乡，撤并为濉溪镇、刘桥镇、徐楼镇、百善镇、临涣镇、祁集镇、韩村镇、铁佛镇、新蔡镇、古饶镇、五沟镇、孙疃镇、任集镇、南坪镇、双堆集镇、钟楼乡、马桥乡、赵集乡、岳集乡、五铺乡、四铺乡、杨柳乡、白沙乡、陈集乡24个镇乡。

2004年8月，区划调整。撤销任集镇、白沙乡分别并入南坪镇、五沟镇；马桥乡并入新蔡镇，移交淮北市烈山区；濉溪镇城西管委会的余庄、马楼、朱桥3个自然村划归淮北市相山区；县辖24个乡镇调整为濉溪镇、刘桥镇、百善镇、南坪镇、临涣镇、古饶镇、铁佛镇、徐楼镇、孙疃镇、双堆集镇、五沟镇、祁集镇、韩村镇、钟楼乡、赵集乡、岳集乡、五铺乡、四铺乡、杨柳乡、陈集乡20个镇乡；由504个行政村（居）调整为473个村（居）。

2006年3月8日，区划调整。撤销陈集乡、杨柳乡、赵集乡、徐楼镇、岳集乡、五铺乡整建制分别并入双堆集镇、孙疃镇、古饶镇、百善镇、铁佛镇、四铺乡。将祁集镇辖骑路等19个村并入临涣镇，祁集镇郭湾等11个村并入韩村镇；将铁佛镇的杨庄、留古2个村并入刘桥镇；保留濉溪、五沟、南坪3个镇；将古饶镇划归淮北市烈山区，钟楼乡划归淮北市相山区，全县由20个镇乡减为濉溪镇、百善镇、刘桥镇、临涣镇、南坪镇、韩村镇、铁佛镇、五沟镇、孙疃镇、双堆集镇、四铺乡11个镇乡。

2007年3月31日，完成村级区划调整。全县11乡镇415个行政村(居)调整为239个村（居），新村规模平均4000人。

2012年12月30日，撤销四铺乡，改设四铺镇，县辖濉溪镇、百善镇、刘桥镇、铁佛镇、临涣镇、韩村镇、南坪镇、双堆镇、五沟镇、孙疃镇、四铺镇11个镇。

2014年12月31日，县辖濉溪、百善、刘桥、铁佛、临涣、韩村、南坪、双堆集、五沟、孙疃、四铺11个镇和濉溪经济开发区、濉芜产业园，下设25个社区居委会，213个村民委员会。

2014年年末濉溪县各行政区面积人口 村（居）表

表1

镇别	面积（平方千米）	人口（人）	村（居）委员会	
濉溪镇 含开发区 濉芜产业园	64.43	119063	33	沱河东路、沱河西路、浍河东路、浍河西路、闸河东路、闸河西路、濉河东路、濉河西路、濉河中路、十南街、十北街、烈山南路、烈山北路、南环、北环、二里、东关、南关、北关、大街、淮海南路、郭楼桥、王冲、溪河、五里郢、八里、黄桥、蒙村、杜庙、王冲孜、杨楼、李庄、向阳，其中8个居委会
韩村镇	120.82	69289	15	韩村、光明、淮海、双沟、祁集、马桃园、河涯、和谐、胜利、大殷、大庄 、大李、小湖、马店 、建元
刘桥镇	84.19	59827	17	刘桥、彭楼、小城、前楼、孟口、后楼、任圩、千庄、大庄、陈集、丁楼、关帝庙、周口、王堰、火神庙、留古、杨庄
五沟镇	188.76	105922	21	五沟、白沙、白寺、魏庙、藕池、界沟、张圩、南湖南、北湖南、王圩、邵长营、曹坊、孟集、童亭、大陈、石门、国政、土楼、庙前、袁店、肖店
临涣镇	167.38	96429	19	临涣、铚城、沈圩、徐庙、高皇、临南、张楼、湖沟、石集、夹河、梁庙、海孜、沈桥、徐楼、陈口、四里、大高、姚湖、刘油坊

续表1

百善镇	253.27	116340	22	百善、茶安、鲁店、青卫、张庄、叶刘湖、柳孜、黄新庄、道口、王司、宋庙、桥头、前营、马乡、丁楼、苇菠、郭屯、徐楼、闫集、龙桥、龙沱、龙北
铁佛镇	223.14	133379	26	铁佛、道口、周圩、店孜、和谐、卧龙、北张楼、刘楼、黄集、赵集、岳集、张黄庄、朱庙、孟楼、油榨、大王、邹楼、梁楼、南张楼、梁庄、朱暗楼、张庄、崔楼、古城、七口、茂铺
南坪镇	225.30	101911	21 20	南坪、黄沟、钱铺、庙台、任集、老家、大王、任圩、桃花、香山、蒋湖、太平、耿庙、坪西、街西、浍北、路东、半铺、朱口、葛圩、
双堆集镇	253.48	106482	23	曹坊、张圩、沈湖、施刘、双堆、吴井、李圩、陈桥、芦沟、大桥、罗集、熊庙、刘楼、魏圩、三和、谢店、高家、祝庙、张集、马沟、陈集、赵元、邹圩
孙疃镇	204.98	105936	22	孙疃、秦口、任李、徐圩、王楼、刘寨、尤沟、四李、六八里、郜桥、郭集、大田、耿圩、王圩、楼坊、刘圩、陈楼、代庙、杨柳、沟西、燕头、炮楼
四铺镇	195.85	88968	20	四铺、三铺、五铺、谢岭、大曹、周陈、洪南、界洪、大郭、新风、侯庙、梁圩、五里铺、新建、道口、张圩、北陈、新庄、八里、湖涯

人口面积

2014年年末,辖区总人口1103546人,其中男568049人,女535497人。

辖区南端从双堆集镇赵元村王小庄至北端刘桥镇任圩村徐庄南北最大距离95千米。东端四铺镇新庄村大刘家至西端铁佛镇朱暗楼村吴庄最大距离50千米。全县总面积1981.6平方千米,其中陆地面积1918.61平方千米,占96.82%,水域面积62.99平方千米,占3.18%。水域面积中河流面积21.13平方千米,塌陷湖泊、坑塘等面积41.86平方千米。人口密度为每平方千米557人。

(统计局)

地形地貌

地处淮北平原,地势平坦,海拔23.5至32.4米。以横穿平原中部的古隋堤宿永公路为界,北部为黄泛冲积平原区,南部为古老河湖相沉积平原区。黄泛冲积平原区包括刘桥、濉溪、百善、四铺、铁佛等乡镇,为黄泛沉积物覆盖,属冲积成因的堆积地形。古老河湖相沉积平原区包括双堆集、南坪、孙疃、五沟、临涣、韩村等乡镇,为黄土性古河湖沉积物覆盖,属剥蚀堆积地形。

气候

濉溪县属暖温带半湿润季风气候,其气候特点为季风明显,四季分明,光照充足,雨量适中。年平均气温14.7℃,1月平均气温为0.5℃,极端最低气温-21.1℃,出现在1969年2月15日;7月平均气温27.5℃,极端最高气温为41.1℃,出现在1972年6月11日。极端最低月平均气温-3.6℃(1964年2月),极端最高月平均气温29.8℃(1961年7月);年平均太阳辐射总量521.6kJ/cm²,≥0℃积温5497℃·d,≥10℃积温4975℃·d。日照时数2281.8h,降水量822.6毫米,6-8月降水较多,占年降水量的57.1%。蒸发量1815.5毫米,大体上是降水量的2倍。湿润系数年平均0.42,3月中下旬最低,为0.20;7月最高,达1.10-1.24。无霜期213d,适宜于喜温、喜凉作物和多种林果的生长发育,也适用于多种畜禽和鱼类的繁衍和生存。

2013年,濉溪县平均气温15.5℃,与常年相比偏高0.8℃。年极端最高和最低气温分别为38.7℃和-10.2℃,分别出现在8月17日和12月27日。全年降水量655.3毫米,比常年偏少167.3毫米。年内出现两次暴雨天气过程,出现在5月26日和8月2日,最大一日降水量为118.6毫米,出现在5月26日。年日照总时数2376.5小时,与常年相比偏多113.8小时。年无霜期日数为216天。8月6-18日全县境连续13天出现超过35℃的高温天气,加之期间无降水,蒸发偏大,土壤失墒较快,致使县部分地区出现旱情。全年气候特点是:气温正常略偏高、降水偏少、光照偏多,由于各要素时空分布较正常,对县工农业生产和人民日常生活未造成严重影响。2013年属中等偏好年成。

2014年,濉溪县年平均气温15.5℃,与常年相比偏高0.8℃。年极端最高和最低气温分别为38.8℃和-9.7℃,分别出现在7月22日和2月11日。全年降水量902.0毫米,比常年偏多79.4毫米。年内出现四次暴雨天气过程,出现在6月1日、8月7日、24日和10月20日,最大一日降水量为95.2毫米,出现在8月24日。年日照总时数2120.3小时,与常年相比偏少142.4小时。年无霜期日数为233天。年气候特点:气温偏高、降水偏多、光照偏少,由于各要素时空分布较正常,对县工农业生产和人民日常生活未造成严重影响。2014年属中等偏好年成。

(气象局)

水文

河流水系。境内沟渠纵横,水资源较为丰富。6条骨干河道均属淮河水系,多系自然坡降平行贯穿，地势西北高而东南低，顺其流向。承担上游境外来水的行洪河道有萧濉新河、王引河、南沱河、包浍河、北淝河水系，经变迁起源于境内的有老濉河、新北沱河、澥河、巴河4条。河道全长302.58千米，两岸分布大沟96条。

塌陷湖泊。11乡镇因开矿采煤，局部地区塌陷成湖泊数十处，是县境的人为地貌。

萧濉新河，也称新濉河，起源于萧县东芦庄。经宿州到江苏省泗洪县洪泽湖。全长222千米，来水面积2518平方千米。原境内长39.8千米，来水面积232平方千米，1992年3月渠沟以上河段划入淮北市相山区境内，现境内长34.28千米，来水面积199.9平方千米，境内建有黄桥节制闸控制。

老濉河，起源于淮北市渠沟镇阎王闸，至县内黄桥村与濉河汇合。段长10.5千米，流域面积96.1平方千米，境内建有濉溪闸控制。

南沱河水系含王引河、巴河2条支流，汇入大沟24条。王引河是南沱河支流，原名溪河，发源于砀山县中许庄。全长80千米，境内长43千米，来水面积128平方千米。境内建有仲大庄闸控制，闸上来水面积1192.9平方千米。巴河又名唐河、南股河，是南沱河支流，经河南省永城市赵王庄入县境，上段从洪河头至王郢沟入南沱河徐楼闸上；下段从地下涵至翟桥闸下入王引河。全长13.1千米，来水面积29平方千米。境内建有翟桥闸控制，成为排除内水的河道。

浍河水系含包河支流，汇入大沟61条。浍河为天然河道，横穿县境南部，境内自古城至黄沟口长64千米，汇入面积1201平方千米，建有临涣闸、南坪闸控制，临涣以上来水面积2560平方千米，孙疃以上来水面积3186平方千米，南坪闸以上来水面积3472平方千米。

澥河是淮河支流，发源于县境五沟镇潘家西，经宿州市、怀远县入洪泽湖，长80千米，来水面积726平方千米，境内长39.3千米，来水面积249平方千米，在双堆集镇境内建有李大桥闸控制。

北淝河是淮河支流，起源于涡阳县，在四方湖汇入怀洪新河。四方湖以上流域面积1470平方千米，河长111.1千米，是濉溪与怀远、蒙城的共界河道。境内段长6千米，来水面积133.5平方千米。县境内北淝河段在双堆集镇境内，汇入排涝大沟5条，长34.5千米，控制面积105平方千米。

水质。根据古河床发育带的富水性，县地下水情况可分为三个区，即城郊区、宿永路以北、宿永路以南3个区。

城郊区地下水属古河床发育带强富水区，地下水位多年平均埋深一般在4.5-6.5米。因过量开采已形成200-300平方千米范围的漏斗区，漏斗中心处地下水埋深已达40-50米。

宿永路以北区域，地下水属古河床发育带强富水区，含水层厚度10-20米，岩性为细、粉砂，并以细砂为主，地下水埋深3.0-4.0米。

宿永路以南区域，地下水属古河床发育带强富水区和中等富水区，地下水埋深2.0-3.0米。

水质为重碳酸钙型，钙镁离子偏高，水的硬度较大。多年平均地表水资源量1619.72万立方米，地下水资源量8155.09万立方米/年。

据《淮北市水资源及开发利用调查评价》(省水科院2006年编制)成果：约14.3%的地表水能满足生活饮用水源标准；约75%的地表水能满足工农业及非人体直接接触的娱乐用水、一般景观用水；15.7%的地表水为污染水，不能为人类所使用。河道水质比采煤沉陷区水质差的多。

（水利局）

矿产资源

矿产资源丰富，为全国煤炭资源大县和两淮煤炭基地。已发现矿产52种，其中：能源矿产2种，金属矿产28种，非金属矿产20种，水气矿产2种，已查明资源储量的矿种8种，其中煤、铁资源储量丰富。截至2014年年末已查明煤炭资源储量60亿吨，铁矿1亿吨，铜13.59万吨（伴生金属量），金17.3吨（伴生金属量），银112.65吨（伴生金属量），钴6169.44吨（伴1金属量）等。保有煤炭资源储量46亿吨，铁矿8300万吨。全县各乡镇均有煤炭资源分布，主要分布在县的南部地区，铁矿主要分布在百善镇徐楼、四铺等地。煤种比较齐全，无烟煤、焦煤、1/3焦煤、贫煤、瘦煤、肥煤、气煤均有分布。铁矿单一矿产少，共伴随生矿产多。

全县已开发利用的矿产为煤、铁、铜，其中煤炭矿山14个，铁矿5个。开采矿区面积达500平方千米，年产原煤2000万吨，铁矿100万吨。

另外，全县现有探矿权21家，其中煤矿13家，金属矿8家，随着勘查工作的推进，全县探明矿产资源储量将有很大提高。

自然灾害

主要自然灾害有水灾、旱灾、虫害、风、霜冻、冰雹等。1949年前，水灾频频发生。据清《宿州志》和其他史料记载，自清顺治六年（公元1649年）到清末的263年，水灾共发生69次，平均每三年一次。最严重的一次为光绪二十三年（公元1897年）五月四日，倾盆大雨长达一昼夜，河堤溃决，洪水泛滥，平地积水3尺，境内房间倒塌很多，街道行船，庄稼颗粒无收，老城关帝庙门前每天都有10多具饿死的尸体，当年人口减少十分之三四。民国38年间，发生较大水灾12次，平均每3年多发生一次。

1949年后，兴修水利，水灾减少。较大的水灾有两次。1963年，遭受特大洪水，4-9月降雨1566.9毫米，濉溪镇降雨天数达61天。濉河孙庙孜处两处决口，东风湖一带平地积水1米多深。全县受灾人数56万人，占总人口的98%；受灾面积198万余亩，减产10.7万吨，水围村庄1253个，泡倒房屋91629间，淹死、砸死9人，砸伤33人。1992年7月23日，洪碱河上游穆刘庄附近多处决口，洪水流入张集、钟楼、土楼、刘桥等乡，平地水深0.5至1.5米。毁坏民房6100余间，砸死牲畜14头，冲毁大小桥梁76座、涵洞13座、公路10多千米及小水库、电站各1座。43.9万亩作物受灾，减产2000万公斤。

旱灾明显少于水灾。据清光绪《宿州志》记载，自乾隆四十三年（公元1778年）至光绪二十八年（公元1902年）104年间，较大旱灾17次，平均6年多发生一次。同治元年（公元1862年）夏季干旱，次春民饥。民国时期38年间，较大旱灾有6次。民国14年灾情最重，秋禾大半枯死，粮食歉收，灾民受饥，有的乞食他乡，卖儿卖女。

虫害。清代虫害时有发生，多为蝗虫害。清同治十二年（公元1873年）蝗虫飞来遮天蔽日，庄稼被吃光，民多乞食他乡。民国时期的38年间，发生蝗虫害5次，其中蝗虫害4次，豆虫害1次。1949年后，虫害多为作物病虫害，重大病虫害少有发生。

旱灾。2013年8月6-18日县连续13天出现超过35℃的高温天气，加之期间无降水，蒸发偏大，土壤失墒较快，致使县部分地区出现旱情。2014年1月初和7月初，由于持续少雨，气温较常年异常偏高，导致气象干旱发生发展，对农作物生长产生不利影响。

暴雨。2013年，出现两次暴雨天气过程，分别5月26日和8月2日。5月26日，最大一日降水量为118.6毫米。其中8月2日的暴雨伴随着强雷电、雷雨大风，短时强降水等强对流天气，雷雨大风造成濉溪县四铺镇新风村小李庄受灾，风雹灾害导致树木刮断，电力设施损毁，民房倒损。2014年出现四次暴雨天气过程，分别为6月1日、8月7日、8月24日和10月20日。8月24日，最大一日降水量为95.2毫米。由于降水强度较大，农田处于过湿状态，少数农田出现短暂积水现象。

高温。2013年共出现29天高温天气(日最高气温≥35℃)。其中8月6-18日连续13天出现超过35℃的高温天气，最高气温基本维持在36-38℃，部分地区超过40℃。

一天中高温时数6-8小时，持续的晴热高温天气致使农田蒸腾蒸散加快，部分地区旱情显露，8月是秋作物旺盛生长阶段，高温少雨导致作物因缺水生长缓慢或停止生长，也对处于关键生育阶段的旱作物干物质积累不利。2014年共出现12天高温天气（日最高气温≥35℃），较常年同期略偏多。

雾霾天气。2013年全年共发布大雾预警14次，霾预警4次，较常年偏多。其中1月14日和30日的大雾天气影响范围较广，最小能见度不足50米，造成京台高速、泗许高速淮北段封闭，对交通运输造成较大影响。2014年全年共发布大雾预警6次，霾预警3次。

暴雪。2014年2月4日夜至7日，濉溪县普遍出现降雪天气，过程累计降雪量14.5毫米，7日8时积雪深度达15厘米。强降雪主要发生在5日白天及6日夜间。本次降雪天气过程具有强度强，持续时间较长等特点，降雪又恰逢春运返程期，且早晚气温多在零度以下，造成部分道路结冰，对道路交通运输有一定的影响，但雨雪天气有效改善了土壤墒情，基本解除前期气象干旱。

国民经济和社会发展综述

2013-2014年，全县坚持以调整产业结构、转变经济发展方式为主线，认真贯彻落实中央、省、市一系列重大决策部署，抢抓政策机遇，全力以赴保增长、调结构、惠民生、促和谐，国民经济保持平稳较快的增长。2013年实现地区生产总值185.83亿元，同比增长12.4%；固定资产完成投资197.1亿元，同比增长20.2%；实现财政收入24.38亿元，增长6%；战略性新兴产业实现较快增长，完成产值95亿元，增长25%。

2014年全县经济社会发展呈现出先抑后扬、低开高走的局面。全年实现地区生产总值204亿元，同比增长13%，增速居全省县域第4位；三次产业结构调整为20.6∶55、8∶23.6，二产比重较上年上升0.8个百分点，经济结构进一步优化。实现全社会固定资产投资217亿元，增长12%；财政收入26.4亿元，同比增长8%。

重点项目建设

大力实施项目带动战略，强化项目推进调度和服务，引进濉溪县重大项目电子监督指挥系统，实现项目管理的科学化、智能化管理，促进项目加快建设。2013年229个重点项目完成投资175亿元，完成年度计划的103%，64个省“861”项目完成投资41亿元，完成年度计划的116.5%；71个市重点项目完成投资88亿元，完成年度计划的106%。

2014年，全县215个重点项目完成投资154亿元，完成年度计划的102.7%，其中39个省“861”、73个市重点项目分别完成投资75.5亿元、110.4亿元，均超额完成计划任务。

2013-2014年，先后有美信铝业、凯强力科技、华中天力等一批重大工业项目相继竣工投产。相江实业、三本车业等32个装备制造工业项目主体工程正在快速推进；恒兴汽配、艾瑞库车业等一批汽车配件项目陆续开工建设；浍河路新濉河桥等24个城市建设项目基本完工、S101线改建等53个基础设施项目主体工程正在加快推进；秸秆发电等一批谋划项目有序推进。

（发改委）

招商引资

2013年，全县实际利用外资15362万美元，占全年目标任务的118.16%。上报省外资金102亿元，完成全年度目标任务（90亿元）的102%。经市招商局认定亿元以上规模项目28个，其中5亿元以项目3个，3-5亿元项目5个，1-3亿元项目20个。完成全年目标任务（27个）的103.70%。

2014年，濉溪县实际利用外资为18173万美元，占全年目标任务的100.96%。上报省外资金90.36亿元，完成全年度目标任务（90亿元）的100.40%。经市招商局认定亿元以上规模项目27个，其中5亿元以项目

5个，3-5亿元项目3个，1-3亿元项目19个。完成全年目标任务（27个）的100%。

（商务局）

城市投资建设

2013-2014年，全县融资及各项工程建设工作进展顺利，两年融资17.76亿元，各项工程实现总投资6亿元。

融资工作。以县建投公司为平台，向县农发行申请合欢家园安置房项目贷款1.5亿元。

以濉溪富强实业有限公司为主体，向县建行申请幸福家园二期项目贷款1.5亿元。

四里庄土地整理项目，占地210611.7平方米，以濉溪富强实业有限公司为主体，向县徽行申请贷款3亿元。市交投公司通过县城投公司转贷县交通局贷款1.76亿元，已全部支付县交通局。

与太平洋建设集团签订《濉溪县基础设施投资建设合作协议》融资7亿元，用于全县公路建设项目，由县交通局组织实施。

以富强实业公司为融资主体，向县农行申请濉溪县濉溪镇程庄土地整理项目贷款3亿元。

以县建投公司为融资主体，向国开行申请濉溪县程庄安置房、职高东安置房、县中医院北安置房棚户区改造项目贷款6.7亿元，已批准，正组织建设。

完成县农发行2.7亿土地复垦贷款及国开行1.5亿公租房贷款的使用。

市政道路工程。碱河路老濉河桥工程项目：碱河路桥工程总长283.531米，跨老濉河桥桥长60.08米，跨相阳沟桥桥长20.08米；装配式空心板桥，钻孔灌注桩基础；以上两桥间接线道路设计为城市次干道，设计时速30千米/小时，道路设计红线宽度40米，设计工期210天，中标价14713678.6元（含100万备用金），2012年3月28日开工，2013年4月底竣工。

河西新区合欢北路工程项目：合欢北路工程（濉河路－滨河路）总长1499米，合同价4935.5万元， 2013年4月1日开工，2014年1月15日竣工验收。

河西新区沱河西路延伸工程项目：总长1033.27米，合同价3686.5万元。2013年3月25日开工， 2014年1月15日竣工验收。

东一地块龙脊山路（闸河路南-后大街段）工程项目：道路设计全长485.66米，工程造价1022万元。2013年9月5日开工，2014年1月15日竣工。

东一地块榕树路（闸河路南-后大街段）工程项目：道路设计全长446.99米，工程造价688.98万元。2013年9月13日开工，2014年3月15日竣工 。

安置房项目。河西新区合欢家园安置房：规划用地72875.98平方米，总建筑面积117461平方米，设计户数910套。多层（6层）为主，工程造价约3.1亿元，工程于2013年4月25日开工建设，2014年年底竣工。

幸福家园二期：规划用地34827.5平方米，总建筑面积84795平方米，设计户数503套。以小高层（11层）为主，工程造价2.6亿元，工程于2013年10月30日开工建设，两年累计完成投资2.02亿元。

完成濉溪县棚户区改造项目（河西新区棚户区安置房、淮海南居棚户区安置房、南关棚户区安置房）工程的设计招标、规划方案评审工作、施工图设计、准备施工招标工作。

（县城投公司）

美好乡村建设

2013年，优化城乡资源配置，促进基础设施向农村延伸，公共服务向农村覆盖。刘桥、百善、临涣等中心镇建设加快推进，五沟镇搬迁进展顺利；2350户农村危房改造全面完成，首批25个美好乡村试点村建设取得良好开局，黄新庄、蒙村、芦沟成为新亮点。小城镇和美好乡村建设累计完成投资30亿元，其中25个示范村完成投资3.5亿元（不含村民住宅）。截至2013年年底，小城镇建成区面积累计达28平方千米，建成具有一定规模的集中居住区29个，全县城镇化率达44.5%。

2013年度，县有25个中心村列入全省首批美好乡村建设示范村，其中列入省级考核验收的重点示范村8个。2014年，顺利通过省级验收，被授予“全省美好乡村建设先进县”称号。其中黄新庄、蒙村两个精品村完成投资7100万元，整体进展较快、面貌改变显著。2014年度，县有8个中心村列入省级重点示范村，其中新增加村3个（王堰村、小李家村、丁楼村），首批中心村5个。8个中心村建设规划已编制完成，计划建设各类基础设施和公共服务设施项目86个，整合8个部门的涉农项目32个；全县8个中心村先后分两批批准实施专项资金补助项目107个（包含集体经济发展项目8个），安排专项补助资金5270万元，整体进展顺利。此外，还完成省市下达县600户农村危房改造建设任务。

（县建委）

文明创建工作

文明县城创建。2013-2014年，县紧紧抓住淮北市争创全国文明城市的机遇，以跨入全省文明县城为目标，不断夯实各类基层创建基础，使全县文明创建工作水平不断攀升。濉溪县获第三届“安徽省文明县城”称号。

2013年，成立以县委、县政府主要领导分别任政委和总指挥的创建指挥部。制定创城三年规划，明确奋斗目标、厘清创建路径、制定工作措施、强化机制保障，印发《濉溪县创建全省文明县城工作考核办法》，实行全程监督。县委、人大、政府、政协四大班子领导分别统领政务、法治、市场、人文、文化、生活、社会、生态、创建活动和综合协调十大工作组。按照动员准备、职责落实、补缺补差、迎检验收四个阶段扎实有序推进。当年全省文明县城测评验收成绩在全省62个县（市）中位居前列，成为全省新入选的8个文明县城之一。

2014年，将省测评验收的五项测评方法，所涉9大类测评项目、35个测评指标、97项测评内容分解到全县11镇、2个园区和47个责任部门。发出《创建安徽省文明县城倡议书》，开展“小手拉大手”活动等，动员全县广大干群共同参与。添置、更换社会主义核心价值观、中国梦、“讲文明·树新风”、节俭养德、诚信建设等公益宣传画面积1万平方米；建立濉溪文明网，提供创建信息发布新平台。县直各主创部门对照标准，倒排工期，完成复核任务。指挥部从主创部门中抽调14名精干人员组成综合协调组，对各备查点督促指导，推进各项创城任务落实到位。

坚持以发展促创建，抓管理优环境，搭平台提素质，形成一批创建精品和亮点。新建公园、添置公厕、改造路巷、美化环境、增加群众文化活动，2013年建成全省首个县级公共自行车服务系统。

城乡环境整治。建管结合，综合治理，加强对全县环境卫生、交通秩序、集贸市场、建筑工地、餐饮超市、公共场所的管理，提升县城整体形象。按照属地管理的原则，明确条块之间、部门之间、保洁公司之间的卫生责任区域，确保卫生管理不留死角，做到县城内全域覆盖。明确治理路径，出台整治方案，明确边长、线长、重点长“三长制”和查账、对账、销账“三账法”。典型示范带动。发挥领导干部示范引领作用，先后组织开展S202、老濉河、城区铁路等9次沿线沿边的集中清理活动，引导群众积极参与。广泛宣传发动。协调人民网、安徽电视台、省治理办等各级各类媒体对县“三线四边”整治工作进行宣传报道，共刊发各类稿件420篇。督查考核奖惩。对各镇（园区）、各责任单位每月进行三轮动态督查；引入第三方公司每月进行1次测评考核。对发现的问题通过督查专报、手机短信平台、文明创建工作qq群等渠道及时反馈，督促整改。根据第三方考核成绩按季度兑现奖惩。

发挥公益宣传效应，在报刊、电台、电视台、网络媒体、电子显示屏广泛宣传社会主义核心价值观，做好图说核心价值观、“讲文明·树新风”、未成年人、志愿服务、节俭养德、诚信建设等各类公益宣传，在重点区域布置大型户外公益广告牌58个；督促各部门在建筑围挡、楼宇墙面、街道灯箱、路灯杆柱、社区宣传栏设置公益广告2600余处；在公共场合、醒目位置设立式样新颖的“遵德守礼”提示牌3700余块；发放宣传单、宣传手册3万份。推出泗州戏“濉溪好人”，组织全国第十一个“公民道德宣传日”活动。建立“好人”长廊、“好人”广场，以图文并茂的形式展示28名道德模范事迹。以社区和市级以上文明单位道德讲堂为阵地，组织观看先进人物事迹，邀请道德模范、身边好人走进讲堂讲事迹，使广大干部群众见贤思齐，学有榜样、赶有目标。用典型示范、实践养成和以文化人三个途径，提高全民思想道德素质。传播正能量，持续放大“濉溪好人”品牌效应，开展第二届“感动濉溪”十佳人物评选活动。4人入选淮北市第四届道德模范，3人获提名奖；截至2014年年底，全县“中国好人榜”上榜人数累计达到25人，继续在全省县级领先。中央电视台、光明日报、凤凰卫视等多家新闻媒体进行专题报道。组织“中国好人”王启军、荐雪梅等道德模范开展好人事迹宣讲百余场次。春节期间，分4批次对道德模范、身边好人共16人进行慰问。经过各类道德模范的发掘、评选、积累、推荐、宣传、学习和帮扶，全县先后有43人获“濉溪好人”称号，50人获“淮北好人”称号，8人获“安徽好人”称号。组织“我们的节日”主题活动。在春节、元宵节期间，开展送春联、“迎新春庆元宵”文艺演出、春节慰问等形式多样的主题活动。在清明、端午期间，开展祭奠革命先烈活动。中秋节期间开展“中华大团圆·家家乐中秋”主题活动。营造了整洁有序、文明和谐的节日氛围。

志愿服务活动。抓住“四个重点”，实现志愿服务常态化。围绕“三关爱”、邻里守望等内容，组织各类规模志愿服务活动二百余次。县委、县政府主要领导率先垂范，带领县直各单位广大干部职工参加周五志愿服务活动。以空巢老人、留守儿童、农民工、孤残群体为重点，开展送温暖等志愿服务活动。每年3月为志愿服务日，县直单位、镇、园区的千名志愿者和热心群众，开展形式多样的学雷锋志愿服务活动。加强汽车站、主要交通路口、公共活动场所和社区广场的志愿服务工作。制订《濉溪县志愿服务制度化实施方案》，完善注册、培训、对接、回馈、嘉许五个环节，调动各志愿服务组织，树立优秀志愿服务典型。更新志愿者注册信息平台，全县志愿者网上注册人数突破13万人；濉溪镇“党委110”、县供电公司爱心助残、梨园情艺术团传统文化“六进”三个志愿服务项目被评为淮北市优秀志愿服务项目，得到5万元的资金扶持；濉溪镇北关社区、闸西社区获“三星级服务社区”称号；王启军、王芳等8人获淮北市“星级志愿者”称号；王启军、杜从轩2人获“江淮志愿服务典型”称号；对县法院青年志愿服务队等10个集体及刁晓宇等40名先进个人进行表彰。

未成年人思想道德建设。县文明办、县教育局、团县委、县妇联等文明委成员单位联合开展“做一个有道德的人”、“洒扫应对、认星争优、日行一善”、优秀童谣传唱、童心向党、中华经典诵读、爱国主义读书教育、清明节“网上祭英烈”等系列主题教育实践活动，提升未成年人思想道德素质。以县青少年心理健康教育辅导站为龙头，利用心理辅导室、留守儿童之家，构建未成年人心理健康辅导网络平台。2013-2014年，全县新获中央专项彩票公益金支持建设的乡村学校少年宫5所，全县乡村少年宫累计达到30所。

基层创建活动。继续实施文明餐桌、文明交通、文明旅游、网络文明传播四大行动，引导广大城乡居民把良好道德行为落实到日常生活和工作之中。创建全省县级最大的文明创建工作QQ群，进行网络文明传播和工作交流。做好各级各类基层文明创建的推荐、评选、表彰及日常动态管理工作。通过升级进位，增加文明村、镇、单位、社区、文明户、经营户的表率作用和凝聚力。命名表彰濉溪县第九届文明单位46家和第一届文明镇2个、文明村19个、文明社区3个。从全县6500户个体户、1700家非公企业中评选出“文明诚信个体工商户”120户，“文明诚信民营企业”60家。在全县评选“十星级文明户”1000户，开展寻找“最美家庭”活动，弘扬优良家风、发展乡贤文化，促进家风、民风和社会风气的好转。组织48家省、市、县级文明单位，与主城区7家社区、41个县级文明村和美好乡村建设示范村采取“一对一”结对共建活动。53家单位获淮北市十四届文明单位。县检察院、县气象局、县财政局、县国税局、县地税局、县公安消防大队、县供电公司7家单位获第十届安徽省文明单位。县供电公司升级为县首家国家级文明单位。刘桥镇经复查合格，继续保留“全国文明村镇”称号。南坪镇、濉溪镇、百善镇黄新庄村获第三届安徽省文明村镇。韩村镇、濉溪镇蒙村晋级为第三届安徽省创建文明村镇工作先进村镇。濉溪镇北关社区获第四届安徽省文明社区称号。

（文明办）

农　业

种植业

【农村经济稳步增长】2013年，濉溪县主要粮食作物播种面积24.3万公顷，粮食总产156.5万吨。其中夏粮小麦12.47万公顷，平均亩产500.4千克，总产93.6万吨；玉米6.91万公顷，平均亩产501.8千克，总产52万吨；大豆4.92万公顷，平均亩产147.4千克，总产10.9万吨。建立小麦高产攻关核心示范区8万公顷，建立玉米振兴计划核心示范区2.67万公顷，建立部级粮食高产创建万亩示范片15个。主要农作物病、虫、草害防治面积69.21万公顷次，统防统治面积0.86万公顷次，挽回损失14万吨。测土配方施肥面积23万公顷次，节本增效9100万元。小麦产业技术体系示范基地466.7公顷，平均亩产574.9千克。省级夏玉米标准化示范区0.67万公顷，平均亩产631千克。

2014年，全县主要粮食作物面积24.51万公顷，粮食总产161.9万吨。其中夏粮小麦12.50万公顷，平均亩产512.8千克，总产96.2万吨；玉米7.51万公顷，平均亩产505.4千克，总产56.9万吨；大豆4.5万公顷，平均亩产129.7千克，总产8.8万吨。建立小麦高产攻关核心示范区8万公顷，建立玉米振兴计划核心示范区2.67万公顷，建立部级粮食高产创建万亩示范片15个。主要农作物病、虫、草害防治面积63.59万公顷次，统防统治面积6.47万公顷次，挽回损失13.23万吨。测土配方施肥面积18.67万公顷次，节本增效8400万元。小麦产业技术体系示范基地466.7公顷，平均亩产616.9千克。

【农民人均纯收入增加】2013年，全县农村经济净收入72.93亿元，国家给农民的各项补贴1.64亿元，合计74.57亿元，91万农民人均纯收入8195元，比2012净增1161元，增长16.5%。

2014年全县农村经济净收入52.67亿元，国家给农民的各项补贴1.94亿元，合计54.61亿元，全县有92万农民，上半年农民人均实际纯收入5936元，比2013同期净增891元，增长17.6%。

【经营体制机制不断创新】2013年，全县发展农民专业合作社551家（新增60家，示范社22家），会员6万多人，带动农户12万户；发展家庭农场222家，专业大户530家。各类规模经营主体流转土地面积28万亩（新增6.5万亩）。

2014年，发展农民专业合作社721家（新增60家，示范社22家），会员9万多人，带动农户12万户；发展家庭农场557家，专业大户530家。各类规模经营主体规模流转土地面积32万亩（新增2.5万亩）。已初步探索出合作经营、五统一分、租赁经营、土地托管等较为成熟的土地规模经营模式。

【惠农政策落到实处】2013年，国家补贴政策落实到位。各项补贴发放1.64亿元，人均约为180元。减负政策落实到位。实行党政一把手负责制、部门专项治理负责制和领导责任追究制，农民负担没有发生反弹。新型农民培训到位。全年累计培训农民5570人，完成全年任务的102%。

2014年，认真落实国家补贴政策。粮食直补、良种补贴、农机补贴、综合补贴等1.94亿元资金均已补贴到位，人均约为211元。积极落实减负政策。规范“一事一议”操作程序，从严掌握筹资限额和使用范围，推行农民负担规范化、制度化管理，实行党政一把手负责制、部门专项治理负责制和领导责任追究制，确保农民负担不反弹。

林　业

【造林绿化】2013年，濉溪县共完成植树造林55850亩，其中国家项目造林32200亩，省项目造林23650亩。国家项目造林包括长防林工程造林2000亩、造林补贴试点造林30000亩、巩固退耕还林成果专项规划造林200亩；建设森林长廊示范段17.1千米，四旁植树166万棵，分别完成国家项目长防林任务2000亩的100%、造林补贴任务30000亩的100%、专项规划造林任务200亩的100%，省项目其他造林23532亩的100.5%，森林长廊示范段建设任务15千米的114%，“四旁”（路旁、沟旁、渠旁、宅旁）植树任务135万株的123%。还完成林业育苗2000亩。林业总产值达到3亿元。其中林产品加工实现产值10808万元；苗木花卉实现产值 3340万元。

2014年，全县共完成森林增长工程造林面积39245亩，建设森林长廊示范段45.7千米，“四旁”植树165万株，义务植树168万株，分别完成森林增长工程建设任务39245亩的100%，森林长廊示范段建设任务39.2千米的117%，“四旁”植树任务135万株的122%，义务植树任务140万株的120%。同期，创建森林城镇1个、森林村庄10个，完成林业育苗2150亩。林业总产值3.63亿元。其中林产品加工实现产值12656万元；苗木花卉实现产值4651万元。

【林政管理】2013年，全县共办理林木采伐许可证26件，实际采伐林木7256立方米；办理木材运输证62份、林权证3件。2014年，全县共办理林木采伐许可证40件，实际采伐林木5135.8立方米；办理木材运输证89份。

【森林公安】严厉打击各类破坏森林和野生动物资源的违法犯罪活动。2013年，共办理林业行政案件5起，移送林业刑事案件1起。2014年，办理林业行政案件4起，林业刑事案件2起，刑事拘留2人，取保候审1人。

【林业有害生物防治】2013年，林业有害生物“四率”管理目标：成灾率4.9‰，防治率85.6%，测报准确率82.3%，种苗产地检疫率94.5%。目标完成情况：成灾率：全年有害生物发生总面积2.11万亩，成灾面积0.14万亩，成灾率为4.4‰。无公害防治率：全年林业有害生物无公害防治作业面积1.6万亩，投入防治费用20万元，林业有害生物无公害防治率86.8%。测报准确率：预测发生2.5万亩，实际发生面积2.11万亩，测报准确率84.2%。种苗产地检疫率：全县育苗面积2000亩，实际实施产地检疫面积1960亩，种苗产地检疫率98%。全县全年共开展产地检疫30次，发放产地检疫证25份，共检疫林业苗木300万株、花卉150万株；开展调运检疫62次，发放调运检疫证62份，检查苗木1万余株、木材3万立方米（件）。全县无检疫对象苗圃25个，面积2000亩。

2014年，林业有害生物“四率”管理目标：成灾率4.6‰，无公害防治率87.1%，测报准确率83.8%，种苗产地检疫率95%。目标完成情况：成灾率：林业有害生物发生总面积22260亩，成灾面积1010亩，成灾率为4.54‰。无公害防治率：全年林业有害生物无公害防治面积20580亩，投入防治费用近40万元，林业有害生物无公害防治率91.9%。测报准确率：林业有害生物预测发生26000亩，实际发生面积22260亩，测报准确率85.6%。种苗产地检疫率：2014年全县实际育苗面积1980亩，实际实施产地检疫面积1900亩，种苗产地检疫率96%。全县共开展产地检疫25次，发放产地检疫证25份，共检疫林业苗木250万株、花卉180万株；开展调运检疫76次，发放调运检疫证76份，检查苗木0.5万株、木材2万立方米（件）。全县无检疫对象苗圃25个，面积1980亩。

畜牧业

【概况】2013年度，全县新建规模养殖场78家；大牲畜饲养量2.63万头；生猪饲养量106.34万头；家禽饲养量

3329.41 万只；羊饲养量 61 万只。肉类总产量达到 9.89 万吨；禽蛋产量达到 3.69 万吨；奶产量 0.32 万吨；实现畜牧业总产值 12.62 亿元，农民牧业收入 1586 元。

2014 年度，新建、改建和扩建规模养殖场 82 家；全县大牲畜饲养量 2.52 万头；生猪饲养量 104.18 万头；家禽饲养量 3436 万只；羊饲养量 63.46 万只。肉类总产量达到 10.18 万吨，；禽蛋产量达到 3.55 万吨；实现畜牧业总产值 12.86 亿元，农民牧业收入 1660 元。年内，全县规模养殖场 1245 家，畜禽规模养殖比例提高到 76%。建立国家级示范场 3 个，省级示范场 5 个，市级示范场 30 个。

【重大动物疫病防控】2013 年，全县坚持“预防为主，防治结合”的原则，落实免疫、监测、流调、消毒等综合防控措施，规模养殖场应免率、建档率、挂标率、免疫卡发放率、抗体水平合格率均达到 100%。没有发生牲畜口蹄疫、高致病性禽流感、高致病性猪蓝耳病和猪瘟等重大动物疫情。2014 年，建设疫苗贮存冷库，兽医实验室通过省级验收，完成各项免疫任务。没有区域性重大动物疫情。

【动物卫生监督】2013 年，全县加强对规模养殖场、饲料生产企业、兽药饲料经营企业（户）、畜禽屠宰加工企业和生猪定点屠宰场及农贸市场、牲畜交易市场、肉类专卖店、超市及冷库等监管。开展“瘦肉精”检测，检测结果全部为阴性。没有发生畜产品安全事故。

2014 年，加强对全县规模畜禽养殖场，屠宰场、加工场所分类管理，积极开展动物产地检疫工作，努力做好生猪定点屠宰检疫及屠宰监管职能移交工作。开展禽流感、瘦肉精专项检测，强化对加工企业及畜牧业生产投入品监管。

【饲料生产】2013 年，全县有饲料加工企业 9 家，生产预混料 2 万吨，生产全价饲料 30.5 万吨。2014 年，生产各类畜禽预混料 2.4 万吨，生产全价饲料 32 万吨。

水 产 业

濉溪县因采煤塌陷水域面积大，适宜发展渔业生产。河沟水域因污染严重，基本丧失养殖功能。水产养殖主要集中在塌陷治理区连片鱼塘、大水面，以及河道三网养殖。刘桥、百善、韩村、五沟和濉溪镇境内，采煤塌陷面积近 5 万亩，近年来随着塌陷区开发力度加大，单产、效益提高很快。河流“三网”养殖受污染影响，面积、产量波动较大。

2013 年全县养殖总面积 37600 亩，产量 1.06 万吨，渔业总产值 1.1 亿元。2014 年全县养殖总面积 38900 亩，产量 1.1 万吨，渔业总产值 1.2 亿元。

农业机械

【概况】2014 年，濉溪县农机总投入 1.58 亿元，拖拉机拥有量达 9.53 万台，比 2013 增加 1000 台，农机具 29 万台(套)，比 2013 年增加 0.2 万部;农机配套比 1∶3∶1。联合收割机达 7234 台，比 2013 年净增 510 台;农用运输机械发展迅速,达到 12874 台，比 2013 年净增 600 台；综合农业机械化水平达到 88%。农机对农业生产的贡献率达到 25%以上，县农机局 2013-2014 年连续二年被评为全省农机系统劳动竞赛农机推进工程先进单位。

【平安农机创建】2013 年，濉溪县按照农业部、国家安监总局的部署和要求，本着充实、完善、创新、提高的原则，开展“创建平安农机，促进新农村建设”活动。年内创建农机平安镇 3 个，平安村 21 个，平安户 356 户。全县未发生一起重特大农机安全责任事故。8 月 27 日，由省农机局和省安监局联合组成的安徽省“平安农机”示范县创建考评验收组对濉溪县“平安农机示范县”创建进行验收并顺利通过。2014 年，结合党的群众路线教育实践活动，继续深化推进“平安农机”建设，层层落实工作责任。通过开展源头治理，强化依法治机、依法管机，排除农机事故隐患，切实保障农机安全生产形势的持续稳定，实现“在服务中实施管理，在管理中体现服务”。全县拖拉机、联合收割机年检率达90%以上，较上年同期提高3个百分点，查处农机违法行为300起，濉溪县继续保持多年无特重大农机安全生产事故记录。

【新机具、新技术推广应用】2013年，积极推进农机农艺技术深度融合，实施好有关农机化科技项目，突出技术集成试验示范。加快老旧农机报废更新，大力发展大马力、高性能农业机械和精量播种、土地深松、化肥深施、秸秆还田等增产增效型、资源节约型和环境友好型农机化技术，促进农业绿色发展、循环发展和低碳发展。积极结合现代农业示范区开展农机化示范区建设，达到选点、布局一致，内容、目标衔接，管理、运行融合，进度、要求同步。完善建设内容、运行机制和管理模式，现代农业示范区率先实现全面机械化。年内，举办各类新机具、新技术演示会10次，农机大户农机农艺结合技术培训班3次，培训大户组织20人，推广10项农机节本增效技术，推广各类新机具2000台。2014年，不断加快老旧农机报废更新，大力发展大马力、高性能、复合型农业机械和精量播种、土地深松、化肥深施、秸秆还田等增产增效型、资源节约型和环境友好型农机化技术。全年推广各类农机化新机具2600台，推广新技术10项。很多先进适用的大型农业机械及秸秆综合利用机具逐步被农民所接受，并得到广泛普及和应用，加快推进农机、农艺技术融合和农作物秸秆综合利用进程。

【农机教育培训】2013年，深入开展“大培训、大推广、大普及”活动。采用专题讲座、现场教学、夜校培训、以会代训、以修代训、以检代训等多种形式举办培训班40余期，培训各类农机人员8000人次。扎实开展农机科技下乡活动。科学制订《农机科技下乡活动实施方案》，组织农机科技人员，深入11个镇，赶科技大集20次，发放农机新机具、新技术宣传材料万余份。突出小麦联合收割、秸秆粉碎还田、玉米贴茬直播技术推广和农机驾驶操作、农机安全生产技术要求、操作规范等送进千家万户，培养了一批懂技术、会经营、善管理的新型农民。2014年，充分利用各类农机化教育资源，实施阳光工程农机培训、农机驾驶操作与维修培训。以农机技术、农艺种植和经营管理培训为重点，深入开展农机化教育培训行动。积极开展对农机管理、推广、监理、学校教师等人员岗位轮训，强化农业机械化公共服务能力。全年共培训各类农机人员7000余人，农机系统整体素质普遍得到提高。

【农机社会化服务体系建设】2013年，全县注册农机专业合作社2个，总数达到19个。农机专业合作社在“午秋”农业生产中发挥了主力军作用。抢晴收获，实施耕、种、收一条龙服务，实现社会效益和经济效益双丰收。全县19家农机专业合作社，拥有各类机械1200多台套，全年共完成农机作业面积80万亩，实现农机经营总收入4000万元。

2014年，全县新增农机合作社4个，总数达23个。为提升全县农业机械化发展水平，按照“因地制宜、多元创办、政策扶持、市场运作”的思路，培植发展农机协会、农机合作社、农机中介、农机大户等服务组织。对已成立农机专业合作社在落实农机购置补贴资金、技术指导、作业信息等方面给予倾斜，使其功能得到完善。

【农机午、秋会战】2013年，濉溪县小麦从6月3日开镰，到6月9日结束，全县共完成小麦机收面积187.12万亩，小麦机收率100%，其中联合收获99%。午收期间，全县共投入各类农业机械12万台（套），其中联合收割机6500台（引进外地联合收割机500台），拖拉机9万台，农用运输车2万台，全县近4000台联合收割机跨区作业，普遍取得较好经济效益，跨区作业可直接为农民创收8000万元。在麦收期间，县农机系统职工全部奋战在三夏生产第一线。组织农机技术人员成立24个农机维修服务队、4个应急小分队,深入乡村,免费为农机户维修、保养机车,把技术、配件、安全送到田间地头。并在主要交通干道设立6个接机服务站,为外来机手提供作业、食宿、供油、机具维修、安全服务,让他们“进得来、干得好、挣得多、走得顺”。“三秋”期间,濉溪县共投入各类机械10万台(套),其中上阵玉米收获机1000余台(引进跨区作业玉米收获机100台),其他收割机3000台;大中型拖拉机1.2万余台,小麦精量播种机60000余台,其中小麦旋耕施肥播种机2000台,确保濉溪玉米机收秸秆粉碎还田率达60%以上,大豆机收率达95%,机械耕整地率、小麦机播率达到100%。为提高全县玉米机收水平和秸秆综合利用率,9月27日在四铺镇召开“淮北市秸秆还田工作现场会”。现场组织玉米联合收获、机械化秸秆还田、秸秆打捆、机械化深松、旋耕整地等机具作业演示,收到良好的示范效果。

2014年午收期间,县农机部门周密部署,科学调度,精心组织,强化措施,抓住天气晴好时机,全力组织机械抢收,确保夏粮丰产丰收、颗粒归仓。全县小麦机收从6月3日起至6月10日全面告捷。全县共完成小麦机收面积187.5万亩,机收率为100%。午收期间共投入各类农业机械12万台套,其中联合收割机6700台,引进外地联合收割机600台,培训机手、修理工5000人,维修各类机具2万台套。午季共组织3500台联合收割机跨区作业,直接创收7000万元。

“三秋”生产从9月底开始,到10月26日落幕。全县玉米收获面积112.45万亩,其中机收74.22万亩,机收率66%;秸秆还田面积达94万亩,秸秆综合利用率达95%;大豆收获面积69.55万亩,机收64.86万亩,机收率93%;完成机耕面积188.5万亩,小麦机播面积186万亩,机播率100%;上阵各类机具10万余台,其中玉米联合收获机1300台,播种机械6万余台,拖拉机8万余台;“三秋”期间共培训各类农机人员3000人次,检修各类农机具2.2万台套。“三秋”期间,为做好“三秋”秸秆综合利用工作,切实杜绝因秸秆焚烧带来的空气污染,县农机局按照省、市、县有关加强秸秆禁烧工作的通知要求,多措并举,全力做好秋季农作物秸秆的粉碎还田、青贮、回收利用等工作,取得明显成效,秸秆还田、综合利用率创历年来最好水平。

【联合收割机等大中型农机具增长快】2013年,县农机局利用农机宣传月、农机科技下乡、安全生产大检查等活动,组织各种机具在乡镇巡回展示,召开座谈会、演示会、产品推介会10多次,散发宣传资料2万余册,同时受国家农机购置补贴逐年加大的影响,当年度全县大中型农机具迅猛发展。联合收割机新增900台(其中玉米收割机500台),联合收割机保有量6724台,居全省县级第一;大中型拖拉机12942台,增加近1100台;大中型农具26886部。全县小麦机收率100%,小麦的生产机械化带动玉米、大豆等作物生产的机械化,农机向农业生产的各个领域推进,全县大豆、玉米机收率分别达到95%、60%。

2014年,把推广玉米联合收割机、农用运输机械、大中型农机具、秸秆综合利用机械作为改善农机资源配置,优化农机结构,提高农机使用效率的突破口,促使农机服务进一步适应产业化需要。年内新增联合收割机700台、玉米收割机380,玉米机收率66%,新增秸秆综合利用机械1147台(其中秸秆打捆机154台),新增农用运输机械600台,新增大中型拖拉机900台。

【农机市场整顿】2013年,为净化农机市场,午、秋两季联合县市场监督、农业部门对全县农机市场进行清理整顿。年底,全县维修供应网点持证率和从业人员上岗持证率达95%以上。2014年,认真贯彻落实农业部、国家工商行政管理总局关于《农业机械维修管理的规定》的通知,继续对农机行业实行就业准入制度,切实保护农机消费者的合法权益。全年共鉴定各类农机人员398人，濉溪县农机化技术学校被农业部确定为全国农机行业职业技能鉴定农机培训示范基地。

（彭 甫）

水 利

【概况】濉溪县水务局是县政府主管全县水务工作的工作部门,内设5个职能股室，下辖16个企事业单位。2013-2014年，先后获全省先进县级水利局、全省“江淮杯”竞赛评比先进单位、全县精神文明建设先进单位、全县农业农村重点工作先进单位及全县民生工程组织实施工作优秀单位等荣誉。

【农村饮水安全工程】2013年，建设四铺水厂、刘桥水厂、临涣石湖水厂、徐楼水厂（二期）4座。完成投资3753.81万元，新打水源井5眼,铺设供水管网509千米，解决6万农村人口及4000名师生不安全饮水问题。

2014年，实施建设5座水厂，其中新建双堆水厂、铁佛镇油榨水厂2座；扩建及管网延伸四铺水厂、徐楼水厂（三期）、刘桥水厂3座。完成投资5764万元，新建水源井12眼、清水池6座，二级泵房2处，配套机泵23台套，铺设管网822千米。解决11万农村人口和0.88万学校师生不安全饮水问题。

【创新管理模式】针对农村饮水工程建设规模小、运行成本高、管理难度大的现象，在充分调研、论证的基础上，2014年把农村饮水工程交由淮北市供水总公司进行建设管理。实现农村饮水安全工程建设由单一政府行为向多元市场化行为转变和建管分离向建设运行一体化转变。市供水总公司具体实施工程的建设与管理，县水务局做好规划设计、用地协调等服务工作。提升县农村饮水安全工程管理中心级别规格，管理中心主任高配为副科级，人员编制增加至10人；建立联合办公机制，市供水总公司与县水务局组成联合工作组，实现工程建设的提速增效。

【农田水利建设】高标准农田建设项目。项目建设地在四铺镇八里村和五铺农场，项目总投资1380万元，建设高标准农田1.1万亩。新建灌溉站2座，清淤塘坝3面，维修涵闸2座；新打机井36眼，新建井房36座；疏浚中小沟82条段，中沟护坡4.38千米，小沟边坡衬砌12.88千米；配套桥涵15座,机井固定式喷灌配套8眼，灌溉面积640亩，机井半固定式管灌配套22眼，灌溉面积1320亩，机井移动式软管配套93眼，灌溉面积5600亩；泵站低压管道输水配套2处，灌溉面积4000亩；修筑砂石路0.6千米。

农田灌排项目。该项目是县自建农田水利建设项目，工程总投资2499.42万元。治理标准片4个，面积6.644万亩，大沟清淤工程涉及6个乡镇，总治理水土保持面积7万平方米。

沱水南调项目。实施建设百善现代农业示范区调水工程、五铺农场高标准农田治理区调水工程、铁佛镇沱水南调工程。建设控制涵闸3座，拦水坝2座，维修水闸1座，建设桥梁13座，疏浚沟渠29千米，年调水量650万立方米，灌溉农田15万亩。

【重点小型水利工程】小型水利工程改造提升项目。抓住全省把小型水利工程改造提升纳入省级民生工程的契机，坚持整合资金、加大投入，通过整合农业综合开发项目、土地整治项目、小农水重点县等涉水项目资金7553.18万元，其中农水专项资金1158.35万元，以水利工程为重点，大力实施“5588”行动计划，积极加快小型水利工程改造提升步伐。新建、加固小型水闸28座；扩挖整治塘坝11处；清淤沟河40条段；新建和修复灌溉机井3615眼；末级渠系改造9.57万亩，同时做好新开挖疏浚大中沟的水土保持工作，畅通农田灌溉“最后一千米”。

小农水重点县项目。濉溪县是全国第五批小型农田水利建设重点县，项目总投资7500万元，分三年实施。2013年度项目安排在四铺镇道口村和五铺村，项目投资

2500.33万元，治理面积2.7万亩；2014年度小农水重点县项目安排在四铺镇洪南村和八里村，项目投资2513.92万元，治理面积2.66万亩，新增和改善灌溉面积2.66万亩，发展高效节水灌溉面积0.4万亩。

规范机井建设管理。2014年7月出台《濉溪县农田灌溉机井管理办法（暂行）》，规范农用机井建设管理，提高机井使用效益，为农业增产稳产提供水源保障。

培育完善专业管护组织。按照“产权有归属，管理有载体，运行有机制，工程有效益”的要求，以政府购买公共服务的方式，培育3个市场化管护组织开展小型农田水利工程管理改革创新试点工作。其中市级试点1个，县级试点2个，并依托种植大户、专业合作社等共发展管护组织12家，受益群众15.5万人，管护面积达31万亩，管护小型水利工程达6000处。积极推进“两证一书”管理发放，明确小型水利工程管理主体和管护责任。

【中小河流治理】澥河治理工程。2013年度工程项目，治理范围为澥河李大桥闸至忠阳桥段，治理长度14千米。疏浚河道14千米，加固堤防2.07千米，新建陈王沟涵，拆除重建康沟涵、黑泥沟涵等，工程总投资2995万元。

王引河治理工程。2014年度工程项目，治理范围为王引河翟桥至王庄闸段，综合治理河长9千米。疏浚河道9千米，堤防加高培厚3.77千米，加固维修护岸1.2千米，修建防汛道路4.9千米，拆除重建杨楼沟等，工程总投资3318万元。

包河治理工程。2014年度工程项目，治理范围为县包河喇叭沟口至临涣集段，治理河道长8.37千米。疏浚河道8.37千米；新建刘洪闸、赵庄闸、吴浅孜闸等；工程总投资3010万元。

【防汛抗旱】认真落实各项防汛抗旱责任制，汛前及早开展工程安全度汛安全检查，狠抓在建工程安全度汛措施，修编完善各类防洪预案及调度方案，落实防汛抗旱经费、抢险队伍，备足备齐各类防汛器材。2014年结合岱桥电灌站管理房建设，新建100平方米的防汛物资仓库，经政府招标采购20万元的防汛物资入库，储备编织袋10万条、草袋5万条、抽水设备8台套、砂石4500立方米、块石1.6万立方米、桩木500立方米、毛竹2000根等10余种类防汛物资。组建50人的防汛应急抢险队伍，并配备挖掘机2台、推土机4台、冲锋舟3艘、机动船2艘，切实提高防汛应急的抢险能力。同时，认真做好抗旱准备工作，落实各项抗旱措施，修订完善各类抗旱预案、供水方案，做好蓄水保水工作，加快水源灌溉工程建设的步伐，统筹做好抗旱早期工作。

【依法治水】水法规宣传。结合每年“世界水日”“中国水周”“安徽省水法宣传月”活动等时机，采取设立集中宣传点、发放宣传资料、制作主题展板和宣传画、悬挂标语横幅、现场解问答疑等形式向广大群众开展水法宣传。

加强执法巡查，查处水事违法行为。加强水政执法队伍建设，成立水务局联合执法小组，落实日常巡查。开展河道非法采砂专项整治，建立联合执法机制，2014年12月，针对全县境内浍河、沱河河道内跨境非法采砂行为，及时与市水务局、烈山区农水局、宿州市埇桥区水利局建立联动机制，联合执法进行查处。出动执法人员80人次，查处违法采砂船15艘，拆除摧毁违法采砂机具8台套，处理违法人员6人。

水费征收。以水资源费、河道工程修建维护管理费、水土保持补偿费为重点，2013年收水费680万元，2014年征收各类水费732万元。

涉水行政审批。按照“两集中、两到位”要求，所有涉水行政审批项目纳入县政府政务服务中心水务局窗口办理；进一步简化办事程序和环节，严格办结时限，实现审批服务优质快捷，2013年行政审批58件；2014年行政审批16件。

（马祥文）

农村能源

2013年，濉溪县农村沼气发展依托国家沼气建设项目，累计完成投资4590万元。其中中央预算内补助项目资金2160万元，省财政配套补助864万元，县财政配套补助216万元。共发展农村沼气用户1.35万户，形成年节标煤1.5万吨的能力，项目户年均增收节支2000元以上。农村沼气的发展，有效地改变农村卫生面貌和农业生态环境。

2014年，全县3处大型沼气工程通过省级验收。五铺农场大型沼气工程总投资390万元，其中中央财政预算内投资130万元，地方财政配套投资60万元，企业自筹200万元，建设800立方米发酵罐、300立方米储气罐，以及净化设备和供气管网等。

安徽大自然种猪育种有限公司大型沼气工程总投资420万元，其中中央预算内投资140万元，地方财政投资60.5万元，企业自筹218.5万元，建设800立方米发酵罐、300立方米储气罐、120千瓦发电机组，以及净化设备和供气管网等。

韩村建安猪场大型沼气工程总投资390万元，其中中央预算内投资136万元，地方财政投资58.5万元，企业自筹195万元，建设800立方米发酵罐、300立方米储气罐、80千瓦发电机组，以及净化设备和供气管网等。

3处大型沼气工程，均在国家规定的时限内提前完成建设任务并投入正常运行。2014年9月25日，省农村能源总站组织专家组队对上述3处大型沼气工程的建设情况和运行情况进行验收，通过现场勘察、审阅资料和听取汇报等形式了解工程建设和使用运行情况，沼气工程顺利通过验收并评为合格工程。

（张志华）

工业 园区建设

工 业

【工业经济平稳增长】2013 年，新增规模以上工业企业 30 家，总数达 230 家，新增企业实现产值 25.4 亿元，拉动工业增长达 7.5 个百分点；规模以上工业企业实现工业总产值 408.3 亿元，增长 22.5%；规模以上工业企业从业人员 38116 人；增加 2772 人；工业增加值 103.2 亿元，增长 18.5%；工业用电量 87238 万千瓦时，增长 26.2%；产销率 98.2%，同比下降 0.44 个百分点；实现营业收入 399 亿元，增长 18.3%；实现税金 12.1 亿元，增长 19.9%；实现利润 21.4 亿元，增长 3.9%；完成工业投资 119 亿元，增长 19.9%；完成技改投资 61.2 亿元，增长 27.2%。规模工业增加值总量位居全省县级第 13 位。主导产业。煤电及矿产采选、煤化工及精细化工、农产品加工、装备制造、有色金属加工、纺织服装六大产业实现产值 301.5 亿元，增长 18.4%，对工业的增长贡献率达 62.5%。产值超亿元企业 127 家，总产值 359 亿元，比上年同期增长 20.5%，拉动工业增长 18 个百分点。新增企业实现产值 25.4 亿元，拉动工业增长达 7.5 个百分点。开发区及工业集中园规模工业实现产值 364.2 亿元，占全县规模工业产值的 89.2%，其中百善镇实现工业产值增长 41%，刘桥镇实现产值增长 42.1%，濉溪镇实现产值增长 25.5%。县经济开发区被认定为安徽省新型工业化装备制造示范基地、安徽省两化融合示范区、安徽省铝基新材料高新技术产业基地，濉溪镇被认定为安徽省纺织服装产业集群专业镇，百善镇被认定为安徽省农产品加工基地。

2014 年，全县新增规模以上工业企业 34 家，总数达 246 家，规模以上工业实现工业总产值 478.4 亿元，同比增长 15.8%；总量位居全省县级第 12 位，增速位居全省县级第 4 位。实现工业增加值 120.9 亿元，同比增长 18.2%；完成工业投资 140.3 亿元，同比增长 16.4%；完成技术改造投资 75.3 亿元，同比增长 23%；实现销售收入 451.4 亿元，同比增长 10.97%；实现利润 22.4 亿元，同比增长 1.9%；实现税金 12.5 亿元，同比增长 2.57%。主导产业增势明显。全县 29 个工业行业大类有 23 个行业实现增长，6 个行业下降。六大主导行业实现产值 342.9 亿元，同比增长 17.8%，对全县工业增长贡献率达 79.4%，拉动工业增长 12.6 个百分点。其中铝基新材料产业增势强劲，实现产值 25.7 亿元，同比增长 96%。全年规模以上工业企业中，产值超亿元的达 143 家，实现产值 376 亿元，同比增长 28.6%，占全部规模工业的 78.6%，成为支撑县工业经济发展的主力军。开发区及工业集中园规模工业实现产值 429.6 亿元，占全县规模工业产值的 89.8%。开发区及濉溪镇、百善、刘桥、韩村等重点园区工业经济总量提升较快，开发区工业各项指标占全县工业总量近一半。开发区、濉溪镇、刘桥镇、百善镇、韩村镇实现工业增加值同比分别增长 19.3%、15.9%、19.5%、20.3%、17.1%。全县工业企业加大研发投入，大力实施技术改造和技术创新。全年共投入技改资金 75.3 亿元，同比增长 23%，高于全部工业投资 6.6 个百分点，高于全社会固定资产投资 11 个百分点，为工业经济的可持续发展打下坚实基础。全年新增国家级高新技术企业 9 家、省级创新型企业 4 家，国家重点新产品 1 个，省级高新技术产品 12 个。加强融资平台建设，县政府控股的两家担保公司，县金茂担保公司资本金扩大到 1.16 亿元，县金福达担保公司注册资本金 1 亿元。招商引进的马鞍山农商银行和安徽濉溪湖商村镇银行运营良好，濉溪农村商业银行挂牌营业，9 家小贷公司规范发展。

供 电

【概况】国网濉溪县供电公司是安徽省电力公司全资控股公司，担负着濉溪县11个镇和濉溪经济开发区、濉芜现代产业园两个省级开发区供电任务。公司内设8个职能部室、2个业务支撑机构、11个供电所和1家集体企业。全民员工402人，集体员工218人，农电员工521人。拥有35千伏变电站14座、主变28台，总容量362.5兆伏安，10千伏配变2553台，总容量472.285兆伏安，营业客户36.49万户。

2014年，全县民营经济实现增加值137亿元，同比增长11.4%，占GDP比重达68%以上，上缴税金19.5亿元，同比增长8.3%；净增个体工商户4230户，净增私营企业943户，净增就业人数7500人。

2013年，获安徽省保障居民供电服务专项行动先进企业、安徽省廉政文化建设示范点、安徽省安康杯竞赛优胜企业、安徽省电力公司2013年度五星级车辆安全管理先进单位、安徽省电力公司财务先进单位、国网安徽省电力公司2013年度安全生产业绩奖、2013年度“淮北市企业50强”等称号。2014年获安徽省“安康杯”竞赛优胜企业、“安徽省第十届文明单位”、淮北市政务公开与企务公开示范点单位、濉溪县安全生产先进单位、国网安徽省电力公司“一流三化”管理提升工作先进单位、国网安徽省电力公司“三集五大”体系建设先进集体等称号。

【供用电】2014年，完成供电量20.76亿千瓦时，同比增长3.47%；售电量19.76亿千瓦时，同比增长3.62%，综合线损率4.85%，同比下降0.14个百分点；电费回收率100%；智能表安装完成11.54万只，里程碑计划完成率108.99%，采集成功率96.71%；农网精品工程2个，农网投资完成4243.5万元；供电可靠率99.87%，同比提升0.05个百分点；综合电压合格率99.1%，同比提升0.29个百分点；户均容量1.29千伏安/户，同比提升30.3%；10千伏架空线路绝缘化率24.80%，同比提升4.9个百分点；10千伏线路联络率54.84%(51/91)，同比提升13.67个百分点，其中县城10千伏联络率100%（19/19），农村10千伏联络率43.24%(32/74)；全年实现销售收入110926.21万元，实现利润1069.06万元，流动资产周转率18.33次，资产负债率67.72%，完成经济增加值35.76万元；截至2014年年底，安全生产连续运行3947天；2014年劳动生产率为219027元/人年，较上年同期增长8.07%。

民营经济

2013年，全县民营经济实现增加值123亿元，同比增长23%，占GDP比重达65%，上缴税金18亿元，同比增长19%；净增个体工商户3618户，净增私营企业620家，净增就业6900人。民营经济规模不断扩大，涌现出一批骨干龙头企业。全年实现产值超亿元的工业企业104家，限额以上企业109家。口子酒业、神华肉食入选省民营企业100强，口子酒业、界沟矿业、顺达商贸、鼎元置业等11家企业入选2013年度淮北市民营企业50强，民营经济为县经济快速发展注入新动力和活力，成为县域经济的主导力量。发展质量显著提升。民营经济转型升级和结构调整步伐明显加快，2013年战略性新兴产业实现产值95亿元，同比增长25%，形成以民营经济为主体的规模化产业集群和产业集聚区。新增国家级高新技术企业6家、省级高新技术产品19个，新增省级著名商标25个，理士电池、宇鑫新材料被批准为省级创新型试点企业，沪源铝业被批准为全省创新型企业。产业结构不断优化。中小工业结构调整和优化升级，取得显著成效。2013年六大产业实现产值301.5亿元，增长18.4%，对工业的增长贡献率达62.5%，主导产业支撑力不断增强，其中农产品加工业、煤电及矿产采选、煤化工及精细化工、机电制造、有色金属加工、纺织服装快速成长，分别实现产值111.7亿元、35.6亿元、17.4亿元、77.1亿元、28.8亿元和30.9亿元，分别增长21%、1%、38%、16.5%、16.8%和31.5%。

2014年，全县民营经济实现增加值137亿元，占GOP比重达68%，上缴税金19.5亿元；净增个体工商户4230户，净增私营企业934家，净增就业7500人。

企业发展水平进一步提升。产值超亿元的达143家，实现产值376亿元，同比增长28.6%，占全部规模工业的78.6%，成为支撑全县工业经济发展的主力军。产业优势进一步凸显。29个工业行业大类有23个行业实现增长，六大主导行业实现产值342.9亿元，同比增长17.8%，对全县工业增长贡献率达79.4%，拉动工业增长12.6个百分点。

园区建设

【濉溪经济开发区】县经济开发区先后被认定为全国首届创建生态文明典范园区、安徽省新型工业化装备制造示范基地、安徽省两化融合示范区、安徽省铝基新材料高新技术产业基地、中国中小企业创新服务先进园区、安徽省第三届投资环境十佳园区、安徽省首批知识产权培育示范园区。

2013年，按照产城融合的发展理念，以服务开发区产业需求和生活需求为重点，大力发展第三产业。加快南湖度假村、濉溪大酒店等项目建设进度，启动33层世纪华庭项目建设，加速引入超市、商场、银行、公交线路等生活配套项目；建设开发区农贸菜市场，加强龙池公园的管理与维护，为居民提供安全舒适的休闲环境。全年共接待客商213批次，洽谈项目56个，签订投资协议26个，协议资金89亿元；实际利用外资9800万美元，内资60.67亿元人民币，入区亿元以上项目16个，入园工业项目15个。实现财政总收入4.48亿元，完成全年任务的107%，同比增长13%；全社会固定资产投资76.5亿元，同比增长15%；新增规模企业13户，工业固定资产投资61.8亿元，同比增长23.6%；工业技术改造投资28亿元，完成任务的107%；规模工业增加值49亿元，同比增长22.5%；规模工业主营业务收入185亿元，增长21.7%。非公有制经济增加值57.7亿元，完成全年任务的105%。

2014年，开发区生产性服务配套工程建设不断强化，污水处理厂二期竣工运营，工业地产已投入使用，现入驻企业2家，科创大厦已具入驻条件，公租房竣工；生活服务配套项目不断完善，龙飞国际酒店加紧装修进度，已投入运营，华联、好又多、亿家汇等大型商超开门营业，信用联社、金福达担保公司等金融服务机构先后入驻，开发区逐步发展成宜工、宜商、宜业、宜居的产城融合示范区。全年引进外资9935万美元，引进内资40.8亿元，市认定项目10个，其中10亿元以上项目2个，5亿元以上项目2个，3亿元以上项目2个，亿元以上项目4个。实现财政收入8.29亿元(含口子集团)。规模工业企业产值228.1亿元，同比增长19.2%；规模工业增加值57.8亿元，完成任务的100.2%；固定资产投资累计80.1亿元，其中工业投资70.6亿元，完成任务的102.9%；工业技术改造投资35.9亿元，完成任务的108.8%。

【濉芜现代产业园】产业园于2013年1月完成园区总规编制，5月开始陆续启动路网和安置房建设，同步启动水、电、气、通信等建设。截至2014年年末，总长11千米两横五纵道路全线贯通；31幢总建筑面积22万平方米的濉芜星城安居工程全部封顶；雨污水管网、燃气管网完成建设；110千伏安变电站完成建设，10千伏配电工程全面施工。2014年8月启动一横两纵总长5千米道路建设。濉芜现代产业园两年累计签约项目32个，其中工业项目26个，协议投资123亿元，涉及装备制造、汽车零部件、新材料、生物医药、电子电器等；现代服务业项目6个，协议投资21亿元。已有8个项目开工建设，华东商品博览城项目一期已建成销售，二期正在建设；海韵新材料、博诚包装主体厂房和办公楼完成封顶；亚星重工、艾瑞库车业、万润塑件正在建设主体厂房；万恒机电、雄力车业等项目正进行基槽开挖。2013-2014年累计完成财政收入1.21亿元，其中税收1800万元；累计完成固投20亿元，其中基础设施固投7亿元，产业项目固投13亿元。实现银行融资4亿元。新增规模以上工业企业3家，实现工业产值2.5亿元。累计完成4.03平方千米启动区拆迁1465户近40万平方米，获批土地指标2975亩。累计发放征地补偿款、拆迁补偿费、安置过渡费等2.6亿元。累计投入2000万元，开展五保供养、低保申报、优扶、困难残疾补助、失地农民保险、计划生育生殖健康服务及各类救助等工作。

【刘桥工业园】工业园坐落于刘桥镇西部，距县城10千米，是濉溪经济开发区的重要组成部分。工业园背依刘一煤矿和恒源公司，西近河南永城，东临市县城区，北邻省道濉永公路，承东启西，区位优越。总面积 7000亩，其中国有建设用地2000亩，一般耕地5000亩，另有3500亩采煤塌陷区。

工业园按照“统一规划、分期开发、滚动式发展”的原则，一期开发占地1500亩，沿经一路两侧，北起濉永公路、南至杨家湖农场，采用抓两头带中间的方法，引进企业先行落地南北可用地，中间待回填平整后作为二期开发用地。

工业园道路建设分三期进行，先期建设四条道路长约7.1千米，计划投资1682万元，采用BT方式修建；铺设天然气管道，保证供气；完善配套供电网络，架设从新源热电至集中区长约3千米的1万伏双回路高压供电线路，围绕“三纵三横”的道路同步架设通信网络。园区一期建设工程已全部结束，全长7.8千米的“三纵四横”道路已全部建成，通信网络覆盖全区，所有企业实现双回路配电设施，水、天然气全通，实现水、电、路、通讯四通和施工现场平整“四通一平”。共有12家规模企业落户园区，入驻工业园企业除享受土地、税收、服务等优惠政策外，还可享受新源热电厂直供平价电、直供平价气等。工业园引进的1.7亿元淮北恒坤铝业项目，一期工程完成投资9600万元，一期已投产；投资1.5亿元的巨哲箱包项目和投资1.2亿元的奥瑞化工技术改造项目基本完成基础建设，已签协议和正在洽谈的项目5个。

【南坪镇工业集中区】集中区于2009年3月创建，位于浍河北岸，省道宿阜公路临区而过，距合徐高速公路东坪出口处4千米，距宿州市12千米。总体规划面积10平方千米，划分为A、B、C三区，其中A区3.35平方千米，B区3平方千米，C区4平方千米。按照“总体规划、分步实施”的原则，在A区3.35平方千米内规划园区基础设施建设，现已完成投资8000万元，建园区道路7条，共5千米，桥涵14座，架设8千米的供电专线。2014年新建园区专用变电所1座，现有4家规模企业入驻园区。

【韩村镇工业园】工业园距县城40千米，规划面积3.8平方千米，位于韩村镇北部，淮六路两侧。2009年开始建设，现已建成中兴西路、徐赵路、西区1路、2路、中兴路、淮海路、腾飞路、东区1路、2路、3路，排水桥涵90座，电力等基础设施基本完善。

充分发挥临涣煤电、海孜煤电、童亭煤电3家公司及省861重点工程涉及的电厂、水厂、选煤厂、焦化厂的优势，工业园以矿山机械加工为特色，推进工业园区建设。现集中区已入驻企业5家，其中矿山机械制造企业4家，粮食深加工企业1家；超亿元项目2家，3000万元至5000万元项目3家，项目总投资达6. 2亿元。

商 贸

商贸流通

【消费市场】2013年，全县实现社会消费品零售总额53.3亿元，同比增长13.6%；2014年全县实现社会消费品零售总额60.2亿元，首次突破60亿元大关，同比增长13.2%，增幅居全市县区首位，高于全市平均增幅0.4个百分点。商贸流通规模逐步壮大，2013年、2014年分别新增限额以上商贸企业42家和23家。至2014年年底，全县在统限额以上批零住餐企业80家，限额以下批零住餐企业43家，大个体37家。其中限额以上批发企业38家，零售企业40家。餐饮企业2家，批发大个体1家、零售25家、餐饮11家。

【农村市场体系建设】以全省农村商品流通服务体系建设试点为契机，结合新型城镇和美好乡村建设，积极构建农村商品现代流通网络。2014年年底，全县累计建成乡镇商贸中心8个，村级直营连锁店100个，商品配送中心1个，建设农贸市场2个，菜市场2个。畅通工业品下乡、农产品进城双向流通渠道，较好地解决农村消费不方便、不安全、不实惠问题，在改善农民生活、扩大农村消费、壮大流通企业、促进农业生产、增加农民收入等方面发挥了积极作用。

【完善商贸流通政策体系】出台《濉溪县人民政府关于加快流通产业发展的实施意见》(濉政〔2014〕11号)，在壮大流通规模、完善市场体系、健全流通网络、提升流通水平、提高流通主体竞争力、优化流通业发展环境等方面支持和引导发展。围绕主城区商业中心建设、现代农产品流通体系建设、工业品流通体系建设、药品流通体系建设、生产资料体系建设、再生资源回收体系建设、商贸物流配送体系建设等，促进商贸流通业快速发展。编制《濉溪县商业网点规划(2013-2030年)》，引导濉溪商业网点建设。

【重点商贸项目建设】完善大型商业网点建设，积极推进温州华东小商品博览城、东方时代广场、宏宇之心、中原商厦、荣景国际、世纪华联、西流河宾馆等一批重点商贸项目建设。好又多超市、福田辰茂酒店开业，香舍黎升级为三星级饭店。

【商务民生】加快发展养老服务产业，全面提升和建设社会养老服务5家，获省级养老政策支持1家。家政服务体系建设快速推进，全县建设家政服务机构3家，全年培训输出家政服务人员300人次。建设早餐供应网点19个，方便和服务社区居民。推进“双进”工程，完善社区餐饮、美容美发、维修、便利店等配套商业设施，服务社区居民生活消费。

【电子商务】信息化应用水平明显提升，建设完成东风物流信息公共服务平台，提高物流效率，降低物流成本。建设完成淮海中瑞 “云埔宝”O2O电子商务平台，安徽快乐真棒集团、亿捷商贸建成微信平台、微商城、移动APP商城等网络平台；商品配送中心与农家店等商业网点进行信息化改造，流通效率明显提高，物流配送、快递和网络购物快速发展。

【商业业态】全县新增商业营业面积12万平方米，周大生金店、步森服饰、各类电器、电子等一批知名品牌连锁店入驻濉溪。加快品牌建设，临涣培乳肉、临涣包瓜分别获“安徽老字号”品牌。临涣包瓜获批为“安徽省非物质文化遗产”。

【商贸流通诚信体系建设】2013年开展濉溪县“百城万店无假货”示范街、示范店活动，表彰41家示范店，濉溪淮海路商业街被淮北市授予“百城万店无假货示范街”称号。2014年中瑞商贸、顺达商贸被授予省级“诚信示范企业”称号。

【打击侵权假冒】深入开展农资打假、“质检利剑”打假、“剑网 2014”侵权盗版、制售假劣药品、成品油市场、流通领域违法售假、侵犯商标权、著作权、专利权和其他领域侵权假冒行为专项行动，立案 133 件，其中侵犯商标权案件 18 件、侵犯驰名商标权益案件 9 件、假冒伪劣商品案件 105 件、侵犯专利权案件 1 件，涉案金额 23.28 万元，罚金 58.14 万元，挽回经济损失 20 万元；起诉侵权假冒案件 4 件，涉案 9 人，8 人被判 1-3 有期徒刑，1 人判缓刑，判处罚金 30 万元，责令退赔经济损失 7 万余元，销毁伪劣产品 29.5 吨。

【外贸进出口】2013 年，全县累计实现进出口总额 16757 万美元，同比增长 34.62%，完成市下达目标任务（15500 万美元）的 108.11%。2014 年累计实现进出口总额 21259 万美元，同比增长 26.44%，完成市下达进出口目标任务（20000 万美元）的 106.30%。连续两年进出口总额位居全市第一。

外贸队伍逐步壮大，规模企业显著增加。截止到 2014 年全县有备案企业 100 家，有出口实绩的企业 30 家，累计进出口额超 500 万美元企业有 10 家，累计进出口额超 1000 万美元企业有 6 家。

主体结构不断优化，龙头带动作用明显。理士电池、福尔足袜业、巨成精细化工、奥登服饰等重点进出口企业均实现进出口总额超千万元以上，约占全县进出口总额的 70%以上。

外贸服务工作有效开展。采取有力措施，上门宣传国家和省、市优惠政策，为企业争取政策资金扶持；定期深入企业调研，不定期对企业的经营情况进行跟踪服务；加强产品推介展销，积极组织县内进出口企业参加国内外综合性和区域性展会，借助省商务厅的资金支持，开拓国际市场，推动全县产品及品牌走向国际市场、提升企业自身竞争力。全县商品已出口到亚、非、拉、北美洲以及欧洲等 40 多个国家和地区。

（闫印红）

粮　食

【概况】2013 年，国家继续实行小麦最低收购价政策，提高粮食收购价格，同比每市斤提高 0.10 元。全县共收购粮食 2 亿公斤。其中国有粮食购销企业收购粮食 0.95 亿公斤，同比增长 18.8%；民营粮企收购粮食 1.05 亿公斤。国有粮食企业实现经济利润 390 万元。连续六年被省粮食局、财政厅授予“全省粮食购销企业综合经济效益先进单位”，全省粮食“质量效益提升年”活动先进单位、“全省粮食最低收购价先进单位”、“全省粮食流通监督检查工作先进单位”等称号。

2014 年，国家进一步完善小麦最低收购价政策，并再次提高小麦收购价格。全县共收购小麦 4.25 亿公斤。其中国有粮食购销企业收购小麦 2.2 亿公斤，同比增长 131.6%；民营粮企收购 2.05 亿公斤。国有粮食企业经济实现利润 350 万元。第七次被省粮食局、财政厅授予“全省粮食购销企业综合经济效益先进单位”，“全省粮食收购工作先进单位”和“全省粮食产业化工作先进单位”称号。

【粮食市场建设】根据省政府关于加强粮食产业园区建设（皖政〔2007〕74 号）文件精神，把企业做大做强。抓住工业强县战略机遇，争取政策支持，重点抓好五铺、岳集、双堆现代化粮食产业园建设，进一步提升粮食产业园的管理水平和企业效益，发展一个骨干龙头企业。努力打造皖北地区集粮食收购、仓储、加工、物流、销售为一体的粮食产业集聚示范区。

【粮食仓容建设】2013-2014 年，为满足粮食收购需要，根据省粮食局有关文件精神，各购销企业自筹资金进行维修改造仓房，增添储粮设施。企业通过自身积累和争取项目资金，两年共投入资金 1400 万元，先后在白沙新建标准粮仓 2 万吨、岳集 1 万吨，百善粮食储备库扩建 5000 吨和维修仓容 14 万吨。

【粮食安全储存】2013 年，全县共储粮 2.45 亿公斤。其中国有粮食企业储粮 1.2

亿公斤（含省、县储备粮），民营粮企存粮1.25亿公斤；2014年仓容不变，全县共储存粮食3.27亿公斤。其中国有粮食企业储粮1.55亿公斤（含省、县储备粮），民营粮企存粮1.72亿公斤。为确保全县储粮安全，县粮食局对全县粮食安全储存实施监管，要求各购销企业和民营企业层层落实安全保粮责任制，并按规定每年对全县所有储粮点，进行春、冬两季安全大检查，使安全储粮工作逐步实现法制化、科学化、规范化、精细化。

供　销

【新网工程】按照省、市供销社关于新农村现代流通服务网络工程（简称“新网工程”）部署，继续推进“新网工程”建设。印发《濉溪县新农村现代流通服务网络工程项目资金管理办法》，开展“新网工程”专项资金检查，规范全县“新网工程”建设项目资金管理，提高资金使用效益。2013年，争取县财政专项扶持资金40万元，在四铺乡五铺村、湖涯村，韩村镇大李村，南坪镇任集村，铁佛镇岳集村，百善镇楚庙村，新建6个综合服务社。向安徽省供销社申报省级新农村现代流通服务网络工程项目一濉溪县日用消费品连锁经营网络，经省供销社审批同意，获得专项扶持资金30万元，项目承办单位是濉溪县百花商贸有限责任公司，县供销社批复同意该公司扩大三楼营业面积1620平方米。2014年，在临涣镇临南村、韩村镇建元村、百善镇张庄村，改造和新建3个综合服务社。综合服务社向当地农民提供农资、日用消费品及农业科学技术和信息服务，大力提升为农服务水平。依托濉溪县才昌农资经营专业合作社，联合农资生产厂家，举行产品对接会和农资使用技术培训，对全县农资经营人员进行农资使用技术专业培训，规范农资进货渠道，确保全县农资产品质量和供应。2014年8月，在百善镇徐楼村新建的烟花爆竹标准化仓库投入使用。

【综合改革】根据全国供销总社《关于开展供销合作社综合改革试点申报工作的通知》（供销合字〔2014〕1号）和安徽省供销社《关于开展供销社综合改革试点申报工作的通知》（皖供明电〔2014〕2号）要求，2014年5月，县供销社结合实际制订《濉溪县供销社综合改革试点实施方案》，经县政府批复同意后上报省供销社。

（李绍锋）

个私工商业

【个体经济】2013年，全县共有个体工商户28911户，从业人员86733，资金额216106.86万元，同比分别增长18.07%、18.67%、42.8%。全县个体工商户户均注册资本（金）为7.47万元。新登记个体工商户6374户，同比下降11.26%。个体工商户注销41户。

2014年，全县共有个体工商户33870户，从业人员67740人，资金额273836.34万元。个体工商户户均注册资本（金）为8.08万元。新登记个体工商户4197户，同比下降34.15%，个体工商户注销45户。

个体工商户从事第三产业的个体工商户占有很大比重。个体工商户主要集中在四个行业。批发和零售业23104户，居民服务和其他服务业2632户，住宿和餐饮业2541户，农林牧渔业2940户，占总户数的92.16%。在2014年新登记的个体工商户中，前4个行业合计占91.07%，行业集中度非常高。

【私营经济】2013年，新登记私营企业658家，私营企业总数达2459家，从业人员12295人，注册资本（金）1032437.87万元。私营企业户均注册资本（金）为419.86万元。农民专业合作社健康发展，全年新登记农民专业合作社156户，农民专业合作社总数达710户。

2014年，新登记私营企业894家，私营企业总数达3644户，从业人员18220人，注册资本（金）1289762.78万元。私营企业户均注册资本（金）为353.94万元。全年新登记农民专业合作社46户，农民专业合作社总数达756户。

（高翔）

商贸企业简介

【安徽快乐真棒集团商贸有限公司（原淮北市新惠康商贸有限公司）】公司成立于2000年10月，是一家以零售业为主的股份制集团企业。为省连锁行业十强（第三位），安徽省流通及农业产业化双龙头企业。公司现有门店30家，总营业面积8万平方米，2013年销售达14亿元，年上缴税费2800万元，拥有占地50亩的现代化物流配送中心，和占地100亩的现代化大型食品加工厂，自有绿色无公害蔬菜种植基地1000亩，公司现有员工2500人，位居淮北市零售业首位。2014年，公司先后获“省级农业产业化龙头企业”、“省级重点商贸流通企业”、“省级市场运行监测先进单位”、“应急商品储备单位”、“价格诚信优秀单位”、“百城万店无假货示范单位”、“优秀非公有制企业”等称号。

【安徽顺达商贸集团】集团成立于2007年8月8日，员工1000人，其中大、中专员工占80%以上。下辖淮北市顺达商贸有限公司、淮北顺达房地产开发有限公司、濉溪县顺达小额贷款股份有限公司、淮北市大明混凝土有限公司、徐州市福润德酒业有限公司、宿州市永盛新型建材有限公司、宿州顺达种猪养殖有限公司、安徽大自然种猪育种有限公司、安徽厚望食品有限公司、深圳市永顺达投资发展有限公司、淮北市永青石料厂等11家子公司。2014年，集团先后被授予“全国市场诚信商贸联盟企业”、“安徽省守合同重信用单位”、“淮北市企业30强”、“安徽省诚信企业”、“淮北民营企业排序二十强”、“安徽省百强企业”、“淮北市民营企业十强”等多项荣誉称号。

【濉溪县中瑞农副产品有限责任公司】公司是2004年创办的民营企业，下辖农产品批发市场和物流配送中心。公司占地面积160亩，总资产1.2亿元。主营瓜果、蔬菜、粮油、水产、干鲜五大类农产品的批发交易和农产品物流配送。市场建有交易门面590间1.5万平方米；加工、配送、物流仓库5处0.5万平方米；冷库3处0.6万平方米，商业楼7栋3.5万平方米；交易大棚19个2.8万平方米，总建筑面积8.9万平方米。市场基础设施完善，管理服务水平不断提升。冷链物流、电子结算、电子监控、检测检疫、信息采发等五大系统基本配套。农产品物流辐射全国22个省市，2012年交易量60万吨，批发交易和物流配送额27亿元。

2005年被商务部列为“万村千乡”试点单位；2006年被农业部批准为“全国定点市场”；2007年列入商务部“双百市场工程”示范企业，安徽省第一批认证的“绿色市场”；2008年被评为省级“农业产业化龙头企业”、“安徽省首家标准化A级农批市场”；2010年再次通过省级“农业产业龙头企业”考评验收，2012年省商务厅授予“2011年度全省市场监测工作先进单位特别奖”。

【淮海国际商贸城】商贸城是由浙江百事得集团旗下淮北腾达置业有限公司为投资兴建的建材装饰专业市场。项目占地面积123408平方米，总建筑面积20万平方米，其中市场13万平方米，住宅为6.2万平方米，并配建1万平方米以上物流、仓储建筑，项目总投资5亿元人民币。

项目规划分为钢材、木材、管材型材、陶瓷卫浴、五金电料、门业、木地板等近20个专区，吸引上百家国内知名建材品牌厂商进驻。

【淮北龙升商贸有限责任公司】公司成立于2006年，注册资金1000万元，地址在濉溪县百善镇工业园区。该公司是一家被商务部门列为重点监测的大型超市连锁企业，现拥有直营门店8家，经营面积30050平方米，直营农家店65家，经营面积7535平方米。门店分布在双堆集镇、南坪镇、孙町镇、铁佛镇、临涣镇、百善镇等重点乡镇，年销售额达2.4亿元，在职员工385人。

2007年5月，淮北龙升商贸有限责任公司在县境南部乡镇市场首开“开架自选，平价销售”食品、服装百货、生鲜商品的商超零售模式，率先提出让老百姓“花钱少一点，实惠多一点”的经营理念，将商品价格比当地商品零售价格平均下降10%左右，提供平价食品、百货、服装、生鲜等商品和专业的服务。经营商品品种达13000余个。配送中心已建成为占地面积超过13300平方米的集办公、住宿、仓储、物流配送为一体的综合连锁超市。仓储面积达3600平方米，专业配送车辆6台及必需的大型装卸设备。

【濉溪县欣诚五交化有限公司】公司原名濉溪县新城五交化批发部，成立于1989年1月6日。2007年3月29日改名为濉溪县欣诚五交化有限公司。企业注册资金1000万元，固定资产1200万元，是以五金，交电，化工产品及建材等为主的多元化经营企业。2014年有职工70人，管理人员15人，场地总面积14756.76平方米，经营销售面积6900平方米，是皖北矿务局、淮北矿务局定点销售单位。先后获市、县级纳税“先进单位”，“消费者信得过单位”，“重合同守信用单位”，“诚信单位”，“文明单位”等称号。

【安徽省弘顺医药有限责任公司】公司于2004年7月在原濉溪县医药公司的基础上改制后组建而成，是全市成立较早、规模较大，销售网络健全的药品批发企业。公司成立以来，扩建农村药品配送，建成完善的“农村药品供应网络”。先后与哈药集团制药总厂、山东瑞阳制药股份有限公司、山东鲁抗制药股份有限公司等几十家大型抗生素厂家及近百家药品生产厂商和经营企业建立供销关系。

【香舍黎饭店】饭店坐落在县淮海南路99号，是一家三星级宾馆。2002年开业，建筑总面积10000平方米，设有豪华数码客房89套，可免费上网、打电话；拥有风格各异的大小包间30个和一个可容纳600人就餐的宴会大厅，饭店内wifi全覆盖，院内设有免费停车场。

【淮北市三丰肥业有限公司】公司（简称三丰肥业）成立于2009年4月23日，注册资本1000万元，是一家集农作物种子、掺混肥生产经营于一体的综合性农资企业。公司拥有10000平方米的标准生产车间和库房。新上一条国内先进的自动控制系统，自动定量包装设备等。拥有先进的种子精选加工机械和种子专用仓库2000平方米，仓储能力500万公斤，水泥晒场10000平方米，并配有2部供种及农技服务车。

2014年有职工120人，其中中高级农业技术职称人员16人，同时聘请大专院校及种子科研部门专家作为技术顾问。年生产销售小麦良种1000万公斤，销售玉米种子20万公斤。

【淮北科尔能源有限责任公司】公司成立于2008年7月，注册资本200万元。地址位于县开发区金桂路1号。在职职工90人，各种技术人员20人。主要经营煤炭、矿石、五金机电等。公司有3个年储存优质煤25万吨以上的大型储煤场，2个位于淮北市主要煤炭生产基地烈山附近，占地面积60亩，1个在河南洛阳市区占地面积40亩。

经营的煤炭主要供应给淮北和洛阳地区周围的电厂。与安徽百路物流有限公司签订合同10万吨，年实现收入4700万元，与大唐洛阳首阳山发电厂签订合同20万吨，实现收入7000万元，另外还与合肥发电厂及安徽华电宿州发电有限公司等多家签订常年供货合同。

【淮北茂昌粮油贸易有限公司】公司成立于2008年，注册资金50万元，建设收购仓库3000吨、储藏库5000吨及配套设施。年收购销售大豆3万吨、玉米1万吨、豆粕3万吨。

交通运输　邮政　电讯

交　通

【省道建设】S101 合相路。该项目属市重点工程,征地与拆迁安置工作由县政府承担。濉溪段全长 15 千米，征地与拆迁安置资金 5100 万元已拨付完毕，拆迁工作已完成，路基及桥涵工程正在施工。

S202 肖淮路改建工程。路线全长 22 千米，2014 年已完成年度计划投资 17820 万元。

S203 连接线。 该项目属市重点工程，征地与拆迁安置工作由县政府承担。全线长约 35 千米，需要征地拆迁补偿资金 1.4 亿元，补偿资金拨付到位。路基和桥涵施工正在有序进行。

S203 大修工程（淮六路）。 路线全长 10 千米，2014 年 4 月开工， 9 月完工，完成计划投资 3000 万元。

泗许高速连接线。全长 1.792 千米，已完工，完成投资 1500 万元。

【县道建设】宿涡路大修工程。路线全长 25.3 千米，2014 年 4 月开工，2014 年 9 月完工，完成计划投资 4300 万元。

濉刘路（孙疃—陈集）段。路线全长 40 千米，计划完成 22 千米，已于 2014 年 9 月底完工，完成投资 3500 万元。

濉岳路南段（铁佛—涡阳界）。全长 17 千米，概算投资 9350 万元。正在进行征地拆迁工作，待招投标。

【乡道建设】郭小路续建工程。路线全长 6 千米，已完工，完成投资 3000 万元。

百宋路西段续建工程。路线全长 6.5 千米，已完工，完成投资 2000 万元。

濉漆路北段（黄桥—五铺）。路线全长 17 千米，概算投资 9350 万元。已完成投资 3800 万元。

【农村公路危桥改造】2013-2014 年共改造 9 座桥梁，其中韩村浍河大桥、孟沟桥、后常桥为跨年度计划。韩村浍河大桥已完成投资 600 万元，完成年度计划的 100%，孟沟桥和后常桥完成招标工作，正在组织施工。C108 二桥、程家北桥、高沟桥、雁鸣沟桥、C217 一桥、C117 桥已经完工。

【争取交通建设资金】2013-2014 年争取到位的国家、省、市交通基础设施专项资金为 4516 万元。

【道路养护】坚持专业队伍养护与群众养护相结合的方法，在道班推行定路段、定质量、定经费的养护责任制。指导各乡镇健全公路管理站机构和农民道班，完善工作制度，落实人员、责任和经费，做到建成一条，管理一条，养护一条。

道路运输

【社会客运】按照公交优先、城乡客运一体化发展思路，完善、优化城乡客运网络，加快推进城乡客运公司化改造进度。支持客运公司对濉溪县农班线客车 53 台进行更新，并成功对涉及的 2 条班线经营权公开招标，对 4 条客运线路进行资源整合为 2 条。

【客运场站设施建设】全县已投入使用的客运站场有县汽车站 1 个场站；谷香、南坪、孙疃、韩村、临涣、百善 6 个标准化客运站；候车亭 33 个。

【行业管理】治超工作按照《淮北市治理车辆超限超载工作实施方案》要求，各镇政府根据每次联合治超方案和“利剑”专项行动实施方案，清理整顿辖区内非法石料加工厂和各类货场，其中刘桥镇开展清理整顿 2 次，捣毁非法石料加工厂和洗沙场 30 家。约谈货源单位 3 家，出动巡查监管执法人员 2100 人次，巡查里程 97300 千米，巡查货源单位 6540 户（次），巡查监管率 100%，全县路面超限超载率控制在 4%以内，出场超限率控制在 2%以内。

邮 政

县邮政局2014年有员工225人，下辖刘桥、铁佛、百善、韩村、临涣、孙疃、南坪杨柳、祁集、五沟、任集、双堆、四铺13个支局，邮政网点25个，其中19个邮政储蓄网点，邮储余额达32亿元。6个纯邮政网点，另有3条干线、54条投递段。

2013-2014年，全县25个网点、60个便民服务站优化更新一系列便民、利民措施。设置代理邮政金融类业务；邮政速递物流业务；邮政业务类业务，函件业务、电子商务业务、报刊、集邮、分销业务。邮政网点代收代缴电费、燃气费、手机费；同时订购汽车票、火车票、飞机票、报刊、邮品；代办车险、保险等。窗口邮政金融服务便民服务站平台搭载助农取款服务，打通支农、惠农、便农的绿色通道。

服务三农。送化肥下乡，将金大地、绿陵等化肥送到田间地头。推介家乡土特名优产品，把“徽乡茶”、“思乡月”、“家乡包裹”等土特名优产品推介到群众身边。

2013年获市级2012-2013诚信单位、县级平安示范企业称号；“淮北市第十四届文明单位”；2014年度市“诚信单位”称号；“2013年全省邮政业务十强十快双优县局”和“2014年度安徽省邮政公司先进单位”。

（刘清）

移 动

2013-2014年，县域共建设4G TD-LTE基站1200余个，基本完成县城及乡镇行政村的覆盖。传输速率、网络延时等数据达设计要求。全县所有的移动用户均可免费更换新型的4G USIM卡，同时对更换4G终端的用户采取终端补贴、流量赠送、业务体验等方式提升用户的感知度。

（濉溪县移动公司综合部）

联 通

联通濉溪分公司成立于2000年4月26日，集移动业务，固定电话业务，数据业务于一体，下设综合管理中心、集团客户中心、市场销售中心、固网拓展中心4个机构，有员工50人，社会渠道400家。

市政　市容

市政建设

【城乡规划】2013年，按照“政府组织、专家领衔、部门合作、公众参与、科学决策”的原则，逐步健全完善城乡规划体系。编制完成县城总体规划大纲并取得市政府批复，并与省住建厅对接完成县城给排水规划、县域绿道总体规划。完成淮海路、沱河路和浍河路街景整治方案设计并付诸实施，沿街建筑立面及配套市政设施明显改善。编制完成全县村庄布点规划和首批25个美好乡村建设规划，为城乡一体化建设奠定基础。

开展《中华人民共和国城乡规划法》执法检查，加强对规划的实施和管理。组织召开县规委会主任会议3次，审议议题38项；出具城乡地块规划设计条件156宗，为土地出让提供先决条件。严格履行规划审批程序，办理项目选址意见书25件，建设用地规划许可证60件，建设工程规划许可证91件，办理施工许可61件，建筑面积152.3万平方米。

2014年，县城总体规划修编有序推进。6月23日，县城总规纲要经专家评审通过，之后完善濉溪县城市总体规划(2013-2030)文本，按法定程序报批。完成城乡规划编制方案，将任务分解到相关单位，待总规修编完成后，加快编制濉芜产业园、开发区、城区五个片区控规、14项专项规划和各镇总规及镇区控规。

组织召开县规委会主任会议3次，审议议题60项；出具城乡地块规划设计条件76宗。严格履行规划审批程序，办理项目选址意见书20件，建设用地规划许可证48件，建设工程规划许可证114件，办理施工许可47件，工程质量备案26家。

【城市绿化】2013年，完成沱河西路、S202省道、乾隆湖滨湖广场、明珠广场、刘专线入口、东关入口、S202省道北入口等绿化景观工程及县城淮海路、溪河路等14条道路的行道树补植；濉河公园龙兴桥至五里郢桥段建成开放，濉河公园建设项目已申报“安徽人居环境范例奖”；碱河路入口、淮海路南入口景观工程已完工；城南绿地广场、闸河路公园完成施工图设计，待拆迁完后开工。全年城区绿化工程栽植乔木2600株，花灌木1.9万株，绿化小苗31万株，铺设草坪13万平方米，新增绿地面积达28万平方米。县城绿化覆盖率达36%，人均公共绿地面积达11.2平方米。

2014年东关入口、碱河路桥入口、淮海路南入口景观工程于4月完工；城区11条道路绿化、4个节点绿化和2项绿化补植工程已于5月完工；城南绿地广场于9月建成开放；新濉河公园延伸段景观工程年底建成。全年城区栽植乔木3200株，花灌木1.6万株，绿化小苗23万株，新增绿地面积达23万平方米。县城绿化覆盖率达38.51%，人均公园绿地面积11.83平方米。2014年，濉溪县通过省级园林县城验收。

【市政建设】2013年，溪河西路、淮海路南段、浍河东路、濉岳路、后大街人行道改造工程建成通车；完成烈山路、虎山南路、岱河路等主干道“白+黑”改造；完成杨柳路等11条背街小巷硬化亮化工程；浍河路新濉河桥完成桩基、系梁、板梁及桥面等工程；濉河公园三期二标段建成开放；东一块道路贯通；郭楼桥等谋划项目完成前期设计工作。此外，完成郭楼桥、新濉河大桥、淮海路刘专线桥、浍河路、沱河路、闸河路铁路立交桥的亮化提升工程。

2014年，完成19条背街小巷的整修工程、南环路排水工程；新濉河浍河路桥、碱河西路改造工程建成通车；碱河路铁路立交桥框构桥主体工程完成箱体预制基坑内滑模板施工；地下管线普查工程完成外业勘察工作；新建新濉河公园延伸段景观工程、城南绿地广场、并进行城区绿化补植及节点绿化；新建及改建县城供水管网；积极探索政府与大型企业合作的PPP融资模式，完成河西区基础设施和旧城改造安置房建设的投资协议等前期工作。

为加快推进县城建设，不断完善道路桥梁、园林绿化、天然气、给排水等基础设施。截至2014年年底，县城建成区面积达34.8平方千米，人均道路面积达12平方米以上。污水处理、供水设施等市政公用设施加快改造，县城用水普及率、燃气普及率、污水处理率分别达90%、85%、98%以上。

【供水】2013-2014年，安装DN100以上自来水主管道15700米，各类支管38800米，义务维修2710处，发展新户2770户。自筹资金200万元，改造老旧管网用户1784户，安全优质供水450万立方米。节能减排取得成效，处理城市污水723.53万立方米，日处理污水2.42万立方米，削减化学需氧量1265.72立方米、氨氮121.46立方米。

2014年全年安装DN100以上自来水主管道7100米，各类支管3.7万米，义务维修1100人次，发展新户2400户，安全优质供水450万立方米。自筹资金300万元进行小区管网改造、户表外移。处理城市污水870万立方米，日处理污水2.46万立方米，削减化学需氧量1580立方米、氨氮150立方米。

【供气】2013年，濉溪县天然气民用户5.1万户，公共服务160户，工业13户。CNG加气站1座，实现安全供气1085万立方米，其中民用户为319万立方米，公共服务67万立方米，工业天然气为699万立方米。同期完成刘桥镇燃气管网铺设，与百善镇签订加气站、加注站、释放站等天然气利用项目投资协议，年底前完成场站建设并具备供气条件。

2014年，濉溪县天然气民用户5.8万户，公服160户，工业13户。CNG加气站2座，安装改造420户，新户开通3800户，全年实现安全供气1100万立方米。

【乡镇街道集市建设】坚持以小城镇规划为切入点，改善提高城镇功能，稳妥推进城镇化进程。截至2014年年底，小城镇建成区面积累计达44平方千米，乡镇市政基础设施建设完成投资额28728万元，建成专业市场18个。

市　容

【概况】县市容局2014年在编人员203人，其中局机关在编7人。内设办公室、广告管理股、渣土管理股、政策法规股。下辖环卫所、县城市管理监察大队2个全额事业单位，环卫在编人员93人，临时工159人，编外人员73人，内设办公室、督查室、清扫南队、清扫北队、清运队。县城市管理监察大队，在编人员103人，协管员90人，内设办公室、法制宣传股、督察办公室、城管一中队、城管二中队、城管三中队、机动中队、渣土广告管理中队、市政中队。

【文明县城创建】2013年，按照县委、县政府关于创建文明县城相关活动要求，成立创建文明县城工作领导小组，下发《县市容局创建全省文明县城工作方案》，明确主创部门职责，召开创建工作动员会，掀起创建工作热潮。每周召开一次调度会，传达县创城指挥部工作安排，掌握工作进度，安排布置下步工作。严格考评奖惩机制，每周班子成员分别带队检查各单位文明创建工作落实进度，督查中发现的问题以局整改通知书的形式发到各二级机构进行整改落实。创城工作要求的垃圾无害化处理率、公益广告率均超额达标。2014年，以争创全省文明县城为目标，加强领导，强化投入，健全机制，努力推进创建工作常态化。按照市县创城任务要求、测评标准，积极制定方案，细化目标，责任到人，严格考核奖惩制度，把文明创建工作列入市容工作的重中之重，全力推进创城工作的开展。通过文明创建工作的开展，县城市容和环境卫生管理得到加强，人居环境大幅改善，县城文明程度明显提高。

【市容环境卫生】为确保高标准、高质量完成城区主次干道垃圾的清扫保洁、清运任务，努力构建“作业市场化、管理网格化、标准精细化”的环卫工作新体制，逐步实现县城区环卫工作全覆盖管理、全天候保洁、全过程控制。2013年在全市率先推行环卫作业市场化。把县城区97万平方米的保洁清扫面积划分为老城片、新城南片、新城北片、淮海路、沱河路片4个环卫作业片区，通过严格的公开招标程序，发标给路路通、军洁、开启3家保洁公司。环卫所负责对3家保洁公司工作的日常督查、考评及淮海路和沱河路的清扫保洁工作，制订《环境卫生保洁质量标准》，明确和细化保洁公司和环卫所的责任义务，各单位按保洁面积对分路段细化分工，责任到人。2014年制订完善《濉溪县环境卫生管理督查考核暂行办法》《濉溪县环境卫生管理工作标准》等规章制度，加大对保洁公司的监督考核力度，调整城区保洁密度。根据工作实际，从早5：00至晚8：30，建立每天两清扫、两洒水两班无缝对接制度，长年坚持不懈，确保日清运160吨垃圾，县城生活垃圾无害化处理率达到100%。不断强化对县城41座免费公厕管理力度。配备公厕专职管理人员，每天随时打扫卫生，基本达到无纸片、无烟蒂、无小广告的标准，设置免费标识，对破旧、毁损垃圾中转站和公厕进行高标准翻修。同时不断推进环境卫生工作精细化管理深度。从清扫保洁路面到洗刷油污路面，从及时清除建筑物壁、电线杆上、公交站上的纸质小广告到清洗垃圾桶、果皮箱，从清理路垫肩到要求清扫保洁路牙石净、树根墙根净、电线杆净、公交站台净，通过精细化管理，县城面貌得到改观。

【市容秩序管理】2013年始，开展各项专项治理活动，结合县城实际开展县城周边环境、“三线四边”、刷车业、拆违控违、门头店招、文化墙改造、大气污染防治等专项整治，拆除各类违规广告栏牌2150余块，升级改造广告牌匾3100余块，设置各类公益广告170块。改造升级县城主次干道文化墙120处，67家刷车经营店全部整改到位。实施淮海路街景整治工程，沿街建筑立面及配套市政设施明显改善。加大控违拆违力度，落实“属地管理，重心下移”管理机制，有效遏制违法建设多发的势头。对韩村镇裕二华、肖华煤矸石加工厂等涉尘污染场所进行强制拆除，摸底登记餐饮污染单位及夜市烧烤摊点1000余家。加强施工工地和渣土运输全程管理，突出抓好源头管控，倡导文明施工，建设绿色工地。市容管理推行网格化、精细化、常态化工作模式，坚持日常管理与集中整治相结合，合理设置摊点群，实行自治管理，认真落实“门前三包”责任制，签订“门前三包”责任书3810份，清理流动商贩1300余次，违章占道经营320处，拆除破旧雨搭1050个，清除店外炉灶305处，拆除乱搭建、乱封闭210处，取缔跨门经营30处。在全城主次干道人行道空余地全部划定非机动车摆放停车线，市容秩序进一步改善。

【城市基础设施管理】2013年，加强市政道路及排水系统的巡查力度，积极推进城市基础和公共设施建设及公厕旱改水改造工程。2014年一期改造6个，投入资金144万元，全部投入使用。二期改造11个，投入资金180万元，10月全部竣工投入使用。免费公厕增加至41座，有效地缓解市民入厕难问题。加强市政道路设施建设维护，开展排污主管网集中清淤，共清淤5600余方。建成开发区垃圾压缩站1座，维修更换检查井98套、雨水篦子216套，修补沱河路等破损路面5500平方米。

【广告渣土管理】2013年，对县城区范围内不符合户外广告设置规划和严重影响市容环境的各类户外广告进行排查和专项整治。以拆除过街广告、“高炮”为突破口，以点带面，逐步推广。共拆除过街龙门广告、高炮，楼顶、楼体大型户外广告25个，过街牌坊1座，拆除所有喷塑门前广告、电线杆上附属广告宣传牌2700块（幅）。规范审批门头广告78个，在县城的主要道路及显著区域设立以提倡文明礼貌为内容的公益广告54块，公益广告设置率达80%。2014年积极编制全县户外广告设置总体规划，严格标准，优化环境。提升广告基本设置要求，提倡采用新技术、新材料、新工艺制作广告。推行县城户外广告先审批后施工制度，确保标准统一，规范整齐。2013-2014，审批许可户外广告92处，拆除T型高炮1处，拆除大型广告牌7处。集中清理条幅、油漆、油墨、不干胶等牛皮癣小广告6次，拆除破旧毁损、色渍剥蚀广告牌374块，焊割修补整治门头招牌260余处，面积约2000平方米。

加强对施工工地和渣土运输全程管理，倡导文明施工，建设绿色工地。要求工地门口做到路面硬化，围墙美化（公益广告不少于30%），运输渣土的车辆做到密封、包扎、覆盖，净车出门。推行工地试点设置洗车池，配备专业保洁人员，冲洗渣土车轮。清扫扬尘路面，确保渣土运输不滴、漏、撒、抛污染路面。

【美好乡村环境整治】2013年开始，对全县各镇、行政村落实市容环境卫生管理队伍、机构和经费，实行常态化、制度化管理。做到环境卫生有人管、有人干，有经费保障。全县所有美好乡村已建设垃圾收集房（池），配备垃圾运输车辆和垃圾桶、清扫收集人员，坚持每天两普扫，全天候保洁。对生活垃圾采取“户集中、村收集、镇集中转运、市县处理或镇直接处理”的垃圾处理模式。同时书写张贴文明宣传标语、宣传画，树立人人讲卫生的环境意识，从而促进了城乡环境的明显改善。

【控违拆违监督】根据《濉溪县控制和查处违法建设办法》和《濉溪县控制和查处违法建设网格化管理实施方案》，违法建设的监督管理工作实行“权力下放”、“重点下移”、“属地管理”和“谁主管、谁负责”原则，全面落实考评以县为主，督查以职能部门为主，拆违以镇（园区）为主，控违以村（居）为主的“四为主”责任体系。市容局按照要求，及时转变职能，主要做好全县违法建设工作的服务、协调、督查、信息处理工作。2014年，市容局认真开展控违拆违督查、暗访等工作。共不定期对各责任单位进行督查暗访20次，督查出各类违建问题70余起，发现问题及时向责任单位发出督查令，责令其限期整改。全年各镇、园区共上报拆除沿街违章构筑物、建筑物26处；查处并拆除违法占用大田地建设37起，专项清理S202线周边违建21处，拆除违章建筑面积约1.2万平方米。每月以简报的形式，及时向全县通报控违拆违工作开展情况，力争做到“早发现、早制止、早拆除”。

【环保绿色通行管理】为探索绿色、环保、低碳、节能公共交通发展模式，方便市民出行，提高人民生活质量。濉溪县率先在全省建成县级公共自行车服务系统。2013年在全县设置30个站点，投放1000辆自行车，9月15日开始供市民出行使用。在市容局的监管下，公共自行车服务系统运转良好，受到广大市民的一致欢迎。2014年，市容局积极制订《濉溪县公共自行车服务运营管理考评办法》，建立公共自行车月考评制度。重点加强对公共自行车运营中站点完好率、锁车柱完好率、站点设施（站点底板、锁车柱、站点控制器等）维护、自行车维护、运转调度管理、站点卫生管理、客户服务、用户反馈八个方面的监管考评，确保公共自行车优质高效运营。根据市民需求，于2014年11月建设公共自行车二期工程，二期共计投资261万元，设置8个站点，投放300辆自行车。2014年年末，全县1.5万人办理用车卡，每天平均用车量3000次，公共自行车出行以方便、环保受到市民的普遍欢迎。

（市容局）

房地产管理

【概况】2014年，县房地产管理局有职工88人。内设办公室、房政股和开发管理办公室3个职能股室；下设财务股、房地产交易所、产权办、综合档案室、白蚁防治所、测绘所、房地产评估所、租赁管理所、安居办、物业管理办公室、直管公房管理所等；下辖：百善、临涣、韩村、南坪、孙疃、刘桥6个房管所。主要负责全县住宅和房地产行业的管理、指导和检查监督。2013-2014年，先后被安徽省住房和城乡建设厅评为全省“建设法制工作先进单位”、全省“住房保障工作先进单位”。获淮北市“第十四届市级文明单位”。

【房地产市场运行】濉溪县共有房地产开发企业51家，其中二级资质2家、三级资质5家，其他均为暂定级。2014年在建房地产开发项目（包括接转项目）32个。2013年新建商品房销售面积64.3万平方米，其中住宅销售面积57.28万平方米，与上年相比基本持平。办理商品房预售许可34宗，预售面积78.5万平方米。住宅均价3629元/平方米，同比增长2.7%。其中多层均价3083元/平方米，同比增长2.4%，高层均价3967元/平方米，同比增长4.4%；商业均价8225元/平方米，同比增长29.9%。2014年新建商品房销售面积54.5万平方米，其中住宅销售面积44.7万平方米，同比下降2.2%，办理商品房预售许可15宗，预售面积22.51万平方米，同比下降71%。住宅均价3775元/平方米，同比增长2.2%。其中多层均价2973元/平方米，同比下降3.6%；高层均价3996元/平方米、同比增长0.7%；商业均价7737元/平方米，同比下降5.9%。

全县房地产市场运行总体呈平缓发展态势。销售面积同比大幅下降，可销售房源大多是原有剩余尾盘，且户型、楼层、位置均差于新建商品房。购房者可选性不多，造成成交量萎缩、成交均价下浮。

【廉租房建设】2013年12月20日上午，濉溪县第三批廉租住房实物配租摇号仪式在翡翠明珠会议中心举行。房源位于东苑小区内，房源均为二居室户型，建筑面积50平方米，共286套。参加分配家庭285户，其中优先保障家庭37户，普通家庭248户。此次廉租住房实物配租特邀市房管局、县人大、政协、纪检监察、财政局、民生办、街道社区等代表和申请人全程参与并现场监督。通过摇号285户家庭全部喜获新居。公证部门对整个摇号过程现场监督公证；媒体现场报道并及时公布摇号结果。

2014年12月21日上午，濉溪县第四批廉租住房实物配租摇号仪式在翡翠明珠会议中心举行。该次纳入分配的房源共计132套，位于孟山路东侧、相山路西侧、沱河路南侧东苑小区项目内，参加摇号分配家庭132户，全部喜获新居。

【廉租房补贴发放】2013-2014年，累计发放廉租住房补贴290.6万元。2013年新建公共租赁住房870套，建筑面积52200平方米，计划总投资1.06亿元。其中：濉芜园区建设510套，建筑面积30600平方米，口子酒业集团建设360套，建筑面积21600平方米。2014年，实施太平矿业企业自建公租房338套，手续办理完毕已开工建设，正在基础施工。

【城市棚户区改造】2013年，新建城市棚户区改造项目为合欢家园小区，位于政务新区。建筑面积11.7万平方米，计划总投资3亿元，建设安置房910套。2014年竣工。

2014年新建城市棚户区改造项目4个，建筑面积21.6万平方米，2403套，计划总投资4.75亿元。其中：濉芜产业园向阳片安置房项目，建筑面积128700平方米，1430套，计划总投资2.83亿元。现主体工程已封顶，进行室内外装饰安装施工。汽运驾校改造安置房项目，建筑面积47430平方米，527套，计划总投资1.04亿元。工程已开工，进行基础施工。幸福家园二期安置房项目，建筑面积24570平方米，273套，计划总投资5350万元。主体工程已封顶，进行室内外装饰安装施工。振兴菜市场安置房项目，建筑面积15570平方米、173套，计划总投资3430万元。正在进行基础施工。新建国有工矿棚户区改造项目中煤三建33处。建筑面积37000平方米，500套，计划总投资9900万元。现已开工建设，进行基础及部分一层主体施工。

【房地产交易】2013-2014年，共办理房屋交易10419起，面积106.05万平方米，交易额29.58亿元；房地产抵押6526起，面积184.92万平方米，评估价33.44亿元；预告登记7968起，面积84.39万平方米；预抵押登记7918起，面积83.38万平方米。

2013-2014年，共完成私房发证10627户，建筑面积116.13万平方米；公房发证

1249户，建筑面积176.91万平方米，房屋所有权证发放准确率100%。进一步深化产籍档案管理。产权产籍档案实现微机化管理，全年完成档案信息微机录入35458卷，其中产权档案11936卷，抵押预告档案23522卷。

【白蚁防治】2013-2014年，共与34家新施工单位签订白蚁预防施工合同，实施白蚁防治面积约100.8万平方米。

（李峰）

房屋征收安置

【概况】濉溪县房屋征收安置办公室成立于2009年4月，内设3个职能股室，事业编制10人。2011年12月更名为濉溪县人民政府房屋征收安置办公室。内设机构增至5个，编制19人，其中事业编制7人。

【房屋征收】2013-2014年，实现房屋征收新突破，安全拆除“零事故”，房屋征收“零信访”。两年完成房屋征收面积283.4万平方米。其中，2013年完成房屋征收面积164.4万平方米，房屋征收项目50个；2014年完成房屋征收面积119万平方米，房屋征收项目29个。连续两年超额完成市、县下达的目标任务，连续两年在县区房屋征收年度考核中名列第一；连续两年目标管理考核“先进单位”。

财税　金融

财　政

【财政收入支出】2013年，全县财政收入累计完成24.38亿元，增长6%，其中地方级收入完成13.08亿元，增长10.6%。全县财政支出37.6亿元，增长4.8%。2014年，全县财政收入完成26.36亿元，同比增长8.1%，其中地方收入完成14.22亿元，同比增长8.7%。全县财政支出41.70亿元，同比增长15.2%。

【服务经济发展举措】2013-2014年，筹措资金1亿元支持园区建设，提升园区承载能力。统筹发展资金1.90亿元，支持重点项目建设。加快融资担保体系建设，追加县金茂担保公司和金福达担保公司资本金3552万元，为52户企业提供贷款担保3.38亿元，有效缓解企业融资难题。落实减税清费政策，兑现"营改增"过渡期财政扶持资金402万元。取消、免征、缓征行政事业性收费和政府性基金8项，减轻企业负担1350万元。优化企业融资环境，推进政府性资金"以存促贷"，引导金融机构增加信贷投放，全县贷款余额138亿元，同比增长28.9%。

【财政保障】2014年，财政收入稳定增长，全县财政收入跨上26亿元新台阶，总量在全省二类县排名第二位。财政收入质量进一步提高，全县税收收入25.45亿元，增长14.4%，高于财政收入增幅6个百分点，占财政收入比重96.5%，比上年提高5.3个百分点。财政支出有保有压，全县财政支出41.70亿元，超过全县财政收入15.34亿元，重点财政支出得到保障。强化"三公"经费管理，完善定期通报制度，全县"三公"经费支出同比下降15.9%。

【民生工程】2014年，全县用于民生支出达到37.6亿元，比上年增长19.7%，民生支出占财政总支出的90.1%。直接投入33项民生工程资金12.72亿元，民生工程工作继续保持全省前列。投入2.91亿元，推进保障性住房和农村危房改造。按政策兑现老村干、老民师等七类"老字号"群体生活补助1572万元。投入3498万元，推进秸秆禁烧与综合利用。增加投入，新增惠民公共自行车网点8个。促进创业带动就业，支持小老板培育工程，发放小额担保贷款1820笔计9980万元。安排4.76亿元，推进义务教育均衡发展。安排3.66亿元，支持医疗卫生与计生事业发展。安排0.12亿元，支持文化体育事业发展。

【城乡统筹】推进现代农业发展。2013-2014年，投入15250万元，支持农田水利建设；投入2094万元，用于土地整治和高标准良田建设；拨付资金627万元，支持蔬菜基地、土地规模流转和农业产业化龙头企业发展。加大环保建设资金投入力度，支持生态环境建设。安排美好乡村、"三线三边"专项资金1亿元，重点支持省级中心村和"千万亩森林增长工程"等项目建设。落实强农惠农政策，通过"一卡通"及时发放涉农补贴资金3.54亿元，全县农业人口人均受益近400元。投入一事一议财政奖补资金4687万元，建成138个村级公益事业项目。兑现政策性农业保险灾损理赔资金1760万元，增强农业抗风险能力。

【财政重点改革】推进预算信息公开，按时全面公开县本级、预算单位预决算和"三公"经费信息，实现预算信息公开全覆盖。规范政府性债务管理，制定出台政府性债务管理意见，清理、甄别政府存量债务32.83亿元，实施债务审批制度，严格债务举借程序，防范政府债务风险。加强财政存量资金清理，制定工作方案，对财政资金、部门资金进行逐笔清理，按规定将历年结转结余资金2.66亿元调入预算统筹安排，弥补资金缺口。加大国库集中支付和公务卡结算改革力度，县直、镇（园区）国库集中支付和公务卡结算实现提标扩面。加强国库集中支付动态监控，确保资金支付安全。组织完成贯彻中央“八项规定”、严肃财经纪律、“小金库”治理和涉农涉企资金等专项检查工作。

国家税务

【国税收入】2013 年，县国税局密切关注经济发展与税收收入走势，统筹规划，加强税源调查，综合分析宏观经济指标变化，强化重点税源监控，及时了解企业的生产销售和税源变化走势，挖掘税收增长点。加强与财政、农委等相关部门的配合，打击利用农村专业合作社套取国家财政资金行为。加强税源管理，根据电力、国土等部门提供相关信息依法征管。全年共组织入库各项税款 12.58 亿元。2014 年，整体经济形势不平稳，新增税源欠缺。县国税局坚持组织收入原则，科学研判收入形势，加强重点税源监控，对重点税源企业实行全能监控。全年共组织入库税款 13.67 亿元，同比增收税款 1.08 亿元，增幅 8.6%。同时积极落实好支持中小型微利企业、高新技术企业、鼓励资源综合利用、扶持现代服务业发展、促进节能减排等税收优惠政策。全年共受理生产性出口企业申报 240 户次，审核免抵退税额 4964 万元。将出口退税款及时准确退到纳税人手中，促进外向经济发展。

【纳税服务】改善办税环境，严格按照“一窗多能”模式，精简涉税事项。转变作风，优化纳税服务水平。积极推行办税服务厅服务联系卡制度和延时服务、预约服务、提醒服务、绿色通道服务等特色服务，为纳税人创造良好的纳税环境。强化人员素质，定期开展窗口岗位轮换，落实 AB 岗工作制，完善导税、值班、咨询、辅导过程中的首问负责制，保障各环节不出差错。梳理简并服务流程，落实工本费免收项目，减轻纳税人办税负担。提高行政审批效率和准确性，实行集中行政审批工作。2013-2014 年，行政审批小组实地核查及纳税辅导计 900 余户次，共召开集中审批会 34 次。开展纳税人满意度调查，将纳税服务融于税收征管的各个环节，根据纳税人的需求，提供税前、税中、税后的纳税咨询、辅导等多样化、个性化的纳税服务。加强对服务质量的考核监督，建立纳税服务投诉处理机制，加大对服务不优的责任追究。加大税收宣传力度，开展好全国税收宣传月活动，扩大宣传效应。利用新闻媒体税收宣传，树立国税形象。开办纳税人学校，定期举办纳税人培训。两年举办纳税人培训班 3 期，有 300 余人免费受训。2014 年在全国纳税人满意度调查中，县国税局总体评价为 82.69 分，高于省 4 区 4 县总体评价得分 3.94 个百分点，纳税人满意度调查排名全省第一。

地方税务

【地方税费收入】2013 年，累计组织地方税费收入 13.9 亿元。其中，地方税收入首次突破 10 亿元，完成 10.54 亿，同比增收 1.02 亿，增幅 10.77%，完成全年计划（10.5 亿元）的 102.6%；组织基金费收入 3.36 亿元，增收 0.52 亿元，增幅 18.36%。

2014 年，累计组织税费收入 14.74 亿元，比上年同期 13.9 亿元增收 0.84 亿元，同比增长 6.03%；其中，地方税收入 11.45 亿元，比上年同期 10.54 亿元增收 0.91 亿元，同比增长 8.65%。全年组织基金费收入 3.29 亿元，同比下降 2.1%。

【整体工作水平提升】全力推进服务型、法治型机关建设，在全省率先推行涉税行政审批“先批后审”、“容缺受理”、“一机双屏”等纳税服务新模式，继续开展“便民办税春风行动”和“标准化办税服务厅” 建设，简化办税程序、公开权力清单，依法行政。

2014 年，县地税局被授予全省地税系统“依法行政示范单位”，全省地税系统“现代化分局建设规划（2009-2013）先进单位”称号；县局机关蝉联第六至第十届“安徽省文明单位”，连续 10 年获县委县政府目标管理考核优秀单位；机关档案是县级唯一获省特级档案管理的单位，并经市推荐申报全省“依法行政示范单位”。

金融管理

【概述】2013-2014年，采取多种措施，提高金融机构支持地方经济发展积极性，社会融资再创新高。截至2014年年底，全县贷款余额为138.07亿元，较年初增加30.95亿元，金融业实现税收12144万元，增长124.05%。

【完善金融体系】开展招商引资，建立健全多元化金融体系。安徽濉溪湖商村镇银行于2014年3月15日开业；濉溪县农村信用联社于2014年6月26日改制为濉溪县农村商业银行。2014年年底，全县银行业金融机构达到10家，金融体系不断完善，融资渠道有效拓宽。

【提升担保能力】2014年，全县投资入股引进金福达中小企业融资担保公司，同时将金茂融资担保公司注册资金增加到14152万元。其中，县政府资本金5652万元、省担保集团3600万元、民营资本4900万元。两家担保公司累计为83户企业提供担保贷款5亿元。

中国银行濉溪支行

中国银行股份有限公司濉溪支行成立于1988年，2014年有员工46人，县辖3家网点，1个营业部，2个支行。开办个人存贷款业务、公司存贷款业务、国内国际收付清算业务、银行汇票业务、各种代收费业务等。

2013年年末，各项存款余额114360万元，其中对公存款余额55270万元，储蓄存款余额59038万元；贷款余额76878万元，其中，企业贷款余额18500万元，个人贷款余额53939万元。2014年末各项存款余额117441万元，其中对公存款余额54352万元，储蓄存款余额63089万元；贷款余额73585万元，其中，企业贷款余额6789万元，个人贷款余额61494万元。

中国建设银行濉溪支行

【概况】2014年，支行在县城有3家网点，员工54人，附行式自助银行3个，离行式自助银行5个，拥有包括自动取款机、存取款一体机、自助服务终端等自助服务设备25台，POS机、“商户通”（电话转账机）等遍布城区。经营范围为各类人民币存贷款业务、结算及现金管理服务等、办理票据贴现、委托贷款业务、代理发行债券、经办个人、公司客户金融理财及其他经银行业监督管理委员会批准开展的业务。

【存贷业务】2014年，各项贷款余额16.5亿元。全年新增贷款7.23亿元，其中公司及小企业贷款新增6.3亿元、个人贷款新增0.93亿元。城镇化贷款项目全部投放，当年实现投放1.2亿元。贷款重点投向濉溪地方建设本地中小企业、个人住房贷款等。各项存款余额26.06亿元，其中个人存款余额15.22亿元，对公客户存款余额10.8亿元，实现中间业务收入1062万元。

【强化管理，防范风险】坚持“业务发展，合规先行”，强化内控管理，着力加强贷前调查、贷后管理，全年信贷资产质量良好，不良贷款率为0.05%，公司及小企业贷款不良率为0.2%。2013-2014年安全无事故、无重大违规违纪行为的发生。

中国工商银行濉溪支行

【概况】中国工商银行股份有限公司濉溪支行2014年有员工68人，有营业网点5个，附行式自助银行5个，离行式自助银行8个，拥有自动取款机、存取款一体机、转账查询机、网银自助机等自助服务设备36个。

主要业务，办理人民币存款、贷款，结算票据承兑、贴现，代理发行金融债券、兑付销售政府债券，办理外币存款、贷款、汇款、兑换业务，办理资信调查、咨询、见证业务，代理贵金属，保险、基金、证券、资金存管，办理代理信托计划、保管箱、企业、个人财务顾问服务，办理企业年金、银行卡、各类理财、电子银行、住房公积金贷款、资产托管、结售汇业务等。

主要金融产品有节节高、现金王等存款产品；保本理财、增利、尊利、稳利、安徽之星、灵通快线、法人理财等各种理财产品；商品融资贷款、小微企业贷款、住房按揭贷款、消费贷款、公积金贷款、质押贷款等贷款产品；寿险、财险等代理保险产品；实物及账户贵金属产品；商友卡、多币种信用卡、交通卡等银行卡产品；网上银行、手机银行、工银融e联、工银融e行、融e购等互联网金融产品等。

【存贷款业务】2013年各项存款余额22.61亿元，其中，储蓄存款余额19.52亿元，对公存款余额达3.09亿元；各项贷款余额6.94亿元，其中企业贷款余额5.77亿元，个人贷款余额1.17亿元；实现中间业务收入547万元。

2014年各项存款余额24.80亿元，其中，储蓄存款余额21.31亿元，对公存款余额达3.49亿元；各项贷款余额15.97亿元，其中企业贷款余额14.06亿元，个人贷款余额1.83亿元；实现中间业务收入710万元。

两年来，坚持依法合规、稳健经营，内部管理得到加强，连续实现第13、14个安全年目标。

中国农业银行濉溪支行

【概况】中国农业银行濉溪县支行2014年有网点13个，员工140人，所有网点全部实现全国联网。2013-2014年，全县农行各项存款净增5.06亿元，储蓄存款净增7.98亿元、单位存款净增-3.93亿元。累计发放各项贷款21.5亿元，其中惠农贷款1亿元，个人住房贷款2.5亿元；安装ATM取款机10台、特约商户POS机120台、转账电话135部；发放各类银行卡33万张，其中惠农卡1.3万张，社保卡23万张。

【三农业务开展】将服务“三农”、服务县域经济作为工作重心。个人业务，以惠农卡，农户小额贷款为主。利用县域小老板创业担保中心、共青团、妇联等政策平台支持乡镇特色专业合作社项目，在百善镇、铁佛镇、双堆集镇等乡镇扶持从事蔬菜、双孢菇、杏鲍菇等特色农业种养殖合作社。为促进房地产业务的健康发展，改善居民住房条件，积极营销“恒大名都”、“恒大雅苑”等优质楼盘，加快审批效率，加大住房贷款的投放力度，共发放住房贷款2.5亿元。公司业务以县域中小企业流动资金贷款为主，解决县域中小企业融资难问题。积极办理新农保发卡及缴费业务，利用“惠农通”工程的转账电话为媒介，在每年新农保缴费及取款时提供便利，转账电话使农民在家实现新农保缴费及小额现金提取业务。

中国农业发展银行濉溪支行

2013年，贷款余额54130万元，较年初减少2606万元。发放粮食收购贷款9300万元，收购粮食4363.5万公斤；属地监管最低价收购贷款23403万元，共计支持收购小麦9929.5万公斤。全年累放贷款12300万元，累收贷款14206万元。其中成功退出“金枫果胶”1500万元固定资产贷款项目，稳妥有序退出“顺达商贸”3000万元农村流通体系建设贷款项目。

2014年，不断优化信贷结构、切实防范风险，以信贷基础管理年活动和核呆清欠工作为重点，稳步推进，贷款、存款、利润等硬指标均创新纪录。贷款累放金额36254万元，同比增长23954万元，增幅194.75%，贷款累收金额22673万元，同比增长7767万元，增幅52.11%，年末贷款余额63831万元，同比增加9701万元，增幅17.92%。全年新增发放非经营性其他农民集中住房建设中长期贷款15000万元，支持县建设投资有限公司建设濉溪镇八里村、二里村农民集中安置房（西区）建设项目。发放1亿元非经营性其他农民集中住房建设中长期贷款，用于支持安徽濉芜现代产业园投资有限公司濉芜星城安居工程项目。向淮北市鲁南面粉（集团）有限公司、濉溪县鲁王制粉有限责任公司发放市级储备粮贷款1246.4万元。

全行政策指令性贷款18351万元，占比28.75%，政策指导性贷款38500万元，占比60.31%，商业性贷款698

0万元，占比10.94%，低风险贷款占比同比大幅增加，贷款安全性提升，商业性贷款稳步下降，贷款风险降低。

全年日均存款31333万元，较年初增加9060万元，增幅40.68%，两笔合计25000万元非经营性其他农民集中住房建设中长期贷款的发放，延伸管住贷款企业下游客户资金使用，确保贷款资金投放贷款项目建设上，杜绝信贷资金被挤占挪用，保障信贷资金安全。

潍溪农商银行

【概况】潍溪农村商业银行股份有限公司（简称潍溪农商银行）主要为“三农”、中小企业、社区居民和新农村建设提供金融服务。全行2014年有在岗职工558人，内设12个职能部门，下辖50家支行，服务网络遍布城乡。

【存贷业务】2014年末，全行资产总额99.7亿元，其中各项存款余额88.73亿元；负债总额92.7亿元，其中各项贷款余额52.58亿元；实现各项收入5.94亿元，实现利润1.44亿元，共上缴各项税费8519.5万元。

【改制工作圆满完成】2010年年底，启动股份制商业银行改革工作。2014年6月23日取得开业批复，6月26日，潍溪农商银行正式挂牌开业。

【网点布设】为改善金融服务环境，率先推出城乡金融便利店、自助店、延时服务等，方便客户在任何时候办理银行业务。加快网点改造升级，实现金融服务全覆盖。至2014年，累计开通自助银行及ATM机87台，金融服务室4处，助农取款点197户，金融服务的触角延伸到乡村、社区。

【金融创新】创新信贷产品，相继推出动产质押贷款、青年创业贷款、仓储质押贷款、农村土地承包经营权抵押贷款、助保金贷款、小老板创业贷款、履约保证保险贷款等业务品种。2014年，针对辖内中小企业经营困难，还款能力有所下降的现象，及时调整信贷政策，开办中小企业“续贷通”业务，解决部分企业的还款压力，降低企业的融资成本。全年共为23家小微企业办理续贷业务，续贷金额3.16亿元，占小微企业贷款总额10.09%，户数占小微企业贷款户数的6.97%。

【电子银行】以省联社网上银行及手机银行等电子银行产品平台，全面推进手机银行、网上银行、社区e银行、ATM机、POS机等一系列电子银行服务，改善农村支付服务环境。至2014年累计发行金农卡40.5万张，布放ATM机87台、POS机529台、布放便民宝机具382台、开通助农取款点197处，金融服务室4处，开通手机银行60067户，短信通知签约14.6万户，网上银行41701户，社区银行商户104户。随着金农易贷福农卡、手机银行、社区E银行等电子银行产品的不断上线，为客户提供了移动支付、自助贷款以及网上购物等多重增值功能，并且开户、交易费用全免费，真正的让惠于民使得潍溪农商银行成为“服务地方的主力银行、小微企业的伙伴银行、百姓身边的社区银行”。

潍溪县邮政储蓄银行

中国邮政储蓄银行潍溪县支行现有邮政储蓄银行自营网点6个，员工71人，业务品种形成以负债业务为基础，信贷业务为重点，中间业务为补充的三位一体的发展模式。

邮政储蓄银行秉承“反馈社会、服务三农”的宗旨，关注农户、个体工商户和微小企业经营，提供融资服务，促进县域经济发展。信贷业务从开办初期的放贷不足1000万元发展到2014年发放量达到6亿元，信贷产品从最初的小额贷款产品发展到企业贷款、商务贷款、综合消费贷款、个人信用消费贷款、一手房、二手房住房按揭贷款、个人汽车消费贷款等多元化产品体系。

安徽徽商银行濉溪支行

【概况】安徽徽商银行濉溪支行2014年有员工21人，内设公司银行部、零售银行部、营业室3个部室，下辖1个社区支行。设有离行式自助银行及在行式自助银行各1个，拥有徽农贷、再就业担保贷款、网上银行、手机银行、小企业快借贷、循环贷、综合授信等多种业务产品。2014年，获“安徽省银行业文明规范服务示范单位”和2014年度 “十佳支行”的称号。

【存贷业务】2013年，各项存款余额168841万元，其中公司存款余额121399万元，小企业客户存款余额13014万元，储蓄存款余额34428万元。贷款余额148451万元，其中公司类贷款余额97895万元，小企业贷款余额33250万元，个人贷款余额17306万元。

2014年，各项存款余额21.59亿元，其中对公存款余额15.21亿元，小企业存款余额2.27亿元，储蓄存款余额4.11亿元。各项贷款余额16.36亿元，其中公司贷款余额10.18亿元，小企业贷款余额4.08亿元，个人贷款余额2.10亿元。

马鞍山农村商业银行濉溪支行

马鞍山农村商业银行濉溪支行为县招商引资项目，于2011年12月成立，主营人民币存款、贷款、结算、票据贴现、外汇结售汇等业务及监管部门批准的其他业务。

2013年，支行各项存款6.1亿元、各项贷款6.6亿元；2014年，各项存款5.9亿元，各项贷款6.4亿元。信贷投放分布全市“三区一县”，涉及煤炭、煤化工、纺织、制造、食品加工等行业，共投放企业类客户57户，金额3.2亿元，个人经营类客户1215户，金额1.3亿元。

综合管理

发展改革管理

制定出台《关于进一步加快民营经济发展的意见》、《关于进一步加快开发区(工业园)发展的意见》等一系列政策文件。开展行政审批项目清理工作，取消8项，合并34项，转变管理方式22项，做好省级下放县级政府部门14项行政审批事项的承接工作。按照省、市的统一部署，扎实推进基层医改和县级公立医院改革。组建县市场监督管理局，整合县卫生局的食品安全委员会办公室的职能、县工商行政管理局、县质量技术监督局及食品药品监督管理局的职能和人员编制。支持家庭农场发展，鼓励土地向专业大户、家庭农场、农业合作社流转。设立金融发展专项奖补资金，引导金融机构在濉设立经营机构，招行濉溪支行、濉溪湖商村镇银行、濉溪农商行相继挂牌营业。落实省委、省政府《关于促进皖北地区又好又快发展若干意见》，明确工作重点，分解目标任务，加强督查调度。着力加快园区建设，县开发区争创国家级开发区已报国务院待批，濉芜产业园签约亿元以上项目达20个，百善食品工业园产值突破50亿元。

经贸管理

印发《关于建立全县工业经济运行月度分析调度会议制度的通知》，对50家重点企业进行直报。坚持月调度、季分析，加强督查指导，逐月落实任务，确保全县工业继续保持快速增长。充分发挥新增规模企业作用，鼓励重点企业扩产多产，摸排年内竣工投产重大项目，加强协调服务，力促尽快达产，形成新的增长点。紧盯重大工业投资和技术改造项目，落实推进责任制。加强分类指导，跟踪协调服务，促落地企业早开工、开工企业早建成投产、投产企业早达产，保持工业经济结构的合理和后续的增长潜力。实施铝加工基地、装备制造基地、食品制造基地等一批重大产业提升项目。完善领导联系重点企业制度，千方百计帮助企业解决资金、市场、用工等方面的具体困难。经常组织金融机构深入企业，点对点对接，努力帮助企业解决融资难题。优化发展环境，通过政策引导、资金支持、重点培育等手段，促进企业，提质增效。依据县资源状况和产业基础，优先发展铝基新材料产业和高端装备制造业，拓展提升食品加工业，稳步发展矿产采选、纺织服装等传统产业，积极发展精细化工、电子、生物等新兴产业，形成具有较强竞争力的现代产业体系。引导重点企业推进产业结构调整升级，形成大企业大集团发展梯队。鼓励扶持现有企业挖掘潜力，开拓市场，扩大生产。鼓励企业建立以企业为主体、市场为导向、产学研相结合的协同创新机制，支持企业组建技术中心和研发机构，逐步提高企业核心竞争力。引导企业加大技术改造投入，运用新技术、新工艺、新设备，淘汰落后产能，推行清洁生产，推广节能及资源综合利用技术，加快实施节能改造工程。鼓励符合国家产业发展政策、产品发展前景好的企业进行技术改造和新产品开发。围绕研发设计、过程控制、企业管理和技术改造等重点环节，支持一批试点示范企业和项目，加快推进企业信息化建设。在铝基新材料、高端装备制造、食品加工等行业开展“两化”融合试点，引导各行业应用信息技术，不断提高企业产品质量和附加值。全县现5家企业被评为省级两化融合示范企业，濉溪经济开发区被评为省级两化融合示范园区。

人事管理

【机关公务员及事业单位人事管理工作】2013年度公开招录公务员3人，其中县司法局2人、森林公安局1人。

完成全县党政机关、事业单位工作人员2014年度考核工作。全县应纳入考核的事业单位工作人员12516人，其中事业单位管理人员145人，事业单位专业技术人员10933人，事业单位工勤人员1083人，试用期人员355人。优秀等次1822人，占14.6%；合格等次10312人，占82.4%；基本合格3人，占0.02%；不合格等次9人，占0.07%；未定等次364人（其中公开招聘355人，受党纪政纪处分9人），占2.9%；未参加考核人数6人，占0.05%。应纳入考核的机关工勤人员共有202人。优秀等次人数20人，占9.9%； 合格等次人数182人，占90%。应纳入考核的机关公务员1957人，优秀449人。按照省、市关于机关事业单位工作人员年度考核奖励有关规定，结合县实际情况，对县2013年度考核优秀的公务员（含参公）予以奖励。具体为：2011-2013连续三年年度考核优秀的公务员奖励1500元；2013年度考核优秀的公务员（含参公）奖励800元。

起草濉溪县人民政府关于规范行政表彰奖励工作的意见，进一步规范行政表彰奖励工作。按照省委组织部、省委宣传部、省人社局和省公务员局《关于开展第六届"人民满意的公务员"和"人民满意的公务员集体" 评选表彰活动的通知》和市人社局安排，按照规定的程序，推荐县公安局民警陈梦华和县信访局、县人社局参加淮北市遴选，被推荐为"人民满意的公务员集体"，并参加省评选表彰活动。为县"两非"专案组4人办理荣记个人三等功手续。

完成提请县人大任免、县政府任免、县长任免人员有关材料的整理运转工作。为县市场监督管理局14人办理股级任职手续。

为县司法局2014年拟录用的3名公务员办理录用手续，参与完成2014年度县招录的公务员的政审工作。配合县委组织部、县编办完成2015年度招录公务员计划申报工作。其中法院3名、检察院3名、司法局2名、镇36名。

选聘10名大学生村官为事业单位工作人员，根据省委组织部等十三部门《关于建立选聘高校毕业生到村任职工作长效机制的实施意见》（组通字〔2010〕54号）精神，按照报名与资格审查、笔试、面试、体检、考核、资格复审和公示等招聘程序，鹿贞等10人符合2014年濉溪县面向大学生村官定向公开招聘事业单位工作人员条件。经第63次县委常委会议研究，同意聘用鹿贞、邹璇、况熠、张容齐、董洁琼、杨允广、程文洁、王坤、李飞飞、周汝昕为事业单位工作人员。本次招聘人员实行聘用制和试用期制，合同制管理，一经正式聘用，须在县内工作满5年。为张帅等5名2012年度招募的"三支一扶"高校毕业生和200名通过省公开招聘中小学教师办理聘用手续。

组织2013年新录用公务员参加市2014年公务员初任培训班。组织8期76名公务员参加皖北地区基层公务员培训班。

更新县公务员管理信息系统。着手建立事业单位人事管理系统。按照机关事业单位工作人员调动办法，为28人办理调动手续，其中进县5人，出县11人，县内调整12人。

【公务用车改革】参与完成公务用车统计摸底工作，按照省公务用车制度改革领导小组《关于开展全省公务用车制度改革统计摸底工作的通知》（皖车改〔2014〕1号）要求，负责县内机关和参公事业单位参加车改人数和司勤人员信息。据统计，县内机关和参公事业单位参加车改人数2390人，司勤人员267人。

【清理"吃空饷"】参与完成机关事业单位"吃空饷"问题集中治理工作。清理在编在岗和违规领取财政资金人员共44人，涉及金额689512.8元，已追缴资金366027.84元。

【军转工作】接市军队转业干部安置

工作小组办公室《关于2014年军队转业干部安置工作的通知》(淮军转〔2014〕7号),2014年分配县的军队转业干部为3名。按照市统一标准落实企业军转干部待遇:把在职企业军转干部月最低工资标准由4366元调整为4751元、退休企业军转干部月解困标准由1889元调整为2072元。从今年1月起退休人员增加生活困难补助100元达到700元。春节和八一节,发放军转干部慰问金16.4万元。并于10月中旬进行健康体检。

【机关事业单位工作人员工资改革及职工退休保障】2013年,按照安徽省人事局、安徽省财政厅《关于调整我省机关事业单位遗属生活困难补助标准的通知》(皖人发〔2002〕92号文件)规定,因当地最低生活保障标准由320元提高到352元,遗属生活困难补助标准相应调整,共为享受遗属生活困难补助1286人调整补助标准。

按照事业单位奖励性绩效工资总量审批有关规定,顺利完成全县12668名事业单位工作人员2012年度奖励性绩效工资总量审批。

2013年公开招聘事业单位365人,通过笔试、面试、资格复审、体检、政审等程序,真正做到公开、公平、公正、竞争择优的原则,选拔出的优秀人才充实到县事业单位工作。

2014年,全县机关事业单位正常晋升工资审批工作顺利完成,为全县机关事业单位1.4万名在职工作人员调整工资;顺利完成2013、2014年度两个年度事业单位绩效工资总量审批;根据上级文件精神,经县政府研究同意,从2014年7月起县机关工作人员津贴补贴标准由2万元提高到2.5万元,按照事业单位分步实施绩效工资的相关政策和联动调整的要求,义务教育学校、公共卫生与基层医疗卫生事业单位绩效工资标准从2014年7月起进行相应调整。按照公开、公平、公正、竞争择优的原则,通过笔试、面试、资格复审、体检、政审等程序,选拔出200名大中专毕业生充实到县教师队伍。原工商局、质量技术监督局229名在职人员及94名离退休人员下划到县级管理。

行政服务管理

【概况】中心2014年入驻34个单位部门,工作人员128人,纳入中心管理的项目156个,其中行政审批(许可)项目84项,行政服务类项目66项,经营性服务类项目6项。2013年共受理各类行政审批事项194822件,办结194529件,收取各类规费11.71亿元。2014年中心共受理各类行政审批事项218537件,办结218035件,办结率99.6%,收取各类规费13.34亿元。

【清理行政审批项目】中心对照省市审批项目的变动,进一步清理、取消、调整县级部门行政审批事项。在对照全省行政审批通用目录项目进行清理的基础上,依法对审批项目进行动态管理,对未列入县级保留行政审批项目目录的,一律不得再审批,确保各部门进入政务服务中心办理的行政审批事项合法有效。经过清理后,2014年年底,中心管理的项目156个,其中进大厅行政许可项目84个,其他类项目72个。所有进驻中心项目,两年共减少45项。优化办事程序,压缩办事时限,建立特事特办、急事急办和重大服务项目绿色通道,在承诺时限的基础上均实行再提速,使便民利民措施落到实处,平均办结时限从2.5个工作日压缩到2.2个工作日。

【政务服务中心标准化建设】2013年,按照服务型政府建设的要求,以依法政务、规范服务、提高效率为主线,通过建立公开、高效、规范、问责的服务机制,提高政务服务质量。2013年4月25日,经由安徽省质量技术监督局组织的专家评审组的现场验收,顺利通过中期评估。

2014年,中心不断深化服务标准化建设,实践完善服务标准化体系。2014年7月8日,县政务服务中心顺利通过省标准化建设验收组的验收,成为全市唯一一家省级行政审批服务标准化建设单位。

【创新管理模式】2013年，中心完善“绿色通道”，加大全程代办力度，继续开展为民服务全程代理服务，开展预约服务、延时服务、志愿服务和微笑服务等窗口特色的服务。加强和完善项目服务工作。

2014年，严抓管理，建立“马上就办”制度，梳理出台“马上就办”事项38项，设立“马上就办”工作台账，开通“马上就办”服务热线；对接听事项及时反馈答复，确保群众要求件件有着落、事事有回音。实施办事回执制度，对于非即办件，承办人在收件时要填写“办事回执卡”，注明申办事项、受理时间、办事期限、承办人和投诉电话等，并在承诺期限内办结；实行办事结果告知制度，对已办结的承诺件，通过短信（电话）告知，通过短信方式告知办事群众达12824条。

【转变工作作风】落实首问负责和一次性告知制度。各窗口人员对自己职责范围内的事项要一次性告知全部程序和需提交的全部资料，符合条件的要马上办理或答复，不得推诿或让当事人多次往返；不属于自己职责范围内的事项，要马上向当事人做出解释说明，给予指导帮助。对事关全县经济发展的急办、难办、复杂的重点项目，在政策允许的范围内，特事特办。加快办事效率，实行各部门并联审批制度和缺席默认制。凡是未出席会议的单位部门属于默认。其办事事项需要的手续材料，可在二日内补齐。建立健全服务对象投诉受理机制。在办事窗口安装评价器，及时反馈办事群众的服务满意度及意见评价；建立窗口工作人员年度管理档案，细化窗口及工作人员考核管理办法，及时受理解决服务对象投诉问题。

（任启亮）

政务招投标管理

2014年，共完成招标的工程项目699个，招标控制价156596.83万元，中标价148277.53万元，节约资金8319.30万元，节约率5.31%；其中，完成政府性投资建设工程招标投标项目627个，招标控制价89894.46万元，中标价83747.83万元，节约率6.83%。累计接受142家采购单位委托实施政府采购，招标采购总预算8130万元，实际采购7158万元，节约资金972万元，节约率11.96%。2014年，濉溪县公共资源交易中心先后被授予“安徽省招标投标市场公共服务体系建设管理工作先进单位”、“安徽省招标投标市场规范化管理工作先进单位”、“安徽省有形建设市场合格单位”、“全省招标系统先进集体”等称号。

统计监督管理

【基本单位名录库建设】根据国家统计局《全国统计系统基本单位名录库建设维护与使用管理暂行办法实施细则》规定，2013年，濉溪县组建普查中心，指定专人负责名录库的维护管理。2014年，名录库维护更新节点在原有全县11镇和开发区的基础上，进一步延伸至濉芜产业园，实现省、市、县、镇四级共同在线维护。镇统计站人员参与名录库维护更新工作，提高名录库维护更新信息的实地核实率和及时性，维护更新工作效率得到提高。

一套表改革后，国家将“三上”企业的入库工作，纳入一套表制度改革，并依托基本单位名录库管理平台开发“三上”企业审批系统，对符合规定的规模以上工业、限额以上商业、资质以内建筑企业和房地产开发经营企业，统一纳入统计系统基本单位名录库，按照统一单位标准、统一单位管理、统一工作流程、统一软件平台的原则，进行建设、维护、使用与管理。2013年，规模以上服务业首次纳入审批范围，所有专业审批材料均以电子化形式上报，审批时间由以前的季度审批调整为月度审批。2014年年底，全县“四上”企业中253家规模以上工业、89家限额以上批发零售业、25家房地产开房经营企业、11家资质以上建筑业，共378家“四上”全部实现联网直报。

【濉溪县第三次全国经济普查】根据《国务院关于开展第三次全国经济普查的通知》（国发〔2012〕60号）和《安徽省人民政府关于认真做好第三次全国经济普查的通知》（皖政〔2013〕10号）要求，濉溪县进行第三次全国经济普查。普查的标准时点为2013年12月31日，普查时期资料为2013年年度资料。普查对象是在濉溪县境内从事第二产业和第三产业的全部法人单位、产业活动单位和个体经营户。由于此次普查首次采用手持电子终端设备（PDA）进行电子录入登记。为检验普查实施方案的科学性和可行性，获取普查组织实施的实践经验，省经普办在濉溪镇、韩村镇同步开展第三次全国经济普查综合试点。两镇共划分43个普查区，其中濉溪镇27个，韩村镇15个，临涣工业园区1个。抽调普查员91人，其中：濉溪镇62人，韩村镇26人，临涣工业园3人。第三次全国经济普查中，濉溪县共划分为246个普查区，动员近600名普查员，历时一年半的时间，普查登记2846个法人单位，3900个产业活动单位， 26429个个体经营户，其中有证户14192个。濉溪县经济普查工作取得成绩。濉溪县统计局被授予"安徽省第三次全国经济普查先进集体"称号。

【统计服务与监督】2013-2014年，共撰写各类统计分析资料90余篇、统计信息120多篇。完成第三次经济普查后期资料开发工作，编纂《2011-2013濉溪县情》。研究安徽省县域经济分类考核标准办法，细化各项考核经济指标，时时通报、季季分析，时刻掌握濉溪县各项考核指标在全省同类县中的排名和位次，找出差距，分析原因，为县委、县政府提供决策依据。

【统计执法】加大统计执法宣传、检查力度，扩大数据质量自查范围。2014年，在全县各镇(园、区)统计机构及389家"三上"企业和房地产开发经营企业范围内开展统计基础工作大检查。2013-2014年共执法检查 109 家单位，责令整改11 家。

城乡调查

【概况】国家统计局濉溪调查队的前身是濉溪县农村社会经济调查队。2007年9月根据《国务院办公厅关于印发国家统计局直属调查队管理体制改革方案的通知》（国办发〔2005〕14号）和《国家统计局关于安徽地区国家统计局县级调查队组建方案的批复》（国统字〔2007〕70号）精神，国家统计局安徽调查总队决定撤销濉溪县农村社会经济调查队，设立国家统计局濉溪调查队。

调查队内设办公室、法规制度股、住户股、农业股、畜禽监测股5个股室，共有职工12人。

【城乡住户收支与生活状况调查】2013年，根据国家统计局的统一部署，濉溪调查队对长期分开统计的城镇住户调查和农村住户调查进行一体化改革，开展城乡住户收支与生活状况调查。截至2014年年底，在全县11个乡镇和经济开发区中，累计抽中210宅，约210户城镇和农村居民家庭，就其家庭基本情况、收支水平、生产、投资、消费、社会保障、农民工相关信息等资料进行按月调查。经调查，2014年濉溪县城镇居民和农村居民人均可支配收入分别为21255元、9056元。

【粮食产量调查】在"以县为总体的粮食产量调查"的基础上，2014年濉溪调查队进行"对地调查"改革。利用卫星定位系统和高精度手持电子终端PDA进行现场摸底调查，确定调查地块经纬度信息，对调查地块建立多年跟踪调查制度。截至2014年年底，对地调查共有20个调查点、100个耕地样本单位区，涉及调查地块3000余亩，调查员、辅助调查员90人。全县产量调查共有夏粮实测调查、秋粮实测调查、农产品中间消耗调查、秋冬季播种面积调查、主要农产品生产价格调查等五个主要调查项目，涵盖小麦、大豆、玉米、棉花等主要作物。经调查，2013年、2014年濉溪县夏粮（小麦）单产分别为500.4公斤/亩、502.88公斤/亩，连续两年亩产达千斤。

【主要畜禽监测调查】 调查涉及全县主要畜禽（猪、牛、羊、禽）存栏、出栏、产品产量及出售价格等情况。该调查共分规模饲养户、生产经营单位和农村散养户2个层次。对生产中的规模户和生产经营单位，开展全面调查，范围包括全县所有乡镇饲养规模生猪在250头以上、牛在70头以上、羊在300只以上、禽在11000只以上的规模户和生产经营单位。对农村畜禽散养户，开展抽样调查，抽中临涣镇梁庙村、李塘村、高皇村，铁佛镇蒋庄村、罗庄村，百善镇黄新村庄、青卫村，孙疃镇耿圩村部分村民小组进行调查。

【贫困监测调查】 2013-2014年，在全县11个乡镇及开发区所有的行政村开展贫困监测调查。采取调查员逐村逐户上门访问登记的方式，对2012年、2013年全县所有农村人均纯收入低于2530元的农户进行登记造册。翔实了解了全县贫困人口的分布、结构及特点，为县委政府制定扶贫开发决策提供了重要依据。

【统计法制建设】 连续两年开展“9·20中国统计开放日”、“10·20世界统计日”、“12·4法制宣传日”等活动，悬挂横幅、摆放展板、散发宣传材料等，广泛深入宣传《中华人民共和国统计法》和《统计违法违纪行为处分规定》等法律法规。2013-2014年，对全县15个住户调查点、20个产量调查点、9个农民工监测调查点、4个农价调查点等进行以数据质量和调查过程的规范化为重点的执法检查活动，对数据质量不高、操作不规范的个别调查点、辅调员进行批评和业务指导，通过执法检查，全县统计基层基础工作、数据质量取得明显成效。

审计监督

【概况】 县审计局内设6个股室，下设经济责任审计局、政府投资审计中心两个全额拨款事业单位，行政编制12人，实有人员12人，事业编制33人，实有人员27人。2013年以来，积极开展“质量提升工程”和“环境优化工程”活动，濉溪县审计局先后获省级文明单位、省“文明窗口”、全省“质量提升工程”和“环境优化工程”先进单位。

2013-2014年，共审计项目1199个，审计查出违纪违规金额1478万元，管理不规范资金54529万元，审减政府投资25440万元，向县政府和上级审计机关提交审计报告和信息56篇。

【财政审计】 2013-2014年，加大部门预算执行审计力度，对专项资金和民生工程项目资金审计。先后组织对县财政预算执行、地税局税收征管情况、8个一级预算单位、五沟镇等4个镇财政决算、县医院2013年度财务收支情况进行审计。

【专项审计和审计调查】 2013-2014年，对全县社保基金优惠利率执行情况进行专项审计调查，揭示出社会保险基金银行存款优惠利率政策执行中存在的突出问题，为社保基金增资668万元。抽调10名业务骨干，赴铜陵县开展政府性债务交叉审计。对全县2013年度农村饮水安全工程资金筹集、拨付、使用管理情况进行专项审计调查。参与市局组织实施的2011-2013年度财政扶持资金专项审计调查、2013年度建设美好乡村公共服务体系奖补专项审计调查、2013年度村级公益事业建设一事一议财政奖补专项审计调查、2013年度城乡养老服务体系建设专项审计调查、2013年度农机补贴专项资金审计调查。抽调15名业务骨干分别赴阜阳市、颍泉区、太和县开展2008-2013年土地出让金和耕地保护情况交叉审计工作。

【政府投资审计】 县审计局按照以决算审计为基础，突出工程招投标控制价审计，加强跟踪审计的工作思路，强化政府投资审计工作。2013-2014年，对247个项目进行控制价预审，对县医院综合楼等21个项目进行跟踪审计，对885个项目进行结算审计，审计资金总额37.97亿元，审减政府投资25440万元，实现由单一的工程结算审计向多方位审计的转变，由事后监督向事前和过程监督的转变。

【经济责任审计】加强对党政领导干部的管理和监督，促进领导干部勤政廉政、履行职责。两年对7位领导干部进行任中审计，对8位领导干部进行离任审计。审计中，推行审计公示制度，实行监督机关、被审计单位和社会的互动监督，提高审计时效。通过审计，揭示出领导干部在财政财务管理中存在问题，提出单位规范财政财务收支管理方面的意见和建议，为县委、县政府宏观决策和组织部门任用干部提供重要参考依据。

【其他审计】2013-2014年，对农场环境连片治理示范项目进行专项审计，赵庄农场安置项目审计，县医院和县中医院资产、负债情况审计，2012年度全县农业开发项目专项审计，2013年度沼气民生工程项目审计，2013年度土地出让金征收、管理、使用情况专项审计调查，2009-2012年建设用地置换土地复垦建设与资金管理情况审计调查，2013年度农业发展项目建设及资金使用情况专项审计调查，县公安局保安服务部资产负债损益情况审计，对原县工商局、原县质量技术监督局2013年度财政财务收支及2013年12月31日资产负债进行审计，抽调8人次参与纪检监察机关、公安机关、财政部门财务检查和案件查处工作。

【审计整改与结果公告】2013-2014年，县审计局对审计的35个项目进行跟踪检查，问题整改率达到92%，建议采纳率达到96%。县审计局联合县人大财经委、县纪委、县委组织部、县目标办对30个单位35个审结项目进行审计整改检查考核，检查结果纳入目标考核。县审计局不断深化审计结果公开的内容和方式，2014年首次公开财政预算执行审计结果；整改结果公开，实行约谈制度，建立问责机制，增强审计威慑力。

工商行政管理

【概述】濉溪县工商局下辖3个直属单位、13个工商所，机关内设10个股室，挂靠2个协会；共有在编公务员162人，离退休干部90人。2013年，先后获全市工商系统目标管理考核优秀单位、全县招商引资优秀服务单位、投资项目全程代办服务工作先进集体、行政服务中心工作先进集体等称号。

【商标监管】2013年，县工商局开展商标法制宣传活动，出动宣传车22车次、宣传人员150人次，设立商标法宣传咨询台13个，接受消费者咨询达500人次，散发商标法宣传材料4000份。指导企业申请商标注册，全年为企业查询商标240件，设计商标28件，指导帮助企业办理商标注册申请25件；全县拥有注册商标374件。推进驰著名商标培育推荐工作，指导安徽皖雪面粉有限公司申报中国驰名商标，指导淮北顺达有限公司、安徽伊亚格管业有限公司、濉溪县中瑞商贸有限公司等25家企业申报2013年安徽省著名商标、淮北市知名商标。至年底，全县拥有安徽省著名商标11件、淮北市知名商标7件。做好商标专用权质押贷款工作，指导协调淮北益农源饲料有限公司、淮北淮海酒业有限公司、濉溪县香舍黎饭店、淮北新兴皇苑制衣有限公司等4家企业以其持有的商标作为质押成功贷款750万元。

【广告监管】2013年，全县共有广告经营单位44家，广告从业人员261人，广告经营额达600.54万元。加强户外广告监管工作，全年共办理户外广告登记131户，组织广告经营单位发布户外广告3251个；其中霓虹灯40个、路牌广告102个，车体广告55个，条幅墙体等其他广告3054个。开展广告监测工作，做到一周一监测，建立行政预警机制，全年共监测广告246条，下达责令改正通知书7份。开展虚假违法广告专项整治行动，出动执法人员52人次，执法车辆31车次，共检查单位35户，立案8件，罚没款1.82万元。

【合同监管】2013年，县工商局鉴证合同8件。监管拍卖7件，成交3637万元。办理动产抵押登记49件，为企业融资78045万元。

【食品安全监管】2013年，县工商局共组织开展节日食品市场、农村食品市场、食用油脂、散装冷冻食品、校园周边食品安全等食品市场专项整治行动16次，出动执法人员2802人次、车辆685台次，检查各类食品经营户5320户次、市场37个；开展食品市场监测5次，组织快检各类食品2922组；立案查处各类食品违法案件94件，罚没款18.8万元。6月21日，在全县范围内开展以“社会共治，同心携手，维护食品安全”为主题的《中华人民共和国食品安全法》宣传活动，设立咨询台14个，现场接受咨询319次，发放资料2680张。

【打击侵犯知识产权和制售假冒伪劣商品专项行动】2013年，深入开展“双打”工作，严厉打击侵犯知识产权和制售假冒伪劣商品行为。共出动执法人员171人次，执法车辆42车次，散发宣传材料3000份，接受经营者咨询近500人，检查经营户198户，检查商品交易市场70个，整治重点区域54处，查处侵权和假冒伪劣商品案件257件，罚款71.45万元；其中办理商标违法案件99件，罚款23.45万元。

【农资市场监管】2013年，开展红盾护农专项整治行动，组织农资商品（化肥）抽检2次，计160组。查处不合格化肥40吨，罚没款5万元。

【重点市场整治】2013年，共组织开展流通领域重点商品市场专项整治6次。开展儿童用品质量专项整治工作，出动执法人员650人次，检查各类儿童用品经营主体2080户次，下达责令改正通知书14户。组织开展流通领域儿童玩具抽检10个批次，查处销售不合格儿童玩具案件4件，案值0.62万元；受理消费者儿童用品咨询申诉19件，为消费者挽回经济损失0.12万元。开展流通领域消防产品专项整治工作，成立联合检查组，检查消防产品生产销售单位17家、消防产品使用单位12家，发放《中华人民共和国消防法》宣传手册300份，对2户无检验报告、合格证、进货凭证不全的经营户责令其整改，立案查处消防产品违法案件4件。开展建材市场专项整治工作，共出动执法人员580人次，车辆129车次；检查钢材、水泥、人造板等建材经营户217户次，下达责令改正通知书5份，取缔无照经营3户；组织建材商品抽检2次，计5个品种25组；立案查处建材违法案件40起，案值12.19万元，罚没款9.73万元；受理建材投诉6件，为消费者挽回经济损失1.28万元。开展汽车售后服务和汽车配件市场专项整治工作，出动执法人员130人次、执法车辆78台次，检查汽车及配件销售服务企业256户次，发放宣传材料500多份，指导督促35家汽车销售服务企业建立了诚信经营制度，下达责令改正通知书10份，依法取缔无照汽车维修5户，立案查处不合格汽车配件案件8起，受理处理投诉6起。

【商品质量监测】2013年，县工商局共组织流通领域重点商品质量监测4次，商品包括服装鞋帽、家用电器、电线电缆、节能灯、水泵、电动车、装饰装修材料、建筑用钢筋、手机及配件、儿童玩具、卫生纸、眼镜等11大类22个品种，抽检商品共计115组，其中合格商品48组，合格率为42%；不合格商品67组，不合格率为58%。共查处不合格商品案件74件，案值21万元，罚没金额19万元。

【经济检查执法】2013年“元旦、春节”期间，县工商局与省内知名品牌的厂家联手，开展“两节”市场专项打假行动3次，查扣侵犯知识产权和制售假冒种子酒979瓶，口子五年窖、六年窖、二十年窖白酒290瓶，迎驾酒89瓶，及部分古井和低压电器插座等货值金额14万元。同年，县按照市委、市政府“百亿口子”工程的要求，加大对“口子”白酒知识产权保护力度，先后查处侵犯口子商标专用权白酒案件6起，案值10万元。全年共查处各类经济违法违章案件22起，查扣侵犯知识产权和制售假冒种子酒1459瓶、种子白酒瓶5436只；口子五年窖、六年窖、二十年窖白酒550瓶，口子五年窖、六年窖、口子御尊白酒瓶13908只；迎驾酒89瓶、迎驾白酒瓶4728只；古井原浆酒瓶400只及包装箱和低压电器插座等货值金额15万元。移交公安机关追究刑事责任1起。

【打击传销】2013年，县工商局联合公安局、开发区管委会和濉溪镇街道、居委会（村委会）等部门，在濉溪县城范围内开展打击传销“春季行动”，共捣毁取缔传销窝点8个，遣散传销人员72人，解救被骗传销人员3人（其中大学生1人）。开展打击传销整治月活动，与县公安局、开发区管委会和濉溪镇街道、居委会等部门联合开展打击传销集中行动3次，捣毁取缔传销窝点11个，遣散传销人员153人，移送公安部门刑事拘留3人。开展“打传销、反欺诈、促和谐”执法行动和打击传销“皖剑-2013”专项行动，出动执法人员100人次，开展宣传活动2次，印发宣传资料1000份，张贴宣传画20张；开展清查行动3次，清查可疑出租屋42余户，取缔传销窝点28个，教育劝返参与传销人员749人，收缴传销书籍、资料375件。开展创建“无传销社区（村）”活动和评选直销行业规范经营先进服务网点（专营店）活动，濉溪县4个社区被命名为“无传销社区（村）”示范点，2个社区被命名为“无传销社区（村）”示范先进单位；1个非区直销企业被授予“规范经营专卖店”殊荣。

质量技术监督

【概述】濉溪县质量技术监督局内设执法监督股、质量股(食品办)、标准计量股、特种设备股、人事教育股、办公室6个股室，下辖1个执法机构稽查大队，1个技术机构质量监督技术所，1个开发区分局。共有在职职工88人，其中大专以上占90%。县质监局先后被授予全省“双打”工作先进集体、全市质监系统年度目标管理考核先进单位、濉溪县安全生产先进单位、濉溪县信访先进单位、濉溪县岗位目标考核先进单位等称号。

【特种设备安全监察】2013年，县质监局加强特种设备安全监察工作，开展特种设备安全隐患排查整治活动，现场监察特种设备使用单位130多家，发出《特种设备安全监察指令书》34份，责令限期整改；全年无特种设备责任事故发生。开展电梯、液化气充装站安全、液氨制冷设备安全、起重机械安全、蒸压釜等专项整治6次，出动执法人员156人次，车辆84辆次；检查特种设备使用单位65家，排查隐患89处，查处违规使用特种设备单位1家。

【食品安全监管】2013年，县质监局开展食品质量安全监管工作，以政府名义同全县11个镇、93家食品获证企业、69户小作坊签订食品安全目标管理责任书和添加剂使用承诺书，并将食品安全管理工作纳入部门、乡镇年终目标责任考核。全年出动执法人员282人次，车辆90台次；检查食品加工企业及小作坊49户，对新申请的6户和到期换证的25户小作坊进行现场审核，对审核通过的小作坊予以颁发《食品生产加工小作坊开业登记证明》21个。开展食品专项整治行动，出动执法人员186人次，车辆62台次；查处食品违法案件6件，涉案产品货值金额5万余元。开展节日期间食品安全大检查，出动执法人员152人次，车辆42台次；检查食品生产加工小作坊49家、食品生产企业4家。

【标准化工作】2013年，县质监局深入推进农业标准化示范区建设，濉溪县夏玉米、无籽西瓜两个省级标准化示范区于2013年10月15日顺利通过省质监局目标考核。强力推进工业标准化，开展对辖区内生产加工企业标准实施情况监督检查，为18家企业提供免费标准信息查询服务，督导9家企业16项产品执行标准及时上报备案。大力推进服务标准化试点工作，指导县行政服务中心开展服务标准化创建活动，于2013年4月26日顺利通过省质监局中期督查。继续开展标准化良好行为企业创建工作，濉溪县金枫果胶、家园铝业获安徽省企业标准化试点示范3A级“企业标准化良好行为”称号。

【计量监督工作】2013年，县质监局组织开展“计量科普知识进校园”、“计量知识讲座”、“实验室开放”等活动，让更多的学生及社会大众了解计量、认识计量、支持计量。实施“计量惠民生，诚信促和谐”双十工程，重点在集贸市场、加油站、餐饮行业开展计量监督检查，签订计量承诺示范单位11家。开展金银制品加工和销售领域专项计量监督检查，检查金银制品加工和销售经营门店8家，计量器具9台次；现场抽取16组样品进行称重。开展加油机计量专项执法检查，出动执法人员328人次、执法车辆83台次，检查加油站22家、加油机49台。开展民生计量专项监督检查，对检查中发现个别集贸市场、商店超市、餐饮店存在计量意识淡薄、使未经检定计量器具和使用超周期计量器具的问题，检查人员当即予以责令整改并依据《中华人民共和国计量法》进行处理。开展流通领域食品类定量包装商品监督抽查，对在检查中发现个别超市、粮油店存在销售食品净含量不合格现象，检查人员当场责令整改并督促其进一步加强诚信计量体系建设。强化安全计量监督管理，年内检查北辰、界沟煤矿在用便携式甲烷测定仪、光干涉式甲烷定仪、传感器等550台，巨成化工、鸿源煤化在用压力表、温度检测装置等安全防护用计量器具133台。

【质量强县工作】2013年，县质监局大力推进质量强县工作，印发《关于成立濉溪县质量强县工作领导小组的通知》（濉质联〔2013〕1号），成立以县政府副县长吴杰为组长，由县工商局、县发改委、县经信委、县农林委、县建委、县环保局等多个单位组成的质量强县工作领导小组。领导小组定期召开质量强县工作领导小组联席会议，安排部署质量强县各项工作任务，推动濉溪质量总体水平再上新台阶。

【实施名牌战略】2013年，县质监局大力推进名牌发展战略，制定2013年名牌培育计划，确定6家具备条件的企业作为培育安徽名牌和淮北知名产品对象，着力打造濉溪优势产品和名牌产品集群。

【质量认证监管】2013年，县质监局加强质量体系认证工作的管理，全县共有12家通过ISO 9001质量体系等认证，涉及强制性认证的6家企业全部通过3C认证。

【市场监督检验】2013年，县质监局检验所共组织建材监督抽查及委检229组，食品监督抽查297组、委检190组；计量检定大小衡器902台次，加油机1284台次，B超15台，X光机12台，压力表490块、热工仪表65台、试验机16台、天平45台。

市场监督管理

【概述】濉溪县市场监督管理局下辖2个直属事业单位、13个市场监督管理所，机关内设11个股室，挂靠5个协会；2014年有在职公务员181人，工勤人员7人，事业单位人员63人，离退休老干部105人。2014年被授予“淮北市第十四届文明单位”称号。

【工商质监食药监管体制改革】根据《中共安徽省委办公厅、安徽省人民政府办公厅关于调整省级以下工商、质监行政管理体制和改革完善市县食品药品监督管理体制的实施意见》(皖办发〔2013〕24号)文件精神，按照省、市工商质监食药监管体制改革统一安排部署，成立体制改革领导小组，研究制定实施方案，于2014年4月13日正式组建成立濉溪县市场监督管理局，并在原有工商所的基础上组建乡镇市场监督管理所。

新组建的县市场监督管理局为县政府工作部门，正式划入县工商、食药、质监、食安办的职责，原县工商、质监垂直管理调整为县政府地方管理。统一负责本县行政区域内工商行政管理、质量技术监督和食品药品安全等市场监管工作，同时承担县政府食品安全委员会的日常工作。

【食品安全监管】濉溪县市场监督管理局对生产加工、流通、餐饮服务环节食品安全进行全方位监督管理。全年共开展农贸市场、农村“四打击四规范”、乳制品、豆制品、白酒市场、“大桶水”、“地沟油”和餐厨废弃物、学校食堂、小微餐饮行业、肉和肉制品食品安全等专项整治行动10次，出动执法人员2380人次，检查各类食品经营主体6900户、市场17个，查办食品违法案件73起，其中移交公安机关追究刑事责任4起，没收各类违法食品12800公斤。加强食品质量安全监管，在生产领域开展国抽2次、省抽1次，在流通领域开展日常监测3次、餐饮环节专项监测1次，对21组不合格食品进行立案查处。开展以“尚德守法提升食品安全治理能力”为主题的食品安全法规宣传教育活动，设立咨询台14个，现场接受咨询320次，发放资料2000张；举办餐饮服务人员培训班7期，培训人员700人。开展省级食品安全示范县创建工作，成立由分管副县长为组长、相关部门分管领导为成员的创建领导小组。明确工作职责，召开专题会议，深入开展省级食品安全示范县创建工作。建立农村食品安全“四员”制度，全县共聘请26名食品安全管理员及宣传员，450名食品安全协管员和信息员，实现食品安全监管的县、镇、村三级全覆盖。

【药品医疗器械监管】2014年，县市场监督管理局加强基本药物配送质量监管，每季度对两家具有基药配送资格的药品批发企业跟踪检查，督促其对赋码产品及时开展核注核销，并通过电子监管网实现数据上传。加强对涉药单位的监督检查，全年检查涉药单位99家次，对39家存在问题的涉药单位予以责令整改。开展医疗器械“五整治”专项行动，检查涉械单位41家，发放专题宣传画120张，完成对一次性使用无菌类、植入类、体外诊断试剂类等高风险产品经营企业监督检查的全覆盖，对1家未经批准变更经营地址的隐形眼镜经营企业责令限期整改。开展全国安全用药月活动，与县医院、县中医院等6家涉药单位共同举办“药品安全知识大讲堂”和“安全用药，关注老年”为主题的宣传活动，在濉河公园和县老年大学开展药品安全知识讲座5场，发放各类宣传资料2000余份，现场接受群众咨询300余人次。全年共上报药品不良反应报告733例，医疗器械不良事件报告52例。

【特种设备安全监察】2014年，县市场监督管理局开展特种设备安全隐患排查治理工作。通过摸底排查，全县共有在册特种设备1144台（套），其中锅炉136台、压力容器258台、电梯286部、起重机械436台、场（厂）内机动车辆38台、钢瓶4.5万只。开展压力容器和压力管道专项检查，检查特种设备使用企业43家，对23家存在安全事故隐患的压力容器使用企业下达《特种设备安全监察指令书》，责令其限期整改。开展电梯安全检查治理工作，检查电梯使用单位55家，发现海通财富广场商住楼、县医院病房电梯等隐患各16处，下达《特种设备安全监察指令书》16份，责令其限期整改。开展特种设备安全督查工作，抽查淮北富士特铝业有限公司等特种设备使用单位15家，检查特种设备45台。开展特种设备安全知识进社区（校园）活动，出动宣传人员9人，现场发放宣传材料600余份，现场接受宣传教育群众500余人次。

【经济检查执法】2014年，县市场监督管理局与知名白酒品牌的厂家联手，先后组织开展节日市场打假专项行动3次，共查扣侵犯知识产权和制售假冒种子酒250瓶；口子五年窖、六年窖、二十年窖、小池窖白酒1270瓶，口子五年窖、六年窖瓶6270只；迎驾酒120瓶，宣酒190瓶；洋河天之蓝、海之蓝420瓶；古井原浆480瓶。移交公安机关追究刑事责任1起。

【打击传销】2014年，县市场监督管理局会同县公安局经侦大队、濉河派出所、新城派出所、濉溪镇和开发区管委会、居委会（村委会）等部门，先后开展5次打击传销统一行动，出动执法人员500余人次，查处传销窝点18个，驱散传销人员315人，解救被骗人员2人。开展濉溪县"打击传销，建设四个濉溪"宣传月活动，出动执法人员1500人次，发放打击传销宣传资料2500份。在《淮北日报.濉溪版》开设打击传销专栏，会同电信、移动、联通利用手机信息平台向手机用户发送打击传销短信和防范传销知识提示10万余条。深入开展创建“无传销社区（村）”活动，6个社区

（村）被授予“无传销社区（村）”称号。

【农资市场监管】2014年，县市场监督管理局开展红盾护农专项整治行动，组织农资商品（化肥）抽检2次，计200组。查处不合格化肥15吨，罚没款2万元。

【合同监管】2014年鉴证合同10件。办理动产抵押登记55件，为企业融资46797.05万元。开展对银行业、供电系统等领域的格式化合同规范监管工作，出动执法人员30人次，执法车辆12台次，检查银行业、供电企业6户。

【标准化工作】2014年，县市场监督管理局开展服务标准化试点工作；7月，濉溪县行政审批服务标准化试点顺利通过省质监局目标考核。积极帮助企业采用国家标准、行业标准，督导6家企业10个产品及时进行标准备案。开展节水产品强制性标准执行情况的专项检查，检查生产企业1家、销售企业11家。

【计量监督工作】2014年，县市场监督管理局开展眼镜店在用计量器具专项执法检查活动，检查眼镜店8家、在用计量器具21台次；对检查中发现的问题，执法人员当场责令其限期整改。开展“5·20世界计量日”宣传活动，现场设立宣传咨询台、检测台3处，宣传展板2块，免费发放各类计量知识宣传资料(画报)300余份；接受群众就电表、水表、电子秤、出租车计价器、燃油加油机、眼镜制配等民生计量问题咨询50余次。开展中秋国庆定量包装商品和商品包装计量监督检查活动，抽查企业2家、超市3家，各类定量包装商品18批次。开展“计量惠民生，诚信促和谐”双十工程，先后在商店超市、医疗机构、配镜行业等民生领域开展诚信计量自我承诺活动，培育自我承诺单位30余家，为12个中小学校和社区计量检测和咨询服务，在社区免费为居民检测血压计120余台。

【质量强县工作】2014年，县市场监督管理局积极实施质量强县战略，印发《濉溪县质量强县活动工作实施方案》，开展第三届县长质量奖评选工作，至2014年年底全县有6家企业获得县长质量奖称号。

【质量认证监管】2014年，县市场监督管理局认真做好质量体系认证监管工作，建立《濉溪县质量体系认证企业目录》，全县有76家企业通过ISO 9000质量管理体系认证和ISO 14001环境体系认证，6家3C认证获证企业；规模企业的体系认证率达到85%。

【实施名牌战略】2014年，县市场监督管理局加大宣传新《中华人民共和国商标法》力度，利用3·15宣传日，在县城繁华地段开展商标法律法规宣传咨询活动；利用4·26世界知识产权日，组织基层市场所和大型企业开展宣传活动；组织淮北鲁南面粉有限公司等19家企业参加淮北市新《中华人民共和国商标法》培训。指导企业申请商标注册，全年为企业查询商标300件，设计商标23件，帮助企业办理商标注册申请70件；其中对非物质文化遗产“柳孜大运河”进行全程跟踪服务，帮助其查询商标52件、申报商标注册20件。做好驰（著）知名商标培育推荐工作，指导安徽皖雪面粉有限公司申报中国驰名商标；指导安徽溪瑞食品有限公司、淮北中瑞商贸有限公司、淮北三丰肥业有限公司3家企业申报2014年安徽省著名商标企业；指导安徽众联水泥有限公司等3家企业申报淮北市知名商标。至2014年年底，全县拥有安徽省著名商标14件，淮北市知名商标10件，12家企业获得安徽省名牌产品称号，3家企业获得安徽省卓越绩效奖称号。开展商标专用权质押贷款工作，指导协调淮北市丰泰机电有限公司、淮北市金华面粉有限公司两家企业以其持有的“非易”“函信”商标作为质押成功贷款128万元，并办理“商标专用权质权登记证”。

【打击侵犯知识产权和制售假冒伪劣商品专项行动】2014年，县市场监督管理局深入开展打击侵犯知识产权和制售假冒伪劣商品专项行动，散发宣传材料2500份，接受经营者咨询900人，检查经营户183户，检查商品交易市场35个，整治重点区域30处，查处侵权和假冒伪劣商品案件总数129件，罚款54.47万元；其中办理商标违法案件27件，罚款21.01万元。

【广告监管】2014年，全县共有广告经营单位63家，广告从业人员279人，广告经营额达802万元。加强户外广告监管工作，全年共办理户外广告登记136户，其中车体广告32个。开展广告监测工作，做到一周一监测，建立行政预警机制，全年共监测广告362条，下达责令改正通知书8份。开展广告法规宣传活动2次，出动宣传人员50人次，宣传车辆13车次，设立广告法宣传咨询台13个，播放广告法录音带25次，散发广告宣传材料近3000份，接受消费者咨询达500人次。组织广告经营单位参加安徽省第二十届优秀广告作品评比，濉溪县广告装潢公司等4家单位积极参加，并有8幅广告作品参加评选。开展虚假违法广告专项整治行动，出动执法人员210人次，执法车辆46车次，共检查单位256户，其中限期整改10户，收缴印刷品广告3100份，办理广告案件12件，罚款3.3万元。

【商品质量监测】2014年，县市场监督管理局共组织开展流通领域重点商品质量监测3次，商品包括电动车、机动三轮车、农机、成品油等9个品种，共计104组；配合开展省级流通领域重点商品质量监测3次，商品包括液化气、PVC管、服装，共计26组。其中合格商品88组，合格率为68%;不合格商品42组,不合格率为32%。全年共查处不合格商品案件52件,案值39万元，罚没金额36万元。

【市场监督检验】2014年，县市场监督检验所共完成计量器具检定总量2458台次,其中加油机1000台次,衡器456台次，压力表770块，天平及热工、试验机198台次；8家医疗机构计量器具B超16台、X光机11台、心电图7台；检验建材样品117组，食品样品307组；监测药品及医疗器械不良反应780组。

【市场监督管理稽查】2014年4月成立濉溪县市场监督管理局市场监督管理稽查大队。下设办公室、投诉举报中心、五个中队等7个股级股室，共有干部职工36人。投诉举报中心受理食品、药品、质量、计量、消费者权益的投诉、举报、维权，并反馈处理结果；五个中队分区域负责县城区、11个乡镇以及经济开发区、濉芜产业园的食品、药品、工业产品稽查和消费者权益维护及相关产品的抽检工作。全年查办各类违法案件60起，其中药品类案件11起(假药案件2起)，食品类案件21起，特种设备类案件7起；工业产品质量抽检案件5起，商标侵权案件1起；超范围经营案件2起；其他案件13起。完成药品抽检任务350批次，食品定量包装抽检28批次，工业产品质量抽检30批次，成品油整治活动抽检40批次。

物价监督管理

【概况】2013-2014年，以“稳物价、强监管、安民生”为重点，继续加强价格监管，规范市场价格行为。县物价局先后被省物价局授予“全省价格认证先进集体”、“全省价格监督检查先进集体”等称号。

【价格法制宣教】每年在“5·1”、“3·15”、“12·4”开展法制宣传咨询活动。继续以“濉溪县物价局网站”为平台，主动、及时公开办事程序及服务承诺和工作动态以及民生价格等有关信息。两年共撰写上报价格工作动态、政务信息201篇，被省物价局网站采用信息21篇，印发宣传价格政策15000份。

【价格监测】认真落实《价格监测规定》，准确、及时、全面对食品、蔬菜、工业生产资料、农产品等五个大项200多个品种市场价格实施监测，并定期在《濉溪物价》刊物上登出有数据、有分析的监测报告。2013-2014年共刊印《濉溪物价》31期，为政府决策提供了真实可靠的价格信息。

【价格监督检查】2013-2014年，共开展各类检查36次，接受咨询、价格举报37件，退款18.1万元。先后开展农资价格和涉农收费专项检查、涉企收费专项检查、药品和医疗收费专项检查、教育收费专项检查、房地产楼盘明码标价和价格欺诈专项调查，对发现问题及时予以整改。

【价格鉴定认证】按照“客观、公开、公正”原则，拓展价格认证业务，打造优质精品工作，提升价格服务水平，2013-2014 年共管理各类价格鉴定、认证 424 件，标的价值 20 亿元。

【价格调节基金征收】2013-2014 年，共征收价格调节基金 2000 万元。加强基金有效投放，累计投放 1000 万元用于副食品价格补贴、平价超市、大棚蔬菜等，真正体现了价调基金的作用。

【收费年审】2013-2014 年，全县应审“行政事业性收费许可证”125 个，实审 125 个，年审率 100%，共核发服务价格许可证 36 个，其中注销“收费许可证”1 个，年审收费总金额为 18963 万元。

【清费治乱】加强和改进收费管理，规范行政事业性收费和经营服务性收费，根据国家、省规定取消收费项目 27 项，减免收费项目 20 项，降低 9 项，放开经营性收费 6 项，有效地遏制了乱收费现象。

【价格举报】积极创新，经过国家发改委 12358 举报电话平台进入电脑统一操作，统一答复，方便快捷，为群众举报价格案件提供方便，同时接受上级物价部门的监督，二年来共受理 27 件，结案率 100%。

国土资源管理

【城乡建设用地增减挂钩】2013-2014 年，共报批 5 个批次增减挂钩项目，拆旧面积 151.85 公顷，解决用地指标 132.95 公顷。完成 17 个城镇批次及 2 个单独选址的用地报批，面积 251.21 公顷。上报 2013 年第七至第二十七共 21 个批次采煤塌陷区村庄搬迁土地整治项目区实施规划，可复垦出农用地 456.2 公顷，其中耕地 427 公顷，现五沟镇 2013 年第七批次已完成复垦任务。2014 年共上报七个批次采煤塌陷区村庄搬迁土地整治项目，可新增耕地 1807 亩，现七个批次已报省厅待批。

【压煤村庄搬迁】2013-2014 年，濉溪县计划完成 45 个压煤村庄搬迁工作，涉及双堆集、南坪、韩村、临涣、孙疃、四铺、刘桥、五沟、铁佛等 9 个镇，搬迁人口 20774 人，2014 年年底，界沟煤矿搬迁五沟镇张圩村闫营、焦家、农场，国政村小邹家已搬迁完毕；邹庄煤矿搬迁南坪镇杨庵子、邹圩、小郭家；临涣煤矿搬迁的韩村镇和谐村后陈圩，新村房屋主体工程已基本建好，其余村庄的搬迁工作正在稳步推进。

【土地登记发证】2013-2014 年，共颁发《国有土地使用证》399 本，划拨国有土地使用权证 340 宗，出让国有土地使用权证 86 宗，国有土地使用权转让 21 宗；办理土地他项权利登记 168 宗；集体土地使用权发证 340 宗。做到建设用地权属来源合法，界址准确，登记规范。

【耕地保护和土地整治】县政府将市下达的年度耕地保有量指标 146862.13 公顷和基本农田保护面积指标 126274.62 公顷分解到 11 个镇。县、镇、村、农户层层签订耕地保护责任书、责任卡，将耕地和基本农田保护责任落实到位。全县设立基本农田保护区 11 个，保护片 215 片，做到耕地和基本农田保护无盲点、无缝隙覆盖；推进高标准基本农田建设。濉溪县是安徽省高标准基本农田建设示范县，省下达濉溪县”十二五“期间高标准基本农田建设任务为 69.47 万亩，其中 2013 年 18.48 万亩，共涉及 3 个项目，分别位于双堆集镇、孙疃镇、南坪镇，2014 年 21.48 万亩，共涉及 5 个项目，分别位于双堆集镇、孙疃镇、南坪镇、铁佛镇、百善镇。按照省下达任务，明确项目建设范围、规模和工程类型并积极推进项目实施。

【国有土地招拍挂】严格执行经营性用地和工业用地公开招拍挂出让制度，主动接受纪检监察部门监督，实行阳光操作、公平竞争、规范管理。2013-2014 年共出让土地 71 宗，面积 1948512.61 平方米（2922.74 亩），成交额 93554 万元，其中经营性用地26宗，面积534397.08平方米（801.6亩），成交额73523万元；工业用地45宗，面积1414115.53平方米（2121.15亩），成交额20031万元。

环境监督保护

【环境监察】2013-2014年，加大对辖区内排污单位的环境监管力度，出动环境执法人员3520人次，检查企业800余家（次）。对涉嫌环境违法行政立案15起，结案13起，其余2起已递交法院申请强制执行。两年来，共张贴通知5000份，征收排污费2000万元。

对国控、省控企业和减排项目每月不少于3次现场监察，并会同监测站每月同步监测3次；一般污染源每月现场监察1次。对检查中发现的违法排污企业，下达限期整改通知书，并跟踪督查。

开展环保专项行动，严厉打击各种环境违法行为。按照省环保厅《转发环境保护部关于开展环境保护专项执法检查的紧急通知》(皖环函(2014)293号)，结合《淮北市环境保护专项执法检查工作方案》通知要求，重点检查涉及化工、燃煤锅炉、水泥粉磨站，涉尘企业、饮用水源地等行业。

推进大气污染防治工作加强大气环境联合执法，集中开展燃煤锅炉、建筑扬尘、油烟、石料厂、堆场污染等整治行动。及时下达整改通知，跟踪督察督办，对逾期整改不到位的企业及时进行停产整顿，情节严重的依法予以关停，确保查处到位、整改落实到位。

【环境监测】对城区大气环境质量监测和地表水环境质量监测。做好城区空气自动监测站的安装、运行、维护工作，空气自动站具备监测PM_{10}、$PM_{2.5}$、O_2、NO_2、CO、O_3及气象五参数的能力。10条干线共72个点位次县城交通噪声监测；10条主要河流23个监测断面进行枯水期、丰水期、平水期的监测，共获有效数据10000个，同比增长11%。常规监测工作做到定点准确、操作规范、数据可靠、上报及时。共完成污染源监测任务200家，其中月监测企业5家次（化工企业），共获有效数据3000个。

建设项目“环评”基础监测11家(次)，建设项目环保设施竣工验收监测24家。对35起河流污染事故、13起噪声投诉及奥瑞化工爆炸、鲁王面粉失火、中昊化工爆炸进行应急监测，做到快速反应，及时到位，为消除污染隐患、确定污染范围和污染程度提供准确有效的监测数据。开展全县16家减排企业的月监测工作，及时出具监测报告；监察大队、开发区管理所共23次执法样品监测，并及时出具监测数据；汛期浍河临涣、南坪断面每周一次的加密监测；新老濉河出入境断面的月监测工作。濉溪县集中式地下水饮用水水源地每半年1次的23项常规项目的监测和2年1次的全分析，并及时向省中心站上报数据。

【环保审批】2013-2014年，共办理环评303件，其中登记表327件，报告表74件，报告书4件；“三同时”竣工验收11件；出具各类文件107份，审批中小学校维修改造项目132件、村级活动场所项目13件、农民安置房敬老院项目22件、乡镇卫生院项目1件、乡镇路网建设项目8件、镇级、村级服务用房项目10件、文体中心项目2件、烈士纪念维修2件、学校幼儿园项目2件等民生工程项目。节能减排养殖项目基本完成环评审批；积极参与政务服务中心标准化建设工作，规范工作流程；加强新、改、扩建项目环境管理，确保项目的“环评”执行率达到100%；“三同时”执行率95%以上。

【信访工作】2013-2014年，共受理信访投诉326件，根据污染种类分：水污染93件、大气污染86件、噪声污染51件、粉尘污染107件、固体污染19件、辐射3件。根据受理渠道分，受理市局转办54件、中安在线3件、来信2件、来访44件、开发区14件。污染投诉办结率为100%，全部归档整理成卷并上报。

【总量减排】2013-2014年，全县共减少化学需氧量排放量1318.60吨、氨氮排放量246.79吨、二氧化硫排放量4748.08吨、氮氧化物排放量2556.17吨，顺利完成市政府下达的各项指标均目标任务。

【环境宣传教育】2014年，开展10期环保业务培训，参训人员800人次。与电视台签订全年合作协议，在电视新闻、广播936频道播放环保工作动态信息和环保法律、法规。以环保文艺宣传台的形式送文化下乡13次。编制印刷彩页《濉溪环境保护宣传手册》、《$PM_{2.5}$污染防治知识问答》和新《中华人民共和国环境保护法》各12500册，《安徽大气污染防治条例》和《我们身边的环保》各5000册，免费发放给全县机关、事业、企业单位。6·5日在主要街道悬挂过街横幅30条。电视台滚动播放“六·五”世界环境日主题、环保标语、口号等游走字幕。摆放宣传展板2块，并设立环境咨询台。发放宣传单页3000张，宣传环保知识手册30000本，发放张贴宣传挂图67套420张，发放环保布袋5000条，受理群众咨询150多人次。共出动人员156人次，车辆52台次，张贴“禁噪”公告1000张。制作宣传新《中华人民共和国环境保护法》和《中华人民共和国大气污染防治法》高炮2座。户外沿街大型环保公益广告牌8块。

安全生产监督管理

【概况】2013年，全县共发生各类安全生产事故15起，死亡16人。其中道路交通事故14起，死亡15人；触电事故1起，死亡1人。

2014年，全县共发生各类安全生产事故14起，死亡13人，其中道路交通事故11起，死亡11人；工业企业事故3起，死亡2人；煤矿、铁矿、烟花爆竹等重点高危行业企业未发生安全生产事故。

【安全生产检查】2013年，分别对全县煤矿、非煤矿山、危险化学品、烟花爆竹、民爆器材、道路交通和水上交通、特种设备、城镇燃气、消防、电力等重点高危行业企业进行安全生产专项检查，共检查单位和企业826家，检查426次，下达执法文书884份，排查整改事故隐患2727条。

2014年先后开展重点高危行业企业安全生产专项检查、安全生产大检查、重点企业持证上岗专项检查、安全警示标识专项检查、夏季安全生产大检查、液氨设施和粉尘整治专项检查、涉尘企业安全生产大检查等各类检查10次，检查企业260家，查处各类安全隐患1700条。

【打非治违专项行动】2013年，认真落实“煤矿一通三防”管理制度，不断完善通风系统，加强日常瓦斯巡查，严格瓦斯超限分析和追查；加强煤层自燃起火观测和监控，完善预防性灭火系统；建立防治水专门机构，配备必要的探放水设备；严格监管被责令停止基建的国通煤矿和停产的北辰煤矿，只维持通风、排水，严禁井下一切采掘活动。非煤矿山。严肃查处机械通风、机电运输、顶板管理、雨季三防、防治水、采空区治理、外包工程管理、安全费用提取使用等方面的违规违章行为，行政处罚6800元。危险化学品和烟花爆竹。安监局联合公安、工商、交通、供销及烟花爆竹公司开展全县烟花爆竹专项稽查，共打掉非法烟花爆竹生产、销售窝点35处，行政拘留10人，刑事拘留2人，吊销烟花爆竹专营部证件2家，收缴非法烟花600余件、爆竹800余箱，价值20万元；责令6家危化品经营单位停产整顿；查处非法加油站点6家，甲醇经营门点4家；吊销氧气、乙炔经营门点证件4家。职业健康。督促企业积极开展作业场所职业病危害申报工作，共申报企业288家，完成省市下达的任务。职业卫生“三同时”已完成13家企业。

2014年，界沟煤矿瓦斯抽采任务完成，安全质量标准化建设达到国家一级标准。北辰煤矿闭坑顺利结束，彻底消除1处重大安全隐患。国通煤矿在加强监管的同时，已做好关闭的前期准备工作，整顿关闭方案已制定。徐楼铁矿、东鑫铁矿选矿厂2014

年12月4日和5日，分别通过省安全生产协会验收，成为二级安全标准化企业。关闭非法生产企业1家（濉溪县明瑞特种气体有限公司）；责令停产3家（安徽奥瑞化工有限公司、淮北中昊化工有限公司、淮北恒发气体濉溪气体供应站）；责令停止非法建设并要求限期拆除非法设施1家（安徽相恒气体科技有限公司），查封甲醇经营门点4家。打掉非法烟花爆竹销售窝点15处，吊销烟花爆竹专营部1家（五沟镇白沙烟花爆竹专营部）。收缴各类劣质烟花爆竹1000万头（已销毁），查处7起非法运输烟花爆竹违法案件，行政拘留7人，12家烟花爆竹专营店超量储存，63家超市、百货商店违规储存烟花爆竹，批评教育64人，警告4人，处理非法运输车辆12台。18家局属粮食企业和16家面粉加工企业基本完成隐患整改治理。

【安全生产标准化创建】2013年，市下达县工商贸企业安全生产标准化达标任务10家。全年共申报21家，其中二级1家，三级20家。已通过评审的企业19家，其中南坪中联水泥有限公司为二级标准化企业，其他18家企业为三级标准化企业。

2014年市下达县工商贸企业安全生产标准化达标任务12家，共完成21家。

【安全生产宣传教育活动】2013年6月，以“强化安全基础，推动安全发展”为主题，精心组织开展“安全生产月”活动，先后开展安全月活动启动仪式、演讲比赛、知识竞赛、安全咨询日、应急救援演练等10项主题活动，共发放宣传资料12000份。濉溪县被评为全省“安全生产月”活动先进单位。

2014年，举办新法培训班，县安监局全体人员及11个镇、开发区、濉芜产业园分管负责人、安监办主任100多人参加。县电视台制作专访节目，重点解读新法修改的目的、意义，对新法立法主旨上的“三大亮点”和内容上的“十大亮点”重点解读，并利用手机短信平台发送新法和安全信息。购买新法700本，翻印新法十大亮点和条文释义300份，免费发放到各镇、各有关部门和企业。先后到濉溪镇、韩村镇、开发区等单位开展新法巡回宣讲活动，现场参与活动500人。转发国家安监总局致全国企业负责人公开信《生命安全是不可逾越的红线　安全法律是必须坚守的底线》，并在手机信息平台全文转发。

政 党

中共濉溪县委员会

【重要文件】2013年1月，县委、县政府制定下发《关于改进工作作风密切联系群众的规定》，要求广大干群要认真贯彻落实中央八项规定和省、市有关改进工作作风、密切联系群众的文件精神，带头弘扬党的优良传统和作风，规定共20条。同月，制定下发《中共濉溪县委 濉溪县人民政府关于实施工业企业提质增效工程的意见》，为深入推进“工业强县”战略，推动全县工业经济平稳较快发展起到重要的作用。

4月，县委、县政府制订《濉溪县“城乡建设管理推进年”活动实施方案》，决定当年在全县范围内大力开展“三改”、“四化”活动，重点实施十大工程，着力打造生态濉溪、宜居宜业濉溪。

5月，下发《中共濉溪县委 濉溪县人民政府关于推进城乡同治工作的实施意见》，围绕“坚持城乡同治，建设美好濉溪”的总体目标，动员全县上下积极参与环境卫生综合整治工作。同月，县委、县政府下发《关于进一步规范涉企行为优化民营经济发展环境的意见》，进一步规范涉企行为，优化发展环境，促进民营经济发展。

7月，县委、县政府下发《关于2013年农业农村工作的意见》，要求深入贯彻中央、省1号文件精神和市委、市政府农业农村工作部署，坚持“四化同步”，以粮食和主要农产品稳定增产为主要任务，着力推进农村改革，加快发展现代农业。

11月，下发《中共濉溪县委、濉溪县人民政府关于加快濉溪铝基新材料产业基地建设发展的意见》，明确发展铝基新材料产业基地的目标任务及措施。

12月，下发《中共濉溪县委 濉溪县人民政府关于进一步加快开发区(工业园)发展的意见(暂行)》，要求充分发挥园区优势产业集聚区、规模经济增长区和科技创新先导区的优势带动作用，进一步提高行政审批效率，优化发展方式，拓宽融资渠道，推动园区加快发展。同月，下发《中共濉溪县委 濉溪县人民政府关于进一步促进金融业发展的意见(暂行)》，为做大做强全县金融业，更好的发挥金融对经济发展的核心支撑作用，提供保障。

2014年2月，印发《中共濉溪县委关于深入开展党的群众路线教育实践活动的实施方案》，对活动开展内容、目标任务、关键环节等做出详细要求。同月，县委、县政府下发《关于印发〈濉溪县创建省级园林县城工作实施方案〉的通知》，决定启动省级园林县城创建工作，并确立力争8月底各项考核目标达到省级园林标准的总体目标。同月，下发《中共濉溪县委 濉溪县人民政府关于在全县开展“作风建设提升年”活动的实施意见》，要求广大干群全面贯彻落实中央和省、市委开展第二批党的群众路线教育实践活动，切实转变机关作风，全面提升工作效能，提高人民群众满意度，创建最优发展环境。

3月，下发《濉溪县2014年招商引资工作意见》，明确全县年度引进内资180亿元，外资1.8亿美元，新开工投资规模5000万元以上项目75个的目标任务。

6月，下发《中共濉溪县委关于贯彻落实中共中央〈建立健全惩治和预防腐败体系2013-2017年工作规划〉的实施办法》，要求紧紧围绕全面深化改革和经济社会发展总体任务，坚持党要管党，从严治党，坚持标本兼治、综合治理、惩防并举、注重预防，坚持以改革精神加强反腐体制机制创建和制度保障，坚定不移转变作风，坚定不移反对腐败，全面推进廉洁政治建设。

8月，下发《中共濉溪县委 濉溪县人民政府印发〈濉溪县关于组织开展吃喝风、“红包”风、走读风、赌博风专项整治工作的实施方案〉的通知》，明确“小四风”问题整治方案，进一步巩固落实中央八项规定、省委三十条和市委、县委二十条规定精神。

9月，下发《关于在全县开展联系基层、服务群众工作的实施意见》，要求在全县开展以“县级领导联系镇（园区）、机关单位包村（社区）、党员干部结对困难户”为主要内容的联系基层、服务群众工作，进一步加强基层党组织建设，改善人民生活水平，密切党群干群关系，推动全县经济、政治、文化社会和党的建设全面发展。

10月，下发《中共濉溪县委、濉溪县人民政府关于实施创新驱动发展战略加快创新型濉溪建设的意见》，确立创新驱动发展战略，进一步推动加快创新型产业的发展。

11月，下发《关于开展2014年度公开评议机关和科（股）长活动的实施意见》，号召广大干群进一步加强和改进机关作风及效能建设，促进机关作风转变、干部能力提升、服务水平提升、工作提速增效。

12月，下发《中共濉溪县委关于进一步提高县委常委会科学民主依法决策水平的意见》，提出进一步提高县委常委会科学决策、民主决策、依法决策水平，增强重大事项决策的针对性、时效性。

【重要会议】全县经济工作会议，2013年2月28日召开。会议认真总结2012年工业经济、招商引资、项目建设、经济强镇、金融和目标管理工作，对先进单位、企业、个人进行表彰，并安排部署2013年任务。

全县美好乡村建设调度会，2013年3月18日召开。会议主要目的是促使大家进一步提高认识、明确目标、把握重点，切实把美好乡村建设声势造得更大、尽头鼓得更足、举措抓得更实。

县委工作会议，2013年3月21日召开。会议主要任务是认真总结2012年全县纪检监察、政法信访、宣传思想、组织人事、统一战线等工作，安排部署2013年目标任务，动员全县上下进一步振奋精神，抢抓机遇，扎实工作，确保并力争超额完成全年目标任务。

全县民营经济发展大会，2013年4月11日召开。主要任务是贯彻省、市会议精神，动员全县上下在思想上大发动、政策上大推动、工作上大行动，进一步促进民营经济大发展，不断开创县域经济发展新局面。

全县人口和计划生育工作会议，2013年5月24日召开。会议主要任务是深入贯彻省、市人口计生工作会议精神，总结表彰2012年度人口计生工作，动员全县上下进一步认清形势，锁定目标，攻坚克难，奋力开创人口计生工作新局面。

县委十届五次全体（扩大）会议，2013年12月26日召开。会议认真总结2013年工作，分析研判当前形势，安排部署2014年任务，动员全县上下进一步解放思想，改革创新，真抓实干，全面加快“四个濉溪”建设。

全县党的群众路线教育实践活动工作会议，2014年2月7日召开。会议对全县党的群众路线教育实践活动进行安排部署。省委第二督导组副组长，省教育纪工委书记、省委教育工委委员王宜，省委第二督导组成员、宿州市委组织部人才办副主任侯立芬，市委书记、市人大常委会主任肖超英出席会议，并对濉溪县开展党的群众路线教育实践活动提出要求。

全县村“两委”换届选举工作会议，2014年6月25日召开。会议的主要任务是安排部署全县村“两委”换届选举工作。

全县招商引资工作调度会议，2014年8月26日召开。会议总结全县招商引资工作完成情况，对下步招商引资工作进行安排部署，动员全县干群对照目标进一步找准差距、强化措施，切实把经济工作抓实抓紧，抓出成效。

全县人口和计划生育工作形势分析会议，2014年9月24日召开。主要目的是进行迎检动员，分析迎检形势，安排迎检工作，确保在省、市考核中取得预期成绩。

濉溪县文化旅游发展专题报告会，9月27日下午召开。会议邀请安徽省政协副主席、省文化厅副厅长李修松作题为《运用文化创意大力推进濉溪文化旅游发展》的专题报告，并对旅游发展工作提出三大要求：一是增强信心，做好“大发展”文章。二是科学规划，做好“大整合”文章。三是加强领导，做好“大投入”文章。

全县党的群众路线教育实践活动工作会议，2014年10月15日召开。会议认真总结教育实践活动开展以来各项目标任务完成情况，并对巩固扩展教育实践活动成果、加强从严治党进行部署。

全县领导干部警示教育大会，2014年11月17日召开。会议通报有关案件查办情况。警示引导全县各级领导干部争当遵章守纪的标兵、廉洁自律的模范、执政为民的先锋，进一步增强廉政意识，强化底线思维，提高拒腐防变能力。

（葛贤贤）

【信息工作】2013年起，信息工作围绕县委重大决策、中心工作贯彻落实情况，按照“及时、全面、准确”的原则，对需要县委领导批阅或了解的信息进行采编。2013-2014年，围绕县委工作思路、工作动态、典型经验、问题建议、突发事件、市场动向、社情民意七大方面的内容，共编发《濉溪信息》102期，《信息快报》74期，上报省委办公厅各类信息927条，其中《濉溪县实施“小老板培育工程”助推全民创业成效显著》、《濉溪县六诊法做好农民工工资清欠工作》等103条信息被《安徽信息》采用刊发。上报市委办公室各类信息970条，其中《濉溪县“三项机制”充分发挥选派干部服务基层作用》等236条信息被《淮北信息》采用刊发。

（侯长磊　徐梅）

【督查工作】县委督查室围绕县委中心工作督查大事、难事，发扬求真务实的工作作风，深入基层，加大督查力度。切实推动上级党委和县委重大决策和重要工作的部署，对县委工作目标的落实，对民生工程，美好乡村建设，园区建设，招商引资，文明创建等工作进行重点督查。认真做好领导批示交办事项、省市县委网友留言工作。两年来，直接参与或配合县委大督查办开展督查工作139次，编发《督查专报》48期，《督查通报》23期，协助上级督查部门开展督查工作19次，网友留言办理231条。

（陆青龙）

【保密工作】以多种形式加大对国家保密法等法律法规的宣传力度，推动保密法律法规“六进”活动。利用集中学习时间，在各镇、县直重点涉密单位循环放映保密警示教育专题片《以案为鉴》。多次下发省、市保密委保密宣传资料，将保密知识纳入党校培训的主要内容，并利用县政府网平台宣讲保密知识。扎实开展保密培训，保密局先后为重点涉密单位进行专题保密讲座10次。督促各单位加强保密机构建设，切实加强对要害部门、重点部位及涉密人员、涉密文件、涉密软盘等涉密载体的管理。2013年和2014年分别组织对全县保密重点单位计算机使用管理情况进行专项检查，确保保密制度落实，纠正存在的保密问题，增强管理人员保密意识。督促各单位建立健全信息公开审查制度，明确审查责任，确保不出现网络泄密问题。按照国家保密局统一部署，2013年起，在全县启动一年一次保密普查工作，对全县保密组织机构、涉密人员、要害部门等保密信息归档上报。积极参与每年一次的高考、中考试卷保密指导工作，对公开选聘事业单位人员、中小学教师及公开评议机关等活动进行全程监督，确保严格执行保密规定，落实好保密措施，不出现任何泄密事件。

（段文成）

组织工作

【村“两委”换届】根据《中国共产党章程》《中华人民共和国村民委员会组织法》规定，按照省、市委关于村“两委”

换届工作会议及相关文件要求，濉溪县启动村党组织委员会和第九届村民委员会换届选举工作。县委办、县政府办联合印发《中共濉溪县委办公室 濉溪县人民政府办公室转发<濉溪县委组织部关于全县村级党组织委员会换届选举工作的方案>、<濉溪县民政局关于全县第九届村民委员会换届选举工作的方案>的通知》，成立濉溪县村“两委”换届选举工作领导小组，实行县级领导干部包镇（园区）、各镇（园区）干部包村、村干部包组的包保责任制，明确村“两委”换届政策、纪律和操作程序等。2014年10月20日前全面完成村党组织委员会换届，11月底完成村民委员会换届。共选举产生村党总支部（支部）委员943人，其中党总支（支部）书记213人，党总支（支部）副书记165人，总支（支部）委员565人；年龄在35岁以下86人，占总数的9.1%；36到45岁303人，占总数的32.1%；46到55岁523人，占总数的55.5%；56岁以上31人，占总数的3.3%。女同志担任村党组织成员共147人，其中13人担任村党组织书记，占总数的8.8%。村干部队伍与换届前相比，平均年龄下降，文化水平上升，妇女比例增大，结构更加合理。

【整顿村党组织】2014年3月初开始，排查确定软弱涣散村党组织21个，由省市县分别负责督促整改。其中省联系村2个，市联系村2个，县联系村17个。通过2个月的调查摸底找症结，分类施治抓整改，坚持采取“六个一”方式，即成立一个组织，解决合力不强问题；选配一名党组织负责人，解决“带头人”不强问题；组建一个坚强班子，解决战斗力不足问题；理清一条发展思路，解决经济落后问题；落实一套制度，解决帮扶不深问题；开展全面考核，解决整改不力问题。软弱涣散村党组织教育实践活动边整顿边开展，至2014年年底，21个软弱涣散村成功转化升级。

【选派选聘工作】2014年11月，根据省、市安排，从市、县党政群机关和参照公务员管理的事业单位中选拔第六批选派干部42人（其中从县直单位中选拔22人）分别到22个贫困村、17个后进村及3个美好乡村建设任务村担任村党组织第一书记，任期3年。围绕农村实际，以考代评，定期摸查选派干部工作实绩。强化日常管理，严格落实“日报岗、周例会、月纪实、季通报”工作机制，随机通过电话和实地察访的形式督查选派干部和选聘生在岗在位情况。参照《濉溪县选派干部量化考评办法》，完成第五批选派干部年度和任期考核工作任务，评选出省级选派干部标兵2名，市级选派干部标兵4名。继续发挥“大学生村官工作站”、选派选聘互助会区域管理、组团服务的作用，定期出版村官期刊《青春的旋律》，搭建信息交流、风采展示的平台，提升大学生村官自我培养意识。着力拓宽村官出口，2014年1月，选调5名聘期考核优秀的大学生村官到百善现代农业综合开发示范区工作。同年9月，面向到村任职两年以上的大学生村官定向招考10名事业编制工作人员。在2014年10月结束的村“两委”换届选举中，共有37名大学生村官担任村党组织成员，其中，3人续任村党总支第一书记，4人被推选为村党组织书记，25人当选村党组织副书记，5人担任村党组织委员。通过强化选派选聘管理，刘桥镇任圩村、百善镇张庄村等选派村基层党建得到加强，示范效应显现；韩村镇大李村等选派后进村实现转化。大批大学生村官创业典型相继涌现，有效激发选派干部、大学生村官干事创业的热情。

【基层服务型党组织建设】组织村干部走出“单间”办公室，集中到“为民服务代理大厅”办公，通过拆除服务群众“隔心桌”、组建服务群众“代理室”、念好服务群众“紧箍咒”，为群众提供更便捷、更高效、更周到的服务，切实做到“空间减少一寸，民心拉近一尺”。结合“党员议事会”、“四议两公开”工作法，建立以“听民声、察民情、解民困、暖民心、集民智、促民富”为主旨的“广场民情恳谈会”工作机制。设立“夕阳红旗社”，充分利用老党员年长辈高、威信好以及在政策宣传、矛盾化解、民主监督等方面的优势，发挥老年无职党员“余热”。进一步推广以开放式课堂、开放式师资队伍、开放式授课方式和内容、开放式受众的形式进行开放式教学，办好“开放式党校”。从机关、站所、医院、村居等动员年富力强、有一技之长的党员，组成政策咨询、技术服务、医疗服务等不同职能志愿服务队伍，为不同群体提供菜单式服务。搭建“党委110”平台，各基层党组织根据自身党建工作特点，开展不同形式的党建活动，南坪镇在村党组织书记选举上实行“阳光四步法”，提高选人的科学性；五沟镇、双堆集镇、临涣镇分别以成立“互助会、星火社、小蝴蝶”等团体为载体，充分发挥选派干部、大学生村官服务群众的作用。坚持对基层党建载体建设进行“百分制加减法”考评，以评促建。

【离任村干部补助工作】在党的群众路线教育实践活动中，为落实村干部“一定三有”政策，稳定农村基层干部队伍，体现党和政府对离任村干部的关怀和温暖，濉溪县自2013年11月起，根据《关于认真做好离任村干部生活补助工作的实施意见》要求，高标准启动离任村干部生活补助工作。通过走访调研，掌握1950年以来村级组织变化和村干部使用情况，印发《关于离任村干部生活补助审核工作的通知》，对濉溪县离任村干部生活补助审核工作方法步骤、时间节点、纪律要求进行明确规定。根据1950年以来全县基层组织变化情况，坚持物证、人证、事证相结合，逐一对申报对象进行登记，分类建档，完善符合条件人员的软件资料，确保依据充实，具有说服力。坚持三级审核、三级认证，以村为单位，通过入户宣传，组织老党员、老同志座谈，召开村民代表大会、党员大会和村组干部会等方式对离任村干部身份和任职年限进行初审认证公示；镇（园区）通过召开班子成员会对村（社区）上报的信息进行研究分析、复审公示；县委组织部和县民政局进行交叉审核确认。截至2013年12月31日，全县年满60周岁及以上且正常离任的村干部申报对象共计5844名。相关信息通过县政府网站、濉溪先锋网、濉溪新闻网、县委、县政府门前橱窗、镇（园区）、村（社区）公示栏张贴等方式进行公示，接受社会监督，确保该项工作扎实平稳推进。

【非公经济和社会组织工作】2014年，濉溪县围绕“打造精良企业，建设美好濉溪”目标，破解非公企业和社会组织党建工作难题，提升全县非公有制经济和社会组织党建工作科学化水平。全县共有非公有制企业1507户（其中规模以上企业108户），已单独组建党组织111个，联合组建党组织170个，覆盖非公企业1495个；社会组织209个，已单独建立党组织60个，联合组建党组织79个，覆盖社会组织147个。全年共培养入党积极分子499人，确定发展对象及发展党员129人，查找出“隐形党员”、“口袋党员”85人。选派20名专职党建指导员、751名兼职党建指导员，从市党建研究会、市委党校等单位聘请6位党建专家担任县委党建顾问，帮助派驻单位建立健全党组织。采取集中授课、参观考察、以会代训等多种形式组织党务工作者、企业出资人培训12次600余人次。从县管党费中拨出9.5万元，对濉溪经济开发区开放式党群活动服务中心、非公企业给予党费补助；为102家单独组建党组织的非公企业和社会组织分别征订《党建文汇》、《党建文摘》等报刊，配送党组织标牌、制度挂图360套、党员学习记录本1590本，共计资金约10万元。选树“双强六好”非公企业20家，社会组织党建示范点5家，发挥辐射、示范和带动作用，群团组织同步跟进，实现党的组织和党的工作全覆盖。

【党的群众路线教育实践活动】濉溪县教育实践活动自2014年2月启动，共有30个党（工）委、223个党总支、1285个党支部参加，涉及科级以上干部947人、党员38591名。全县把学习教育、查摆问题和立行立改贯穿活动始终，深入学习习近平总书记系列讲话精神和省市领导讲话精神，发挥正面典型引导作用和反面典型警示作用，端正干部作风。坚持走下去、请上来、敞开门虚心听取意见建议，结合省委督导组反馈的意见建议，最终形成12类343条。聚焦反对“四风”，坚持“自己主动”找、“上级提醒”点、“对照典型”查和“突出重点”摆，共查摆出问题1241个，其中涉及县委常委班子“四风”问题40个，民生问题63个。全县各级领导深入开展谈心谈话和批评。7月4日，县委常委班子率先召开专题民主生活会，效果好、质量高，得到省、市领导的好评。8月9日前，全县各参学单位党委（党组）班子全部召开专题民主生活会；8月20日前，全县1209个党支部全部召开专题组织生活会。会上，各级领导班子成员主动把自己摆进去，把问题亮出来，出于公心，与人为善，带头开展批评与自我批评，达到“团结—批评—团结”的效果。活动转入第三环节后，取得显著成效。全县75家参学单位共制定整改方案75个，395名党员领导干部全部建立整改清单；前期形成的343条意见建议已整改218条，正在整改125条；新建制度36项，修订完善制度39项，废止不适宜制度19项；推进勤政廉政优政、公权阳光运行等制度建设，促进全县各级领导班子作风建设制度化、常态化、长效化。

宣传工作

【理论教育】着力加强意识形态工作，围绕中共十八大、十八届三中、四中全会和中国特色社会主义、“中国梦”、习近平总书记系列重要讲话、群众路线教育实践活动等重大主题，组建理论宣讲团和先进事迹报告团作巡回报告，举办全县领导干部学习习近平系列重要讲话精神及贯彻党的十八届三中、四中全会精神集中培训班，开展濉溪十大新闻评选和学习《习近平总书记系列重要讲话读本》征文比赛等活动，15篇论文在全市获奖。

【群众路线教育实践活动】深入开展党的群众路线教育实践活动，坚持不懈地用党的重大方针政策和建设“四个濉溪”的生动实践统一思想、引领群众。扎实推进建设学习型党组织活动，开展干部在线教育，党员干部队伍思想政治素质明显提升。创新理论宣传模式，在全省率先创办“开放式党校”和“开放式道德讲堂”。

【舆论宣传】重点围绕项目建设、招商引资、民生工程、文明创建、群众路线教育实践活动、秸秆禁烧、美好乡村建设等工作，开设《项目建设巡礼》、《畅通工程》、《聚焦小老板工程》、《“三线四边”在行动》、《村两委换届选举》等专题专栏，突出对经济发展的重点宣传，兼顾文化、社会、党的建设等各个方面，营造干事创业谋发展的舆论氛围。强化对外宣传，加强对外交流、沟通与协调，与新华社、人民网等重要媒体搭建合作平台，开办濉溪新闻网、濉溪政务微博和《今日濉溪》报，外宣载体不断拓展。对外宣传活动注重选题，精心策划，呈现出声势大、效果好的整体局面，树立濉溪良好形象。央视《探索·发现》栏目以《消失的大运河》为题，分3集对濉溪县柳孜运河遗址进行深入报道；央视《新闻30分》“寻找最美乡村教师”栏目对濉溪县邵英文老师进行深入宣传；《安徽日报》重要版面对濉溪县群众路线教育实践活动及“三线四边”治理等工作进行及时动态报道；纪录片《临涣茶馆》被评为安徽省十佳纪录片；《“临涣茶·临涣人”》获省“网络文学类”一等奖。加强互联网新闻宣传和管理，做好重点网络舆情的收集和研判。规范和正确引导县内外媒体对濉溪县突发公共事件的报道，及时、准确组织新闻发布和新闻报道，正确引导舆论，切实维护濉溪县对外良好形象。

【精神文明建设】坚持城乡同治、共建共享，动员全社会力量参与文明创建，濉溪县被评为第三届安徽省文明县城。积极创新创建案例，率先在全省建成县级公共自行车服务系统，受到广大市民一致欢迎。加大“三线四边”环境治理力度，强化督查考核，实行第三方测评和“五子登科”考核机制，城乡环境面貌持续改善。在公共场所广泛植入“图说我们的价值观”公益广告，传播社会主流价值、引领文明风尚。策划组织“勤善之美、德耀中华”等主题实践活动，评选表彰第二届“感动濉溪”十佳人物、首届濉溪教育人物。开展“最美系列人物评选”、经典诵读等，推动优秀传统文化进家庭、进学校、进机关、进企业、进社区。注重公民道德建设实践，开展文明餐桌等“讲文明·树新风”活动。推进志愿服务“五个一”工程，濉溪镇“党委110”、县供电公司爱心助残、梨园情艺术团传统文化“六进”项目被评为全市优秀志愿服务项目。组织开展道德讲堂，突出道德模范典型宣传，全县26人荣登“中国好人榜”。组织好人事迹宣传，“好人濉溪”品牌效应持续放大。其中，濉溪县邵英文老师获全国“特别关注乡村教师”称号，成为安徽省唯一获此殊荣的乡村教师。加强未成年人思想道德建设，青少年爱国主义教育读书活动受到省市表彰。

【文化工作】实施公共文化服务信息化、公共文化场馆、农村文化建设等民生工程建设，广播电视村村通建设工程高标准完成。全县“农民体育健身工程”点达到134个，占全县行政村总数的63%。公共图书馆、文化馆、综合文化站等公共文化场馆全部免费对外开放。濉溪县被国家体育总局授予“全国群众体育先进单位”称号；临涣镇被安徽省文化厅命名为“2014-2016年安徽民间文化艺术之乡”；梨园情艺术团被评为全省民营艺术“百佳院团”。高标准建好管好用好黄新庄村、蒙村2个省级农民文化乐园，积极开展文化活动，受到省农民文化乐园建设调研组高度评价。濉溪县古城汉墓、大运河遗址被列入第七批全国重点文物保护单位，全县全国重点文物保护单位已达5处。柳孜运河遗址成功入选《世界遗产名录》，成为淮北市第一张世界文化遗产名片。注重文化保护与传承，争取资金4000万元用于柳孜遗址保护，对双堆集烈士陵园进行改造升级。文艺精品创作层出不穷，以道德模范刘旸事迹为题材的大型现代泗州戏《濉溪好人》及《王大娘宣讲十八大》等优秀剧目深受好评。充分利用重大节庆日，组织开展“我们的中国梦”优秀文化进万家、送戏下乡、首届文化惠民消费季、文化惠民进社区等丰富多彩的群众文化活动。其中，纪念淮海战役胜利65周年系列活动、全县戏曲曲艺大赛、双堆集清明旅游文化节、“文明创建.翰墨飘香”书画展、“中国书法进万家—走进濉溪”、“我是汉字榜样”书写大赛、庆祝新中国成立65周年书画展和摄影展、民营剧团广场文艺调演、图书惠民等系列活动为广大群众送去文化大餐。

县直机关工委工作

【党员教育管理】严格落实党的组织

生活、党员领导干部“参加双重组织生活”、“三会一课”、谈心谈话等制度，抓好党员发展、教育、监督、管理和服务。实行发展党员公示制，加强入党积极分子培养、教育和考察，2013-2014 年举办入党积极分子培训班 2 期，培训入党积极分子 200 人次。严把党员“入口关”，两年共审批 44 人入党，批准 35 名预备党员转正。

【基层组织建设与党务公开】 2013-2014 年，加强基层党支部规范化建设，抓好直属机关党组织换届指导，采取“公推直选”，完成 24 个直属党组织换届或组建；召开机关党建负责人座谈会，完善机关党建目标管理考核评分标准，对所属党组织负责人进行述职评议；规范党务公开内容、形式和程序，落实党务公开责任；健全机关基层党组织工作情况通报制度，提高党务公开的质量；县直机关所属党组织全部按要求开展党务公开活动。

【反腐倡廉工作】 2013-2014 年，组织机关党员干部重点学习中纪委和省、市、县反腐倡廉会议精神，开展廉政风险防控机制建设，排查岗位风险点，健全防控措施。从源头防腐，设立举报箱、公布举报电话等。协助查处违纪党员 5 名。

信访工作

【概况】 2013 年，共接待来县访 794 批 3334 人次，镇、开发区和濉芜产业园共接待 896 批 4047 人次；办理上级交办重点案件 62 件，县级领导包保案件 52 件，领导阅批来信 141 件，复查 2 件，信访救助 25 人 68.3 万元。实行敏感节点时期信访零报告和及时报告制度，先后化解蒙城韩希付、孙疃和双堆集两镇触电身亡事件，振兴街菜市场、黄里园艺场自来水问题，吕东京、赵伟等一批疑难复杂信访案件；动态掌握进京赴省上访形势，维护社会正常秩序。

2014 年，共接待来县访 652 批 5003 人次，办理国家省市交办案件 584 件，上级交办信访积案 20 件化解 18 件，信访救助 31 件 36 人 108 万元；复查信访事项 2 件，有 1 件通过省信访事项评议终结；26 位县领导在群众路线教育实践活动期间包案化解 44 件信访疑难问题；在南京青奥会、中共十八届四中全会和北京 APEC 会议等重大节点期间开展驻点驻会劝返接回活动，其中在南京青奥会和中共十八届四中全会期间实现进京零非访。

全县信访总量处于高位态势，大部分矛盾隐患被化解在基层、消除在萌芽状态，基本实现“人员不激化、矛盾不上行”，做到“小事不出村(居)，大事不出镇(园区)，难事不出县”；在中共十八届三中、四中全会、南京青奥会、北京 APEC 会议及全国全省“两会”等重大敏感时期坚持主动疏导、着力化解、全面稳控，制定预案（处置方案、应急分队、专项经费、接访固定车辆四到位），精心调度各项信访工作措施的落实和重点人员的包保稳控工作，确保社会大局平稳有序。

2013 年，濉溪县被授予全市信访积案化解先进单位，县信访局获全市十三届文明单位，全县信访、岗位目标、综治、计划生育等工作优秀单位。2014 年，濉溪县被授予全省信访工作优秀单位、全市信访工作优秀单位，县信访局获全市十四届文明单位，全县岗位目标、计划生育等工作优秀单位。

【组织领导】 2013-2014 年，党政主要领导亲自抓、负总责，分管领导具体抓，班子成员共同抓。定期召开县委常委会、政府常务会、信访联席会，以及信访工作领导小组会议，安排部署信访工作。各镇（园区）、各部门把信访工作列入重要议事日程。严格落实主要领导是第一责任人，分管领导是具体责任人，其他领导实行“一岗双责”的信访工作职责，形成主要领导亲力亲为、分管领导坐镇一线、班子成员分兵把口，横向到边、纵向到底的信访工作组织网络，确保辖区内的信访动态及时得到掌握，信访热点难点问题及时得到妥善处理。

【领导接访】2013年，把带案约访和干部下访约访列入深化领导干部接访的重要方式，增强接访的针对性和实效性。县四大班子领导共接待群众198批312人次，其中县委书记、县长接待15次27批102人次。2014年，全面深化领导干部接访下访，结合县领导分管业务到所联系镇（园区）带案下访，包案化解信访焦点难点问题。严格遵守公示、接访、包案、落实等程序和要求。县委书记、县长每月在县联合接访中心接访，县四大班子26位县级领导的接访时间每月底在《淮北日报》和公开栏上公开公示。县四大班子领导共接待群众216批432人次，县委书记、县长共接待群众24次37批次52人次。

【源头化解】坚持村（居）每周、镇（园区）半月、部门每月一次的矛盾排查化解工作长效机制，盯住关系民生和影响社会稳定的一些热点难点问题，加大对村庄搬迁、城市建设、机构改革等重点领域的排查力度，对排查出的隐患认真分析，实行领导包案、限期解决。2013-2014年，成功化解进京访41批57人次，赴省访163批416人次，其中集体访44批287人次，动态把握进京赴省上访形势。

【督查督办】对隐患排查、领导接访、上级交办、网上信访筛查出的问题，坚持分析研判，进行立案交办和集中交办。2013-2014年，共交办802件，其中领导签批454件，阅批来信348件。实行县领导包到镇（园区）所发生的信访案件，镇（园区）领导包到村居，村居干部包到信访人，做到“四定、五包”，即定责任制、定包案领导、定具体承办人、定办结时限，包接返、包解决问题、包教育转化、包稳控管理和包依法处理。两年间，县四大班子领导包案96件，办理96件，结案率100%。在抓好常规督查和专项督查的同时，对中央和省市立案交办的信访事项进行13次联合督查，促进信访问题及时、有效解决。工作中采取县委县政府大督查室、县纪委、县委政法委、县信访局“四位一体”督查模式，及时下发通报。县委选派年轻干部到县信访局担任信访专员，督促困难信访问题的解决。

【专项活动】信访条例宣传活动。每年5月为全县信访法律法规宣传月，并确定集中宣传日，参加宣传的单位达40个，现场接待群众咨询，悬挂宣传横幅，散发宣传资料。各镇（园区）结合自身实际进村、进户、进居、进辖区企业开展声势浩大信访宣传，收到良好的社会效果。在全县综治集中宣传月、“12·4”普法宣传活动中，宣传信访法规政策，做好初信初访、诉访分离、依法逐级走访，以及满意度评价的普法宣传工作。

农民工工资清欠活动。2013年，根据省、市联席办要求，召开由县法院、城建委、公安局、人社局、交通局、水务局、房管局、信访局、濉溪镇、百善镇、开发区、濉芜产业园主要领导参加的清欠会议。经多部门联合化解比较典型的案件有6批572.5万元，其中五沟镇大陈村33万元，五沟镇新街66万元（拘留1名包工头），御溪美景78万元，铁佛镇李营村7.5万元，百善镇恒鑫城300万元，恒大名都18万元。2014年，县委、县政府在县体育场设置农民工工资清欠办公室，县人社局、公安局、城建委、房管局、信访局等单位进驻统一办公，处置解决恒大名都、丽都美景、宝厦丽景、宁山花园、御溪美景等49批2425万元。

县级领导包案活动。2013年，下发《关于进一步开展信访包案工作的通知》，以“案结事了、息诉罢访”为目标，由26位县级领导包案调处52件重点疑难信访案件。2014年，严格落实“五包”责任制（包掌握情况、包思想疏导、包矛盾化解、包人文关怀、包依法处置）和“三见面”制度（包案领导、处理过程、处理结果与信访案件当事人“三见面”）推动案件化解。2014年省市交办15件，结合党的群众路线教育实践活动自排29件，共44件，由县26位县级领导包保化解。省交办的百善镇张如林、濉溪镇韩玉堂案件，由县委书记李加玉包案。到年底44件已化解的18件，思想疏导稳控21件。

节点稳控工作。在全国、全省“两会”、南京青奥会、中共十八届四中全会与北京APEC会议等敏感时期，坚持加强对重要人群、重点人员的疏导防控工作，在长期派驻驻京驻省驻市驻县政府办接访劝返人员的基础上，又派驻1名副局长带队接访，确保上访人员及时制止、及时劝返。在“元旦、春节、五一、十一”等重要节假日期间，坚持24小时值班制度，实行零报告机制，确保重要信访情况及时发现、及时处置。省委巡视组到淮北巡视、省领导到淮北和濉溪、市食博会与石榴节以及市县重大活动期间，坚持主动疏导、着力化解、全面稳控，制定预案，召开调度会议，调度各项信访工作措施的落实和重点人员的包保稳控工作，确保各项活动平稳有序进行。

【体制机制建设】建立健全零报告和及时报告制度、信访排查机制、重要信访事项交办机制、应急处置机制、责任倒查机制、信访代理机制，积极推行“四位一体”的调处机制；建立健全办信制度、接访制度、领导阅批制度、交办催办督办制度、回访反馈制度、档案保密制度；严格落实党政领导包案制度、特殊时期稳控机制，实行量化考核通报和信访救助制度，强化信访问责。制定完善群体性上访和突发性上访应急预案，整合公安、综治、维稳、司法、信访及事发地的工作力量，建立联动响应机制，统一调度指挥，分头负责落实，就地妥善处置。县委、县政府拨出专项经费用于信访救助，2013年信访救助25人68.3万元；2014年信访救助31件36人108万元，其中中央下拨专项资金25万元，县级财政配套资金83万元。通过信访救助，使56个有关信访事项的当事人息诉罢访。推进国家、省、市、县、镇和部门五级信访信息系统互联互通，做到网上登记、网下办理，先后化解27起越级集体上访，避免矛盾激化上行。

【目标管理】将信访工作列入当年县工作要点，纳入年度工作责任目标考核内容和领导干部绩效考核。把进京非访、赴省集体访、重复进京上访、特殊时期上访和群体性事件等作为考核重点，量化信访干部目标管理考核，将每个科室和岗位与工作绩效、评先评优、提拔使用挂钩。2013年，县委、县政府授予韩村等6个镇和县检察院等27个部门“2012年度全县信访工作先进集体”称号，授予丁卫国等30人“2012年度全县信访工作先进个人”称号；授予马静等30人“2012年度全县信访工作优秀信息员”称号。

【服务工作】利用办理案件和信访条例宣传月等形式，深入镇（园区）和县直部门一线开展调研活动，加强对疑难信访问题的分析和破解，提出建设性意见或建议。通过向领导报送信访信息和呈阅件，提出解决问题的意见或建议87条，报送调研报告7篇。为确保重大敏感时期社会大局稳定，按照“两手抓”的方针，一手抓重点人员稳控，一手抓接访劝返，圆满完成全国、省、市、县四级“两会”和十八届三中、四中全会、市煤博会、市食博会、市石榴节等信访维稳工作任务。

【队伍建设】2013-2014年，先后举办2期信访干部培训班。不定期在韩村等镇召开信访工作经验交流会；县法院选派

1名法官、县司法局选派1名律师负责涉法涉诉问题处理，县委选派3期13名信访专员挂职锻炼。

（杨伟）

党校工作

【教育培训】2013-2014年，党校与县委组织部联合举办“2013年度青年干部能力提升培训班”1期，52名学员受训；配合县地税局举办3期税务干部“学习十八大精神培训班”，全县地税系统150名干部参训；辅助县农林委、人社局、机关工委等部门开展阳光工程、民生工程和党的积极分子专题培训，受训人员2000人次。

【拓展办学方式】2013-2014年，利用党校资源，为社会办学服务。精英中专学校向企业输送人才800人/年，“跟我学”外语学校年培训中小学生1200人次。党校组织骨干教员深入基层进行培训，参加全县群众路线教育实践活动、民生工程、基层干部科技培训，进行宣讲20期次，每年受训人员达2000人次。

（李乾）

党史工作

【资料征编】2013-2014年，开始征集全面建设社会主义时期（1956.9-1966.4）党史资料，约10万字；收集整理濉溪县2013、2014年度党史大事记条目1800条，近30万字；编写《濉溪党史资料》15篇，约12万字；完成《中共濉溪地方史》（第二卷）部分章节的编写工作；完成省委党史研究室下达的党史专题《战略决战在淮北》（淮海战役总前委旧址与双堆集烈士陵园）的编写任务；参与县政协《追记双堆歼灭战》等书的编辑工作。

【宣传教育】2013-2014年，《党史纵览》发行面逐年扩大，发行份数逐年增加，每年发行量都在200份以上。“七一”期间，组织党员干部开展参观红色教育基地、上党课等多种形式的党史教育活动；在“抗战胜利日”举办纪念中国人民抗日战争暨反法西斯战争胜利69周年大型图片展，展出图片220幅，提供图片资料2万字，揭露日本帝国主义的侵略暴行，体现中国人民不屈不挠的斗争精神。在《濉溪政协》、《淮北日报》等刊物上发表《小李家村：邓小平度过紧张的38个日夜》、《雪崩玉碎、亭立千秋记—张雪亭烈士抗日事迹》等文章。

档案工作

【创建国家级档案馆】2013年4月，县档案局开展创建国家级档案馆工作，严格按照《市、县国家综合档案馆测评细则》标准，制定创建方案，任务落实、责任到人。9月，经国家、省档案局测评验收，以较高评分晋升为国家级档案馆，提前完成创建工作任务。

【档案管理及利用】2013-2014年，制定《濉溪县档案馆档案接收实施办法》《县档案馆处置档案突发应急预案》，续编《档案馆指南》《全宗介绍》《专题目录》等多种基础资料。按照《濉溪县档案信息化建设实施方案》，加快县档案馆数字化建设。完成馆藏档案文件级目录、案卷级目录和资料目录数据库建设，录入县房管局产权档案、县民政局婚姻档案、宅基地档案、文书档案、人事档案65000多条，全文扫描全县土地管理档案69万张。做好档案利用，开发档案网站开展网上查询，做好政府已公开信息查询工作，两年共接待1528人次，利用档案资料2645卷（件），接收县法院民事诉讼档案13200卷，库房新增档案密集架400立方米。

【监督指导】2013-2014年，对全县乡镇、县直党政机关及企事业立档单位进行档案业务监督指导。指导县法院、检察院、财政局、地税局、城建委、交通局等单位立卷27000卷，整理淮矿集团等破产企业档案19000卷，配合开发区、经信委指导规模以上民营企业12家建档。业务指导濉溪镇财政所档案管理晋升安徽省一级先进单位、县城镇居民医保中心业务档案经省、市档案局验收为合格单位。

【人员培训】2013-2014年，共举办文书档案、会计档案、民营企业档案管理人员岗前培训班4期，270人参加培训，并从省、市聘请专家讲课，有46人参加省档案局组织的全省统一岗前考试，均获合格证书。

纪检监察工作

【落实中央“八项规定”】2013年，认真贯彻落实中央八项规定和省委三十条、市委二十条要求，出台《关于改进工作作风、密切联系群众的二十条规定》。把握元旦、春节、中秋、国庆等重要时间节点，面向全县462名党政领导干部群发警示短信，先后下发《关于春节期间严格贯彻落实中央“八项规定”和“六条禁令”要求的紧急通知》等7个通知。及时对“严禁用公款印制购买贺年卡等物品”进行部署，中纪委办公厅《纪检监察信息》（第270期）对此进行刊发。对全县6个镇30多家县直单位“两节”期间贯彻落实廉洁自律规定执行情况进行抽查，对一些饭店、宾馆等场所开展20余次明察暗访，遏制公款吃喝、公车私用等奢侈浪费之风。在全县党政机关中开展会员卡清退活动，11586名干部进行会员卡零报告。对全县党政干部违规建房和多占住房问题进行专项清理，12520名干部填报房产信息。开展党员领导干部违规经商办企业专项清理，对6名干部存在违规问题进行纠正处理。

2014年，各基层党组织紧密结合实际，加强教育管理监督。深入开展“作风建设提升年”活动，县委出台《濉溪县机关作风和效能建设问责办法》、《开展“四风”突出问题专项整治和加强制度建设的方案》等文件，强力开展正风肃纪治顽症等六个专项行动。县纪委常委会坚持问题导向，针对濉溪县“四风”方面存在的突出问题，研究制定“五条禁令”以及专项治理吃喝风、“红包”风、走读风、赌博风等四个暂行规定。在县广电台开展“为民服务，我承诺”活动，26家单位“一把手”做出公开承诺。公布28家单位的投诉举报电话，畅通举报投诉渠道。同时，对95家单位和76名科（股）长进行集中评议，通过一系列举措，促进机关作风转变。

【案件查处】2013年，全年共受理信访举报288件(次)，其中署名举报132件。立案101件，其中县纪委自办案件78件（公、检、法移送42件），乡镇纪委立案22件，县直纪委立案1件，移送司法机关处理11人。审理各类案件93件，给予党纪处分88人(开除党籍56人)，给予政纪处分12人(行政开除7人)，党政纪双重处理8人，处理科级干部8人。严肃查处原县教育局局长乔爱富受贿案、原水务局局长周干受贿案、原县发改委体改办主任张志成受贿受礼案、濉芜产业园区聘用干部翟劲松贪污案、五沟镇社会事务办主任孙学红贪污案。通过查办案件，挽回直接经济损失350万元。

核查涉农信访件159件，办结44件，审理各类案件60余件。查处违反农村集体“三资”管理规定案件6件，给予党纪政纪处分14人；其他农村基层党员、干部违纪违法行为案件12件，党纪政纪处分14人。对于群众反映强烈、案件线索单一的村级案件，试行由县纪委领办、督办，乡镇纪检干部参与的跨区域协作办案模式，破解乡镇办案难题。通过查办案件，减轻农民负担400万元。

健全县委反腐败领导体制和工作机制，及时调整县委反腐败协调小组成员，印发《中共濉溪县委反腐败协调小组工作规则(试行)》，建立健全“陪护人才库”和“办案人才库”，充分发挥公安、检察、审计等部门的作用，形成反腐合力。对全县自2010-2012年受处分的53名公职人员纪律处分执行情况进行检查，切实维护党纪政纪的严肃性。开展回访教育，对62名受处分人员进行回访教育，回访率100%。为48名受到不实举报的党员领导干部澄清问题。

2014年，全县各级纪检监察机关以零容忍的态度惩治腐败，查办案件数量创历年来最高。全年共受理群众举报612件（次），同比上升112%；立案161件，同比增长60%；给予党政纪处分100人，其中开除党籍29人，行政开除10人，移送司法机关12人，给予13名科级干部党政纪处分；挽回直接经济损失420万元。

加大对重要部门、重点领域腐败案件查处力度。对8人采取“双规”措施，查处县国土局原主任科员余德杰、原副局长朱士民、地价管理所原所长张朋、置换办原主任薛纪红、监察大队原党支部书记刘德海、濉溪国土所原所长仲卫东等6人腐败窝案，查处县征收办原副主任、濉溪镇副镇长（挂职）解广海及县城乡建委原副主任房忠谋违纪违法案件。

推行办案协作区制度，按照就近整合的原则，将各镇（园区）划分成4个办案协作区，整合办案力量，查处发生在农民身边的不正之风和腐败问题。抽调办案人员60人次，查处115起村级案件，一些群众反映强烈的问题得到及时有效解决。针对案件调查中发现的土地出让、校车管理、城乡低保等突出问题，及时向有关单位发出检查（监察）建议，督促整改。出台《濉溪县“重点村”监督管理办法（试行）》，对信访举报强烈、贿选没有查实、涉企涉矿搬迁以及被立案调查或处理后仍担任村干部的四类“重点村”跟踪监管。

【经济监督检查】2013年，对全县招商引资、文明创建等10项重点工作400多个项目进行督查，对60个重点项目进行跟踪。编发《督查专报》3期，《督查通报》41期，下发黄色督查令2份，下发整改建议200份，纠正和解决各类问题460个，涉及惠民政策的落实、项目质量和安全等方面，推动全县重大决策部署、重点工作安排、重大项目的落实。

加强执法监察工作。会同相关部门对20个重点部门行政处罚实施及整改情况开展“回头看”，促进依法行政工作。对全县“涉农”、“涉企”资金使用情况及15家非税收入单位“涉企收费情况”进行监督检查，并督促整改。对全县33项民生工程建设情况进行督查，促进民生工程顺利实施。

2014年，继续开展“大督查”工作，助推全县重点工作落实。对全县党的群众路线教育实践活动、作风建设提升年活动、压煤村庄搬迁等重点工作以及秸秆禁烧、城乡低保、三线四边等专项工作开展督查，编发《督查通报》18期，下发黄色督查令2份，督促整改各类问题57个，对7人进行责任追究。

开展党风政风监督。对60家单位“三公”经费支出情况进行抽查。2014年，濉溪县“三公”经费支出5326.85万元，同比下降19.59%。在全县范围内开展城乡低保监督检查，取消不符合低保条件的家庭541户（1145人），对在低保审核中失职渎职的3名镇干部和1名村干部分别给予党纪处分，并进行通报。

开展党政干部违规建房和多占住房问题专项清理工作。全县79名干部违规房地产全部纠正处理到位，上缴超标准面积房屋回购款86.47万元，上缴买卖土地或房屋所获利益1.65万元，收缴闲置土地两宗。

【干部教育监督】2013年，利用查办案件，积极开展警示教育，督促相关单位建章立制。深入基层开展廉政教育，受教育党员干部2000余人。分期分批组织全县党员干部1000余人到市警示教育中心、县廉政教育基地参观学习。开展廉政文化建设，24家单位申报县级廉政文化示范点。推进濉溪镇城南工委、县地税局、实验小学3个市级廉政文化示范点建设。

开展干部监督工作，对16名领导干部出境（国）情况进行审批登记，为75名提拔、试用期满的领导干部提供廉洁从政方面的情况。办理廉政警示告诫案件13件，其中，对10人进行诫勉谈话，发《询问函》3件；对6名科级领导干部进行经济责任审计。

从县人大代表、政协委员、人民团体中聘请12名党风党纪监督员、特邀监察员，组织“两员”参加公开评议机关等活动。深入开展廉政风险防控向基层延伸、向项目延伸、向资金领域延伸工作，最大限度避免和减少腐败现象发生。

2014年，深入开展党风廉政宣传教育，紧盯元旦、春节、端午、中秋等重要时间节点，通过提前印发通知、设立举报电话、编发廉政短信等形式，提醒全县党员干部廉洁过节。深入安监、教育、环保等16家单位开展廉政教育专题辅导。

村“两委”换届后，县纪委常委分赴各镇（园区）上廉政党课，及时对全县1800余名新任职村（居）干部进行廉政教育。组织编写《濉溪县农村党风廉政建设警示教育读本》，面向全县各镇、村党员干部发放读本2000余册，用身边事教育身边人。

为全县753名在职乡科级领导干部建立电子廉政档案，对41名拟提任干部进行审核，把好领导干部任用“廉政关”。对37名科级领导干部进行任前廉政谈话，切实增强新任领导干部的廉政意识。

2014年，各级纪检监察机关强化监督检查，对机关人员遵守工作纪律和落实八项规定精神情况进行常态化的明察暗访，对54人进行问责，给予12人党政纪处分。

开展廉政文化示范点创建工作。对2013年申报的24家县级廉政文化示范点进行验收，授予双堆集镇芦沟村、南坪中心校等11家单位“县级廉政文化示范点”称号。

【干部队伍建设】2013年，县纪委注重强化自身建设，班子成员带着问题深入联系点调研，及时帮助基层解决问题。在委局机关实施精细作风建设，建立健全规章制度，严格执行周计划、月小结、季点评制度，推进工作有序开展。开设“业务讲堂”，落实专职纪检干部到委局机关跟班学习制度，提升纪检干部的整体素质。开通纪检监察内网，纪检监察信息化建设取得重要进展。

推进派驻机构统一管理，对部分县直单位纪检干部队伍建设情况进行调研，制定派驻机构的相关制度。完善镇纪检监察组织建设，在全县11个镇挂牌设立镇人民政府监察室，与镇纪委合署办公，配备必要的办公办案设备，保障工作正常进行。全县239个村（居）全部设立兼职纪检监察信访信息员。

2014年，县委高度重视纪检监察队伍建设，向7家县直单位派驻纪检组长，3名镇纪委书记得到重用，委局机关新提任4名科室主任。县纪委实行机关内部轮岗，充实一线办案力量，使直接参与办案人数达到总人数的60%以上。对县纪委监察局参与的120个议事协调机构进行全面清理，保留或参与25个。对镇（园区）和县直纪委书记（纪检组长）分工进行规范，解决职能越位、错位、不到位问题。

以第二批党的群众路线教育实践活动为契机，深入开展“强素质、转作风、树形象”专题活动，教育引导纪检干部在联系基层服务群众中接地气、强党性、勇担当。组织32名纪检监察干部参加上级纪委的业务培训，选调8名新任纪检监察干部到委局机关跟班学习。举办全县纪检监察干部业务培训班，113名专职纪检监察干部参加培训。

研究制定《濉溪县纪委监察局派驻机构履行职责暂行办法》和《濉溪县镇纪检组织履行职责暂行办法》等制度，强化干部队伍管理。层层传递压力，切实增强县直派驻机构和镇纪委履行主责主业的责任感和紧迫感。下发《关于进一步加强纪检监察机关办案安全工作的通知》，要求全县纪检监察干部树立"办案首保安全，没有安全就没有办案"的理念，以法治思维和法治方式开展工作。

【机关效能建设】2013年，对全县机关效能建设情况进行7次明察暗访，对39人进行责任追究，对17名相关人员进行点名曝光。对县政务服务中心周二分管领导值班制度执行情况及各窗口单位工作人员服务态度、服务效率等情况进行监督检查，规范政务服务中心建设。

完善民主评议的测评方式，深入开展2013年度公开评议机关及科（股）长活动，全县101家单位和85名科（股）长参加评议，对排名末位的执法单位和窗口单位的2名科（股）长予以免职处分。

对涉企检查报备案和公务活动守纪回执制度执行情况进行专项检查，共收到涉企检查报备案165件，公务活动守纪回执13件。积极做好投诉受理工作，纠正违规行为6起，办结投诉件11件。

对全县35家单位行政审批项目进行清理，保留129项，取消9项，转变管理方式22项，承接上级下放的项目24项，合并38项，提升行政审批效率。对全县公路"三乱"、教育收费等情况进行督查暗访，针对发现存在的问题，及时向有关单位进行反馈，提出意见，限期整改。

【惩防体系建设】2014年，继续落实党风廉政建设主体责任，把党风廉政建设和县委、县政府中心工作任务同部署、同落实、同检查、同考核。印发《县直单位2014年党风廉政暨惩防体系建设主要工作任务分解》，将主体责任细化为5大项64小项，明确主责单位，对党风廉政建设逐项"签字背书"。出台惩防体系建设五年规划实施办法，明确123项重点任务，45家责任单位领衔落实。县委组成10个考核组，对11个镇（园区）和71家县直单位落实党风廉政建设责任制暨惩防体系建设情况进行考核，并将考核结果在全县范围内通报，对责任制落实不力的7家单位实行"一票否决"。

建立健全廉政风险防控责任落实、动态监控、预警处置、检查评估四项机制，出台长效机制考核办法，廉政风险防控向基层、项目和资金领域延伸取得新进展。

人大　政府

濉溪县人民代表大会常务委员会

【代表大会】濉溪县第十六届人民代表大会第三次会议于2014年1月4-6日召开。会议听取和审议县人民政府各项工作报告、县人大常委会工作报告、县人民法院工作报告、县人民检察院工作报告；审查批准县人民政府关于2013年国民经济和社会发展计划执行情况及2014年计划草案报告（书面）、县人民政府关于2013年财政预算执行情况和2014年财政预算草案报告（书面），通过相应决议。会议选举黎文彬为县人民法院院长。

濉溪县第十六届人民代表大会第四次会议于2014年10月28-29日召开。会议选举赵德志为县人民政府县长。

【监督工作】2013年4月，县人大常委会组成执法检查组，对《中华人民共和国城乡规划法》贯彻实施情况进行执法检查。检查组听取县人民政府关于《中华人民共和国城乡规划法》贯彻实施情况的汇报，召开座谈会，实地检查有关镇、园区、县直相关部门及重点工程建设现场，并提出相关建议和意见。

8月，县人大常委会组成执法检查组，开展《中华人民共和国科学技术进步法》执法检查。检查组先后实地查看五铺农场、神华肉食品加工、宇鑫新材料、理士电池、巨成化工、县医院等单位和企业的科技开发应用情况，对推进“科技进步法”的贯彻落实提出建议和意见。是月，县人大常委会组成调研组，就全县保障性住房建设工作开展调查研究，在县十六届人大常委会第十二次会议上听取审议县政府相关工作情况的报告，并召开联组会议，专题询问县保障性住房建设工作，这是县人大常委会首次运用专题询问的形式开展监督工作。

2014年3月，县人大常委会组成执法检查组，开展《中华人民共和国大气污染防治法》执法检查。检查组通过听取汇报与专题调研、调阅资料与走访群众的方式，了解相关法律法规贯彻落实情况，并对大气污染防治工作提出相关建议和意见。

5月，县人大常委会组成执法检查组，对《中华人民共和国环境保护法》贯彻实施情况进行执法检查。检查组先后查看巨成化工、鸿源煤化、理士电池、徐楼铁矿等涉污企业现场，召开执法检查座谈会，对环境保护工作提出意见和建议。

8月，县人大常委会组成执法检查组，开展《中华人民共和国传染病防治法》执法检查。检查组重点检查刘桥镇卫生院、刘桥镇陈集村卫生室、县医院、濉溪镇社区卫生服务站、濉溪镇卫生预防接种门诊及县疾病预防控制中心等单位在传染病预防、治疗、管理等方面的情况；召开执法检查座谈会，听取县政府及相关职能部门工作汇报，提出相关意见和建议。

10月，县十六届人大常委会第二十次会议召开联组会议，专题询问县城市市容和环境卫生管理工作。20多位县人大常委会组成人员和县人大代表就县城交通秩序、小区环卫管理、摊点占道经营等方面问题进行问询，9个政府相关部门负责人现场进行回答。

【决议决定】2013-2014年，围绕制度建设、计划与财政审查、执法检查、人事任免等先后通过决议或决定29项。其中召开人代会决定1项，关于开展执法检查的决定5项。按照《中华人民共和国预算法》和《安徽省预算审查监督条例》规定，县人大常委会审查批准2013年、2014年县本级财政决算，并通过相应的决议。

【议案和建议办理】2013年，在县十六届人大三次会议上，代表提出议案3件，建议、批评和意见29件。县人大常委会把加强议案、建议督办工作作为发挥代表作用、提高代表工作水平的着力点，实行常委会领导领衔督办和相关工委分类督办制度。适时听取县人民政府关于议案和建议办理情况报告，并实地查看议案和重点建议办理情况，增强办理工作实效。对代表们提出的议案和建议当年基本办理完毕，并全部答复代表。

【代表活动】县人大常委会先后组织开展执法检查、调研活动等并吸收代表参加，两年共安排60多名县人大代表参与执法检查工作；开展关于经济发展、招商引资、园区建设、美好乡村建设以及各项社会事业的调研视察活动90余次，共有100多名县人大代表参与活动。

【人事任免工作】2013-2014年，县人大常委会共任免国家机关工作人员34人，其中任命26人，免职8人，接受辞职10人。

滩溪县人民政府

【常务会议】县政府第12次常务会议，2013年2月18日召开。会议听取县民政局关于滩溪经济开发区向阳村划入滩芜现代产业园管理有关问题的汇报；听取滩芜现代产业园关于向阳村集体土地征收补偿方案的汇报；听取滩芜现代产业园关于财政管理体制实施意见的汇报；听取县质监局关于开展质量强县活动意见的汇报；听取县物价局关于实施价调基金扶持项目实施意见的汇报；听取县商务局关于2012年度招商引资考核、2013年度招商引资工作意见、招商引资绩效考核办法、招商引资任务分解的汇报；听取县商务局关于修订滩溪县招商引资若干优惠政策、投资项目投资协议文本的汇报；听取县经信委关于2012年度全县工业经济考核情况的汇报；听取县金融办关于2012年全县金融机构支持地方经济发展考核情况的汇报；听取县统计局关于2012年度经济强镇综合评价考核情况的汇报；听取县发改委关于2012年度全县项目建设推进年活动表彰及2013年重点项目投资计划的汇报；听取县目标办关于2012年目标管理考核结果和2013年主要经济指标分解的汇报；听取县建投公司关于政务新区项目建设融资方式的汇报；听取县政府办关于全县经济工作会议筹备和2013年县政府工作要点的汇报；听取县政府办关于做好网上留言办理和政风行风热线工作的汇报。

县政府第13次常务会议，2013年3月20日召开。听取县建委关于2012年全县城市建设管理推进年考核情况、2013年城乡建设管理推进年实施方案和新中医院北地块改造方案的汇报；听取县国土局关于2012年度全县城乡建设用地增减挂钩工作表彰、进一步加强用地管理有关问题的通知和滩溪县工矿废弃地复垦利用与城乡建设用地增减挂钩工作考核奖惩及资金补助办法和国土资源四项工作考核标准的汇报；听取百善镇关于柳孜码头遗址保护征收安置补偿方案的汇报；听取县征收办关于2012年度城区国有土地上房屋征收工作考核和2013年房屋征收工作实施方案、县领导联系重点房屋征收项目计划表、房屋征收工作绩效考核办法的汇报；听取县征收办关于县政务新区建设征收补偿安置方案和幸福家园二期、龙脊山路南段、榕树路南段地块征收补偿方案的汇报；听取县金融办关于建立商业化运行融资平台公司和扩充金茂担保公司资本金的汇报；听取县建投公司关于2013年项目建设融资方案的汇报；听取县文明办关于2012年度全县精神文明建设工作表彰情况和滩溪县创建全省文明县城工作考核办法的汇报；听取县人社局关于为县公安局临涣派出所等4家单位荣记集体三等功、为伯广杰等五人荣记个人三等功和对县人社局等三家单位予以通报表扬的汇报；听取县市容局关于滩溪县控制和查处违法建设网格化管理实施方案和关于依法控制和查处违法建设的紧急通知的汇报；听取县政府办关于全县城乡建设管理推进年暨国土资源管理会议筹备情况的汇报。

县政府第 15 次常务会议，2013 年 6 月 24 日召开。讨论提交县十六届人大第十一次会议审议的 4 个报告。听取县财政局关于 2012 年县本级财政决算（草案）和部门预算执行工作情况报告的汇报；听取县审计局关于 2012 年度财政预算执行和其他财政收支审计情况报告的汇报；听取县人社局关于劳动人事调解仲裁工作情况报告的汇报；听取县卫生局关于全县基本公共卫生服务工作情况报告的汇报；听取县旅游局关于加快发展旅游业的若干意见、旅游发展资金使用管理办法的汇报；听取县教育局关于全县中小学教师空编及补充教师有关情况的汇报；听取县农林委关于 2012 年农业农村表彰、全县农业农村工作意见、2013 年示范家庭农场认定管理办法的汇报；听取县统计局关于濉溪县 2012 年国民经济和社会发展情况公报的汇报；听取县监察局关于县水务局党委书记、局长周干及县发改委体改办主任张志成违纪案件的汇报。

县政府第 20 次常务会议，2014 年 1 月 18 日召开。听取县商务局关于濉溪县 2014 年招商引资工作意见、招商引资若干优惠政策、招商引资若干优惠政策兑现办法、招商引资考核办法、加快发展现代服务业的若干政策和加快流通产业发展实施意见的汇报；听取县招标局关于进一步严肃招投标纪律规范招投标行为的汇报；听取县统计局关于濉溪县 2013 年主要经济指标完成情况的汇报。

县政府第 21 次常务会议，2014 年 3 月 10 日召开。听取县环保局关于濉溪县大气污染防治实施细则、濉溪县大气污染防治目标责任分工方案、濉溪县重污染天气应急预案的汇报；听取县安监局关于加强职业病防治监督管理工作实施意见的汇报；听取县科协关于设立青少年技术创新县长奖的汇报；听取县政府法制办关于 2013 年全县行政许可审批项目清理情况汇报；听取县统计局关于建立县直部门首席统计员制度的汇报；听取县政府办关于 2014 年县政府工作要点和濉溪县人民政府工作规则修订情况的汇报；听取县商务局关于加快发展现代服务业的若干政策的汇报；听取县征收办关于濉溪县国有土地上房屋征收补偿暂行办法、濉溪县国有土地上房屋征收补偿标准和濉溪县城区国有土地上房屋征收调查登记办法的汇报；听取县建委关于加快全县建筑业发展意见、进一步加强城乡规划管理意见、濉溪县城乡规划编制方案的汇报。

县政府第 23 次常务会议，2014 年 5 月 27 日召开。听取县商务局关于促进招商引资中小企业发展实施意见和对中联水泥项目引荐人奖励建议的汇报；听取县国土局关于濉溪县批而未供、闲置土地和低效利用土地专项清理处置工作实施方案的汇报；听取县国土局关于调整濉溪县征收集体土地上青苗及房屋等附着物补偿标准的汇报；听取县经信委关于濉溪县工业企业退城进区实施意见的汇报；听取县经信委、科技局关于 2013 年度全县工业企业十强、十优排序及镇（园区）工业经济发展情况排序、濉溪县科技创新十高企业排序和全县工业、民营经济暨科技创新工作会议筹备情况的汇报；听取县综治办关于进一步加强基层综治维稳信访工作中心（站）建设实施方案的汇报；听取县征收办关于濉溪县 2014 年度房屋征收工作意见的汇报；听取县计生委关于 2013 年人口目标综合考评和全县计划生育工作会议筹备情况的汇报；听取县教育局关于城区及周边中心学校公开选调教师有关情况的汇报；听取县农林委关于 2014 年全县农业农村工作会议筹备情况的汇报。

县政府第 24 次常务会议，2014 年 6 月 24 日召开。讨论提交县人大常委会第十八次会议审议的 5 个报告。听取县财政局关于全县 2013 年财政决算（草案）报告的汇报；听取县审计局关于 2013 年财政预算执行和其他财政收支审计情况报告的汇报；听取县国土局关于城乡建设用地增减挂钩工作报告的汇报；听取县市场监督管理局关于药品市场监管工作情况报告的汇报；听取县政府办关于县人大常委会第十六次会议计划生育依法行政工作报告、城乡卫生服务体系建设工作报告、社会治安工作报告审议意见办理情况的汇报；听取县国土局关于濉溪县征地补偿标准调整方案的汇报；听取县建委关于加强工程建设质量管理工作意见的汇报；听取县建委关于濉溪县政府投资建设工程变更和造价管理办法、濉溪县政府投资项目建设工程标后监督管理规定的汇报；听取县两非专案组关于2014年度两非案件查处考核办法和2014年度两非案件查处实施方案的汇报；听取县安监局关于2013年度安全生产目标管理考核情况的汇报；听取县统计局关于2013年国民经济和社会发展统计公报的汇报；听取县监察局关于对有关人员违纪案件查处情况的汇报。

【县政府文件】濉政〔2013〕1号《濉溪县人民政府关于印发濉溪县人民政府2013年工作要点的通知》

濉政〔2013〕9号《濉溪县人民政府关于2013年实施 33项民生工程的通知》

濉政〔2013〕10号《濉溪县人民政府关于公布第二批县级非物质文化遗产名录的通知》

濉政〔2013〕13号《濉溪县人民政府关于为县公安局临涣派出所等单位荣记集体三等功和为伯广杰等同志荣记个人三等功的决定》

濉政〔2013〕14号《濉溪县人民政府关于开展质量强县活动的意见》

濉政〔2013〕18号《濉溪县人民政府关于认真开展第三次全国经济普查的通知》

濉政〔2013〕27号《濉溪县人民政府关于进一步加快发展旅游业的若干意见》

濉政〔2013〕37号《 濉溪县人民政府关于表彰2011-2012年度县级青年文明号、青年岗位能手及复核认定历年县级青年文明号的决定》

濉政〔2014〕1号《濉溪县人民政府关于2014年重点工作及责任分解的通知》

濉政〔2014〕7号《濉溪县人民政府关于做好全县第一次地理国情普查的通知》

濉政〔2014〕15号《濉溪县人民政府关于印发濉溪县人民政府工作规则的通知》

濉政〔2014〕16号《濉溪县人民政府关于公布行政审批项目清理结果的通知》

濉政〔2014〕17号《濉溪县人民政府关于2014年实施33项民生工程的通知》

濉政〔2014〕21号《濉溪县人民政府转发安徽省人民政府关于进一步加强县城规划建设管理意见的通知》

濉政〔2014〕20号《濉溪县人民政府关于进一步加强地方政府性债务管理的意见》

濉政〔2014〕23号《濉溪县人民政府关于进一步加强校车安全管理工作的意见》

濉政〔2014〕32号《濉溪县人民政府转发淮北市人民政府关于进一步加快棚户区改造工作的实施意见的通知》

濉政〔2014〕49号《濉溪县人民政府关于加强建设工程质量管理工作的意见》

濉政〔2014〕61号《濉溪县人民政府关于印发濉溪县基础教育信息化发展规划（2014-2020年）的通知》

濉政〔2014〕62号《濉溪县人民政府关于推行县级政府行政权力清单和责任清单制度的实施意见》

【县政府办公室文件】濉政办〔2013〕2号《濉溪县人民政府办公室关于印发2013年全县金融工作意见的通知》

濉政办〔2013〕5号《濉溪县人民政府办公室关于印发濉溪县国民经济和社会发展第十二个五年规划纲要中期评估工作方案的通知》

濉政办〔2013〕6号《濉溪县人民政府办公室关于印发《濉溪县民生工程“管理养护推进年”活动实施方案的通知》

濉政办〔2013〕7号濉溪县人民政府办公室关于进一步加强民生工程绩效评价的通知》

濉政办〔2013〕8号《濉溪县人民政府办公室关于加强基层医疗卫生机构公共

卫生服务能力建设的意见》

滩政办〔2013〕10号《滩溪县人民政府办公室关于印发滩溪县创建省卫生应急工作综合示范县工作方案的通知》

滩政办〔2013〕11号《滩溪县人民政府办公室关于印发滩溪县完成市“十二五”规划中期评估相关工作方案的通知》

滩政办〔2013〕14号《滩溪县人民政府办公室关于印发滩溪县示范家庭农场认定管理办法的通知》

滩政办〔2013〕16号《滩溪县人民政府办公室关于印发滩溪县创建省慢性非传染性疾病综合防控示范区工作实施方案的通知》

滩政办〔2013〕17号《滩溪县人民政府办公室关于印发《滩溪县医患纠纷人民调解工作实施方案》的通知》

滩政办〔2013〕19号《滩溪县人民政府办公室关于印发滩溪县慢性病防治工作规划（2013－2015年）的通知》

滩政办〔2013〕21号《滩溪县人民政府办公室关于印发《滩溪县第一次全国可移动文物普查实施方案》的通知》

滩政办〔2013〕24号《滩溪县人民政府办公室关于印发滩溪县突发公共事件卫生应急处置多部门协调联动机制的通知》

滩政办〔2013〕25号《滩溪县人民政府办公室关于印发滩溪县第六次全国体育场地普查工作实施方案的通知》

滩政办〔2013〕26号《滩溪县人民政府办公室关于印发滩溪县落实创建绿化模范城市暨实施森林增长工程督查考核办法的通知》

滩政办〔2014〕3号《滩溪县人民政府办公室关于编制2014年度国有建设用地供应计划的通知》

滩政办〔2014〕4号《滩溪县人民政府办公室关于印发滩溪县第一次地理国情普查工作方案的通知》

滩政办〔2014〕5号《滩溪县人民政府办公室关于印发加快滩溪县建筑业发展意见的通知》

滩政办〔2014〕6号《滩溪县人民政府办公室关于印发进一步加强滩溪县城乡规划管理意见的通知》

滩政办〔2014〕7号《滩溪县人民政府办公室关于印发滩溪县城乡规划编制方案的通知》

滩政办〔2014〕8号《滩溪县人民政府办公室关于印发滩溪县国有土地上房屋征收与补偿暂行办法的通知》

滩政办〔2014〕10号《滩溪县人民政府办公室关于印发滩溪县国有土地上房屋征收补偿标准的通知》

滩政办〔2014〕11号《滩溪县人民政府办公室关于印发滩溪县青少年技术创新县长奖评选办法的通知》

滩政办〔2014〕13号《滩溪县人民政府办公室关于加强职业病防治监督管理工作的实施意见》

滩政办〔2014〕14号《滩溪县人民政府办公室关于转发<安徽省人民政府办公厅关于政府向社会力量购买服务的实施意见>的通知》

滩政办〔2014〕16号《滩溪县人民政府办公室关于进一步加强审计整改工作的意见》

滩政办〔2014〕19号《滩溪县人民政府办公室关于印发滩溪县2014年度国有建设用地供应计划的通知》

滩政办〔2014〕20号《滩溪县人民政府办公室关于印发滩溪县农田灌溉机井管理办法（暂行）的通知》

滩政办〔2014〕25号《滩溪县人民政府办公室关于加强教师队伍建设的意见》

滩政办〔2014〕27号《滩溪县人民政府办公室关于印发滩溪县促进外贸发展奖励办法的通知》

法制工作

2013-2014年，认真落实国务院全面推进依法行政实施纲要和国务院关于加强市县政府依法行政的决定，加强政府法制建设，严格规范行政执法行为，切实提高制度建设质量。继续推进行政审批制度改革，建立政府工作法制化责任制和运行机制，保障政府决策合法化、合理化。组织开展行政执法检查，对全县15家行政执法单位的行政处罚工作进行检查，规范行政执法行为。认真开展行政审批事项清理工作，经清理保留行政审批项目129项，转变管理方式22项，合并38项，取消9项，承接国务院、省、市政府下放项目23项，精简率达到30%。积极开展依法行政示范单位创建工作，县交通局、国税局、地税局、百善镇4家单位被命名为淮北市依法行政示范单位，百善镇被命名为安徽省依法行政示范单位。加强和完善行政执法责任制，严格执行执法人员资格认证和持证上岗制度，全县共有500名行政执法人员换发新的执法证件。规范行政机关行政诉讼出庭应诉行为，两年来共代理政府诉讼案件18件，办理行政复议案件32件，接待各类咨询100批1800人次。参与土地征迁、城市拆迁及重大项目协调工作。认真做好土地登记工作审批把关，两年来共审批土地登记800多件。

（张珂）

民族宗教工作

【概况】2014年，全县有25个少数民族，516人，其中女410人，男106人。登记在册的外来少数民族流动人口149人，大多来自青海省、甘肃省信仰伊斯兰教的回族、东乡族穆斯林，主要在县城、乡镇、矿区从事清真拉面馆经营；现有少数民族企业3家，其中，专业合作社1家，禽类屠宰加工企业2家（含清真禽类加工企业1家）。

全县现有天主教、基督教、佛教三大宗教，有县天主教爱国会、县基督教三自爱国运动委员会、县基督教协会、县佛教协会4个宗教团体，宗教团体班子成员29人。依法登记的宗教活动场所128个（天主教4个，佛教4个，基督教120个），另有由县天主教爱国会代管的天主教小堂口8个，基督教私设聚会点120个，省宗教局认定备案的专职教职人员16人，基督教义工传道人员200多人，信教群众3万余人。

2013-2014年，13个基督教堂申报市级“和谐寺观教堂”，3个基督教堂获“省级和谐教堂”，表彰15个县级“和谐宗教活动场所”。

【少数民族人口管理】2013年起，县民族宗教局和各镇、社区坚持每月定期走访少数民族经营户，摸排稳定隐患，制作印发民族团结进步联系卡，发到每个外来少数民族商户；与县司法局和胜方律师事务所联合成立少数民族流动人口法律援助中心，积极帮助外来少数民族群众解决子女入学等实际困难。2014年，县民族宗教局对全县常住少数民族和流动少数民族人口重新进行调查统计，建立动态管理台账，同时积极配合公安机关做好涉及外来少数民族群众纠纷的排查处理工作。

【扶持少数民族企业】2013年，县民族宗教局联合县财政局制定印发《濉溪县少数民族发展资金管理办法》，规范少数民族发展资金的使用和管理，提高资金使用效益。2013年，申报市级少数民族发展资金项目1个，申报县级少数民族发展资金项目2个，争取各级少数民族发展资金15万元；2014年，申报省级少数民族发展资金项目1个，申报市级少数民族发展资金项目2个，申报县级少数民族发展资金项目2个，争取各级少数民族发展资金30万元。同时对2012年以来的各级少数民族发展资金扶持项目资金使用情况，聘请第三方进行审计并出具审计报告。

2013-2014年，连续两年请县农委、县畜牧局有关专家举办少数民族实用技术培训班，帮助少数民族群众提高致富能力。建立困难少数民族群众走访机制，在全县范围内开展贫困少数民族群众摸底工作，认真开展“民族团结一家亲”爱心捐款和走访慰问少数民族困难群众活动。推荐省级“民族团结进步之星”2个、省级“民族团结进步模范集体”1个、省级“民族团结进步先进个人”1人、市级“民族团结进步之星”2个。

【建立健全宗教信息数据库】2013年11月，民族宗教局对比2005年省宗教局统计底账，从登记地点发生变化、初次登记年度错登、负责人姓名错登、名称变更等方面对全县128个宗教活动场所进行信息核对，明确各宗教活动场所用地来源。建立健全全县宗教工作信息数据库，制作全县宗教活动场所分布图和“以堂带点”分乡镇网络图。对宗教基础信息进行更新，及时掌控宗教活动场所的分布、信教群众情况、宗教团体班子状况和教务活动情况。2014年，全面完成宗教活动场所集中统一换发新登记证工作。

【宗教财务监督管理】2013年，重点抓好宗教场所财务管理人员培训、财务制度建设、财务软硬件设施建设等工作。2014年，基本实现全县宗教活动场所财务监督管理工作全覆盖。全县寺观教堂和较大宗教活动固定处所，基本上做到“三人三锁”、“定期公开”和“财务六有”，小宗教场所也基本达到财务管理“收支分离”、“定期公开”。

【宗教公益慈善事业】2013年起，每年组织各宗教团体开展“宗教慈善周”活动和慰问困难信徒活动。在“宗教慈善周·双千行动”活动中，县民族宗教局分别为15名特困老人和15名贫困中小学生每人送去1000元人民币。2014年9月14-20日的“宗教慈善周”期间，全县宗教界人士共捐款捐物6万多元，看望慰问孤寡老人、伤残病人、困难信徒和少数民族群众85人，并到县城部分养老院慰问，为老人送去月饼、水果等。全县基督教界还决定将每年9月第二个主日的奉献款全部捐出，用于帮助少数民族患病群众和信徒中的患病群众。为弘扬中国传统腊八节文化，每年腊八节县佛教界人士在县汽车站小广场向过往行人施粥1000余份。

【宗教团体和教职人员队伍建设】2013年8月，县天主教爱国会、县基督教三自爱国运动委员会、县基督教协会分别进行换届。指导县各宗教团体加强制度建设、组织建设、教风建设和人才队伍建设，充分发挥宗教团体的桥梁和纽带作用。2013-2014年，认真落实省宗教局《关于加快推进基督教教职人员培训认定工作的实施意见》精神，做好基督教教职人员的推荐、培训、认定、备案工作，共推荐参加省学习11人、参加市学习135人，推荐3人参加省神学院专科学习、2人参加一年制义工学习，组织18人参加市基督教两会组织的试讲活动，按程序认定、备案基督教专职传道员17人、义工传道员18人，举办全县基督教基层堂点负责人、义工传道员培训班4期。连续举办基层民族宗教干部培训班2次、宗教界财务人员培训班2次、宗教教职人员培训班3次、基督教基层堂点负责人和义工传道员培训班2次，共600余人次参加培训。

【宗教人员备案及社保】2013-2014年，完成佛教、基督教、天主教教职人员资格的上报、备案工作，实现全县专职宗教教职人员在省宗教局网站上可查询。2013年，指导各宗教团体做好教职人员社保工作，帮助教职人员解决实际困难。2014年，县内已备案的宗教教职人员已全部参加医保和社保，部分人员参加低保。

【宗教活动场所安全】2013年-2014年，每年都按照宗教场所（宗教团体）自查、镇（园区）检查、县抽查督查的办法，多次组织对全县所有宗教活动场所开展安全大检查专项行动，严密排查宗教场所用火、用电、消防、建筑、卫生、饮食等安全隐患，确保信教群众生命财产安全。2014年，县民族宗教局联合县消防大队开展消防安全知识进教堂活动，组织全县宗教场所负责人参加消防安全培训，提高宗教活动场所的安全意识、责任意识，确保不发生安全事故。

（陈春华）

机构编制工作

【单位设置及变更】2013-2014年，共设立机构12个：中共濉溪县委非公有制经济和社会组织工作委员会；中共濉溪县委非公有制经济和社会组织工作委员会办公室；中共濉溪经济开发区企业委员会；濉溪县民生工程工作办公室（濉溪县居民收入倍增工作办公室）；濉溪县劳动人事争议仲裁院；濉溪县招标采购中心；濉溪县互联网信息办公室；濉溪县人民检察院案件管理办公室；濉溪县人民检察院派驻临涣检察室；濉溪县人民检察院派驻南坪检察室；濉溪县县级医院管理委员会（简称“县医管会”）；濉溪县县级医院管理委员会办公室（简称“县医管办”）。

变更隶属关系1个：濉溪县精神文明建设指导委员会办公室，由挂靠县委宣传部管理变更为独立设置的县委工作部门。

更名单位19个：濉溪县国土资源局临涣国土资源管理所(国土资源执法监察中队)更名为濉溪县国土资源局临涣国土资源管理分局(国土资源执法监察中队)；濉溪县社会治安综合治理委员会办公室更名为濉溪县社会管理综合治理委员会办公室；濉溪县新型农村合作医疗管理中心更名为濉溪县城乡居民合作医疗管理中心；濉溪县公安局林业派出所更名为濉溪县森林公安局（濉溪县公安局森林警察大队）；十一个镇及濉溪经济开发区社会治安综合治理委员会办公室更名为镇（濉溪经济开发区）社会管理综合治理委员会办公室；濉溪县环境监察大队濉溪经济开发区环境监察中队更名为濉溪县濉溪经济开发区环境保护管理所；濉溪县思想政治工作研究会更名为濉溪县文明创建督导中心；濉溪县文物保护管理所更名为濉溪县文物事业管理局（隋唐大运河遗址博物馆）。

【编制审批】2013–2014年，经县编委会研究同意，增加编制、申请使用编制单位4个：将镇人口和计划生育服务中心编制由97名增加到137名；2013年申请使用编制200名，用于招聘教师；县水利工程管理中心（县农村饮水安全管理中心）增加编制10名，主任按副科级高配，编制调整后，县水利工程管理中心（县农村饮水安全管理中心）编制为45名；县交通运输管理所使用16名经费自理编制招录事业单位工作人员。

县编委会研究同意，办理入编85人：军转干部朱云汉安置在县安全生产监督管理局（县煤炭工业局）入编；淮北市2009年面向社会公开招募高校毕业生到农村基层从事“三支一扶”的志愿者黄寅在县农业执法大队入编，金玲在县城关中心学校入编，吕游在中共濉溪县委党校入编，王博、郭邵飞、史云峰、徐鹏、梁珍珍在县公安局入编，周福平到县城乡建设委员会所属四铺镇建设管理所工作并入编，郜洪艳在县实验小学入编，卞永德在县医院入编，朱学清在县中医医院入编，商如春在县城关中心学校入编；县编委会议同意杨立青、沈小陈等52人在县教育局、县卫生局入编，常赞在县社会保险征缴稽核中心（县人力资源和社会保障信息中心）入编，县广播电视台赵永康等17人纳入编制管理，王子千在县中医医院入编。

【人员核定和调整】2013–2014年，核定机关单位工勤辅助人员控制数199名，明确现占用行政编制的机关工勤辅助人员，改为占用本次核定的机关工勤辅助人员控制数；为机关工勤辅助人员岗位办理手续45人。“三定”规定单位246个，调整县人民法院、县编办、县招标采购管理局、县市场监督管理局“三定”规定，新核定全县242个事业单位“三定”规定。新组建县市场监督管理局行政编制180名，其中局机关35名，派出机构145名，设置领导职数局长1名，副局长3名，纪委书记1名，总工程师1名；派出机构副科级领导职数13名；高配副科级领导职数3名，股级领导职数32名。县市场监督管理局下设2个事业单位：一是濉溪县市场监督检验所，核定编制30名，所长1名，副所长2名；股级领导职数6名；二是濉溪县市场监督管理稽查大队，核定编制40名，大队长1名，副大队长3名；股级领导职数7名。

在县委直属党（工）委设置专职副书记和副科级工会主席领导职数各1名。

【单位核定和调整】2013-2014 年，加挂牌子和新增加机构 5 个：在县招标采购管理局内设机构招标采购中心，加挂招标采购代理处牌子；县社会救助管理中心加挂濉溪县家庭经济状况核对中心牌子；在县广播电视台内设机构总编室加挂濉溪新闻网牌子；县人民法院审判管理办公室与县人民法院审判委员会办公室一个机构两块牌子；县人民法院监察科与县人民法院监察室一个机构两块牌子。

提高单位规格和领导职位共 14 个：临涣镇内设机构经济发展办公室升格为副科级建制的经济发展局，村镇规划建设办公室升格为副科级建制的规划建设局；将濉溪镇、刘桥镇、百善镇、南坪镇、韩村镇、五沟镇、孙疃镇、双堆集镇、铁佛镇、四铺镇 10 个镇财政所所长按副科级高配；县妇女儿童工作委员会办公室主任按副科级高配；县环境卫生管理所所长按副科级高配。

撤销县直机关计划生育办公室，撤销县环境监察大队所辖濉溪经济开发区环境监察中队。

【制度建设】2013-2014 年，制定政策法规等规定 3 项，即《濉溪县机构编制事项审批办法》《濉溪县机构编制委员会工作规则》《濉溪县机关事业单位人员编制使用管理办法》。完成濉溪县机构编制管理册的更换工作，在 2007 年建立编制册的基础上进行合理的修改，使用上贴近工作需要，灵活方便。对 60 个行政机构、242 个事业单位的编制册进行年检。

【实名制系统核查】2013-2014 年，制订《濉溪县深入开展机构和人员编制核查全面推行机构编制实名制管理工作实施方案》，建立县机构和人员编制核查工作联席会议制度。县编办会同县委组织部、县财政局、县人力资源社会保障局、县纪委（监察局）、县审计局 5 个部门开展核查工作，掌握 422 个核查单位机构编制历史沿革及 12437 名在编人员相关信息，实现“四清两对应”目标。

【事业单位登记管理】2013 年，全县事业单位法人网上登记年检符合登记条件的事业单位 92 个，已登记的 92 个，登记率 100%；应年检的事业单位法人 90 个，已年检 90 个，年检率 100%。2014 年全县共有符合登记条件的事业单位 97 个，已登记 97 个，登记率 100%；应年检的事业法人 95 个，已年检 95 个，年检率 100%。对县社会保险征缴稽核中心（县人力资源和社会保障信息中心）等 2 个事业单位进行设立登记，对四铺中心学校等 27 个事业单位进行变更登记。

【中文域名注册】2014 年，根据中央编办《关于进一步加强党政群机关和事业单位网上名称管理工作的通知》(中央编办发〔2009〕4 号)、《关于进一步加强全省党政群机关及事业单位政务和公益中文域名注册管理工作的通知》(皖编办〔2011〕140 号)，就政务和公益中文域名注册的重要意义、操作流程等进行说明，已经续费的域名有 54 个，新申报注册域名 14 个。

电子政务和信息工作

【政务信息工作】围绕县委、县政府中心工作及省市县领导关注的热点、难点问题，搜集、整理信息，从大量信息中找出带规律性、普遍性、倾向性问题，及时编发上报，为领导科学决策提供依据。同时，加强与县委办、宣传、新闻等部门合作，加强督查调研部门的联系，相互沟通信息，实现信息渠道共享。2013-2014 年，共编发、上报信息 420 条，编发《濉溪政务信息》24 期，上报信息采用量在全市排名第一。

【政府网站建设】对县政府网站内设功能、版面色彩进行细化、优化、亮化，完善部分特色栏目，对县内外重点媒体网站，及时进行链接更新。在政府网站制作“党的群众路线教育实践活动”、“文明创建工作”等系列专题专栏。建立县政府网站与县内其他媒体定期沟通协调制度，多方面、多渠道采集新闻信息。及时更新栏目内容，做到主栏目每天更新至少 10 条信息，其他栏目定期更新。2013-2014年，信息中心自编信息达500余条。高度注重加强网上舆论引导，强化网络宣传管理。至2014年年底，县政府网站基本实现宣传濉溪、推介濉溪、发布信息、沟通市民的作用，成为濉溪县对外交流的重要窗口。

【政务办公网建设】加强政务网络安全检测，对电子政务办公网出现的故障及时排除。积极配合办公平台升级扩容，加强相关人员电子政务业务培训，对存在问题的单位现场指导，对有关单位在电子政务建设中存在的问题，提出合理化建议。各单位网上办公意识明显增强，网络办公水平得以提高，综合办公平台应用率得到提升。

【政府信息公开】贯彻落实政府信息公开条例，完善政府信息主动公开工作制度，及时主动公开各类信息。对所需公开内容进行严格审查，确保涉密信息不公开，及时更新完善各栏目各类信息。2013-2014年，信息中心共公开各类信息6500条。做好市政府网站县区快讯栏目的信息更新，两年共发布此类信息6700条。

【网民留言办理】做好网友投诉求助事件的交办和反馈工作，推进政民互动，认真做好"市长信箱"、"县长信箱"及"中安在线"网友投诉、求助、咨询事项的整理、交办和反馈工作。2013-2014年共办理市长信箱反映问题396件、县长信箱反映问题770件、中安在线反映问题99件，做到及时整理、及时交办、及时催办、及时反馈，为群众排忧解难。

地方志工作

【《濉溪年鉴》出版发行】2013年12月，濉溪县人民政府主办、濉溪县地方志编纂委员会承编的《濉溪年鉴》(2011-2012)完成编纂和出版发行工作。年鉴采用类目、分目、条目体结构，全面、完整、科学地记录2011-2012年度濉溪县在政治、经济、文化、社会等领域的发展变化，在突出记载县委县政府中心和重点工作的同时，加大对教育和卫生资源的介绍力度，增加对行政村的记述篇幅，为县志续修积累资料。

【《濉溪大事记》编纂发行】2013-2014年，刊发《濉溪大事记》24期，3100条12万字。每期大事记定期于13日前完成编纂任务，县志办及时在政府网站和县地方志办公室局域网上刊发，月月更新，做到和纸质资料的同步发布。

【完成《濉溪县志》（通志）编修的前期准备工作】1996年，《濉溪县志续编》出版发行，濉溪县率先在全省完成二轮修志工作。根据《地方志工作条例》第六条"地方志书每二十年左右修一次"的规定，2015年应启动新一轮志书的编纂。县志办于2014年9月起，整理资料，起草编纂方案及各项准备工作。2014年12月15日，濉溪县政府常务会议听取关于启动第三轮《濉溪县志》（通志）编纂工作的汇报，同意县志办拟定的工作方案。《濉溪县志》（通志）编纂工作分组织宣传发动、考察学习培训、修订补充资料、编纂、送审出版印刷发行五个阶段，2017年全面完成各项工作。

政协　人民团体

政协濉溪县委员会

【全体会议】政协濉溪县第九届委员会第三次会议于2014年1月3日-5日召开，277名政协委员出席会议，17名社会各界代表列席会议。会议审议通过县政协常务委员会工作报告和提案工作报告，听取并讨论濉溪县人民政府工作报告、濉溪县2013年国民经济和社会发展计划执行情况和2014年计划草案报告、濉溪县2013年财政预算执行情况和2014年财政预算草案报告、濉溪县人民法院工作报告、濉溪县人民检察院工作报告；听取并审议县政协九届三次会议提案审查情况报告，审议通过县政协九届三次会议决议、关于县政协九届委员会常务委员会工作报告决议和关于县政协九届委员会常务委员会提案工作报告决议；对2013年度先进委员活动组、优秀政协委员进行表彰；会议共收到31份大会发言材料。

【常务会议】九届常务委员会第六次会议于2013年3月12日召开。会议学习全国政协十二届一次会议、省政协十一届一次会议、市政协九届一次会议精神传达提纲和《中共安徽省委关于推进人民政协政治协商制度建设的意见》；审议通过《政协濉溪县委员会2013年工作要点（草案）》；协商讨论《中共濉溪县委关于推进人民政协政治协商制度建设的实施意见（草案）》；对县政协机关招商引资做出突出贡献的政协委员李红兵进行表彰。

九届常务委员会第七次会议于2013年7月5日召开。会议学习《中共中央办公厅、国务院办公厅、中央军委办公厅关于进一步加强烈士纪念工作的意见》和《王明方、王秀芳同志在十一届省政协委员学习培训班上的讲话》；听取县委宣传部关于淮海战役胜利65周年纪念活动开展情况的通报；听取并讨论县政府关于濉溪县民办教育发展情况的报告和县政协关于濉溪县民办教育发展情况的调研报告；协商决定政协濉溪县第九届委员会部分委员职务调整。

九届常务委员会第八次会议于2013年10月15日召开。会议学习全国宣传思想工作会议精神，听取县政协九届二次会议提案办理情况的通报，听取并讨论“推进美好乡村建设”的调研报告。

九届常务委员会第九次会议于2013年12月19日召开。会议学习中共十八届三中全会精神传达提纲和中央经济工作会议精神传达提纲；审议通过增补九届县政协委员的决定；协商通过召开县政协九届三次会议的决定（草案），县政协九届三次会议议程（草案），日程（草案），秘书长、副秘书长名单（草案），执行主席分组名单及各次全体大会主持人建议名单，委员编组和召集人名单（草案），九届常委会工作报告，提案工作报告委托报告人名单（草案），县政协九届常委会工作报告（讨论稿），县政协九届常委会提案工作报告（讨论稿）；审议通过关于表彰2013年度先进委员活动组、优秀政协委员的决定（草案）。

九届常务委员会第十次会议于2014年1月15日召开。会议协商讨论县政协九届三次会议提案审查情况的报告（草案）；协商讨论县政协九届三次会议提案审查情况报告的决议（草案）；协商讨论县政协九届三次会议决议（草案）。

九届常务委员会第十一次会议于2014年2月12日召开。会议学习习近平在党的群众路线教育实践活动第一批总结暨第二批部署会议上的重要讲话精神和省政协十一届二次会议精神以及县委《关于印发〈中共濉溪县委关于深入开展党的群众路线实践活动的实施方案〉的通知》；听取并讨论县政协调研组关于“全县机关作风建设情况”的调研报告；审议通过《政协濉溪县委员会2014年工作要点》。

九届常务委员会第十二次会议于2014年6月26日召开。会议学习《关于认真学习贯彻习近平指导兰考县委常委班子专题民主生活会时的讲话精神的通知》；听取并讨论县政协调研组关于“濉溪县民俗文化保护和发展”的调研报告；协商通过有关人事问题。

九届常务委员会第十三次会议于10月16日召开。会议学习庆祝中国人民政治协商会议成立65周年大会精神传达提纲；听取县政协九届三次会议提案办理情况的通报；县城乡建委、县文化委主要负责人分别就办好政协委员提案工作做典型发言；会议听取并讨论县政协调研组关于“濉溪县食品药品安全状况”的调研报告。

【党的群众路线教育实践活动】2014年2月18日，县政协机关召开党的群众路线教育实践活动动员会，会议传达县委党的群众路线教育实践活动工作会议精神；听取县政协机关深入开展党的群众路线教育实践活动的动员报告；印发《县政协机关深入开展党的群众路线教育实践活动的实施方案》和《关于成立县政协机关党的群众路线教育实践活动领导小组的通知》，对县政协领导班子及成员的作风建设情况进行民主评议。

2014年7月10日，县政协党组召开党的群众路线教育实践活动专题民主生活会。会上，县政协党组书记、主席杨恒仁首先代表县政协党组作对照检查，党组班子各位成员逐一作对照检查。每位成员发言后，其他成员分别对其提出批评意见。党组班子成员在听取其他成员批评意见后，分别进行表态发言。

2014年7月16日，县政协党组召开教育实践活动专题民主生活会情况通报会，县政协主席杨恒仁主持会议并通报县政协党组教育实践活动专题民主生活会情况。

【召开民营经济发展研讨会】2013年7月16日，县政协召开第六届民营经济发展研讨会。会议以“科技创新是企业发展不竭的动力”为主题，邀请理士国际技术有限公司副总裁、中国标准化委员会铅酸蓄电池专业委员会副主任委员、中国电工技术学会铅酸蓄电池专业技术委员会副主任委员、哈尔滨工业大学兼职教授董捷针对濉溪县民营企业在创新发展等方面的问题作专题讲座，与濉溪县民营企业家代表进行深入互动交流，对濉溪县民营经济发展现状及企业创新进行点评。

县政协第七届民营经济发展研讨会于2014年7月25日召开。会议以“文化建设是新世纪企业生存和发展的内在需要”为主题，邀请上海企业文化与品牌研究所所长、上海工商经济进修学院院长周元祝对濉溪县民营经济发展现状及企业文化建设进行点评，并作题为《新视野下的企业文化理论探析》专题讲座。

【政情通报会】2013年12月6日，县政协召开年度政情通报会，通报全县2013年经济社会发展情况和县政协九届三次会议筹备情况；宣读《政协濉溪县委员会关于学习贯彻中共十八届三中全会精神的通知》；对县政协九届三次会议提案和大会发言材料征集工作进行安排。

2014年12月5日，县政协召开年度政情通报会，通报全县2014年经济社会发展情况，对县政协九届四次会议提案和大会发言材料征集工作进行安排。

【县区政协主席座谈会在县召开】2014年12月4日，政协淮北市委员会县区政协主席座谈会在濉溪县召开。会上，县区政协主席深入交流学习习近平总书记在庆祝人民政协成立65周年大会上的讲话精神和中共十八届四中全会精神体会，探讨适应治理能力现代化的要求；加强政协自身建设，推进依法协商制度化、规范化、程序化新途径；对市政协2015年工作提出合理化建议。

【政治协商】2013年，县政协召开常委会议5次，主席会议12次，围绕经济发展、城镇建设、教育医疗卫生、社会管理、民办教育发展、红色旅游资源保护与开发利用等工作进行协商讨论。

2014年，县政协召开全体会议1次，常委会议3次，主席会议12次，围绕打造铝基产业、优化经济发展环境、建设魅力濉溪、作风建设、民俗文化研究与利用、食品药品安全等工作进行协商讨论。

【民主监督】2013年，县政协组织部分委员对重点招商引资项目、重点提案办理、纪念淮海战役胜利65周年纪念活动开展情况、美好乡村建设、农林生产、土地管理、环境保护、司法工作、民生工程实施、食品药品监管等方面的工作进行10余次视察，提出针对性的意见建议；参与事业单位人员招聘现场监督和对政法工作、市容管理、电信服务等工作的监督，积极参与行风评议、民主测评等监督活动。

2014年，县政协组织部分委员对全县养老事业发展、重点提案办理、濉芜现代产业园区建设发展、民生工程实施、公立医院改革、全县道路建设等工作情况进行10余次专题视察，形成视察报告10余篇。推荐政协委员担任纪检、监察、公安、检察机关及政府职能部门等多个单位的特邀监督员；推荐23名政协委员作为全县的民主评议员，纳入全县评议员信息库，对全县政风、行风建设情况进行民主评议；选派委员参与全县教师招考、公租房分配等监督活动。

【参政议政】2013年，县政协组织开展关于民办教育、美好乡村建设、濉溪芜湖现代产业园区建设等重大问题的视察调研，形成《送阅材料》供党委政府决策参考。政协委员们共提供招商信息256条，协议引资24.8亿元，到位资金6.9亿元，委员自身投资5.2亿元。

2014年，县政协组织开展全县机关作风建设情况、濉溪县民俗文化保护和发展情况、食品安全状况等专题视察调研，发挥议政、咨政、协政、助政的积极作用。引进总投资1.35亿元、年产5万吨太阳能板及节能铝型材项目，超额完成全年招商引资任务。政协委员提供招商引资信息221条，协议引资19.6亿元，引进资金14.3亿元，委员实际投资4.3亿元。

【提案工作】2013年共收到委员提案207件，审查立案137件。加快推进工业强县、加快园区建设、培育支柱产业、支持民营经济发展等提案21件；提升城市管理水平、促进美好乡村建设、整治农村卫生环境等提案34件；改善农村医疗卫生条件、加强疾病防控、关注留守儿童教育、改善办学条件等提案58件。12月底，提案已办复137件，占立案总数的100%。其中已办结落实或正在落实的72件，占提案总数的53%，列入计划逐步实施的65件，占提案总数的47%。

2014年，共收到委员提案144件，审查立案128件。优化发展环境、提高县域经济竞争力、支持民营经济发展等提案11件；城乡规划、市政建设、环境治理等提案27件；教育、医疗、环保、交通安全等提案65件；加强青少年法制教育、建设法治美好乡村、提高政府法治管理水平等提案13件。12月底，已解决或基本解决的69件，占提案总数的53.9%；正在解决或列入计划逐步解决的59件，占提案总数的46.1%，

【对外联谊】2013年，县政协接待省政协副主席张学平、省政协常委视察团、省政协民生工程实施情况专题调研组及市政协有关领导和芜湖市、安庆市、东至县、岳西县等兄弟市、县、区政协到濉溪视察、考察；走出去与芜湖市、芜湖县、埇桥区等地开展联系交流、考察学习。参加省政协推进协商民主专题研讨会暨省辖市政协主席座谈会、淮北市县区政协主席第42次联系会。

2014年，县政协接待省政协副主席张学平及市政协有关领导和杭州市、芜湖县等兄弟市、县政协到濉溪视察、考察；走出去与黄山市、芜湖县、含山县、来安县、灵璧县等兄弟市、县政协开展联系交流；到省政协文史委汇报柳孜大运河遗址保护与开发工作；参加省辖市政协主席座谈会暨全省政协专门委员会工作研讨会、市政协纪念中国人民政治协商会议65周年座谈会、全国政协第95期干部培训班。

统战工作

【理想信念教育活动】根据省、市委统战部的统一部署，2013年6月初至10月下

旬，在全县非公有制经济人士中开展理想信念教育活动，按照动员部署、学习实践和总结交流三个阶段分步实施。濉溪非公经济人士通过理想信念教育实践活动，坚定坚持走中国特色社会主义道路的信念，坚定对党委、政府的信任，坚定做好企业的信心。

【统战文化建设】2013年8月起，濉溪县开展统战文化建设工程。共分三个阶段：开局阶段（2013年8月-2014年12月），科学制定濉溪县统战文化建设规划、实施方案和年度计划；提升阶段（2015年1月-2016年12月），结合濉溪统战特点，深化文化内涵、丰富文化内容、创新文化载体、打造文化品牌，基本形成融合“同心”理念，彰显和谐魅力、富有鲜明濉溪特色的统战文化；巩固阶段（2017年1月-2017年12月），开展统战文化特色活动，巩固和完善统战文化建设成果，完成濉溪特色文化整合工作。至2014年年底，已完成第一阶段工作，第二阶段进行中。

【民主党派干部工作】加强民主党派领导班子建设。2013年12月26日，民建濉溪县支部召开第四次全体会员大会，会议通过无记名投票选举产生民建濉溪县支部第四届委员会，任婷当选为主委，苗晔、韩琦当选为副主委。

2014年9月28日，民进濉溪县支部召开第四次全体会员大会。会议认真听取民进濉溪县支部第三届支委工作报告，通过无记名投票选举产生第四届民进濉溪县支部委员会，陈倩当选为主委，蔡莽、李殿明、王玫任副主委。

切实履行参政党职能。2014年11月29日，新一届民进濉溪县支部班子全体成员及活动小组组长召开新一届支部履职工作会议。会上，传达民进安徽省基层组织负责人培训班学习情况，传达民进中央会议精神。与会人员联系实际对民进濉溪县支部2014年度工作计划进行讨论修改，形成支部办公、组织生活、年度总结、两会传达、调研及送医下乡等活动年度工作计划。

党外干部培训得到加强。2014年11月25日，择优推荐15名党外干部参加省委党校“十八大报告辅导班”学习，接受党的统一战线、方针政策的系统教育。

濉溪县总工会

【劳动竞赛】2013-2014年，县总工会开展各种形式的创先争优劳动竞赛，激发广大职工创先争优建功立业的积极性。在县经济开发区、濉溪镇、百善镇等6个工业集中区，由工会组织牵头开展“当好主力军，建功十二五”劳动竞赛活动，120多家企业工会组织开展挖潜增效竞赛、节能减排和群众性小创新、小发明技能比赛等，各基层工会对200多名劳动竞赛标兵进行表彰。2013年五·一节前夕，县委、县政府表彰48名全县各行各业的劳动模范。积极实施职工队伍素质提升工程，组织企业工会开展技术培训、技术比武、岗位练兵、发明创造为主题内容的职工技术进步活动，促进职工素质提升。家园新材料公司开展师徒帮带活动；巨成化工公司以劳模工作室为引领，培养企业创新人才；理士电池公司工会开展定期的职工技能培训班。2014年成功举办全县第一届农电工业务技能大赛。来自全县的29支代表队、116名选手参加，历时2天。大赛分配电和营销两大专业，竞赛科目设置采取团队项目和个人基础理论知识、专业理论知识、计算机操作、现场实际操作等相结合的形式，涵盖电力系统基础知识、基本原理、规程规范、施工、运行、验收等方面。

【送温暖和促进再就业】2013-2014年元旦春节期间，全县各级工会开展入户调查摸底，准确掌握困难职工信息，走访慰问困难职工2129人，发放送温暖钱物138.4万元，为困难职工送去大米、食用油、被子等款物。积极开展金秋助学活动，两年共筹集助学资金53.8万元，帮助185名困难职工（农民工）圆大学梦。采取部门联动，开展春风行动。大力宣传“全国工会就业援助月”活动暨淮北市“暖风行动”公益性大型招聘会，组织200多名当地进城务工人员、城镇失业人员、大中专院校毕业生和有求职意愿各类人士参加。在临涣、百善、南坪、铁佛

4个劳动力资源较充裕的集镇，举行4场用工招聘会，提供财务、技工、营销、机械等10072个就职岗位，咨询应聘者近万人，现场签订1800份用工协议。

【安康杯竞赛及夏季送清凉】开展“安康杯”竞赛、“安全生产月”活动，宣传安全生产和职业健康及劳动保护知识，贯彻落实国家《防暑降温措施管理办法》和安徽省《关于高温季节津贴标准的通知》等文件要求，督促企业改善劳动条件、作业环境。2013-2014年共筹集夏季送清凉物资折款28.7万元，为全县31家企业高温岗位5000多名职工及环卫工人、执勤交警、消防战士、供电、供水、供气抢修现场及窗口行业职工送去防暑降温清凉用品。开展“送图书送文体送安全进企业”活动，先后为濉溪镇乾隆湖工业园区党群活动中心、巨成化工、顺发食品、鸿源煤化、福尔足袜业、美信铝业等基层单位职工书屋赠送图书卡、图书价值5万元。

【工会组织建设】按照“巩固、发展、提高”的总要求，分类推进工会组建。2014年6月，县机构编制委员会下发《关于在县委直属党（工）委设置专职副书记和工会主席领导职数的通知》，明确在全县19个县直机关事业单位（含两个经济开发区）和11个镇各设置副科级工会主席1名。已有10个单位配备到位。坚持以党建带共建，突出50人以上非公企业作为组建重点，农民工入会作为会员发展的重点。不断拓展工会组建工作的新领域，对200余家新经济组织进行抽样调查，为组建工作提供翔实可靠的依据。2014年，全县新建工会组织110个，新增会员3800人，中小型非公企业组建率达82%，规模以上非公企业的建会率达95%。全县共有基层工会组织897家，涵盖单位1275个，会员8.6万人。

【实施“彩虹计划”活动】2014年，开展为单亲困难女职工开展助子女上学、送生活救助、送健康保险、送心灵关爱为主要内容“一助三送”活动。“三八”及“端午节”期间，慰问单亲困难女职工6人，慰问金分别为1000元、500元。“六一”期间慰问单亲困难女职工子女3人，每人慰问金500元。对重大疾病的单亲困难女职工实施“一对一”帮扶。8月，对子女考入高校的单亲困难女职工逐人逐户进行家访，详细了解困难职工家庭的困难程度、困难原因，并对其子女进行心理疏导，帮助他们走出心理阴影。10月组织一对新人参加市总工会等单位主办的“幸福牵手、情系相城”集体婚礼活动。

共青团濉溪县委员会

【概况】2013-2014年，团濉溪县委先后获“第九届安徽省青年志愿者优秀组织奖”、“学习党的十八大报告和党章知识竞赛优秀组织奖”、“全省共青团信息工作先进单位”、“淮北市优秀青年服务集体”、“地方志《淮北史话》知识竞赛组织奖”、“全县精神文明建设工作先进单位”等称号。

【青年就业创业】2013-2014年，联合县人社局举行“春风行动”城乡劳动力现场招聘会，达成用工意向1500人。强力推进青年创业小额贷款工作，有159名符合条件的创业青年申请到贷款贴息，涉及贷款规模3159.5万元，兑现贴息资金156.22万元。2013年4月，濉溪县青年创业者协会合肥分会在合肥揭牌。2014年3月，濉溪县青年创业者协会杭州分会在杭州富阳揭牌，有效加强濉溪在外务工青年的联系与交流。开展“会长企业大走访”和“理事企业大走访”活动。推荐大学生村官创业者加入省村官创业分会，组织青年创业代表参加全省阳光工程农业创业培训班，提升青年创业能力。2014年举办“奋斗的青春最美丽·濉溪青年创业故事会”专场报告会17场次，助推青年成长成才梦。

【青少年思想道德教育】2013年，举办“爱心助力成长”儿童心理健康活动。开展爱心助学和心理健康咨询活动，为22名留守儿童每人发放助学金500元、学习用具、文体用品以及青少年普法手册、文明礼仪手册等。主办18岁成人宣誓仪式，2013-2014年全县8000名年满18岁的青年学生面对国旗庄严宣誓，共同庆祝成人。召开濉溪县纪念“五四运动”暨表彰大会，表彰先进典型，动员广大团员青年投身濉溪经济社会建设。2014年先后开展“我与祖国共奋进”、“红领巾心向党”等主题教育实践活动31场次。举办“欢度儿童节 描绘我的梦”青少年现场涂鸦公益活动。寒暑假在濉溪青少年宫举行2期公益艺术培训班，涉及少儿舞蹈、书法、绘画等8个专业，免费为300名少年儿童培训。联合县教育局、妇联、文明办等单位开展濉溪县“十佳（百优）留守未成年人”评选表彰活动。成立社会主义核心价值观宣讲团，分别在学校、企业、美好乡村、街道社区、青年创业基地等举办宣讲会8场次。

【青少年法制宣传和维权】先后组织开展送法进校园活动21场次，青春自护教育活动36场次。联合县消防队在中小学开展消防应急演练6次。开展以“强化红线意识 促进安全发展”为主题的安全生产月宣传咨询日活动，提高青少年安全意识。

【青年志愿者行动】2013年，联合县文明办启动濉溪县首个社区星级志愿服务广场，志愿服务种类涵盖卫生义诊、法律咨询、创业指导、关爱弱势群体等九项。2014年，前往濉溪县启言聋儿培训中心开展“爱心助残”志愿服务活动。动员全县35家单位近千名志愿者开展以“学习雷锋精神，服务‘四个濉溪’建设”为主题的青年志愿服务活动。创建文明县城期间，设立8个固定青年志愿服务点，组织1000余名志愿者在县城主要路口开展文明志愿服务工作11次。动员全县青年安全生产示范岗集体开展“关爱渔民，爱心助学”活动，慰问帮扶以船为家渔民子女40人。暑期组织“爱心圆梦大学”活动的受助大学生参加志愿服务活动。组织青年志愿者到濉溪镇松鹤缘老年公寓开展金秋慰问活动。

【“希望工程”“爱心助学”】2013-2014年，开展希望工程“爱心圆梦大学”行动，共筹集资金95.9万元，资助贫困大学新生304名。两年来，资助慰问贫困留守儿童53人，发放慰问金33100元。联合县希望工程办公室举办“爱心报刊一助一”活动，为11所农村小学的留守儿童募集爱心捐款27100元。开展“青年文明号”结对手拉手活动，在全县掀起关爱青少年成长之风。

【团组织建设】2013年举办“青春·梦飞扬”团务知识竞赛，各镇、开发区、县直单位和学校团委书记30人参加。依托濉溪县青年创业者协会合肥分会、杭州分会，成立驻外团组织，有效加强濉溪在肥、在杭青年的联系。2014年召开党的群众路线教育实践活动动员会，签订团县委党员领导干部反对“四风”加强作风建设公开承诺书，对党的群众路线教育实践活动精神进行集中学习。召开党的群众路线教育实践活动廉政教育会，观看廉政警示教育影片《生死抉择》。召开共青团濉溪县十二届八次会议全委会。结合“村两委”换届，加强镇村团组织覆盖，全县206个村健全团组织建设。2014年12月26、27日，召开共青团濉溪县第十三届代表大会，圆满完成换届任务，聂颖当选为书记，丁晓莉、梁文龙当选为副书记。

濉溪县妇女联合会

【概况】县妇联内设办公室和发展部2个职能部室，有行政编制5人，2014年在编工作人员5人。县政府妇女儿童工作委员会办公室设在县妇联，有事业编制2人，2014年在编工作人员2人。2013年月4月，经县机构编制委员会批复，县政府妇女儿童工作委员会办公室主任按副科级高配。

2013-2014年，县妇联先后获省“巾帼建功先进集体”、全市“妇联系统先进集体”、2013年度和2014年度全市“妇女工作目标管理考核先进单位”、2012年度和2013年度县“目标管理考核先进单位”、县“小老板培育工程实施先进单位”、县“城市流动人口计划生育工作优秀单位”、县“科学素质工作先进单位”等称号。

【妇女创业】继续推进妇女小额担保财政贴息贷款，2013-2014年共为468名创业妇女提供贷款资金2268万元，贴息301.35

万元。开展“双学双比”和“巾帼建功”活动，实施“小老板培育工程”，组织贫困失学农家女参加省“春蕾”职教班学习，举办各类创业技能培训班154期，受训妇女1.2万人次。配合县人社部门举办“春风行动”专场招聘会20余场，帮助600余名妇女实现就业。开展巾帼合作社专题调研，全面了解全县巾帼合作社的总体情况、存在问题及困难，为推动合作社健康发展找准方向。培育壮大巾帼创业典型，评选表彰“双学双比”女能手、巾帼致富带头人21名、巾帼科技示范基地14个。2013年8月，百善镇“金土地双孢菇种植专业合作社”被全国妇联、科技部、农业部命名为“全国巾帼现代农业科技示范基地”。

【妇女儿童维权】着力推进“六五”普法宣传教育工作，组织基层妇联开展“三八”维权月、江淮普法行、平安家庭知识宣讲等普法宣传活动200余场、次，发放宣传资料8万份。聘任律师担任县妇联法律顾问，为妇女提供法律咨询、法律知识讲座和培训33期，培训妇女2000人次。整合资源优势，设立妇女儿童维权岗和保护妇女儿童权益合议庭。2014年7月，通过县法院为铁佛镇杨某下发“人身保护令”，有效预防和制止了家庭暴力。2013-2014年，全县妇联系统接待妇女信访案件3600件，调解离婚案件2000件，结案率99%；县妇联陪审员参与妇女儿童维权案件陪审30次，与县法院联合开展巡回法庭进乡村活动10余次；为遭丈夫遗弃的陕西籍残疾妇女李某、孙疃镇妇女郜某、遭受家暴的铁佛镇妇女程某等40余名妇女，提供免费法律援助；为刘桥镇精神病女孩张皖秋协调县信访救助金5000元，为其解决医药费问题。开展男女平等基本国策和“两纲”知识宣传活动，开展以维护妇女权益为重点的村规民约问卷调查及修订完善工作，召开全县妇女儿童工作会议，协调解决妇女儿童发展中的重难点问题，推动“两纲”目标逐年、逐层落实。

【妇女文明创建】2013年，举办“美好濉溪 巾帼先行”主题活动启动仪式、“美好乡村 魅力巾帼”新农村巾帼健身舞展演、道德讲堂活动；2014年，举办庆“三八”趣味运动会、“快乐工作 幸福生活”女性心理健康知识讲座、妇女干部“周末大讲堂”，丰富节日活动，提升妇女内在修养和文化品味。开展年度先进集体和先进个人评选表彰活动，两年共表彰各类先进140名（个），营造妇女群众建功立业的良好氛围。继续深化“五好文明家庭”创建活动，2013年，与县文明委联合开展“十星级文明户”评选活动，评选“十星级文明户”1000余户；2014年，深入镇村开展“勤劳善良巾帼美 我身边的勤劳善良故事”宣讲活动20余场和节俭养德活动。联合县委宣传部、县文明办、县广电台在城乡广泛开展寻找“最美家庭”活动并举办颁奖典礼，共评选出夫妻和睦、尊老爱幼、勤俭持家、科学教子等各类典型家庭200户。其中，“最美家庭”10户，“五好文明家庭”标兵20户，“五好文明家庭”170户。2013年4月，由县妇联推荐的五沟镇益民超市王芳荣，获第五届“全国孝亲敬老之星”道德模范；2014年4月，县“最美家庭”铁佛镇张黄庄村马彩侠被评为安徽“最美媳妇”称号。以巾帼志愿者行动推动文明创建工作，组织开展文明劝导、植树造林、保护母亲河、法律援助、与贫困儿童结对、敬老院服务等巾帼志愿服务活动10次。组织开展“妇联工作宣传月”活动，与县广电台联合拍摄《巾帼风采》，印制县妇联工作手册、宣传折页、宣传物品3万份，宣传妇女儿童工作及成果，营造全社会共同关注妇女儿童发展的氛围。2013-2014年，县妇联在各类主流媒体（网站）发表稿件500余篇，其中国家级采用16篇，省级采用64篇，市级采用400多篇。

【妇女儿童关爱】2013-2014年，组织妇儿工委成员单位慰问贫困儿童200余名，协调爱心企业家慰问贫困学校5所，资助贫困辍学儿童2人，救助金额36万元。开展“春蕾成才”助学行动，为100余名贫困女大学生提供助学金50万元。两年共慰问救助贫困妇女儿童380人，发放救助金39万元。关爱女性健康，实施“母亲邮包”、“母亲健康快车”和“两癌”免费筛查等项目，为11名两癌贫困母亲争取全国救助金11万元。2013年3月，县妇联积极参与“母亲邮包”项目实施，及时将香港华懋集团公司资助的价值4万元“母亲暖心包”发放到200名贫困母亲的手中。加强留守儿童活动室的后续管养，定期开展活动室管理员业务培训，实施“彩虹桥”关爱留守儿童行动，精心设计“一月一主题”活动，组织开展学雷锋、环保节约、科普安全知识教育等丰富多彩的活动；举办留守儿童“周末大讲堂”，开设儿童书法、绘画、音乐、舞蹈等艺术班，培养留守儿童的兴趣特长；创建省“儿童友好家园”项目示范点1个。2013年5月25日，城乡爱心家庭结对帮扶活动启动仪式暨庆“六一”活动在刘桥镇中心学校举行，20户家庭当场结对。开展“点燃微心愿 同圆中国梦”活动，共筹集爱心人士捐款4.8万元。2014年5月30日，在县实验小学举行“点燃微心愿 同圆中国梦”活动捐赠仪式，县委书记李加玉等县领导参加活动并为贫困留守儿童捐赠爱心礼物。

【创业扶持项目品牌】实施省妇女创业扶持专项资金项目，精心组织实施、加强督察指导、规范资金管理，围绕项目建设，在项目点分别开展妇女创业培训、创业惠农政策宣传、创业女性座谈、法律知识讲座、巾帼志愿者清洁乡村、关爱留守儿童和孤寡老人等活动，切实发挥“实施一个项目、惠及一片妇女、促进一方发展”的作用。通过项目实施，基层妇女之家建设整体水平提升，打造出濉溪县妇女工作示范品牌。2013–2014年，共创建省、市妇女创业扶持项目示范点12个，其中，“徽姑娘农家乐”项目点1个、“美丽家园行动”项目点8个、“妇女之家”项目点2个、“农村留守儿童关爱服务”项目点1个，争取省、市项目资金57万元。

【基层妇女组织建设】加强妇联干部队伍建设，举办全县女干部综合素质培训班，组织各级妇联干部参加省、市妇联业务培训100人次。2014年11月13日，全市村“两委”妇女成员暨妇代会主任培训班在县举行。充实基层妇联工作经费，提供妇女创业、留守儿童活动室建设和村“妇女之家”建设经费10万元，推动“妇女之家”向“标准化建家、常态化管家、多元化用家”建设目标迈进。继续延伸工作触角，在全县社会组织中新建妇女组织59个。第九届村“两委”换届中，抓好女性进村“两委”和村级妇代会同步换届，积极推动妇女参选参政。全县村“两委”女性成员及女性正职比例均高于上届，担任村党组织书记女性10人，担任村主任女性12人，实现村妇代会主任100%进村“两委”。2013年2月27日，召开县妇联十届八次执委会议，会议增（替）补县妇联执委8名、常委1名。2014年11月18日，县妇联十届十次执委会议选举推荐县各界有影响的优秀女性55名出席市妇女第十次代表大会。

工商联工作

2013–2014年，县工商联紧紧围绕非公有制经济中的热点、难点开展调研活动20次，围绕全县经济发展、招商引资、社会治安、关注民生、诚信建议等重点问题，共提出提案20件，得到有关部门重视和采纳。鼓励支持非公经济人士和非公企业为濉溪经济发展、建设美好濉溪做贡献，引导会员企业参与捐资助学，扶贫济困等社会公益事业。

（李晓平）

司法　武装

政法委及综治工作

【概况】2013-2014年，县综治办与政法委合署办公，县委维护稳定工作领导小组办公室、县委防范和处理邪教问题领导小组办公室挂靠县委政法委。县委政法委内设政治处、办公室、执法监督室。县委政法委(含综治办、防邪办、维稳办)行政编制8人，实有在职职工13人，其中公务员11人、工勤人员2人。

【政法委工作】以综治维稳信访工作中心（站）建设为重点，全面推进平安濉溪、法治濉溪、过硬队伍建设。县委4名常委齐抓共管社会治理工作，2013-2014年，连续两年被省委省政府命名为全省平安县(区)。扎实开展重点地区排查整治和矛盾纠纷排查调处工作，县政府拨款120万元在全县成立镇（园、区）综治维稳信访工作中心12个，240个村（社区、居）成立综治维稳信访工作站， 11个镇和开发区配齐综治副科级专职副主任。医患纠纷人民调解委员会成功调处诉求500万元的医患纠纷；认真落实目标管理责任制 和领导责任制，二年内一票否决3个单位，表彰平安示范单位60个，先进个人68名，省市政法委交办的37件涉法涉诉案件全部办结，其中《他在17年上访路上停下了脚步》一案例受到省市政法委表扬；开展农村治安保险工作，治安保险覆盖率达70%。在40余所中学、中心校开展“关爱明天•普法先行”青少年法制集中教育活动，举办“平安濉溪”文艺晚会、青少年“模拟法庭”。杨增伟获第十届“昆仑奖”全国十大见义勇为英雄司机称号，冯庆贺、王大贺被评为“安徽移动”弘扬正气奖；国家卫计委在福建省召开“两非”工作交流会，濉溪县会上作经验发言，周鲁全、陈绪好、马夫华、郑万胜4人荣立个人三等功。

【维护社会稳定】坚持以涉军等重点群体为重点，做好全国两会、中共十八届四中全会、APEC会议期间的社会稳定工作。

对直接关系人民群众切身利益且涉及面广、容易引发社会稳定问题的重大决策事项，都进行社会稳定风险评估。

做好重大社会安全事件应急处置各项工作，全县各镇（村）均组建以镇村干部为主体、不少于50人（20人）的维稳应急处置骨干队伍。2013年10月30日，淮北市在韩村镇召开基层应急处置机制建设经验交流会。

【防范和处理邪教】扎实开展反邪教警示教育活动，建警示教育阵地315处，发放宣传品25万件，反邪教文艺演出26场。

公　安

【概述】濉溪县公安局内设机构14个，派出机构14个，挂靠机构2个，民警451人。2013-2014年，县公安局开展党的群众路线教育实践活动，实施“四大警务”，推进“四项建设”，各项工作取得较好成绩。溪河派出所获“全国青年文明号”，韩村派出所被公安部命名为“全国公安机关执法规范化建设示范单位”。刑侦大队长叶永军被省公安厅授予“全省十大忠诚卫士”称号。

【维护稳定工作】开展情报信息搜集分析研判工作，对深层次、内幕性、预警性情报信息经分析研判及时上报相关部门，为领导决策提供科学依据。严厉打击、严密防范“法轮功”、“全能神”等邪教活动，两年来未发生公开宣教、聚集滋事等非法活动，未发生有重大影响的非法宗教活动。开展矛盾纠纷大排查、国保基础调查工作，加强对重点群体、重点人员的稳控。开展疑难信访案件化解，坚持开门接访、带案下访，认真办理信访案件，妥善解决群众反映的问题。稳妥处置涉及房屋拆迁、征地赔偿、讨要工资、闹丧、外来穆斯林人员经商纠纷等事件，确保全县大局稳定。

【刑事侦查工作】2013年，开展打黑除恶、打击“两抢一盗”、打击公共场所犯罪、打击毒品犯罪等专项行动，受理刑事案件2366起，破获犯罪嫌疑人案1965起，抓获犯罪嫌疑人596人，逮捕502人，起诉640人。打掉犯罪团伙24个，抓获116人。抓获逃犯157人，其中外省逃犯21人，B级逃犯1人，打掉流窜犯罪团伙6个，抓获22人，破获案件73起，带破隐案50起，带破周边地市案件近百起。打掉一个长期流窜于双堆集镇与怀远、蒙城交界地带的搬家式盗窃团伙。2013年共受理经济案件 9起，立案8起，刑事拘留 7人，逮捕2人，起诉5件8人。涉嫌假冒伪劣商品案8起，拘留17人，逮捕6人，起诉5件7人。与工商、质监、烟草等部门联合检查5次，查获假酒150余件，非法经营香烟1500条，涉案金额25万余元。捣毁传销窝点12个，刑拘3人，驱散传销人员328人。

2014年，开展“守护平安”系列行动，打击严重暴力犯罪、黑恶势力犯罪和“两抢一盗”侵财性犯罪，连续6年实现命案全破。受理各类刑事案件2047起，其中八大类案件立案165起，命案3起。破获1359起，抓获772人，逮捕605人，起诉740人，抓获网上逃犯175人。破获“6·9”周大金珠宝店被劫案，仅用43个小时便成功抓获犯罪嫌疑人。破获毒品犯罪案件16起，抓获22人，查处吸毒人50人，强制隔离戒毒8人，缴获毒品138.5克。受理经济案件39起，立案31起，刑拘10人，逮捕8人，取保候审5人，起诉13人，挽回损失1249万元。受理侵犯知识产权和制售假冒伪劣商品犯罪案件6件，立案6件，抓获犯罪嫌疑人5人，刑事拘留5人，逮捕4人，取保候审8人。捣毁生产销售侵犯知识产权和制售假冒伪劣商品窝点3个。捣毁传销窝点24个，遣散传销人员335人，录入黑名单库173人。重视警犬技术工作，警犬中队民警朱德强被评为“公安部南京片区警犬技术工作先进个人”， 警犬“虎子”被评为“公安部南京片区功勋警犬”

【治安管理工作】2013年，110指挥中心共接警170196起，有效警情26168起。查结治安案件10227起，查处违法人员611人次，治安处罚182人，其中行政拘留166人。开展涉爆涉枪检查15次，检查涉爆单位16家，涉及剧毒化学品单位2家、涉枪单位1家、排查涉爆涉枪从业人员168人，录入涉枪重点人员11人，现场查改或限期整改各类涉爆涉枪隐患17起。建成城乡警务室47个，配备社区民警47名，辅警99名。公开招考聘用协警100名。户政部门、车管所等窗口单位推出服务群众、服务发展新举措。在“夏秋治安整治”打击“黄赌毒”专项行动中，查处卖淫嫖娼人员16人，收缴赌博机290台，破获贩卖毒品案件4起。打掉铁佛辖区以河南永城籍犯罪嫌疑人辛建立为首的聚众赌博团伙。破获“10·26”系列生产、销售不符合安全标准的食品案，治安大队民警陈绪好被评为公安部“打四黑除四害”专项行动先进个人。

2014年，110指挥中心接警172947起，有效警情30156起。查结治安案件8595起，查处违法人员780人次，治安处罚417人，其中行政拘留390人。开展枪危爆、管制刀具治理，收缴仿真枪1支，气枪2支，六四子弹35发、五一式子弹44发，管制刀具24把，水胶炸药774公斤，煤矿毫秒电雷管4474发，雷管3发，各类劣质烟花爆竹1000余万头。查处7起非法运输烟花爆竹案件，行政拘留7人。推进火灾隐患专项整治，对企业、商场超场、中小学校、加油站等重点部位进行安全消防检查。开展秋季禁烧工作，共行政拘留156人，刑事拘留2人。开展户口专项清理整顿工作，共删除各类重户口13592人。全年受理居住证申请900人次，制作居住证852张。建成警务室51个，配备社区民警48名、辅警84名。启动“一村一警”新机制，选派143名民警下乡包村。稳步推进“210工程”，被省公安厅评为“全省基层派出所装备达标示范县”。治安大队大队长周庆九被公安部评为“ 全国打击食品犯罪保卫餐桌安全专项行动先进个人”。

【交通管理工作】2013年，共受理简易程序处理事故2351起，一般以上交通事故271起，其中死亡事故29起，有人员受伤事故240起，财损事故2起。因交通事故造成30人死亡，335人受伤。全县机动车保有量为104101辆，机动车驾驶人数量113152人，县车管所经省厅考核验收被评为一等车管所。开展农村交通治安秩序整治、文明县城创建城区交通秩序整治、“大排查、大教育、大整治”货车违法行为等专项行动16项，全年共查处各类交通违法行为315583起，其中当场违法174011起，非现场采集141572起，涉牌涉证24654起，超速87981起，客车超员198起，货车超载5905起，饮酒驾驶330起(醉酒驾驶15起)，无证驾驶447起，拘留293人，大货车闯禁区2391起，违法停车20513起，查扣非法营运三轮车8657辆，伪造、变造机动车证件18起。治理超限车辆、改型车辆535台，抛洒车辆1765台，卸载8700吨。共施划交通标线20万平方米，新增各类标志牌260套，施划停车泊位3450个，增设隔离护栏6000余米。新建、改建灯控系统22处，新建改造电子警察系统30处，新建公路交通治安卡口10处，出城卡口6处及单行线禁行抓拍系统2处，大货车闯禁区抓拍系统5处，固定测速设备8套，改造升级交通指挥控制中心。

2014年，共受理简易程序处理事故4068起；一般程序道路交通事故362起，其中死亡事故26起、有人员伤亡事故334起、财产损失事故2起。因交通事故造成26人死亡，431人受伤。生产经营性车辆交通事故死亡11人。全县机动车保有量115376辆，机动车驾驶人数量122074人。未发生一次死亡3人以上较大交通事故。共查纠各类交通违法行为288355起，其中当场处罚146025起，非现场违法数据采集142331起。涉牌涉证35272起，超员489起，超载16194起，酒驾531起(醉驾23起)，无证驾驶1364起，违法停车12289起，大货车闯禁区13361起，行人和非机动车违法35597起，查扣电动三轮、四轮车5989辆，行政拘留140人。完成新建的浍河路大桥交通安全设施建设，对新建成的8个主要路口安装指路、分道标志126块，复描城区标线11.6万平方米，维修护栏1400米，施划临时停车泊位128个，更换淮海路中心隔离护栏2千米。11个镇成立交通安全联席会议办公室。

【防控体系建设】2013年，按照“网格布警、屯警街头”的巡逻模式，建立全警参与巡逻和设卡盘查机制，每天投入街面的巡逻警力100余人、辅助巡逻力量200余人、车辆30余台。共通过巡逻防控及设卡盘查现场抓获各类犯罪嫌疑人54人，抓获网上逃犯13人，带破各类刑事案件156起。在所有行政村落实“一村一辅警”，组建村级治安巡逻队。投资1600万元的第一期智能交通及治安监控系统建成并投入使用，在全县45处省道、重点县乡道及县城出入口新建一批高清监控摄像头，高清视频摄像机达到150台。

2014年，初步建立街面巡逻防控网、城乡社区防控网、单位内部防控网、视频监控网、城乡治安卡口防控网和虚拟社会管控网。全年出动警力1.6万人次，盘查嫌疑人1950人，盘查嫌疑车辆2600辆，巡逻中抓获现行犯2人，抓获逃犯1人，抓获携带管制刀具的违法人员3人，劝投历年逃犯1人，制止55起打架斗殴事件，调解各类纠纷117件。在重要敏感节点启动一级巡逻警务，实行治安、武警联勤武装巡逻机制。全县“五类场所”已建成视频监控平台1464个，安装探头10997个，覆盖率为70%；新老城区路口灯控覆盖率达到95%，灯控路口电子警察安装率达到100%。开展基层基础“四个一”建设，全县各行政村已建成视频监控平台132个，安装探头1236个，覆盖率为58%。

【监所管理工作】2013年，共收押各类案犯769人，投送监狱249人，刑满释放126人，取保候审与监视居住384人，交付执行死刑2人。建立心理咨询室，对部分在押人员进行心理干预。改造、完善禁闭室和入所淋浴室，实现饮用热水和洗澡热水进监室。建立流动图书点，根据在押人员需要由管教民警将图书送进监室。聘请专职医生定期对在押人员进行体检，建立在押人员医疗档案。完善在押人员风险评估制度，进一步细化监所安全风险上报事项，加强对重点羁押人员思想和行动的动态管控。与武警濉溪中队开展共管、共建、共保为内容安全管理活动，开展“反闹监”专项演练。

2014 年，共收押各类人员 807 人，投劳押解 21 次，投送监狱 245 人，刑满释放 125 人，取保候审与监视居住 356 人，交付执行死刑 4 人。全年提审 2210 人次，律师会见 1540 人次，接见 480 人次。开展看守所“五化建设”，投入 56 万元对监区内各类设施设备进行全面检修和改造完善。规范在押人员点名制度，集中开展安全大检查 25 次，联合武警中队开展 2 次突发事件应急演练。完成县医院医务人员进驻看守所，由 2 名医生、2 名护士 24 小时轮流值班。落实入所五项检查制度、半年体检制度和每月艾滋病抽血采样检测制度，全年拒收 22 名患有严重疾病的嫌疑人。对患有严重心理障碍的在押人员进行心理干预 18 人次。开展深挖犯罪工作，共收到各类举报线索 210 条，破获刑事案件 160 件。对社会开放 15 次，来所参观人员 300 余人。被省公安厅评为“全省公安监所安全文明优秀监所”。

【网络安全管理】2013 年，上报公安部互联网信息 8746 条，编报本地互联网信息快报 396 条。参与侦办案件 150 起，利用网安技术手段协助抓获网上逃犯 104 人，被评为“全省网安追逃十强县”。梳理涉及智能手机案件 55 起，协助办案单位破获案件 2 起，追回手机 3 部。梳理涉及计算机案件 18 起，找到 MAC 地址并录入系统的 2 起。梳理涉网的诈骗案件 30 起，协助破获诈骗案件 6 起。对政府机关等 32 家单位网站安全进行专项检查，落实上网人员实名制管理，共检查网吧 1348 家次，联合消防大队、文化委、工商局等部门对全县报备的 35 家无照经营网吧进行查处，取缔黑网吧 12 家。

2014 年，上报公安部互联网信息 5476 条，编报本地互联网信息 292 条。对网上扬言采取个人极端方式报复社会、扬言自杀的网民进行落地查控 6 人。全年参与办理各类案件 186 起，利用网安技术手段协助破获 11 起有重大影响的案件，协助办案单位抓获违法犯罪嫌疑人 10 人，协助找回走失儿童 5 人，协助异地破获诈骗案件 7 起。全年共实地检查网吧 925 家次，利用系统网上巡查 2232 家次，网吧实名管理在省厅组织的 4 次暗访测试中合格率均为 100%。加强对政府机关等单位网站管理，全年下发整改通知书 49 家次。

【出入境管理】2013 年，共受理、审核上报公民因私出国出境申请 5807 人次，其中受理护照 2351 人次，往来港澳通行证及签注 3083 人次，往来台湾通行证及签注 353 人次，并办理境外人员签证（注）20 人次。共采集来濉溪境外人员住宿信息 23 人次，准确率 100%。为在外务工人员邮寄证件 150 份。查获各类弄虚作假办证人员 3 人，对 3 名双重户籍人员重复办证进行处理。全年共录入法定不批准出境人员数据 689 条、特定身份人员数据 59 条。

2014 年，共受理、审批各类出入境证件申请 8729 人次，其中护照申请 3432 人次，往来港澳申请 4722 人次，往来台湾申请 564 人次，外国人签证、居留许可 11 人次。办理出入境证件时限缩短为十个工作日以内，实施团队申请预约制度及其他便民服务措施。共查处非法入境案件 1 起，查获不准出境人员申领证件 5 起，遣送出境 1 人，登记备案国家工作人员数据库布控信息达到 16 条。共采集来濉溪境外人员住宿信息 25 人次，准确率 100%。实现往来港澳通行证电子化，缩短了旅客通关时间，公民在网上预约办理护照、通行证等业务。

【规范执法工作】2013 年，完善接处警、受（立）案、撤案、人身安全检查、信息采集、现场勘验检查等执法重点环节的工作规范，细化操作标准。全面完成执法办案场所改造任务，案件办理实现同步录音录像。配备专兼职法制员 24 人，对 706 人次被行政处罚、2170 人次被采取刑事强制措施的案卷进行审核、考评。开展取保候审突出问题专项督察工作，全面清理2011年以来采取取保候审强制措施的所有刑事案件513卷，建立财务统管、程序严格、便于监督的管理机制。4名民警获市“十大执法办案能手”、“十佳法制员”称号。5名民警通过全国执法资格考试获得高级执法资格。

2014年，开展执法检查“回头看”活动，排查问题65处，督导整改50处，健全完善日常化、常态化的执法监督考评机制。开展季度执法考评4次，对905人次被行政处罚的、2096人次被采取刑事强制措施的案卷进行审核、考评，发现问题1260处，整改1220处。全面实现网上办案，案件信息、证据材料全部上传办案系统，实行网上审核审批，实现办案各流程各环节的网上流转。

【公安队伍建设】2013年，开展“三清”专项治理和干部管理监督工作示范点创建活动，开展现场督察438次，网上督察70次，编发通报113期。开展了一线民警警务实战技能提升攻坚战，代表市参加全省大比武活动名列第一，在全市公安机关教育训练考核中总分第一。举办6次警营开放日活动。拥有3个全国青年文明号、2个省级“青年文明号”、3个市级“青年文明号”、12个县级“青年文明号”，6月14日《人民公安报》在头版头条以“濉溪：特色教育培训让青年民警快速成长”为题进行了报道。共在国家级媒体发表稿件82篇、省级媒体发表稿件117篇、市级媒体发表稿件699篇。

2014年，积极开展党的群众路线教育实践活动，认真学习习近平总书记系列讲话精神，严格落实“八项规定”，践行“三严三实”，认真落实党委“主体责任”和纪委“监督责任”，开通“濉溪公安纪检监察网”，开展明察暗访360余次，发现和纠正各类问题120件，提出督察建议40条，印发通报76期。开展“民警的一天”网上微直播活动。开展8期“轮训轮值”暨依法使用武器警械培训班。共在国家级媒体发表稿件73篇，省级媒体发表稿件119篇，市级媒体发表稿件499篇。

（公安局）

检　察

【概况】2013-2014年，县检察院深入开展党的群众路线教育实践活动，转变工作理念，全面履行检察职能，扎实开展各项工作，先后获得“全国检察机关文明接待室”、“省级文明单位”等称号。

县检察院在编76人，设有办公室（计财装备科）、政治处（组织干部科、宣传教育科、法警科）、侦查监督科、公诉科、反贪污贿赂局(侦查一科、侦查二科、综合科)、反渎职侵权局、职务犯罪预防科、监所检察科、民事行政检察科、控告申诉检察科（举报中心、刑事赔偿办公室）、检察技术科、案件管理办公室、法律政策研究室、监察室、检察委员会办公室15个内设机构，派驻临涣检察室、派驻南坪检察室2个派出机构。

【反贪反渎工作】以查处大案要案为重点，共立案侦查贪污贿赂案件30件40人。其中，大案要案22件，通过办案为国家挽回经济损失1200万元。立案侦查渎职侵权犯罪3件4人。

【职务犯罪预防】深化侦防一体化工作机制。以观看庭审、参观监狱等方式开展警示教育46次，进行预防宣传30次、发放材料6000余份、接受咨询100多次，撰写职务犯罪分析24篇，发送检察建议书17份。与县供电公司、招标采购管理局、国家税务局等单位构建职务犯罪预防共防体系。

【侦查监督】突出打击重点，加大打击力度，共批准逮捕372件495人。贯彻宽严相济，维护和谐稳定，不批准逮捕458件588人。强化监督职能，监督侦查机关立案23件、撤案21件、纠正漏捕15人。

【公诉工作】充分发挥审查起诉、诉讼监督刑事检察职能。共提起公诉928件1375人，不起诉32件40人，纠正漏诉48人。对确有错误的刑事判决、裁定依法提出抗诉12件。

【民事行政检察】加大民事行政检察职能的宣传力度，畅通申诉渠道。共受理民事行政申诉案件34件，做出不予支持监督决定1件，向审判机关发送检察建议6件，终止审查 1 件，坚持息诉与抗诉并重，作执行和解和息诉处理 26 件。

【控告申诉检察】认真落实信访接访制度，建立健全信访案件化解机制。共接待来信来访 626 人次，救助刑事案件被害人 15 人，化解信访积案 2 件。

【监所检察】以派驻社区矫正基地检察工作室为依托，强化刑罚执行监督。共开展安全防范检查 64 次，与看守所、武警中队召开联席会议 11 次，向监管场所发送检察建议 4 份，确保监管场所“零隐患”。发送羁押期限即将届满提示函 35 份，确保超期羁押“零纪录”。深入全县 12 个司法所，对社区矫正对象进行监督检察，做到“零遗漏”，向司法行政机关发送检察建议 4 份，有效防止脱管、漏管。

【检察技术】办理各类检验鉴定 140 件，讯问职务犯罪嫌疑人全程同步录音录像 30 件次。加快信息化建设进程，相继建成计算机局域网、三级机要通道、高清视频会议室、检察业务管理系统软件平台、涉密系统分级保护、案件信息查询平台及“两录”和监控设施，提高了办公办案效率。

【民生检察】深入开展文明单位结对帮扶等活动，为帮扶村筑桥梁 1 座，建活动室 5 间。全院 30 名党员干警与 40 户困难家庭结成帮扶对子，制定帮扶措施，切实解决群众困难。

【检务保障】建立健全固定资产管理、财务管理、车辆和驾驶员管理、公务接待、枪支弹药管理、服装管理等多项制度，实现了“阳光式”财务管理模式、“网线式”资产管理模式、“链条式”车辆管理模式及“保姆式”后勤服务模式，做到保障无遗漏、无缝隙、服务无盲区。

审　判

【概况】2014 年，县法院有在职干警 106 人。设有立案庭、民一庭、民二庭、民三庭、刑庭、行政庭、执行局、审监庭、政治处、研究室、监察室、办公室、审管办、法警大队 14 个内设机构，另设有濉溪、百善、铁佛、五沟、四铺、双堆、孙疃 7 个人民法庭。2013-2014 年共受理各类案件 10046 件，审(执)结 9606 件，结案率 95.62%。

【刑事审判】突出严打“两抢一盗”，加大严惩贪污贿赂及渎职犯罪力度；认真贯彻宽严相济的刑事政策，共对 590 人依法适用非监禁刑、罚金刑；做好刑事附带民事诉讼案件的调解工作，调解率达 81%；为盲、聋、哑、未成年及经济困难的被告人依法指定辩护人，增强刑事司法的人文关怀。两年共受理刑事案件 1007 件，结案 982 件，结案率 97.51%。

【民商事审判】两年共受理民商事案件 7715 件，审结 7396 件，结案率 95.87%。适用小额诉讼程序审理案件 1365 件，实现较小标的案件的一审终审；妥善处理婚姻家庭、损害赔偿等涉民生案件；及时审理房地产、建设工程等合同纠纷案件，妥善处理因资金链断裂导致的借贷和劳资纠纷，制定处置预案，化解矛盾。

【行政审判】两年共受理行政案件 76 件，审结 73 件，结案率 96.55%。坚持监督与支持并重原则，探索行政案件协调处理新机制，经协调共撤回起诉案件 31 件。构建诉前调解新机制，积极与地方党委、政府对接，化解“官民”矛盾，消除信访隐患。大力支持社会抚养费征收工作，建立由行政庭负责审查、人民法庭具体执行的工作模式，使行政相对人的合法权益得到保护。

【执行工作】探索创新执行工作机制，采取多项举措积极破解执行难题。2013 年被评为“全省无执行积案先进法院”，2014 年，被最高院评为“有效实施失信被执行人名单制度示范法院”。两年共受理执行案件 1222 件，执结 1127 件，执结率 92.22%。建设执行指挥中心，开通网上执行司法查控系统，实现“点对点”查询和执行远程指挥。公布 55 名失信被执行人名单，限制其融资贷款、乘坐飞机和高铁、出境等，开展集中打击拒不执行判决、裁定犯罪行为的专项行动，维护司法权威。

【审判管理工作】在全市法院率先设立审判管理办公室，专门负责日常审判管理。

建立院长带头抓、分管副院长同步抓、审判管理办公室具体抓和各业务庭直接抓的审判管理责任体系，探索审管办、信访、纪检、审监、政治处五位一体的管理模式，分析审判执行运行态势，查找存在的问题，制定整改措施，堵塞管理漏洞。在全市法院审判质效考核中，位居第一。

【审判监督工作】以审判工作为中心，树立审限意识，杜绝超审限办案。加大对案件证据的审查力度，严格执行证据规则要求。坚持有错必纠原则，做好判后释法工作，降低上诉率、提高息诉服判率。两年共受理案件124件，已全部结案归档。其中再审改判案件13件。

【涉诉信访】重视日常接访工作，坚持班子成员接访日制度，合力化解重点涉法信访案件。落实“四定一包”措施，确立“谁审执、谁息访、谁主管、谁负责”的原则，将申诉信访工作作为考核法官的重要依据。开展“清理涉诉信访积案”活动，成功化解涉诉信访案件33件，切实解决群众合理的信访诉求。

【综合治理】积极参与社会治安综合治理，开展综治宣传活动，发放宣传资料6000余份，取得良好的社会综治维稳效果。深入社区开展平安创建活动，着力打造“平安濉溪”。在各类媒体发表宣传稿件922篇，上报县综治办1篇关于县法院退休法官袁希江的“濉溪县开放式党校”讲学事迹，其被评为“濉溪好人”称号。

【司法为民】通过在立案庭安装诉讼信息查询触屏系统、与公安机关协调建立户籍信息快速查询机制、建成远程视频接访室和远程视频提讯室，方便当事人查询案件信息，减少当事人的负担和诉累，畅通群众表达诉求。落实人民陪审员“倍增计划”，新增人民陪审员45名，参审案件1463件，一审案件陪审率提高到90%。加大巡回审判力度，两年共开展巡回审判577次，方便当事人诉讼；开展司法救助，向申请执行人发放司法救助金30万元；为当事人缓、减、免交诉讼费8万元，让生活困难群众打得起官司；为农民工追回拖欠工资1480万元。

【司法公开】开通人大代表、政协委员手机短信通报平台，发送2-4条法院工作信息。邀请人大代表、政协委员旁听庭审、现场监督执行。落实审判公开原则。推进审判流程公开，当事人可以及时查询了解案件审理情况；推进裁判文书公开，所有符合公布条件的裁判文书一律上网公布，至2014年年底，共上传裁判文书2554份，上网率为100%；推进执行信息公开，保障当事人的知情权、监督权，并与社会诚信体系对接。2014年，微博直播庭审39次，召开新闻发布会19场，开展法院开放日10次。

【队伍建设】不断强化干警为民司法的理念以提高队伍的政治、业务、廉洁素质、提高司法能力，开展党的群众路线教育实践活动，深入查摆“四风”问题，召开民主生活会16场，切实解决司法服务“最后一千米”不到位等问题。并将2014年确定为“纪律作风提升年”，努力打造一支“信念坚定、执法为民、敢于担当、清正廉洁”的高素质队伍。先后有15个集体和32名个人受到表彰，连续4年荣获“全省法院司法新闻宣传先进单位”，孙疃法庭在2013年获“全国法院先进集体”，2014年，马成城被最高院授予“党政机关执行人民法院生效裁判专项积案清理工作先进个人”，高建华被省高院评为“办案能手”。

【诉调对接】探索“诉调对接”工作机制，以道路交通事故巡回法庭和道路交通事故调解委员会为依托，搭建诉调对接服务平台，与10家保险公司建立诉调对接工作机制，实现保险理赔快赔。在乡镇设立以法庭为调处中心，派出所、司法所、村委会辅助，人大代表、政协委员、人民陪审员参与的司法服务体系，形成联调机制，合力化解矛盾纠纷900余件；加大人民调解协议司法确认力度，确认案件93件。

【文化建设】牢固树立社会主义法治理念，大力推进法院文化建设。积极参加县组织的志愿者活动和义务劳动，参与文明单位评选活动，促进文明创建工作。组织参加全市“我的中国梦，做人民满意好法官”演讲比赛，该院干警杜芳获第一名。举办道德讲堂、司法礼仪培训班、廉政教育课以及以LED、墙体宣传海报等多种方式广放“讲文明树新风”的公益宣传，通过开展丰富多彩的创建活动，展现文明司法。

【基础建设】2014年10月，最高人民法院对铁佛法庭建立的驻村调解室就地化解纠纷、五沟法庭建立的人大代表联民工作站人大代表参与调解和监督、双堆法庭建立的红色流动法庭开展便民利民服务和司法宣传等“一庭一品”做法给予了肯定，并在全国推广。加强信息化基础设施建设，通过开通内网办公系统、推进案卷电子化、完善科技法庭，逐步实现科技强院。

（研究室）

司法行政

【概述】2013-2014年，县司法局深入开展党的群众路线教育实践活动，充分发挥司法行政机关维护社会和谐稳定职能优势。2013年濉溪县获“全省司法所建设示范县”。县司法局获“全省社会管理综合治理先进集体”称号。王道爱被评为“淮北市十佳干警”，两人被授予“全省双百佳人民调解员”，1人被授予“全省金牌人民调解员”。2014年濉溪县被评为“全国‘六五’普法中期先进县”、“安徽省法治县（市区）创建活动先进单位”。王道爱被评为市级劳模，4人被评为市级最美人民调解员，10人被评为县级最美人民调解员。

【普法依法治理】组织全县30多家县直单位及开发区上百名志愿者开展“江淮普法行”“12·4”全国法制宣传日宣传咨询活动。成功举办了濉溪县第一、第二届“国土杯”法律知识竞赛及濉溪县第三、第四届“国税杯”法律知识演讲大赛。组织县“法律六进”法治实践服务团先后来到社区、学校、乡村、企业、机关、单位等开展大型法制宣传咨询活动。组织公务员到当地法庭参加旁听庭审活动，把庭审的过程变成法制宣传教育的过程。开展法制宣传进校园活动，向全县中小学生，发放5万余份《致全县中小学生的一封信》，法律讲座200余场次。与县人民广播电台联合开办《法治濉溪》栏目，每周播放四次，内容包括司法快讯、法制宣传、法律援助、公证服务、调解案例、律师办案、社区矫正典型做法等，全面提升全县居民法律知识水平。

【人民调解与矛盾纠纷排查工作】充实、完善基层调解组织队伍，继续做好镇、村（居）、企事业单位及社会团体人民调解委员会规范化建设。巩固完善调解工作机制，重大疑难矛盾纠纷个案呈报、重大疑难矛盾纠纷督办等矛盾纠纷排查调处机制。共受理各类矛盾纠纷7455件，调解成功7398件，成功率达99.2%。

2014年，县纠纷调解委员会共调处医患纠纷38件，其中口头调解成功7件，书面调解成功29件，接待医患纠纷当事人来访180次，来访人次460余人次，化解30人以上群体性医闹事件2起，诉求赔偿数额14780250元，实际赔付445.9万元。

【社区矫正工作】依据社区矫正对象所犯罪行、悔罪表现、刑期长短、社会危害性等因素，创新红、黄、绿“三色”管理模式，红色对象严管、黄色对象一般管、绿色对象宽管。严把入矫教育关、做实日常教育关、抓牢解矫教育关，实现社区矫正对象教育矫正无缝管理。2013-2014年共接受社区服刑人员902人，在矫1474人。重点矫正对象全部实现24小时GPS手机定位管理，无脱管、漏管。

【安置帮教工作】发挥县刑满释放和社区矫正人员过渡性安置基地作用，推进1+X刑满释放人员安置帮教模式，加强刑满释放人员思想教育、法制教育、职业技能培训、社会适应性指导等工作。设立“就业信息港”和“培训技能加油站”，通过电子显示屏、张贴就业信息单等方式，着力打通刑满释放人员就业信息“接收盲区”和技能培训“最后一千米”。2013-2014年，共接收刑满释放人员254人，安置254人，安置率100%，帮教254人，帮教率100%。

【法律援助工作】对接市直律师事务所，借助市直优质法律服务资源，办理法援案件；在县政务中心设立法律援助大厅，实现接待、咨询、初核、审批一条龙服务；把农民工、妇女儿童、残疾人等困难群体作为工作重点，开辟绿色维权通道，提高援助效率。2013-2014 年，全县共受理法律援助案件 1897 件，实现应援尽援的工作目标。

【公证、律师工作】加强公证内部管理，规范公证执业流程与行为。开展公证“质量建设年活动”，制定严格的公证质量监督程序，提高公证队伍的公信力。

2013-2014 年，共办理公证案件 1566 件，无一错证、漏证，差错率为零。

加强律师和法律服务工作者管理，规范法律服务市场，组织全县法律服工作者 120 人次参加市局培训。加强法律服务监督管理，不定期开展专项检查。全县两家律师事务所为 20 余家企事业单位担任法律顾问，共办理案件 786 件。

【司法行政服务平台建设】投入 58 万元全面建成县、镇、村三级公共法律服务平台。建立了集人民调解、法律援助、法制宣传、特殊人群管理、法律服务等为一体的县级司法行政服务中心；建设镇司法行政服务站，建成司法行政服务站 12 个，集中受理和解决群众法律服务事项。设立村级司法行政工作室，全县共有 200 个（居）村设立司法行政服务站。

【司法行政队伍建设】2013-2014 年，新招录 3 名公务员，定向培养政法干警 2 人，聘用 10 名公益性岗位工作人员。认真开展党的群众路线教育实践活动，严格执行中央“八项规定”以及省市县有关规定，健全完善考勤、工作纪律、“三公”经费使用管理、警车使用等管理制度，切实改进工作作风。

人民武装

【首长机关和参谋业务训练】2013 年 3 月 7-22 日，开展第一季度首长机关训练。4 月 11-26 日，开展第二季度首长机关训练。训练采取集中学习、分组练习、统一施考等方法，突出技能训练，强化参谋“六会”，促进训练质量的整体跃升。主要学习宣讲中发〔2012〕9 号文件和上级关于“十二五”民兵工作调整改革精神、要讯编报常识、敌情动态与军兵种知识、“十二五”规划及民兵整组知识等。

【军事训练装备保障】2013 年，投入资金 30 万元，对民兵训练基地的硬件设施进行全面升级改造，共安装空调 29 台，购置 21 台电脑，组建网络教室 1 间，并对卫生间、内外墙、营院环境等进行改造整。2014 年在训练装备上，又投入资金 6 万余元，采购冲锋舟拖车 3 辆，民兵心理战分队专业装备器材以及自动报靶器 2 台等。

在作战指挥信息化建设上加大投入，投入 4 万余元，对人武部指挥大楼弱电线路进行整合改造，有线电话、传真、CDMA 对讲手机、对讲机、视频系统等通信手段完备，通信线路的可靠性得到提高。投入 5 万元，接入国防动员信息网，购置相应的终端设备并对作战室进行改造。

【国防动员演练】依据《中华人民共和国国防动员法》和《南京战区战时国防动员组织实施暂行办法》，参照《安徽省战时国防动员指挥指导手册》，结合实际，制订和完善《濉溪县战时国防动员指挥机构编组方案》。2014 年，10 月 24 日组织各部门相关业务人员进行业务培训，27-29 日，进行 2 次预演。演练中，相关人员能够全部到位，确保演练任务圆满完成。10 月 30-31 日，参加市带县战时国防动员演练，圆满完成任务。

【结对挂钩帮扶】2013 年，人武部每名干部、基层武装部长和每名挂钩帮扶对象都签订一份《挂钩帮扶联系卡》，详细记载军烈属和退伍军人的家庭状况、帮扶措施及帮扶进展情况，组织民兵医疗分队上门巡诊、免费体检，跟踪做好保健工作；农忙时节帮助抢收抢种；帮助清理室内外环境卫生、与军烈属谈心交心；开展“手牵手、送温暖、献爱心”慰问活动。加强与财政、民政、人社等部门协调，成立退伍军人创业互助会，把退伍军人自主创业项目，纳入全县“小老板培育工程”统一规划实施，在项目、资金上给予支持。

2014年，县人武部主动挂钩帮扶，切实为烈属和创业退伍军人排忧解难。把全县登记在册的91名因战牺牲烈士家属和已创业且初具规模的31名退伍军人确定为挂钩帮扶的重点对象。每名干部、基层武装部长和每名挂钩帮扶对象都签订一份《挂钩帮扶联系卡》，详细记载军烈属和退伍军人的家庭状况、帮扶措施及帮扶进展情况，确定帮扶内容。2013、2014年，县人武部组织干部结对帮扶10名贫困学生。团职干部每人每年资助2名、营以下干部每人每年资助1名，每人每年1000元。

【落实财经管理规定】2013年，严格按照公务事业费标准安排预算支出，落实省军区关于厉行勤俭节约、反对铺张浪费规定，压缩招待费、会议费等支出，全年压减特支费项目5个，开支比去年同期降低15%；严格民兵事业费使用，保证专款专用，杜绝列支其他开支项目；严格政府专项经费使用。一切援粮、杂粮归口管理，严格执行预算，大力压减办公行政性消耗支出，全年共压缩行政消耗性开支项目8个，金额1.53万元。2014年12月，人武部历年节余经费57.29万元，经费家底积累132.1万元。

【民兵整组工作】2014年，依据《关于加强和改进新形势下民兵工作的意见》（中发〔2012〕9号）和《安徽省民兵工作调整改革实施意见》（皖动〔2012〕13号），通过调查摸底、规范程序、组织实施等步骤，于4月19日基本完成民兵整组工作。全县共编基干民兵3310人（新增10人的新型支援保障分队），61个分队（连、排），其中应急队伍670人，支援队伍641人，储备队伍1999人，出队151人，转队1289人，入队320人，退伍军人1386人，经过训练1087人，党团员2713人，高中以上文化程度575人，平均年龄25.6岁。

【应急分队训练】2013年5月5-16日，人武部在训练基地组织应急连（排）140人训练，消耗步机弹3750发。5月14日，参加军分区在华家湖地域组织的反空降战斗实兵演练，参演人员150人，消耗空包弹1500发。9月10-14日，县人武部在民兵训练基地组织80名民兵应急分队训练。训练内容为地震常识，警棍、盾牌使用，反恐维稳行动要点，处突行动等。

【民兵训练】2013年，县人武部先后组织民兵应急分队、公路护路分队、工兵分队、伪装防护分队、信息员训练，参加上级组织的水上抢险骨干、渡河舟桥骨干、工兵骨干训练，共完成训练任务372人。5月21-22日，民兵骨干16人参加军分区组织的水上抢险骨干训练。5月20-30日，渡河舟桥专业骨干3人前往预备役舟桥团参加省军区组织的集训。5月26日-6月1日，组织民兵公路护路分队80人训练。5月29日，先后组织民兵50人在烈山区米粮坝水库、县经济开发区参加分区抗洪抢险实兵演练和抗震救援实兵演练。6月13-23日，2名工兵分队骨干赴芜湖参加省军区组织的区域联训。6月17-26日，依托开发区理士电池公司武装部开展工兵分队85人的训练。4月2日，5月8日、16日，6月18日、26日，利用例会的形式组织民兵信息员训练。10月14-18日，2045人开展复补训。

2014年，根据《民兵军事训练与考核大纲》开展民兵训练。严密组织、严格要求，做到把人头训齐、时间训足、课目训全、质量训高。3月，21人参加军分区组织的专武干部集训。县人武部圆满完成军分区赋予的416人民兵训练任务（不含民兵营长80人），其中应急连（排）120人，公路护路分队80人，工兵分队85人，信息员9人，心理战分队20人，防化救援分队74人，交通运输分队23人，炊事保障分队5人。4月21-30日组织民兵营长80人、应急连（排）140人、信息员9人训练，消耗步机弹2200发。5月19-29日，渡河舟桥专业骨干5人前往蚌埠军分区参加省军区组织的区域联训。5月5-9日，组织民兵公路护路分队80人训练。5月下旬-6月下旬，根据分区要求，组建民兵抗洪抢险分队，并开展相关专业训练。6月25日，在南湖水域参加抗洪抢险水上课目的实兵演练。5月12-21日，5月21-30日，依托开发区理士电池公司武装部分别开展防化救援分队74人和工兵分队85人的训练。6月9-13日，依托县交通局完成交通运输分队23人和炊事保障分队5人的训练。5月12-18日、9月2-24日、10月8-10日、民兵心理战分队分两个阶段参加省军区新型支援保障力量实兵演练。10月16-28日参加芜湖实兵演练与展示。

【参加文明县城创建】2013年，为支持文明县城创建，县人武部先后组织干部职工和民兵预备役500余人次，在县城清扫街道约10千米、清理垃圾近5吨。农忙季节组织各乡镇民兵3000余人次，进行义务植树、抗旱保苗和抢收抢种。积极参与创建“文明县城”活动，每星期五下午组织部机关全体人员走上大街，进行卫生大扫除。利用民兵训练间隙，先后组织民兵300余人次到联系点开展宣传中共十八大精神、富裕惠民政策和环境卫生整治。

2014年，先后组织干部职工和民兵预备役500余人次，在县城清扫街道约10千米、清理垃圾近6吨。

【学雷锋，树新风】2013年3月，为纪念毛泽东“向雷锋同志学习”题词43周年，县人武部组织县交通局民兵、濉溪镇的民兵走上街头开展各种形势的便民服务，义务为过往群众修理家用电器、自行车，义诊、发放各种科技致富等有关信息材料5000多份。5月，组织全体机关干部职工到烈山区榴园村参加淮北市“万亩森林”增长工程，同时组织民兵预备役人员1000多人次，建设“八一林”100余亩。

【征兵工作】2013年7月，召开全县征兵工作会议，部署2013年征兵任务。征兵工作历经宣传发动、初检、体检、政审、家访、复审、定兵、起运等阶段。体检中共抽调医务人员32人，其中医生25人，护士和其他人员7人。注重做好高考落榜生、在校中专、技校生的宣传发动。统一印制征兵政策问答5000份，协调广电局录制征兵宣传广播下发到基层武装部。协调县移动公司向年满18、19、20岁的青年群发3万条短信。各镇、开发区、县直机关工委和部委办局广泛运用横幅、标语、板报、宣传单、宣传车等宣传手段，及时向社会发布征兵信息。新兵政审。为确保新兵质量，县征兵办公室从 县、乡(镇)、村(居委会)共抽调政审人员107人，其中公安系统62人、现役干部6人、专武干部26人，地方机关13人。

【服务保障】2013-2014年，县政府在财力较为紧张的情况下每年从县财政拨付20万元用于民兵整组、军事训练、应急抢险； 40万元用于征兵工作； 8万元用于国防动员和国防教育； 15万元用于民兵信息员等。同时对各类复退、转业军人，在政策允许的范围内，尽力给予妥善安置；随军家属未就业期间纳入低保范围予以保障。

（雷良计）

人民防空

【概述】认真贯彻落实《中华人民共和国人民防空法》，积极推进各项工作的落实，县人防工作取得明显成绩。县人防办先后被评为2013、2014年度全省县级人防工作先进单位，2013年度全省人防宣传报道先进单位，连续多年被授予淮北市人民防空先进单位，获县2013、2014年度目标考核先进单位。

【人防宣传教育】全县中学开展人防知识教育课程，把2万余册人防知识读本和人防教育光碟免费发送到中学。开展人防宣传进社区、进机关、进学校活动。发送人防法律法规汇编、公民防空防灾手册，增强机关工作人员的人防意识；每年组织开展人防法律法规宣传教育活动6次以上，向群众发放各类宣传资料1万余份；开展人防宣传进企业活动。深入施工现场宣传人防法律、法规。普及人防知识和各项政策、法规。

【人防法制化建设】起草制定并出台《中共濉溪县委 濉溪县人民政府 濉溪县人武部关于进一步加强人民防空工作的意见》、《濉溪县人民政府关于印发人民防空工程建设与管理规定的通知》、《关于进一步加强和规范我县人防工程建设管理意见》等一系列规范性文件。

【人防“结建”】抓住城镇化建设的有利时机，开展结合民用建筑建设人防地下室，严格把好人防行政审批关，有效地扩大人防掩蔽工程建设的规模和质量。加强与相关部门的协调与配合，依法行政，做到规范管理人防工程。

【人防指挥通信】定期对分布在县城区的13台警报设施逐台进行检修维护，并对部分警报器进行调整和性能测试，完善警报档案，与各警报点上的管理部门签订维护管理责任书，使防空警报设施处于良好的技术状态，确保关键时刻“拉得响”。每年“9.18”警报试鸣前夕，均举办警报器管理员培训班，提高了防空警报器管理员的业务水平。建设县级人防应急平台和无线图像传输系统，实现省、市、县人三级联网。通过电台、电视台及短信平台发布公告、发放资料告知公民“9·18”警报试鸣工作的方式、方法及注意事项，避免公民引起恐慌。

【基层人防工作站】2014年4月，在开发区和11个乡镇人民武装部增挂人民防空工作站的牌子，在濉溪镇的6个社区增挂基层人防工作站的牌子，推动了人防、应急事业的发展。

武　警

2014年，武警濉溪县中队连续8年被评为“正规化执勤一级单位”，连续19年被武警安徽总队评为“基层建设标兵中队”。2013年6月，中队党支部被武警部队党委表彰为“先进基层党组织”，并在会上作经验交流发言。

中队先后涌现出“全军和武警部队百名好班长新闻人物”于海洋、二等功臣许业鹏、吕伟等一批先进典型。中队小能人冉春林被评为“警营节约之星”被《解放军报》报道；反映中队战士蔡佳艺技术绝活的《淮北有个“蔡大拿”》一文被《中国武警》杂志深度报道。《平凡中的不平凡》、《枝繁叶茂赖主干》等反映中队60余年执勤无事故的报道先后被《法制日报》、《人民公安报》、《人民武警报》等多家中央级新闻媒体刊载。

（展坤路　唐卫忠）

消　防

【概况】濉溪县消防队始建于1974年，营区面积3000平方米，1998年成立大队，下辖濉溪消防中队1个中队，大队共有现役官兵29人、合同制消防员10人，隶属于淮北市公安消防支队。

2014年，濉溪县消防大队被淮北市消防支队评为先进消防大队、所属中队被评为先进中队，中队团支部被省消防总队团委评为“五四红旗”优秀团支部，　濉溪县消防中队党支部被省消防总队评为先进基层党组织；中队指导员王保村被评为优秀党务工作者，数名同志立功受奖。

【火灾扑救】2013年1月1日至2014年12月31日，濉溪县消防大队共接出警1574起，出动车辆2107辆，出动警力10874人，抢救被困人员193人，疏散被困人员3332人，抢救财产价值2742.4万元。圆满完成火灾扑救、抢险救援等重大救援任务。

【拥政爱民】积极开展警民共建和互帮互助活动。2013-2014年，濉溪大队共开展利民为民服务活动500余次，春节、八一等重要节日坚持走访慰问敬老院，看望孤寡罹患革命军人及遗孀，并为他们送去慰问品。联系帮扶刘桥任圩小学5名贫困儿童，资助韩村胜利村两姐妹校园梦。

文化 教育 科技

文 化

【文化工作成果】2014 年 9 月 16 日，临涣镇被省文化厅命名为“2014-2016 年安徽民间文化艺术之乡”。同年 12 月 18 日，濉溪县获“全国文化先进县”称号。从 2001 年起已连续三届获“全国文化先进县”称号。

【送文化下乡活动】2013 年 2 月 6 日，在刘桥镇启动送文化下乡活动仪式，举办 3 场戏曲演出，送图书进村义务写春联等系列活动。2 月 4 日晚，举办全县第七届声乐、第三届戏曲大赛颁奖晚会，县领导及社会各界观众近千人观看演出。6 月 16 日，举办庆祝建党 92 周年少儿专场演出，同时举办纪念淮海战役胜利 65 周年文艺调演 13 场，观众 20 万人次。6 月 18-19 日，举办“文明创建 翰墨飘香”书画艺术展，征集全国各地书画作品 200 幅。8 月 18 日，举办中国书法进万家—走进临涣文昌宫书法作品捐赠仪式，接受中国书协向县捐赠的书法作品 20 幅；10 月 23 日，全市农民文化乐园建设试点现场会在百善镇黄新庄村召开，黄新庄是全省率先开园的省级“农民文化乐园”。

2014 年 1 月 15 日，在濉溪镇蒙村举行送文化下乡启动仪式。其间，先后举办全县第八届声乐、第四届戏曲、首届曲艺大赛、民营剧团广场文艺调演、庆“六一”文体展演、“五一”精品书画展等系列文化活动。4 月 4-7 日，在县体育场举办“放飞中国梦”濉溪县民营剧团广场文艺调演，共有 11 家民营剧团参演。每家剧团演出一个专场，老中青演员同台竞技。共评选出一等奖 1 个、二等奖 2 个、三等奖 3 个，参演人员 300 余人，观众近万人。开展“送戏进万村活动”，深入村镇送戏演出 230 场，观众近 10 万人次。暑假期间，县文化馆联合团县委利用暑假举办公益性艺术培训班，全县 200 名青少年免费参训。2013-2014 年，组织文艺轻骑队伍送文化下乡 800 余场次，送电影 5155 场次，发放图书和科技资料 10 万余册(份)。11 月，县文化馆网站开通，该网站共划分为群文资讯、非遗保护、文化交流、艺术展厅等板块。

【图书馆工作】2014 年 4 月 23 日是第 19 个“世界读书日”，县图书馆采取设立咨询台、免费赠送图书、办理借书证、推介新书等多种宣传服务方式向社会推广图书资源与免费开放服务项目，共发放宣传资料 1000 余份，解答群众咨询 200 余人次，免费赠送图书 300 余册。7 月 30 日，县图书馆为县消防大队更新图书 300 册。县图书馆被列为政府信息公开查阅场所，成为县政府指定的查阅点。

【艺术创作】2013-2014 年，县各艺术团体共创作文艺节目 60 个，有 10 个作品在国家、省市各类大赛、调演中获奖。

2013 年，组织参加全市“六一”少儿文艺调演，县文化委获优秀组织奖。淮北大鼓《十二生肖没有猫》在全省第六届曲艺大赛中获表演一等奖。

2014 年 6 月，在“我的中国梦—精致淮北 美好家园”全市原创小戏小品大赛中，《抱着老妹子上花轿》、《送子参军》等 4 件原创小戏、小品获剧目奖，县文化委获优秀组织奖。

【非物质文化遗产传承保护】2013 年 3 月，县政府公布第二批县级非物质文化遗产名录，为淮北琴书、临涣坠子、临涣唢呐、濉溪夏派唢呐、铁佛寺传说、报母恩、面塑、花轿、剪鸭尾、剪满发、葛聋子膏药、泗州戏、硬面大卷等。内容涉及曲艺、民间音乐、人生礼仪、消费习俗等 9 大类别 13 个项目。

2014 年 5 月 4 日，省政府公布第四批省级非物质文化遗产名录，县“淮北泥塑”榜上有名，是继“淮北大鼓”、“临涣酱培包瓜制作工艺”后入选的第三项省级非物质文化遗产。5月，传承人李正卿创作的《拔苗助长》、《对牛弹琴》、《孔融让梨》等泥塑作品先后在淮南、阜阳、淮北等地参加“非遗巧艺珍品皖北四市联展”。通过实物展示、图片展览、现场制作等形式扩大影响力。8月27日，市文广新局公布首批市级非物质文化遗产项目代表性传承人，全县共有24人被确定为代表性传承人，其中李建东被确定为民间美术、民间手工技艺两项代表性传承人。9月22日，全市首家非物质文化遗产曲艺项目淮北大鼓演唱团成立，该团由淮北大鼓爱好者自愿组成，2014年，有业余演员60人，在县文化馆领导下开展公益演出及交流活动。

【民生工程建设】2013年，认真落实公共文化服务信息化建设、广播电视村村通建设、公共文化场馆建设和农村文化建设专项补助等四项民生工程建设。全县11个镇公共文化服务信息实现全覆盖；1家公共图书馆、1家文化馆、11家综合文化站、3家博物馆等公共文化场馆全部免费对外开放；25个广播电视村村通建设工程完工；放映电影2256场，举办文艺演出93场，组织体育活动1278场，农家书屋更新发放图书25800册。1月9日，副省长谢广祥到刘桥镇、临涣镇调研综合文化站和农村电影放映、电子阅览室文化工作情况。临涣镇综合文化站站长季义增获全省首届“江淮群文之星”称号，并代表全省基层综合文化站在会上作交流发言，临涣镇临南村获全省“百佳农家书屋”称号。

2014年，认真落实公共文化服务信息化建设、公共文化场馆建设、农村文化建设专项补助三项民生工程建设。濉溪镇蒙村公共文化服务信息建设全部结束，电子阅览室免费开放；农家书屋更新发放图书29928册；组织农村文化活动252场、农村体育活动1175场、农村电影放映2899场。全县综合文化站举办文化活动260余场次，公共电子阅览室、图书室接待群众2万人次。6月，公共文化类民生工程绩效评价顺利通过省财政厅委托第三方机构的检查验收。年内购置2套农村有线广播器材，解决百善镇、铁佛镇农村居民收听广播难问题。开展老放映员人员身份和工龄认定前期准备工作，第一、二批老放映员43人的工龄补助落实到位，每月发放补助15820元。开展农民文化乐园建设，在全省率先开园的百善镇黄新庄村，先后组织以“百善孝为先”为主题的文艺演出20余场。

【文化市场管理】2013年，开展校园周边集中整治、春节期间文化市场清理、“扫黄打非”等专项行动。共出动执法人员500余人（次），检查文化经营场所600余家（次），处罚违规场所60余家，收缴非法出版物2000多件。3月，对县广播电视台、安广网络濉溪分公司和镇有线电视“小片网”进行专项检查。对个别镇有线电视“小片网”存在机房制度不健全、无备份应急信号源、前端存在安全隐患等问题，当即责令整改。4月25日，在全市侵权盗版及非法出版物集中销毁活动上，收缴的900多件非法出版物、12台赌博机现场销毁。在行政审批项目清理工作中，规并文化、广播电视、新闻出版的行政审批项目14项，承接省文化厅下放非行政许可项目4项。先后办结各类行政许可项目40件，接受群众咨询100余人次，无任何投诉，回访满意率为100%。县文化市场综合执法队获全省“文化体制改革工作先进单位”。

2014年，开展文明县城创建市场整治、高考“禁噪消音”等专项行动。共出动执法人员700余人次，检查文化经营场所500余家次。查处接纳未成年人上网违规网吧3家，超时经营、未进行实名登记网吧20家；含有非法曲目的KTV20家；关闭摆放国家违禁机型游戏室30家；整改违规传播非法节目的农村“小片网”2家，没收设备20余台，取缔非法干扰电视信号源3处。4月24日，在全市侵权盗版及非法出版物集中销毁活动上，收缴的3000多件非法音像制品和图书被现场销毁。通过组织执法人员研讨案卷、参加上级部门执法培训、利用科技手段实施市场监管等形式，执法水平和办公效率提高，全年共办理网上案卷33件。规范行政许可项目，提高办件数量和质量。先后办结各类行政许可项目55件，接受群众咨询400余人次，无任何投诉，回访满意率为100%。

【文物保护与管理】2013年，启动中共淮海战役总前委旧址纪念馆和小李家的维修和布展工作。通过维修房屋、安装设施、改造线路，种花植树和添置电动沙盘、影片放映、支前雕塑等展陈，纪念馆面貌一新，全年共免费接待参观群众30万人次。文物普查和申报工作。公布第三次全国文物普查中具有保护和利用价值的不可移动文物名录，共计584处。5月3日，濉溪县古城汉墓、大运河遗址被国务院公布为第七批全国重点文物保护单位，全县“国保单位”已达5处。筹备全县可移动文物普查工作，印制和发放《致国有可移动文物收藏单位的公开信》、《国有单位文物收藏情况调查登记表》。做好临涣古城址保护及老城石板街古建筑保护工作。年初向省文物局提交《临涣城址保护规划编制立项报告》，10月，国家文物局对临涣城址保护规划编制立项予以批复，省文物局协调具有相应资质的专业单位编制保护规划。老城石板街古建筑保护维修方案上报省文物局。

2014年，按照全县事业机构“三定方案”规定，县文物保护管理所更名为“濉溪县文物事业管理局”，加挂“隋唐大运河遗址博物馆”牌子，其单位性质、行政职能和编制数量保持不变。加强文物保护与管理，邀请省文物鉴定中心对馆藏文物进行鉴定，登记造册。配合公安部门开展打击盗挖运河遗址文物犯罪活动，利用新闻媒体、发放资料等形式，开展文物保护宣传活动。共查获盗窃文物案件1起，依法收缴文物15件，现场抓获盗掘古遗址的犯罪嫌疑人2人。先后对柳孜运河遗址、临涣城址等84处各级重点文保单位开展安全隐患大排查，对发现的问题及时整改。对监控系统升级改造，改进安全技防，确保馆藏文物安全。临涣古城遗址成功列入国家文物局“十二五”重点保护工程项目库。认真做好中共淮海战役总前委旧址纪念馆的接待和讲解服务工作。先后接待江苏徐州、河南永城、山东菏泽、安徽阜阳、淮南等周边省市党政机关、企事业单位、社会团体528个、青少年学生10.2万人次、社会群众25.5万人次。

【柳孜运河遗址申遗工作】2013年，通过发掘弄清柳孜运河遗址河道宽度、河堤时代、位置及石筑台体的性质和用途，编写并向社会发放《大运河濉溪段保护与申遗知识读本》4万册、宣传资料5万张。做好遗址档案资料的搜集整理及录入工作。配合百善镇做好遗产区拆迁安置和环境整治工作。国家文物局、财政部印发《大遗址保护“十二五”专项规划》，确定国家“十二五”期间大遗址保护项目库的150处重要大遗址，其中，柳孜大运河遗址（大运河安徽段（淮北、宿州））入选。配合省考古所对柳孜运河遗址进行的二次发掘中，共出土完整和可修复文物7000余件，瓷（陶）片数吨。其中包括不同历史时期各个窑口的瓷(陶)器。探明柳孜运河遗址为宋代桥梁遗址，改写原柳孜码头遗址的结论，取得考古重大发现。同年，柳孜运河遗址候选全国十大考古新发现并入选“2013年安徽城市发展十件大事”。7月17日，县文物所接受百善镇柳孜村村民无偿捐赠宋代柳孜天王院大圣砖塔碑1块，9月21日，柳孜运河遗址顺利通过国际专家检查验收。

2014年，聘请南京博物院、江苏森源绿化公司等单位，先后完成柳孜运河石筑台体加固维修方案立项和柳孜运河遗址第二期环境整治方案设计。6月22日，在第38届世界遗产委员会会议上，中国大运河成功入选《世界遗产名录》。柳孜运河遗址与通济渠泗县段同入名录。9月3日，县委、县政府成立民俗文化暨大运河遗址保护发展工作领导小组，全县形成县、镇、村三级文物保护网络；调配柳孜运河遗址专兼职讲解员2名，面向社会公开招聘协警6名；制订下发柳孜运河遗址宣传方案，利用各种媒体进行广泛宣传，悬挂宣传标语100余条，制作展板20余块，印制宣传单3万余份，租赁户外广告3处；争取国家、省文物保护专项补助经费4300余万元，实施运河遗址保护、环境整治、安防工程升级改造等工程，逐步改善柳孜运河遗址内外环境。8月7-9日，以柳孜运河遗址为背景的三集纪录片《消失的大运河》在央视《探索·发现》栏目播出。9月27日，举办文化旅游发展专题报告会，邀请省政协副主席、省文化厅副厅长李修松作题为《运用文化创意大力推进濉溪文化旅游发展》的专题报告。11月7日，省委书记、省人大常委会主任张宝顺在省委常委、省委秘书长唐承沛等领导陪同下，参观柳孜运河遗址，并对全县申遗工作取得的成绩给予充分肯定。

【体育工作】2013年，先后举办全县冬季职工长跑比赛、中学生三人制男子篮球赛、"体彩杯"小学生足球邀请赛、全县台球比赛、庆"六一"体育舞蹈展示会、庆祝建国64周年大型文体展示等活动。成立县羽毛球协会、濉溪汽车户外运动协会，参加河南省乒乓球邀请赛、华东六省二市乒乓球友谊赛、全市首届美好乡村排舞大赛、全市县级干部乒乓球赛及全省健身球、柔力球、第二套腰鼓、秧歌、社会体育指导员等培训，14人获全省一级社会体育指导员资质。韩村镇、刘桥镇在全市美好乡村排舞大赛中分别获二、三等奖，县文化委获优秀组织奖。县老年体协七彩虹健身秧歌队参加全国健身秧歌及健身腰鼓大赛，获健身秧歌项目自选套路和规定套路B组的2个一等奖。举办"大学生村官"社会体育指导员培训班，组织围棋协会开展"传统文化进校园"活动，做好省运会运动员的信息收集与整理，手球、武术教练员的注册准备工作。8月8日，举办2013年"全民健身日"群众体育展示活动，表彰12名县级优秀社会体育指导员和10个优秀晨晚练点，并对优秀晨晚练点发放音响器材。8月9-11日举办全县职工羽毛球比赛，全县体彩销售3700万元。10月27日，在全省第五届"美好乡村"农民篮球大赛总决赛上，濉溪县代表队分获二等奖和优秀组织奖。在8月31日-9月12日举行的第十二届全国运动会上，濉溪县被国家体育总局授予"2009-2012年度全国群众体育先进单位"。濉溪县第三次获得全国群众体育先进单位。

2014年，先后举办全县冬季职工长跑比赛、三八趣味运动会、中学生男子篮球赛、"六一"文体展演、青少年围棋比赛、全县职工羽毛球比赛等群众体育活动，月月开展老年门球、健身球、太极拳等群众健身活动。4月11-12日，举办首届全县青少年围棋比赛，有110名小棋手参赛，县实验小学学生张子阳、周宇浩、李宗盛分获前三名。8月8日，举行"全民健身日"广场舞展演活动，有30支代表队、近500名群众参加表演，年龄最大的80岁，最小的20岁，全县11个镇充分利用节假日、农闲举办各类体育比赛，南坪、百善镇开展农民篮球赛、四铺镇开展广场舞大赛等。全年累计举办各类体育展演、健身、比赛、培训等体育活动1000余项（次）。在全市首届（2014）健身气功比赛上，县4个健身气功站点获团体奖、16人获单项奖，濉溪县代表团获优秀组织奖；在全市广场舞大赛上，濉溪县获优秀组织奖；在全省中青年门球赛上，濉溪县代表队获体育道德风尚奖；在全省柔力球和全省健身球比赛上，县共获4个第一名；在全国老年人健身球操交流活动上，县代表队获优胜奖、女子最佳编排奖、创新奖、女子规定套路优秀奖、体育道德风尚奖5个奖项。县射箭队、手球队代表淮北市参加全省比赛，射箭队获女子团体第三、男子团体第四、个人4个全省前8名，手球队获女子乙组第10名。年内为46个行政村配备农民体育健身器材，每个村安装一副移动标准篮球架和2张室外乒乓球台。全县"农民体育健身工程"点达到134个，占全县行政村总数的63%。5月20日，县文化体育中心建设项目获县发改委立项审批，该项目总建筑面积28095平方米，建设内容包括文化馆、图书馆、博物馆、展览馆、体育馆、游泳馆及体育场等"六馆一场"，计划总投资约2亿元。开展全国第六次体育场地普查，完成全县范围内（部队和铁路系统除外）的体育场地普查摸底调查、表格填写、审核、抽查、补漏、系统录入工作，共普查1015个体育场地（室内18个，室外997个），严格做到不重不漏、真实准确。7月10日，县启动国民体质检测工作，共监测不同年龄段个体1000人。2014年，全县有单项体育运动协会15个，体育俱乐部3个，在册会员5000人，各级社会体育指导员802人。先后成立县体育总会、各镇体育分会、老年体育协会等组织。推进全民健身活动，建成晨晚练点105个，其中县城35个，镇村70个。各点均做到“四有一规范”，即有社会体育指导员、有场地、有练习者、有标志，规范活动内容。

广播电视

濉溪县广播电视台创新报道方式，每月策划5-6个主题报道，开设《群众路线教育活动》、《聚焦小老板工程》、《作风建设提升年》、《美好濉溪魅力女性》、《创建省级园林县城》、《“三线四边”在行动》、《为民服务我承诺》、《最美家庭》、《秸秆禁烧在行动》、《畅通工程》、《村两委换届选举》、《走进世界遗产》、《践行核心价值观》、《项目建设巡礼》、《城镇环境整治》、《节俭养德》、《曝光台》、《走进直播间》、《关注城乡医保》等新闻专栏。《旗帜》是县广电台与县委组织部联合开办的党建电视专题栏目。2013年县广播电视台新购置广播直播车，7月30日正式投入使用。2014年3月18日，濉溪新闻网正式启动开通。2013年，濉溪县广播电视台被省人力资源和社会保障厅、省广播电影电视局授予全省广播电影电视系统先进集体称号。

（刘新华）

文联工作

【戏剧大赛】2012年12月31日至2013年1月6日，由中共濉溪县委宣传部主办、县文联承办的濉溪县“乾隆湖杯”戏剧曲艺大赛预赛分别在县开发区、五沟镇、韩村镇举行。各乡镇、县直单位、各剧团、各社区演出班（队）共选送剧目60个。大赛决赛和颁奖晚会在1月18日晚举行。

【赴台文艺交流】2013年2月25日，应台湾中华大汉书艺协会邀请，濉溪县文化艺术代表团一行9人赴台湾进行文化艺术交流，3月4日代表团圆满完成任务返回濉溪。

【文学研讨】2013年4月28日上午，濉溪县文学创作研讨会在县委党校举行。20人参加座谈研讨。研讨会以会代训的方式，对本县的文学创作骨干进行培训。

【举办晚会】2013年6月1日，由县文联主办、县舞蹈家协会承办的“庆祝六一全县少儿舞蹈大赛晚会”在县体育场举办。

【文艺采风】2013年6月19日，县文联邀请市作协、市文学评论家协会来县文艺采风，县文联及下属有关协会会员参加。采风团23人实地考察濉溪镇蒙村、百善镇黄新庄村、韩村镇马店村、五沟镇大陈村的美好乡村建设。

7月6日市文联、市作协组织三区一县文艺工作者到双堆集镇、孙疃镇、口子老街、县开发区进行文艺创作采风活动。

【艺术交流】2013年6月21日，河南民权县和安徽萧县书画艺术家一行20人到县进行书画艺术交流，一行赴美好乡村建设示范点烈山区榴园村开展书画采风与创作活动。同年埇桥区、谯城区、长丰县、凤阳县、太湖县等地文联到县文联交流文联工作。

2014年8月14日，深圳、黑河、淮北三市书法联展的书法家一行10人到县临涣镇开展采风活动。

10月22日，河北廊坊市老年书画研究会一行5人到县考察县老年书画研究会工作。

10月15日，长丰县文联组织艺术家到县考察学习，11月19日，萧县文联组织人员到县考察学习并进行书画笔会。

【书画大赛】2013年9月30日，由县委宣传部主办，县文联承办的“迎国庆，创文明县城，建美好乡村”全县书画大赛颁奖仪式在县委党校举办。同时，展出50件获奖作品。

【协会换届】2014 年 5 月 28 日，县老年书画研究会召开第三届会员代表大会，产生新一届理事会，张广进当选为会长。

2014 年 7 月 2 日，濉溪县民间文艺家协会举行第四届会员代表大会，荣长庚当选为会长。

2014 年 9 月，县诗词楹联协会换届，王德乾当选为会长。

【协会成立】2014 年 3 月 21 日，濉溪县美术家协会成立大会在濉溪县供电公司会议室举行。

9 月 26 日，濉溪县民间工艺美术家协会成立大会在县审计局会议室召开。大会选举产生濉溪县民间工艺美术协会常务理事会，张永健当选为第一届协会会长。

【赠送字画】2014 年 1 月 15 日，县文联组织人员，前往双堆集镇，向双堆淮海烈士纪念馆赠送四十多幅有关主题字画。

【为群众义务写春联】2014 年，深入临涣镇、韩村镇、县供电局、百善镇、县消防队进行慰问和义务写春联，1 月 22 日，在县沱河路一百多米的路段上组织 50 多位书法家为群众义务写春联，开展春联大展送活动。春节前夕，共为群众义务写春联一万多幅。

【大型书画展、摄影展、工艺美术展】2014 年 5 月 28-30 日，县老年书画研究会举办庆祝建会十周年书画展。

9 月 27 日，由中共濉溪县委宣传部主办、县文联承办的 “纪念建国 65 周年百名书画家优秀作品联展” 开展。

10 月 26 日，县工艺美术协会工艺美术展在县委展窗前举办，共展出工艺美术作品 40 件。

10 月 30 日，纪念建国 65 周年全县摄影艺术展在县委展窗前举办。

【图书出版】2013-2014 年，印制 2 期《濉溪文艺》，进行赠阅、交流、宣传。

2013 年，印制《纪念淮海战役胜利 65 周年濉溪书画集》，2014 年印制《纪念建国 65 周年濉溪县百名书画家作品集》、《魅力濉溪书画集》。

2014 年 4 月，王明文的诗集《牵着河流行走》、梁作成的诗集《守望平原》由中国文联出版社出版。

【文艺获奖】2014 年 1 月，王明文散文《历史深处的血色牡丹》、张云波的散文《情寄榴园村》获 “安徽省淮河散文大奖赛大奖”。2014 年 7 月，刘怀杰、李厚宽、张呷荣的书法作品入展安徽省第 12 届新人新作展；

文艺团体简介

【濉溪县民间职业泗州戏剧团】濉溪县民间职业泗州戏剧团现有演职员工 32 人，每年演出 300 场，创作演出传统剧目和现代剧目《小花园》、《大花园》、《小二门》、《王华买爹》、《鞭打苏凤英》、《东回龙》等。该团投入资金购买既能作舞台又能载人用的 “大篷车”，为城乡居民演出，在原泗州戏的基础上，采用乐谱伴奏辅配器，在传统剧目中，加入民族舞蹈，提高泗州戏的观赏性。

注重发展创新，自编自演的节目多次获奖。如 2006 年参加淮北市农村文艺调演《王小赶脚》获二等奖；2007 年，大型现代戏《母亲的呼唤》获县乡镇文艺调演一等奖；2008 年，传统剧目《拾棉花》获省首届民营文艺表演团体优秀剧目展演十大特色奖。

【濉溪县艺术团】濉溪县艺术团于 2007 年 9 月 27 日成立，节目形式多样，集民乐、军乐、歌曲、舞蹈、戏剧、小品、魔术等为一体。2014 年，有演职员 48 人，下设业务组，创作组、民乐队、军乐队、演出队，舞蹈队。有演出流动舞台大篷车 1 部，演员接送车 1 辆，办公室、排练场所建筑面积 100 多平方米。有唢呐、笙、二胡、板胡、竹笛、琵琶、扬琴、锣鼓、电子琴、萨克斯、小号、长号等西洋乐器和民族乐器及服装、道具、化妆、布幕、灯光、专业音响、流动字幕等，固定资产 50 万元。

【濉溪县四铺青年花鼓剧团】濉溪县四铺青年花鼓剧团于 2001 年组建，2014 年，有演职人员 11 人，每年演出 200 余场，观众 20 万人，演出内容除传统大型古装戏以外，又创作许多具有地方特色，群众喜闻乐见的讽刺、喜剧、泗洲戏、河南豫剧、民间小调、小品、东北二人转、流行歌曲、舞蹈、魔术等剧目。

【濉溪县新时代文化艺术团】濉溪县新时代文化艺术团成立于2010年8月，有演职人员22人，平均年龄45岁。2014年有演员50人，排有大型古装戏5部，现代戏有《三代人》、《朝阳沟》、《沙家浜》等。剧团自成立以来，为濉溪周边的社区、公园、广场、老年公寓、田间地头义务演出500多场次。

【濉溪县城北梨园情艺术团】濉溪县城北梨园情艺术团由原濉溪县梆剧团退休演员李小宝个人出资组建成立，2014年，有演职人员20人，其中国家二级演员5人。著名演员贾玉兰是豫剧五大名旦之一闫立品的高徒，青年演员孙海涛是豫东红脸王刘忠河的得意门生。

剧团自2003年6月组建，长年服务农村、社区，每年为农村演出大型剧目400余场。该团有唢呐班、花轿、舞狮、光盘制作、彩门等一条龙服务，常年演出大型连台本戏、折子戏、歌舞演唱、豫剧、泗州戏、黄梅戏等。代表剧目有泗州戏《淮北好人》。

（刘新华）

教　育

【概况】2014年，全县共有各类学校344所，在校学生157893人。其中幼儿园83所（民办36所），在园(班)幼儿30322人，学前一年毛入园率93.6%，学前三年毛入园率82.12%。小学205所（民办5所），在校学生70400人，入学率100%；初中49所（民办13所），在校学生37633人，入学率100%；普通高中6所（民办2所），职业高中1所，在校学生19538人。全县专任教师8587人，中小学教师学历达标率100%；其中小学教师专科及以上学历81.35%，初中教师本科及以上学历69.26%。2014年有省级示范中学4所，国家级重点职业学校1所，图书达标学校215所，实验室音体美器材配备学校256所，“班班通”达标学校238所。学校占地总面积5021661平方米，校舍建筑面积1332525平方米，图书2218259册，固定资产总值191073.2万元。

【教育民生工程】2013年，农村义务教育免费教科书资金1725.1万元。发放贫困寄宿生生活费补助292.5万元，2400人受益。发放普高助学金609万元，受助学生8120人。发放中职国家助学金74.95万元，受助学生3945人次；免学费学生3573人次，发放金额324.4万元。共投入资金557万元用于建设公办幼儿园。

2014年春季学期受助学生4198人，发放国家助学金314.85万元；秋季受助学生3992人，发放国家助学金299.45万元，全年共发放国家助学金614.3万元。中职学校全年受助学生1638人次，发放国家助学金24.57万元；免学费学生3644人次，发放金额319.7万元。新建幼儿园2所，已完成主体工程1所，1所在建。6所改扩建幼儿园工程全部完工，幼教设备现采购中。

2014年，投入省级及中央中小学校舍维修改造资金1706万元，安排80所中小学的校舍维修改造，年底竣工60所，在建13所。

【学前教育】2013年，投入资金924万元新建独立园2所，附设园36所，改扩建18所。投入582万元为56所公民办幼儿园添置内部装备，为部分幼儿园完成软化地面工程。完成《2011-2013学前教育三年行动计划》。

2014年，制定学前教育三年提升计划（2014-2016），组织开展学前教育观摩研讨活动，开展幼儿看护点B级升A级和C级升B级的核查活动。组织全县部分园长、骨干教师去扬州、合肥、南京参加幼教培训，受训300人。组织全县200名幼儿教师参加省教育厅组织的专家《3-6岁儿童学习与发展指南》巡回报告会。

【义务教育标准化建设】2013年投入2502万元进行标准化建设。图书配备、音体美器材配备、实验室仪器配备达标学校比例分别占学校总数的68.2%、82.1%、83.6%；“班班通”配备达标学校153所，装备班级1460个，“班班通”班级占全县班级总数的

61.8%。薄弱学校改造计划项目稳步推进，全县80%的中心校完成寄宿配套。县级自筹资金1100万元，改造修建21个中小学运动场。

至2014年年底，义务教育标准化建设学校累计完成图书装备达标学校215所，“班班通”达标学校238所，数理化标准实验室达标学校22所，音体美达标学校245所，小学科学实验室达标学校214所。

【高中教育】濉溪中学、濉溪二中、孙疃中学、临涣中学4所省示范性普通高中结合学校实际，强化教学管理，积极探索和推进课堂教学改革，初步实现优质均衡目标，高考质量不断提升。重视职业学校基础能力建设，加强学生技能培训，县职教中心被评为国家级重点职业学校。2013年，县职教中心26名同学分获国家级竞赛一、二、三等奖；在省中职学生技能大赛中，16名同学获2个一等奖、1个二等奖、13个三等奖。职业学校就业率98.1%。

2014年，濉溪县职教中心春秋两季共招收新生905人，荣获“全国零犯罪学校”称号，获教育部等三部委首批“国家中等职业技术示范校”称号。县职教中心在第11届全国中等职业学校文明风采大赛中获得一等奖5名、二等奖6名、三等奖8名、“优秀辅导教师”奖10名。在淮北市第六届技能大赛中，县职教中心取得8个一等奖、11个二等奖、34个三等奖。

【民办教育】2013年出台《濉溪县民办学校公约》，全面规范民办学校办学行为。对全县58所民办学校和幼儿园办学情况进行年度检查，评选出优秀单位6所，良好单位12所，合格单位38所，基本合格单位2所。

2014年，对2013年暂缓年检的民办学校进行检查和整改，效果良好。龙华学校、民生学校、濉河路学校、圣安学校、建元学校5所学校增设小学部，成为九年一贯制学校。同意“濉溪县幼幼小学”筹备建设。

【校干、教师队伍建设】2013年，开展教师基本功竞赛和课堂教学竞赛活动，开展校本培训。加强校干培训，实施分层培训计划。联合中国教育学会、北师大、华师大等高校教师培训机构，举办2期中小学校干培训班、1期中小学教育教学业务研修班和1期后勤管理干部培训班。启动新一轮中小学教师继续教育，选派1444名教师参加“国培计划”远程培训。召开教师节表彰大会，对150名优秀教师、优秀教育工作者、优秀班主任等进行表彰。

2014年，先后与北京德润兴教育科技有限公司联合举办濉溪县中小学校长培训班，与安徽厚诚教育研究中心联合举办濉溪县中小学教育教学业务研修班。组织136名校干赴山东部分教育发达地区考察学习。出台《关于加强教师队伍建设的意见》，对全县7416名教职工工作绩效进行考核，并及时发放奖励性绩效工资。为当年录用的200名教师办理分配和工资核定，为27名公开选调的教师办理调动手续。

庆祝第30个教师节，在全县教职工中评选出第二届“感动濉溪教育人物”、“十佳校长”、“教育系统爱岗敬业先进个人”、“十佳班主任”、“十佳教科研标兵”等。

根据省、市统一部署，制订《濉溪县农村原民办教师身份和教龄认定和发放补助工作实施方案》，完成全县4920名原民办教师教龄认定工作。

【素质教育】2014年，继续开展先进班集体和三好学生、优秀学干评选表彰活动。全县推荐评选市级先进班集体30个、优秀学生干部33人、三好学生180人；县级先进班集体50个、优秀学生干部103人、三好学生513人。素质教育扎实推进。组织开展濉溪县中小学阳光体育大课间活动推进会；在县职教中心举办全县中学生篮球赛；组织参加淮北市中学生篮球赛，百善中心校代表队、任集中心校代表队、南坪中心校代表队分获初中组第一、第二、第四名，濉溪中学获得高中组第二名。组织参加淮北市中小学生田径运动会，县实小代表队获得小学组团体总分第二，南坪中心校获得初中组团体总分第一。组织参加全市中小学生跳绳比赛。组织开展中小学电脑制作活动；濉溪中学、临涣中学建设机器人活动室，其中濉溪中学在安徽省青少年机器人大赛中，获高中组FLL项目1个二等奖（全省第九名）和2个三等奖的好成绩，位列皖北地区第一，实现全县在此类竞赛活动的零突破。

【教科研工作】2013年，组织全县中小学各科、各类教学研讨活动百次以上，参与人数6000人；举行大型检测活动10次；举行论文评选、课件评比和教学设计比赛14场次。重视发挥课题研究，促进教学工作，遴选出濉溪二中等17所学校作为教育教学研究实验基地学校。铁佛中心校被国家“中语会”确定为“为中华而阅读”阅读推广实验校。组织开展“濉溪县教师业务大赛暨第四届教坛新星评比”活动。重视发挥课题研究工作，有计划地指导相关学校开展好省、市、县级课题研究，对已经到期的课题进行验收。年验收县级课题8个，协助市教研室验收省、市级课题7个。

2013-2014年，濉溪县教师在市级以上教育教学竞赛中共获奖178项，其中国家级17项，省级54项，市级117项。涌现出一批有潜质，有能力的教学新秀。其中周伟、马飞获省农村教师第一届教学技能大赛和省“十佳青年教师”称号，马飞代表安徽省参加“全国第四届‘中语杯’教学竞赛”获一等奖第1名，张晓获“华东六省一市”高中物理创新大赛一等奖，李兴华获安徽省初中历史优质课评比一等奖。

【教育宣传工作】2013-2014年，县教委先后获得全省“新闻宣传先进单位”、市“十佳教育宣传先进单位”、濉溪县宣传工作先进单位等称号。濉溪教育网获“第二届全国区县级百佳网站”、“淮北市十佳教育网站”。上报省教育厅网站新闻信息数量在区县排名中位居全省第一，受到省教育厅的表彰。

【工会工作】2014年，全县14名教师参加淮北市首届青年教师教育教学技能竞赛，有7人获“淮北市十佳青年教育教学能手”称号，1人获“淮北市五一劳动奖章”，陈集中心校教师马飞代表安徽省参加全国教学比赛获一等奖第1名。

积极实施“送温暖”阳光工程，关心教职工生活。2013年“两节”期间县教委系统工会对全县660户困难教职工进行慰问，下发慰问金11.5万余元。教职工互助保障计划成员不断增加，师生校方责任险参保率100%。

（彭先进 赵从敏）

县教育局直属学校简介

【安徽省濉溪县职业教育中心】创建于1987年。1999年被评为省级重点职业高中，2008年底被省教育厅批 准为第一批合格县（区）职教中心，2009年年初被教育部认定为国家级重点中职学校，2014年4月被教育部、人力资源和社会保障部、财政部三部委批复为国家首批中职教育改革发展示范学校。学校分南北两个校区，北校区位于县乾隆湖对面，南校区位于双堆集镇，共占地142亩，2014年有42个教学班，全日制在校生2816人(含1100名弹性学分制学生)，专任教师163人，长期聘用教师35人，其中高级职称47人，双师型教师86人。

至2014年12月，先后被授予“全国职业教育管理创新学校”、“全国德育管理先进学校”、“全国零犯罪学校”、“安徽省教育先进集体”、“淮北市、濉溪县教育先进集体”、“淮北市十佳美好校园”等称号。

学校教学实训设施齐备，2014年有各类教学实训设备总值2600万元，拥有各类实验实训室40个，建有完备的校园网络、电子阅览室和课件制作中心，建立多媒体网络教学平台。

学校办学层次多样，有学历教育、短期培训；有校企联合办学、校校联合办学。成立校企联谊会，教学中引入企业管理理念和管理模式，同时坚持走产教结合之路，引厂入校，充分发挥校办企业的育人功能。在专业设置上，灵活设置专业，2014年开设汽车维修、机电、数控、电工电子、计算机、会计、服装制作、现代农艺技术、高乘服务等专业。

学校是全国NIT考试培训基地，国家劳

动技能鉴定所（站），煤矿安全生产培训基地、“阳光工程”培训基地、下岗职工再就业技能培训基地。每年开办10多个工种的农民工转移阳光工程培训、下岗失业人员的SYB创业培训及再就业培训、村干部培训、退役士兵技能培训和创业培训、煤矿安全生产培训、建筑工程技术培训等，每年短期培训4000人次。

教学上坚持“能力本位”的教育思想，实现部分专业课程综合化。对学生进行综合专业知识的传授和综合能力的训练；开设选修课，开展各种培训班，使学生跨专业选修，拓宽就业面；优化课程设置，根据社会发展需求整合；突出教学内容的适用性、实用性，科学选用教材，根据学生状况，采用实用性较强的校本自编教材，并根据企业人才需求，优化流程，注重实践环节，把课堂设计到车间。

先后在上海、江苏、浙江、广东等地与多家企业建立校企合作关系，部分专业实现订单培养。中心毕业生在奇瑞集团、海尔工业园、上海达丰电子、苏州佳能、合肥美菱等知名企业就业。2013-2014年就业率均达98%。

（梁作成）

【安徽省濉溪中学】1949年始建于老城城隍庙，1956年迁至老城南关，1986年迁至新城三堤口；2002年扩大办学规模，兼并位于县经济开发区的“新世纪学园”，建设新校区，2010年暑期两校区合并入新校区。

学校占地310亩，系省示范高中、省绿色学校、省传统体育项目学校。2014年，在校学生5600人，在职在编教职工339人（计划编制数386人），借用县域在编教师13人，聘用不在编教师24人。在编教师本科以上学历（含进修学历）100%，其中研究生学历14人；高级职称占比37%，其他职称占比63%；40岁以下的教师占比63%。

2013-2014年，高考本科达线总人数居全市第一。2000-2014年，共为高等学校输送本科学生15819人，2005年以来，学生参加各级各类学科竞赛获奖千余人次。

（朱彦体）

【安徽省濉溪二中】始建于1976年，坐落于溪河路中段。学校占地总面积48557平方米，2014年有高中教学班89个，在校学生5091人，教职员工314人。其中国家级骨干教师1人，省特级教师1人，省教坛新星、优质课教师6人，市级学科带头人、市骨干教师、市教坛新星、优质课教师30人，县级教坛新星、县教学能手、优质课教师50人。2000年被评为市级示范性高中；2006年在市办学水平督导评估中获得同类学校第一名；2009年顺利通过验收，跨入安徽省示范高中行列。

学校先后被授予“全国青少年爱国主义教育示范学校”、“省思想政治工作先进集体”、“省教书育人先进集体”、“安徽省新课程改革样板校”、“省体育工作先进集体”等称号。

2013年，本科达线1247人。文理科本科达线率分别提高8个百分点和4个百分点，本科总达线率为52%。

2014年自主招生中，濉溪二中曹广翰、马奥迪等6名学生被浙江大学等一类高校录取。应届文科全县前10名中，濉溪二中占6人，张雪、王孟伟、张文瑞分获全县前三名。应届理科全县前10名，濉溪二中占3人。应届一本净增49人，居全县第一。

（刘大超）

【濉溪县孙疃中学】始称濉溪第二初级中学，创建于1952年7月，仅有4个班，学生203人，教职工17人，校舍24间。1958年秋增设高中部，2个班，学生97人，更名为濉溪县孙疃中学。1971年濉溪县在孙疃中学开办“五七”大学，孙疃中学改为“五七”大学附中，2000年8月为淮北市示范性高中。2010年10月为安徽省示范性高中。

学校先后被授予淮北市“花园式学校”、淮北市“现代教育技术实验学校”、安徽省“电化教学设备一类达标学校”、安徽省“电化教育先进集体”、淮北市“文明单位标兵”、安徽省“全民健身活动先进集体”、淮北市“先进集体”、淮北市“教育系统先进集体”、安徽省“优秀市级示范高中”等称号。

学校实行小班额教学，有理化仪器室及

实验室 7 个，微机室 2 个，多动能教室 2 个，图书室 1 个，阅览室 1 个，班班实现多媒体教学，学校网站 1 个，标准篮球场 6 个，标准运动场 1 个，体育设施齐全。

师资力量雄厚。2014 年有高级教师 70 人，一级教师 79 人，研究生 6 人，省市县级教坛新星、教学能手 28 人，各级优质课教师 21 人，国家级、省级骨干教师培训 10 人。

2014 年，取得较佳教学成绩，市级论文评比获奖 6 人次，县级论文评比获奖 3 人次，省级论文评比获奖 3 人次。教学课堂实录评比国家级奖项 1 人次，市县级优质课获奖 4 人次，1 项省级课题《高中语文微观课堂与教学环节优化研究》的子课题实验研究中，1 项市级课题试验中。

（周伟）

【濉溪县临涣中学】始建于 1949 年，2008 年，被评为安徽省示范性普通高中，安徽省教育系统先进集体，淮北市先进基层党组织，淮北市文明单位，依法治校先进单位，淮北市平安校园，淮北市十佳美好校园。

学校高考成绩稳中有升。2005 年本科达线 352 人，优生达线率全县第一；2008 年本科达线 660 人，是全县唯一本科人数不降反升的学校。2010 年学生姬默以 614 分获全县文科状元；2011 年一本达线 83 人，创历史最高记录；2012 年本科达线率近 50%，有三人进入全县理科前十名。2013 年本科达线 560 人，达线人数跃居全县第三，2014 年高考，各项指标位居全市前列。

【濉溪初级中学】1999 年独立设校，位于濉溪县沱河路 36 号。该校始建于 1986 年，24 个班建制，1995 年年底与濉溪县职业高中合并改名为濉溪县中等职业技术学校（初中部设在分校），1999 年 8 月从中技校脱离出来单独设校，恢复原名安徽省濉溪初级中学。

2014 年有专任教师 65 人，市级教坛新星 4 人、国家级优质课教师 1 人、省市级优质课教师 7 人、市级骨干教师 6 人，市学科带头人 2 人，享受省政府特殊津贴 1 人。

学校实行小班额教学，有理化仪器室及实验室 4 个，微机室 2 个，多功能教室 1 个，图书室 1 个，班班安装多媒体，学校网站 1 个，体育设施齐全。学校先后获国家第六届爱国主义读书活动组织奖、安徽省家教名校、省未成年人思想道德建设示范学校、淮北师范大学“国培计划”观摩实践基地、市廉政教育示范学校、市 2014 年爱国主义教育读书活动优秀组织奖等称号。

2013-2014 年，学校在全县率先开展国学教育进课堂活动，并积极尝试“本真语文”教育。校编国学教育专著《和中学生一起学论语》、《中学生读李白》学习读本及 5 册“全能语文”面向全国出版发行。1 项国家级课题《〈论语〉教学对中学生人格培养的作用》作为“十二五”教育部规划课题《传统文化与中小学生人格培养研究》的子课题正在实验研究中，2 项省级（语文、化学）课题已经通过验收顺利结题，1 项县级英语课题结题，1 项省级数学实验课题试验中。2014 年被列为首批濉溪县语文、化学教育科研实验基地，被安徽省教科院批准为全省“基于微课的翻转课堂”实验项目学校。

（陈存云）

【濉溪县实验小学】始创于 1949 年春，原名“人民小学”，校址在文昌宫。同年秋，迁到关帝庙巷天主教堂(现城关中心校)，1950 年建县后将后大街濉溪小学、西关胜利小学并入人民小学，设 13 个班。同年年底，学校建立团支部和少年儿童队组织，是濉溪县最早建团、建队的小学。1954 年秋，更名为“城关第一小学”。1962 年 7 月，改称“濉溪县实验小学”，1971 年搬迁至老城西南隅城隍庙旧址。1990 年 1 月迁至现址。占地 30360 平方米，2014 年有 72 个教学班，在校生 5100 人。教职工 150 人，其中中学高级教师 8 人，安徽省特级教师 5 人，淮北市“学科带头人”10 人，市“骨干教师”18 人，市“教坛新星”16 人，市名班主任 3 人。

学校先后被评为全国“劳动教育技术先进学校”、“全国读书育人特色学校”，安徽省“先进家长学校”、省“家教名校”、省“少先队工作先进集体”、省“电化教育工作先进学校”、省“未成年人思想道德建设示范学校”等，少先大队两次被评为全国“红旗大队”。通过市“廉政文化进校园进课堂示范点”的验收，并被推荐参评省级示范点；校歌《明天更辉煌》入选淮北市十佳校歌。校园网站被评为“淮北市教育十佳网站”。学校先后承担国家级重点课题2项，1项已顺利结题，另1项课题待结。4项省级实验课题，3项结题。有3项国家及省、市级课题正在实验中。

2013-2014年，有1名教师被评为淮北市“优秀教育工作者”；2人被授予市“优秀教师”称号。4人被评为市、县优秀辅导员；谢艳被授予县“十佳班主任”和“第二届感动濉溪教育人物”称号。高九龙在2014年第三届全省中小学教师教育技术能力建设计划应用成果展示活动中录像课《几分之一的分数》获二等奖，在全省教师教育教学信息化大赛中《面积和面积单位》获二等奖，在中国教育电视优秀教学课例评选活动中《重叠问题》获二等奖。在淮北市和安徽省小学信息技术优质课评选暨基本功竞赛中，张凯华获省二等奖、市一等奖。

个性化教学效果明显。2010年建成少年宫，开设文学社、书法、美术、舞蹈、合唱团、军乐队、足球队、版画、十字绣、电子琴等26个社团。注重传统经典教育，自编经典诵读校本教材《享受母语》系列丛书，倡导晨诵经典、午练书法，努力提高学生语言文字素养。每年举办一次艺术节、读书节、运动会。在濉溪县首届青少年科技创新大赛中，学生张羽航两项小发明分获一、二等奖。校记者站获市2014年度“十佳记者站”称号。杨艺佳、何奕菲被评为“市十佳小记者”。杨娜、于紫淳被评为“市优秀小记者”。校合唱团连续两年在市级比赛中获一等奖。经典诵读《春之梦》获市一等奖；《蝶儿蝶儿满天飞》获市校园情景剧大赛第三名。学生杨妞妞、梁驰、祝可欣等在市县级演讲讲故事比赛中分获一等奖。2014年，在淮北市青少年航空、航天、建筑模型比赛中获团体总分第四名；在全市中小学生田径运动会上，获团体第三，女子团体第八，男子团体第一。校足球队在省首届校园足球夏令营比赛中获“体育道德奖”，在全市小学足球比赛中获一等奖，并于暑期参加全省首届校园足球夏令营，学生孟振宇被评为“省希望之星”。

（张奇志）

【濉溪县新城幼儿园】是县优秀示范幼儿园、市级一类幼儿园。始建于1980年，占地面积8.6亩，建筑面积5300平方米；有9个教学班，在园幼儿380人。在职教师35人，其中本科学历18人，大专学历14人，中专学历3人，学历合格率100%。

新城幼儿园先后获省“幼儿教育先进集体”，市级“文明单位”、市“未成年人思想道德先进学校”、市“巾帼文明岗先进单位”等称号。2013-2014年，新城幼儿园被评为县“继续教育先进集体”、“第十四届市级文明单位”。在全市教学设计大赛中，园教师12人参加，获一等奖4人、二等奖3人、三等奖3人。自制教玩具大赛中，3件作品在省里展出，1件获省一等奖、2件获省三等奖。39件作品在市里展出，一等奖6人、二等奖3人、三等奖15人。在淮北市音乐教学展示课比赛中青年教师丁珍珍获一等奖。2013年2位青年教师在市首届幼儿园教师技能大赛中获三等奖。2014年5月在市首届幼儿舞蹈大赛中节目《嘻乐》获三等奖。

（任玲玲）

中心学校简介

【濉溪经济开发区中心学校】始建于1949年7月，原名濉溪县城关镇东张集小学，1995年更名为濉溪县城关镇溪河小学，2004年成立濉溪经济开发区中心学校，2012年迁至濉溪经济开发区玉兰大道桥西侧。学校东临濉溪中学，北靠濉永路，南接玉兰大道，是开发区内唯一一所九年一贯制寄宿制公办学校。学校占地面积20010平方米，建筑面积4010平方米。2014年有小学教学班17个，初中教学班3个，在校学生1000余名。学校师资力量雄厚，中学高级教师 2 人，中学一级教师 1 人，中学二级教师 8 人，小学高级教师 21 人，小学一级教师 8 人，其中国家级优秀教师 1 人，市级优秀教师 5 人，县级优秀教师 8 人。学校现有教学楼、学生公寓楼各 1 幢，1 个能容纳 500 人同时就餐的餐厅。

（丁作智）

【濉溪县城关中心学校】为“省级示范初级中学”。占地面积 15600 平方米，建筑面积 10000 平方米，2014 年有教学班 45 个，在校学生 2300 人，教职工 191 人。学校师资力量雄厚，其中国家优秀教师 1 人，国家优质课教师 4 人，省级优质课教师 9 人，市级名师、教坛新星、骨干教师、优质课教师 38 人，市级优秀、骨干班主任 23 人，高级教师 72 人，心理咨询师 1 人。学校教学设施完善，配有物理实验室、化学实验室、生物实验室、微机室、网络中心、图书室、音乐室、舞蹈房、美术室、航模室、动漫社、留守儿童活动中心、科技创新发明活动中心、少年宫等。学校先后获全国“示范家长学校”、 安徽省“示范初级中学”、安徽省未成年人思想道德建设示范学校、 安徽省廉政文化示范点、安徽省电教设备一类达标学校、安徽省“示范家长学校”、安徽省电教先进单位、淮北市、“先进学校”、淮北市综合治理先进学校、 淮北市“花园式”学校、淮北市“平安校园”、 淮北市教学水平一类达标学校、淮北市文明卫生单位等称号。

学校先后立项课题 16 个，其中省级课题《流动子女教育问题研究》、《新课程背景下班会课的有效研究》、《初中英语听力分级教学研究》等已经结题。一大批中青年教师在教研科研中脱颖而出，25 名教师在国家、省市县教学比赛中获各类大奖， 300 多人次教师的论文获得省、市、县级奖，濉溪县首届“科技创新县长奖”分获一、二、三等奖，学校被评为濉溪县教科研优秀学校。

依托德育工作，开展系列校园文化活动。先后开展墙报、黑板报、班徽、班歌、手抄报、经典诵读、唱红歌颂青春歌咏等比赛。法制讲座进校园、安全教育讲座、心理健康讲座、励志演讲定期举办。校报《七彩虹》定期刊发。

细化管理，定期开展各项活动。学期初一个月学规范、正行为教育，每年三月开展学雷锋月活动，每学期开展师生读书节活动，每天开展课间跑操评比和室内操评选，每天上下午开展班歌活动、卫生区、自行车摆放检查，每学年开展艺术节活动等系列活动，规范师生行为、活跃学校气氛。

（刘福东）

【濉溪县城关中心小学】建于 1975 年，始名为濉溪县城关镇第六小学。2004 年更名为濉溪县城关中心小学。位于县沱河东路 27 号。占地总面积 7143 平方米，建筑面积 6280 平方米。拥有设备完善的少队部、微机室、语音室、多功能室、会议室、图书室、自然实验室、仪器室、体育器材室、音乐室、美术室、舞蹈室、阅览室、心理咨询室和留守儿童之家。每个教室都配备班班通电子白板和多媒体。修建塑胶场地 3990 平方米。

学校 2014 年有 36 个教学班，在校学生 2300 人，适龄儿童入学率、巩固率、结业率 100%。教职工 99 人，大学本科学历 27 人，大专学历 64 人。其中小学高级教师 83 人。教师学历达标率、岗位合格率均为 100%。有市级教学能手 2 人，市级骨干教师 2 人。2013-2014 年，先后被评为市先进集体、文明单位、优秀学校。校少先队被省教育厅评为“先进单位”、被全国少工委授予“优秀红旗大队”称号。2013 年，市级英语课题结题，2014 年在淮北市小学生航模比赛中获团体一等奖；在濉溪县举办的“经典诵读”比赛中获一等奖。

【濉溪县城关中心学校第七小学】位于县城沱河西段。学校占地面积 15700 平方米，建筑面积 5657 平方米，拥有 41 个教学班，在职教职工 112 人，在校学生 2849 人，

学校始建于 1973 年，隶属于刘桥区，原名刘桥区城郊小学。80 年代初，随县城发展，划归濉溪镇，名为濉溪镇第七小学，2004 年，更名为城关中心学校第七小学。

重视学生全面发展和教育的高质量。至 2014 年，学校有 386 人次获县以上教育主

管部门奖励。其中省级优秀三好学生3名，“江淮好少年”1名，市级三好学生18名；共有32人通过各级各类艺术类考试过级；学生丁涵在省电视台举办的“当红不让”通关擂台赛连坐7次擂主，程蔚然一段说唱脸谱被淮北市选拔参加中韩青少年交流活动；2013-2014年，学生张天然获市级“优秀少先队员”，冀重亦、宋祥溪、王子杰获市级“三好学生”称号，刘畅当选淮北市第一届少代会代表。校体育代表队多次代表县参加市比赛获优异成绩。

学校有省级骨干教师1人，市级骨干教师2人，市级优质课教师5人，市优秀教师3人，优秀班主任3人，市教坛新星2人，县骨干教师6人，县优秀教师7人，县优秀班主任7人，县教坛新星2人。

学校教学设施齐全，41个教学班于2012年全部安装多媒体教学设备，实现班班通。教育教学质量快速提高。

七小少先队在全县率先开展“体验教育”、“雏鹰争章”等活动，被团中央命名为“全国雏鹰红旗大队”、被省少工委命名为“优秀红旗大队”。淮北市先后获“淮北市未成年人思想道德建设先进学校”、“濉溪县办学水平一类学校”、“濉溪县文明单位”、“濉溪县平安校园”等称号。

【濉溪县百善中心学校】始建于1958年，是一所农村寄宿制公办初中学校。占地113亩。教学楼2幢，建筑面积5025平方米。学生公寓2幢，建筑面积3460平方米。学生餐厅1幢，建筑面积1430平方米。投资300万元的2200平方米综合楼施工中。教育教学设施齐全。拥有国家一类标准的理、化、生实验室，装备2口计算机教室(计算机100台)，25口教室均安装班班通设备，拥有图书28000册，建成400米沥青环形运动场1个，水泥硬化篮球场4个，由国家彩票公益金项目支持20万元建设的乡村学校少年宫于2012年11月建成，设有音乐室、舞蹈室、留守儿童之家、科学探究室、心理咨询室等功能室。2014年，学校开设23个教学班(六年级4个班、七年级7个班、八年级6个班、九年级6个班)，在校学生1087人，在编教职工99人，其中专任教师90人。

学校先后被评为“淮北市教育工作先进集体”、“淮北市综合治理先进单位”、“淮北市精致校园”、“濉溪县教育工作先进集体”、“濉溪县教科研优秀学校”等。

2012年在全县青少年才艺大赛中，获3个单项一等奖、六个单项二等奖。2014年全市中学生篮球赛上，校篮球队获冠军；在2014年淮北上城濉河一品杯汉字书写大赛中，校六年级代表队获全市小学组第一名。

【徐楼中心学校】始建于1970年，2014年有20个教学班，900名学生，中学高级教师22人，中学一级教师59人，3个理化生实验室，2个微机室，2幢学生公寓，1个能容纳600人同时就餐由学校自主经营的公办食堂。

2014年，慧珂老师获得省级基本功大赛一等奖。学校先后获市“教育先进集体”、“中考显著进步奖”、“中职招生先进单位”等称号。被评为2013-2014年度“全市教育宣传先进单位”，2014年，被评为省“中职招生先进单位”。

(蒋守民)

【濉溪县刘桥中心学校】建于1959年，占地60亩。有38个教学班，2266名学生，153位教职工。其中省级优秀教师3人，市、县级优秀教师、 教坛新星、骨干教师40人，中学高级教师38人，研究生学历3人。配备班级多媒体、图 书室、阅览室、省级一类理化生实验室、音体美器材，能供千人就餐的餐厅，男女生公寓楼各1幢。

树立打造精致学校，构建和谐校园，让教师幸福，让学生快乐的办学理念，树立强化“科研兴校，质量立校”，以科研引领学校的发展与创新。创立刘桥中心学校新“三段五步”课堂教学模式。

教育教学质量提高。连续10年中考成绩居全县前列。2013-2014年，有教师1人被评为淮北市“优秀教育工作者”；3人被评为市“优秀教师”；1人被评为淮北市“优秀班主任”。教师的科研能力显著提高，教师撰写的论文有近50篇在县级以上教育教学论文评选中获奖或发表，教师谢宝昌论文《问题在探究中发现，概念在发现中构建》获国家级奖；苗影论文《浅谈七年级学生英语学习习惯的培养》获省级奖；张如敏论文《初中英语写作教学反思与实践》获市级一等奖；梁敏慧老师、李艳老师论文获市级二等奖。卞广州在淮北市优质课比赛中《报得三春晖》获市一等奖。

学校连续多年被市委、市政府评为教育工作“先进集体”，平安示范学校；先后获安徽省家长示范学校、安徽省家教名校、全国青少年普法教育零犯罪学校等称号。

（王兴成　惠军）

【临涣中心学校】2014年，辖1所中心校，1所中心小学，1所中心幼儿园，2所九年一贯制学校，完全小学9所，4个教学点，14所民办幼儿园，在校教职工273人，在校学生6000人。

学校占地45亩，建筑面积9800平方米，总投资900万元。有教学楼、学生餐厅、学生宿舍楼、水冲厕所、停车场、运动场等。2014年，校本部有教职工40人，学生600多人，开设12个班级。

（李世剑）

【濉溪县祁集中心学校】坐落于韩村镇，始建于1940年，原为祁庙小学，六十年代末创建祁集联中，1986年改名为小李庄初级中学，1996年更名为祁集镇初级中学，2004年更名为濉溪县祁集中心学校。

2014年，中心学校有教职员工70人，其中高级教师15人，中学一级教师39人，本科学历达98%以上。

重视教科研发展和教研活动。先后开展语文、数学、英语、物理、化学、体育等学科县级公开课，承接市、县语文、数学、英语、理化课题研究项目5个，其中2个课题通过结题验收。

该中心校有在校学生400人，12个教学班，2座教学楼、1座综合办公楼、1座实验楼、1座大型食堂和学生公寓楼、图书馆、标准体育场地等。

2008年被评为创建平安校园先进单位。2013年被韩村镇委镇政府评为信息工作“先进单位”；2014年被县教育局评为中职招生工作二等奖；校刊《心语》在淮北市首届中小学优秀校报、校刊、校歌、校徽评选活动中被评为“十佳”。

（王永）

【南坪中心学校】始建于1958年，名为南坪初级中学，坐落于南坪镇。中心校辖1所初中、10所小学，教职工357人，中小学在校生7000人。其中校本部占地面积70亩，2014年有47个教学班，在校学生2000人，教职工172人。

现有教学楼2幢，综合楼1幢，办公楼1幢，容纳2000名学生同时就餐的餐厅1座。一类理化实验室各2个，生物、地理实验室各1个。2个标准篮球场，20余个标准乒乓球台。校园绿化美化面积4000平方米。

2014年，学校有中级以上教师98人，省级“优秀教师”、“优秀班主任”各1人，市级骨干教师8人，省级“优质课教师”4人，市级“优质课教师”20人，县级“优质课教师”及“教坛新星”70人次。

教学质量逐年攀升，中考连续20年稳居县前列，2012年跃全市前列。2012年、2013年获全县“中考质量综合评估优秀学校”。

学校先后被评为市“综合治理及安全工作先进集体”、市“体育传统项目学校”、“体育工作先进单位”、市“养成教育优秀学校”、市“文明单位”、市“先进基层党组织”、市“关心下一代工作先进单位”、安徽省“示范家长学校”、省“示范乡镇成人文化技术学校”等。学校连续7次被市委、市政府授予“教育工作先进集体”称号。2009年9月获“全国教育系统先进集体”称号。2013年被评为市“十佳美好校园”。2014年被评为“全国青少年普法教育零犯罪学校”。

（薛加民）

【濉溪县任集中心学校】成立于2007年，地处南坪镇，是一所综合性农村公立学校。学校下辖1所中学，8所小学，3个教学点，3所幼儿园，在校生5000人，其中校本部在校生1600人。

注重师资队伍建设。学校有高级教师

24人，市级优秀教师45人，市、县骨干教师、学科带头人、教坛新星32人，教科研标兵2人，优秀班主任35人。

注重教与学的变革。首先建立多样、立体、选择的课程体系，形成国家课程校本化，校本课程多样化、立体化，学习活动自主化的开放态势；其次是建立"特色、自主、创新"的教学模式；实施变种的备课模式；建构三维目标体系；推行"先学后导，展示训练"的课堂教学模式；推进"小组合作学习"的探讨。

注重课题教学研究。2014年，申报立项县级课题10个，已结题6个。市级课题4个（语、数、英、政），省级课题3个（语文、政治、综合），国家级教师专项基金"十二五"课题规划重点课题1个（《特色学校创建推进课堂教学改革与创新研究》）。

办学水平提升。2007年以来，中考成绩均居全县前列，学校先后被评为县"文明单位"，"教育工作先进单位"，中考质量"优秀学校"（四次），"阳光体育大课间活动"优秀学校；被淮北市评为"教育工作先进单位"，创建平安校园"先进单位"，"绿化模范单位"，"花样跳绳"项目学校；安徽省"全国省级青少年校园足球活动布局学校"，"优秀家长学校"，关心下一代工作"先进单位"；全国青少年普法教育零犯罪学校。教科研被列为全县"初中教育教学实验学校"，淮北师范大学"课改实验研究基地"，教育部"国家教师科研专项基金十二五规划全国重点课题研究单位"。

（凌涵伟）

【濉溪县韩村中心学校】创办于1958年冬，名为韩村中学，坐落于韩村镇。2014年有幼儿园14所，在园幼儿851人，专任教师27人；私立幼儿园1所，教师2人。小学14所，在校学生3290人，专任教师177人，小学适龄儿童入学率100%。初中3所，初中在校生1599人，专任教师84人。初中适龄人口入学率、小学升初中升学率、九年义务教育覆盖率均达100%。2014年5月，成功承办韩村镇2014年"我阳光 我快乐"文艺会演。

2013年，七、八年级语文、数学、外语、政治、历史在县级质检中综合评比位列全县前10位。教师曹静、丁寅寅在淮北优质课评选中获二等奖。

2014年，在全市比赛中，教师孙迎迎获一等奖，曹静、丁寅寅被评为"淮北市优质课教师"。任明娟、朱红艳获国家级论文一等奖，朱永峰《从"三面"看政治新教材》获省二等奖。陈三虎获市级论文一等奖。

（陈朝彬）

【濉溪县海孜中心学校】坐落在县临涣镇海孜街中段，位于萧淮路和海韩路交汇处，占地面积50亩。学校成立于2007年9月，2014年辖9所小学，1所初中，1所9年一贯制学校。教职工162人，其中专任教师152人，研究生学历1人，大专以上学历教师146人，教师的岗位合格率100%。在校学生2300人。

中心校（本部）原名海孜中学，始建于1958年，是一所3年制初中。从1970年开始办两年制高中班，至1978年高中班停办。现有10个教学班，学生500人。教师47人，其中中学高级教师7人，一级教师26人。教师本科学历36人，占83.7%。校园布局合理，有花园，广场，运动场，教学区，生活区，教学楼、综合楼、宿舍楼。每个班级都安装"班班通"，建有阶梯大教室、微机室、音乐、美术活动室、物理实验室、化学实验室、生物实验室、仪器室，多媒体教室，心理辅导室、阅览室、图书室、体育活动室、少年宫、"留守儿童"活动室等。图书室藏书32260册，图书、仪器、器材的使用率均达100%，建成校园广播系统、校园安全监控系统，基本实现了教育教学管理现代化。

开展形式多样的师资培训，2013年-2014年中心校连续两年被评为"中职招生先进单位"；中考成绩总评连续6年位居县前列。

（高学军）

【濉溪县铁佛中心学校】始建于1951年，原名铁佛中学（时属民办），1960年8月，筹建新校铁佛中学（属公办），招收4

个班，教师18人，学生220人。1972年春，增设2个高中班，1980年高中班增到4个，并并入百善中学。2004年成立中心校。

中心学校坐落于铁佛镇境内，占地面积30000平方米，建筑面积15000平方米。分教学区、活动区、生活区。辖中小学11所，教职工300人，在校学生5000人。校本部设有24个教学班，教职工100人，其中研究生学历3人，本科学历90人，专科学历10人。校园内建有闭路电视、“班班通”电化教学等现代化教学系统，图书室藏书3万册，阅览室报刊50多种，拥有配套的物理、化学、生物标准化实验室和仪器室，配有音乐、美术、体育活动室、标准化多媒体教室、会议室、男女生宿舍楼、餐厅、操场、篮球场、标准化水冲厕所、开放式花园、休闲广场、健身广场等，另设有家长学校、少年宫、留守儿童之家、心理辅导室等教学和辅助教学场所。校园内建有大小花园4个，新建回廊亭台，绿化面积达13000平方米。

教师专业化水平提高。有10位教师被评为市、县级先进个人、优秀教师、优秀班主任。20位教学成绩突出，2013年中考综合评估全县第二名；2014年中考综合评估获全县第四名。2013 、2014年两次被评为淮北市教育先进集体；连续三次被评为濉溪县优秀教科研学校；2013年被评为淮北市家教名校、淮北市“精致校园”；2014年被评为濉溪县平安学校示范校，淮北市“平安学校”先进单位并获批全国阅读推广实验学校。

【濉溪县岳集中心学校】位于濉岳公路和泗许高速交汇处，始建于1959年春。学校占地面积26000平方米，建筑面积11000平方米，下辖中小学18所，在职教职工266人，在校学生4100人。2014年，学校本部有22个教学班，在校学生1100人，教职工83人，专任教师学历合格率100%，任职合格率100%。

学校坚持“以德治校、科研兴校、特色立校、质量活校”的办学理念，形成“和谐、严谨、励志、笃行”的校风，“敬业、善教、务实、奉献”的教风和“博学、善思、求真、进取”的学风。 以“目标、合作、探究、发展”的教学模式，进行着“优化课堂教学，促进学生全面发展”的整体改革实验。先后被评为濉溪县“教育科研优秀学校”、“关心下一代先进学校”、“零犯罪学校”；淮北市“依法治校示范学校”、“平安示范学校”、“教育工作先进集体”。

（李纯席）

【五沟中心学校】坐落于五沟镇新区。在校学生1236人，教职工94人，25个教学班。下辖1所九年一贯制学校、12所完小、5个小学教学点、9所幼儿园。

新校系五沟镇异地搬迁工程，2013年3月兴建，2014年7月交付使用。新校区包括中学、小学和幼儿园，三学区连成一体，占地总面积170亩，建筑面积19840.36平方米，第一期工程总投资3500多万元，二期工程在建。中心校校本部内设男女生公寓、学生餐厅，教学楼、实验楼。

学校先后被评为濉溪县教育工作“先进单位”，中考质量评估“优秀学校”，“初中数学教学实验学校”，淮北市学生书法大赛“优秀组织奖”等。

加强师资队伍建设，青年教师周秀华被评为淮北市优秀班主任；李阳被评为淮北市优秀教师；沈兴旺入选县教育局数学教科研团队；焦蕉、祝彦君入选化学学科省级课题研究团队；陈锦梅、吴倩被选为县级名班主任工作室成员。2013年加入教师岗位的李兴华被评为县“教坛新星”、市教学“十佳能手”，2014年10月代表淮北市参加全省优质课大赛获一等奖。青年教师李平获2013年度安徽“最美乡村教师”称号。

（戴长海　赵数）

【濉溪县白沙中心学校】始建于1969年，始称白沙中学，2007年8月更名为白沙中心学校。占地面积30186平方米。辖1所初中，1所九年一贯制学校，7所完全小学，2个教学点，3所幼儿园。在校学生4000人，在职教职工226人。2014年，中心校本部有23个教学班，在校学生1280人，专任教师78人，教师学历达标率100%，其中高级教师13人，中学一级教师32人，省级优秀教师2人，市级优秀教师14人，市优秀班主任10人。学校拥有学生食堂，男、女生宿舍，实验室、微机室、多媒体教室、图书室，班班有多媒体教学设备、图书角，图书室图书43000册。

2014年，在全县中考中有1人获濉溪县中考状元（淮北市第三名），优分率全县第一；全县汉字大赛上，有1人获中学组“状元”，中学组和小学组均获“优秀团队”称号；中职招生获县一等奖。

学校先后获“淮北市教育工作先进集体”、市“创建平安校园先进单位”、“濉溪县教育工作先进集体”。

（姜修彬）

【孙疃中心学校】位于孙疃镇，始称孙疃联中，创建于1972年。1982年因结构调整停办。1984年秋，由孙疃联中五位老师借孙疃小学的一口教室开办初三复习班，1985年正式招生，1987年迁至孙疃街东部，占地22亩。2004年成立孙疃中心学校，又迁回原学校旧址。2004-2008年，中心校新建综合楼、教学楼、宿舍楼、水冲厕所、会议室、微机室等硬件设施。2014年6月学校整体搬迁至孙疃镇花园村，占地面积104亩。学校有理化仪器室及实验室6个，微机室2个，报告厅1个，图书室1个，班班实现多媒体教学，学校网站1个，标准运动场1个，体育设施齐全，校园主次道路硬化达标。学校有初中部32个班，小学部5个班，1600名学生，102位教职工。在校寄宿生1400人。

2013-2014年，孙疃中心学校先后被评为“全国教育先进单位”、“全国零犯罪学校先进单位”、“濉溪县教育先进集体”、“孙疃镇先进单位”等。中考优秀率居全县前列。2014年，在省级征文比赛中，校学生获二等奖2个，市、县奖励36个。教师高祥龙代表淮北市参加长三角班主任论坛获二等奖、安徽省第三名；汪芳获淮北市生化教师专业技能大赛一等奖，并代表淮北市参加全省比赛。

（郭圣道　郭亚军）

【濉溪县杨柳中心学校】始建于1969年，坐落在孙疃镇杨柳集，2014年下辖2所初中（其中民办1所），1所九年一贯制学校，和6所完小，4个教学点，5所幼儿园（其中民办幼儿园3所）。初中在校学生数1300人，小学在校生2500人，教职工239人。

中心学校本部占地60亩，建筑面积32000平方米，2014年有16个教学班，学生600人，专任教师68人，其中中学高级教师17人，中级职称30人，市级骨干教师2人，县级教坛新星2人，县级优质课教师6人，教师学历合格率100%。建有“班班通”、微机室、多媒体教室、理化生实验室、音乐、美术教室等，仪器设备齐全，图书室藏书丰富。

杨柳中心学校先后获淮北市教育工作“先进单位”、淮北市依法治校“先进单位”、县级“文明单位”、濉溪县普通初级中学办学水平评估“一类学校”、县级“花园式学校”等称号。

（侯西文）

【双堆中心学校】位于双堆集镇双堆街，始建于1969年，原名濉溪县双堆集初级中学，2004年更名为濉溪县双堆中心学校。下辖1所初中、1所九年一贯制学校、9所小学、1所幼儿园。共有教职工248人，中小学在校学生4000多人。其中校本部占地面积60.9亩，26个教学班，在校学生1000人，教职工92人。县级以上各类优秀教师、优质课教师33人，中学高级教师15人，中学一级教师39人。

建有教学楼2幢、综合楼1幢、公寓楼3幢、容纳800名学生同时就餐的餐厅2座，一类理化实验室2个，多媒体教室3个，图书阅览室2个，计算机室2个，标准羽毛球场2个、标准篮球场2个。

2014年，教师白云、张丽、杨丽丽、许玲、白鹤分获市级骨干教师或优秀教师称号，在县“上城.濉河一品杯”我是汉字榜样书写大赛中获初中组“最佳团队奖”，在淮北市中小学生航模比赛中获初中组团体第6名。

（杨士亮）

【濉溪县陈集中心学校】地处县境最南端，是淮北市先进单位和县级花园式学校。

2014年，中心校有教职工267人，其中高级教师18人，中级教师178人；县级以上优秀教师36人，市级教坛新星15人，省级教坛新星2人。辖16所小学，1所中学和1所九年一贯制学校，有学生5000余人。

教学区有教学楼2幢，建有多媒体教室、语音室、电脑室、微机室、图书室、儿童之家活动室、农远网、省级一类理化生实验室、科学实验室。活动区有足球场、篮球场、沥青跑道和多种多样的活动器材。有可供应千人就餐的餐厅。男女公寓楼、淋浴房建成并投入使用。为保障学生的住宿和饮食安全，每天有值班领导、老师、学生进行不间断管理、检查和督导。

学校先后被评为“淮北市平安学校”、“淮北市先进教育集体”。教师邵鹏鹏在2013年安徽省初中语文优质课大赛中获二等奖。教师马飞在全国初中语文优质课大赛中获全国一等奖第1名。教师李玉志被评为感动濉溪教育十佳人物。2014年教师罗俊骑在濉溪县首届科技创新大赛中获二等奖。学生谭永芹《成长是一种美丽的痛》在《意林》杂志上发表，喻晴晴等同学在2014“我的梦，中国梦”演讲大赛”中获一等奖。

（邵鹏鹏 ）

【四铺中心学校】创建于1959年，坐落于四铺镇四铺新区，2014年中心校初中部设三铺和四铺两个校区，在校学生900人；辖完全小学9所，教学点4个，在校小学生2100人，在园（班）幼儿800人。

学校先后获市、县“教育工作先进单位”、“全国青少年普法教育零犯罪学校”等称号。

（吕捷）

科技工作

【概况】2013-2014年，全县科技工作围绕“创新驱动发展”中心，着力搭建科技创新平台，重点培育科技型企业，自主创新能力不断提升。2013年9月，濉溪县被列为“国家知识产权强县工程试点县”；2013年，县经济开发区获“安徽省创新型园区”称号。2014年，县经济开发区获批“安徽省知识产权示范培育园区”；2013年，在“2011—2012年全国科技进步考核”工作中，濉溪县获“全国科技进步考核先进县”，濉溪县连续4次蝉联全国科技先进县称号。

【科技计划项目争取工作成效显著】2013-2014年，全县共争取各类科技计划项目37个，其中省级以上项目9个，市级项目28个，共争取各类政策性资金2000余万元。省级以上项目：2013年，淮北宇鑫新材料有限公司“纤维增强聚合物筋材的研发与应用”获批国家技术创新工程试点省项目，争取项目资金400万元。淮北矿山机器制造有限公司“GSZN-35高效深锥浓缩机”、淮北市协力重型机械有限责任公司“节能环保型活性炭生产工艺与设备研究”2项目获科技部中小企业创新基金项目，争取项目资金130万元。县经济开发区获批“安徽省创新型园区”，开发区的科技创新服务平台建设项目获170万元政策扶持资金。2013年9月，濉溪县获批“国家知识产权强县工程试点县”。2014年，“淮北麻鸡规模化健康养殖技术集成示范”获批安徽省成果转化资金项目；“淮北铝基材料及深加工产业基地”获批安徽省高新技术产业（集群）基地绩效考核补助项目。淮北矿山机器制造有限公司“NXZ-53液压中心传动式浓缩机”获批省级重点新产品；该产品并获批国家级重点新产品。2013-2014年，获批市级重大项目7个，科技攻关计划10个，科技人才培育计划3个，市级工程技术中心项目2个，农村科技服务组织专项6个。

【高新技术产业快速发展】2013年，淮北银丰铝业有限公司、淮北正洋生物科技有限公司等6家企业被认为国家级高新技术企业。安徽沪源铝业有限公司 “超薄瓶颈铝箔”、中臣机电装备科技有限公司“高频焊空心方矩管”19个产品被认定为省级高新技术产品。安徽理士电池技术有限公司进入安徽省百强高新技术企业行列，成为全县第一家国家级高新技术企业。2014年，全县国家级高新技术企业认定取得历史性突破。安徽理士电源技术有限公司、淮北宇鑫新材料有限公司、淮北顺发食品有限公司、安徽宝博合成革有限公司、淮北金久新型材料有限公司等9家企业获批国家级高新技术企业；淮北宇鑫新材料有限公司“新型热固性（帘型龙筋）树脂”等12个产品获批省级高新技术产品。

【知识产权工作稳步推进】2013-2014年，全县累计申请专利1429件，其中发明专利申请量534件，实用新型801件，外观设计94件。专利授权量742件，其中授权实用新型专利634件，外观设计62件，发明专利46件。

【科学技术奖励工作】2013-2014年，安徽巨成精细化工有限公司“阳离子聚丙烯酰胺”、淮北正洋生物科技有限公司“功能性寡糖的应用和研究”、淮北正兴生物饲料有限责任公司“益生菌、酶制剂复合型生物饲料”、淮北市协力重型机器有限责任公司“外加热节能环保型回转炭化炉”、淮北兴海工贸有限责任公司“用于电石生产的组合双开式电石锅车”获淮北市第十七次科学技术奖二等奖；安徽省濉溪县医院“乙状结肠新膀胱术治疗膀胱癌的临床研究”，濉溪县科技开发中心、安徽省农业科学院作物所“大豆新品种濉科8号选育及综合增产技术集成与示范”，淮北顺发食品有限公司“地锅鸡风味肉酱制作关键技术及应用”，淮北宇鑫新型材料有限公司“安徽省地方标准DB34/T 1694-2012《纤维增强复合塑料（FRP）锚杆成型设备》”获淮北市第十七次科学技术奖三等奖。

科协工作

【实施科普行动计划】2013年6月，福蜜瓜菜菌协会被中国科协、财政部评为全国科普惠农兴村先进单位，金梦花卉协会梁永梅被评为全国农村科普带头人，共获奖补资金25万元；龙桥果蔬产业协会被评为省示范农技协，龙北新生果蔬产业协会和盛世果蔬产业协会被评为市示范农技协，濉溪镇城北社区被省科协、财政厅评为全省科普示范社区，北关社区被评为市科普示范社区。黑糯玉米新品种示范推广被列入省科普惠农百万工程专项，获奖补资金5万元。

【设立青少年科技创新县长奖】培养创新精神和实践能力，2014年3月10日，县政府常务会议研究决定，设立青少年科技创新县长奖。奖励在科技创新和学科奥赛中取得优异成绩的在校中小学生及其科技辅导员。青少年科技创新县长奖每两年表彰一次，每次奖金10万元。

【评选科普示范社区】2014 经省、市、县三级科协逐级举荐，濉溪镇城南居委会入选全国科普示范社区，受到中国科协、财政部表彰奖励，奖补资金30元。同年12月，濉溪镇北关居委会被评为“安徽省科普示范社区”，开发区玉兰社区被评为“淮北市科普示范社区”。

气　象

【综合观测体系建设】综合观测体系不断完善。2014年，县境内共安装5个六要素自动站（气温、风向、风速、降水、气压、湿度）；5个四要素自动站（气温、风向、风速、降水）、12个单雨量站以及1个自动土壤水分站和1个农田小气候仪，密度为10千米左右，实现乡镇全覆盖。能够对辖区内出现的灾害性天气及降雨实况实时监测，动态掌握气象要素及雨情，为防汛抗旱、抢险救灾工作提供大量准确、及时、快捷、全面的气象信息。开通气象专用宽带网，实时与省、市以及周边市县开展天气会商。

【气象预测服务】加强对重大天气过程的监测和预报会商，做到预报准确、气象情报传递及时、服务主动。充分利用广播、电视、报纸、“96121”、手机短信、电子显示屏、微博等多种传播手段以及广大乡镇信息员队伍，扩大气象信息覆盖面，做好各类气象服务工作。2013-2014年，共发布《天气情况汇报》、《汛期天气专报》、《重要天气信息专报》、《农用天气预报》等各类气象服务材料100余期，发布预警信号10余种，决策手机短信平台发布短信300条，服务45万人次。

【人工影响天气服务】按照人影规范化建设要求，建成标准化人影作业基地4个，设立作业点6个。在县武装部的支持下，在全省率先建设人影专业小分队。

每年组织30余人参加省级人影业务技能培训，平均每年进行4次人影作业，增雨效果十分明显。县气象局连续14年获全省人工增雨防雹工作先进单位称号。

（吕森林）

地震监测

2014年，结合濉溪地质构造及辖区重大项目分布，制定五年台网建设规划。建立市、县资源信息共享机制，提升地震监测能力。坚持异常核实“不过夜”，做好地震监测跟踪工作。

推进宏观网点数字化网络建设，逐步实现宏观网点工作规范化、网络化。强化群测群防信息员、防震减灾助理员培训工作，组织开展震情灾情速报演练。

利用科普宣传日和“5·12”汶川大地震纪念日，把地震知识读本和一些关于地震自救互救知识读本及时发给广大群众。做好重要时段和节假日的震情监视工作，对可能发生的破坏性地震做出较准确的短临预测。

卫生　食品药品监督　计划生育

卫　生

【县级公立医院改革】2013年按照县《关于县级公立医院综合改革的实施意见》，认真核定县级公立医院人员编制和床位。县医院、县中医院实行药品网上集中招标采购和零差率销售，严格执行新的收费标准，调整医疗服务价格，下调大型设备检查价格，并积极完善绩效考核机制，落实民生工程县级公立医院药品零差率补助，到位资金601万元。

2014年，建立县级公立医院运行补偿机制。预拨付2014年度省级财政“零差率”补助经费250万元，农合医保补偿资金已按相关标准足额拨付，县级财政安排离退休人员经费893万元。县级公立医院药品采购实行网上集中招标采购、统一配送，并严格执行备案、应急等药品采购管理制度。1-9月网上统一采购药品总金额67558370元，其中县医院网采49140432元，中医院网采18417937元。严格执行新的收费标准，调整医疗服务价格，下调大型设备检查价格。并积极完善绩效考核机制，落实民生工程县级公立医院药品零差率补助，到位资金601万元。1-9月县医院门诊208769人次；出院27549人次；县中医院门诊115725人次；出院15227人次。

【基层医院改革】2013年，对乡镇卫生院实行收支两条线管理，规范基层医疗卫生机构的国库集中收付工作。乡镇卫生院完成收入8754万元。化解乡镇卫生院债务1737万元，其中化解长期债务80%。加强乡村卫生服务一体化管理，对村卫生室补助资金实行打卡发放，发放村医补助资金1623万元。

2014年制订下发《关于进一步完善基层医疗卫生机构和村卫生室运转机制的实施方案》，并抓好政策措施落实。核定基层医疗卫生机构支出1.17亿元，较上年度增加6%。县财政安排200万专项预算用于基层医疗机构基本建设和设备购置。基层医疗机构承担突发公共卫生事件处置任务，县财政予以补助，2014安排预算30万元。村卫生室各项补助经费年初预拨90%，余下10%年底考核结算。对村卫生室日常运行的水电费、网络使用费等公用支出按每室年3600元的标准给予补助。村医补助实行打卡发放。对符合条件的村医落实生活补助，促进村卫生室全面实施基本药物制度和规范服务行为。规范完善基层医疗卫生机构药品集中采购配送工作机制。按照规定比例采购使用基本药物、补充药品、限价药品和增配药品。全面推进乡村医生签约服务工作，全县所有镇村均开展签约服务工作。

【城乡居民合作医疗】2013年继续加强合作医疗监管，规范定点医疗机构管理，严格控制医药费用和住院人次不合理增长，对乡镇卫生院药品实行预警管理，强化县外医疗费用审核工作，濉溪县被评为全省新型农村合作医疗先进县。全县参合人数961491人。共筹集资金32690万元。全年合作医疗基金支出30859.23万元，受益2103343人次，其中住院补偿81523人次，住院实际补偿比为59.85%，政策范围内住院实际补偿比78.95%。

2014年全县参合人数956105人。1-10月合作医疗基金网上抓取支出30259.91万元，占当年应筹资总额的81.15%。全县合作医疗受益1544107人次，参合患者住院实际补偿比为60.09%，各项指标均达到或高于全省平均水平。

【基本公共卫生服务】严格按《县政府办公室关于加强基层医疗卫生机构公共卫生服务能力建设的意见》规定，加强公共卫生服务能力建设，在镇卫生院设置公共卫生服务中心，组建服务团队97个。认真落实基本公共卫生服务项目10大类41项任务。

居民健康档案。2013年，累计建立并进行电子录入居民健康档案建档781014人份，建档率77.99%。提前并超额完成年初制定75%的目标任务。

2014年，全县累计建立居民健康档案826927人份，建档率82.28%。

高血压患者管理。2013年，全县管理高血压患者91222人，管理率66.74%，超额完成60%的管理率。

2014年，共登记管理高血压患者97460人，规范管理率达71.83%。

2型糖尿病患者管理。2013年，全县登记管理2型糖尿病人20359人，管理率89.38%，超额完成60%的管理率。

2014年，共登记管理Ⅱ型糖尿病人患者22358人，规范管理达98.87%。

老年人保健管理。2013年，完成65岁以上老年人保健管理94171人，管理率达109.43%。已完成安徽省卫生厅65%的目标管理率。

2014年，共管理65岁老年人101690人。全县累计完成中医药老年人健康管理49167人。

重性精神病管理。全县累计筛查管理重性精神疾病患者3302人（超过3‰的筛查发现任务），均纳入规范管理。

2014年，共登记管理重性精神病人3237人，完成0.3%的筛查发现任务。

传染病报告与处理。截至2013年10月，全县传染病报告3301例，发病率为305.65/10万，与2013年同期16种5105例相比下降35.34%。甲类传染病0例，乙类传染病10种1515例，丙类传染病6种1786例。其中手足口病报告991例，占发病总数的30.02%；重症病例3例，均痊愈康复出院，无死亡病例。年度共开展传染病报告、卫生应急、突发公共卫生事件处置等培训班4期，参训292人次。

2014年，全县传染病网络直报系统共计报告乙、丙类传染病4757例，发病率472.76/10万。

预防接种。截至2013年11月，0-6岁儿童第一类疫苗预防接种新增建档管理人数108685人，累计接种国家免疫规划疫苗1404904剂次，疫苗接种率均达到和超过国家要求接种指标。

2014年，接种288116剂次，完成年度任务96.63%。报告疑似异常反应143例，报告调查及时率、个案完整率100%。

健康教育。共制作更新乡村宣传栏2013块，开展大众宣传活动569次，发放各类健康教育印刷资料12种，累计发放居民健康素养、糖尿病、高血压等宣传资料84800万册，开展健康教育专题讲座受益23686人次。

2014年，制作更新健康教育宣传栏1675块，开展大众宣传423次，发放各类健康教育资料13万余册，开展健康教育专题讲座受益5万人次。

0-6岁儿童保健。2013年，为7岁以下儿童提供保健服务84707人，3岁以下儿童保健系统管理19254人，产后访视12348人次，新生儿疾病筛查血片10208张，新生儿听力筛查4547人。

孕产妇保健。2013年，全县孕产妇保健服务9458人

卫生监督协管。2013年11月，累计完成巡查次数4493次，巡查覆盖率100%；监管场所应建档879个，已建档数879个，建档率100%；举报案件数33次，处理33次，举报处理率100%；信息报告次数336次。

【重大疾病防控】2013年，全力推进艾滋病病人、贫困结核病病人医疗救治民生工程。救治艾滋病病人127人，使用治疗经费55.7万元，完成年度任务的109.48%；救治贫困结核病病人128人，发放救治资金9.55万元，完成年度任务的128%。加强乙肝、疟疾等重大传染病防控，开展疟疾休止期服药工作，实际服药4141人，服药率99.21%。在确保接种工作质量的基础上，继续保持免疫规划高水平的接种率，接种286268剂次，完成年度任务96.01%。

2014年，累计报告艾滋病病人感染者和艾滋病病人249例，死亡67例。正在接受免费抗病毒治疗147人，累计治疗168

人，其中新加入抗病毒治疗7人。加强结核病防治工作。累计发现和登记活动性结核病人523例，完成全年任务的91.75%。凡发现的肺结核病人均按照国家要求给予免费治疗和管理，肺结核病人抗结核覆盖率100%。加强疟疾防治工作。按照省、市疟疾休止期服药方案，在全县6个乡镇10个自然村开展伯氨喹预防服药活动，全程服药率98.59%。做好重大传染病救治。救治贫困结核病人112例，救治艾滋病病人138人。

【妇幼保健】2013年，组织实施提高妇女儿童健康水平民生工程，免费婚检8565对，农村孕产妇住院分娩补助12573人。积极做好重大公共卫生项目，发放叶酸33900瓶，11324人；完成20000人宫颈癌初筛和2000人乳腺癌筛查。做好预防艾滋病母婴传播项目，咨询检测14498人。

2014年，农村孕产妇住院分娩补助11870人，发放资金356.1万元。免费婚前检查实检8522对，婚检率82.1%，婚检资金按完成数据实拨付。规范开展孕产妇、儿童保健服务。至2014年，孕产妇保健管理12281人，7岁以下保健管理87072人。

【卫生监督执法】2013年，开展食品安全专项整治行动，全县无重大食品安全事故发生。加强医疗机构监管，开展打击非法行医专项行动，监督检查医疗机构319家，立案处罚24起，取缔非法行医8家，没收医疗器械、药品16箱。加强公共场所、饮用水卫生等公共卫生监督工作。开展“五小”行业专项整治活动，实施公共场所监督量化分级管理，量化分级管理218家。

2014年，开展打击非法行医专项行动。监督检查医疗机构496家，立案处罚27家，全部结案，罚款4.05万元。加强公共场所卫生监督，监督检查经营性公共场所436家，发放公共场所卫生许可证137家。加强学校及传染病卫生监督，开展学校传染病防控专项监督检查。加强生活饮用水监督。检查生活饮用水供水单位50户次。抽检饮用水水样80份。加强职业、放射卫生监督。开展为期一周的《中华人民共和国职业病防治法》宣传咨询活动，深入企业宣传5天，对全县乡镇卫生院放射诊疗进行监督检查，对放射工作人员定时进行剂量监测等个人防护，全面实施卫生监督及放射卫生知识培训。加强卫生监督协管工作，聘任75名卫生监督协管员，对卫生监督协管员举办3次培训班，对各镇卫生监督协管站实行统一管理。

【卫生服务体系建设】2013年，全面推进县级医院规范化和能力建设。县医院住院综合楼于10月投入使用。县中医院整体迁建项目顺利完工并投入使用。县卫生监督所办公楼和县保健所改扩建项目已完工。已启动五沟镇卫生院整体搬迁工程和刘桥等6个镇卫生院建设项目。加强社区卫生机构建设，抓好濉溪镇社区卫生服务中心争创全省示范社区卫生服务中心工作和乡村卫生服务一体化管理。

2014年，加强医院抗菌药物临床应用管理专项活动，促进抗菌药物的合理使用，有效控制细菌耐药，保证医疗质量和医疗安全。持续加强医院重点科室、应急抢救能力建设。提高护理质量，加强院内感染、临床用血管理。开展创建“构建和谐医患关系示范岗”活动，落实医疗卫生行风建设“九不准”，医疗机构与患者签订不收和不送红包协议。鼓励、支持、引导社会办医。加强全县医疗机构设置审批、执业登记、校验和变更等工作，实行网上登记管理。

【中医药】2013年5月26日，县中医院新院的门急诊楼、医技楼、15层住院大楼、行政办公楼如期完工，并顺利完成搬迁工作。新开设重症监护病房（ICU）新生儿监护病房，新添核磁共振检查、高压氧治疗等，提高诊疗水平和救治能力。

2014年，积极推进乡镇卫生院和社区卫生服务中医科能力建设。组织开展乡镇卫生院示范中医科创建工作，四铺镇、临涣已完成创建。南坪、孙疃、刘桥、城关4医院中医科申报省级创建工作。开展中医院“以病人为中心、发挥中医药特色提高中医临床疗效”为主题的持续改进活动。落实农村中医药一技之长人员纳入乡村医生管理，有6人完成申报工作。

医院简介

【濉溪县医院】县医院始建于1950年，占地面积6万平方米，为综合性二级甲等医院。先后被授予全国爱婴医院、全国百姓放心医院、全省卫生系统先进单位。是安徽医科大学、蚌埠医学院、淮北职业技术学院、淮北卫校等医学院校的教学医院。

2014年有病床1450张，28个临床科室，11个医技科室，另设有120急救中心、体检中心。在职职工1100人，其中卫生技术人员900人，高级职称62人，中级职称470人，研究生11人，本科380人，大专以上802人。蚌埠医学院兼职教授4名，淮北名医5名，首届濉溪县优秀专业技术人才1名。拥有2个安徽省重点特色科室(泌尿外科、呼吸内科)，1个淮北市重点专科（普外科），3个淮北市特色专科（心血管内科、泌尿外科、呼吸内科）。

医院设备主要有磁共振、数字减影血管造影X线机、螺旋CT、DR、血液透析机、彩色多普勒超声诊断仪、CR成像系统、C型臂X线机、全套内窥镜系统、多功能呼吸机、全自动生化分析仪、数字胃肠机、眼科和外科手术显微镜及全套康复设备等。

2013年10月10日投入使用的病房综合大楼，总面积4.2万平方米，地上23层，地下1层，新设床位1000张。内设病房、手术室、血透室、重症监护室（ICU)、体检中心、药房、静脉用药调配中心、输血科等。同时拥有智能楼宇控制系统、计算机网络系统、中心供氧吸引系统、中央空调、多媒体信息查询、消防监控和手术室洁净系统等一流的现代化设施，每个病房建有卫生间，并根据病人需求，设高、中、低档病房。

【濉溪县中医院】中医院创建于1984年，是一所具有中医特色和中西医诊疗优势的二级甲等中医医院。

医院占地64亩，床位680张。新院一期建筑面积33500平方米，建成并投用，另有在建面积9600平方米、设计床位380张的康复病房综合楼。2014年开设17个临床科室、14个医技科室、15个病区，拥有重症医学科（ICU)、新生儿室和血液透析室。能开展各种腔镜下微创手术、人工关节置换术、断指再植术、显微镜下脑肿瘤摘除术、经皮椎间孔镜技术治疗腰椎间盘突出症的手术微创治疗，体外冲击波碎石术，白内障超声乳化术及各类高难度手术。

2014年拥有1个安徽省中医药管理局“十二五”重点专科专病建设项目：腰椎间盘突出症。3个市中医重点临床专科：针灸推拿科、中医骨伤科和脑病科。心病科、中医妇科和眼科3个县级医学重点学科。中医中药及中西医综合疗法治疗乳腺病、心脑血管疾病、脊柱四肢疾病、瘫痪疾病、男性病、脑病、肺病、耳鼻咽喉疾病、妇科病、不孕不育、肝病、皮肤病、肛肠病、儿童中医保健等疗效显著。

2014年有职工586人，其中卫技人员479人，高级卫技人员23人，中级卫技人员158人，拥有安徽省基层优秀名中医1人，淮北市中青年名中医4人，濉溪县名中医10人，硕士研究生9人。

医院新购置西门子核磁共振系统、多排螺旋CT、彩色B超、数字化摄片系统、腹腔镜、关节镜、椎间孔镜、超声乳化治疗仪、手术显微镜、电子胃镜、肠镜、肺功能检测机、C型臂、全自动化分析仪、多功能麻醉机、体外超声碎石机动态心电工作站、三维正脊床、熏蒸、药浴、理疗等先进中医治疗及康复设备。

【濉溪镇社区卫生服务中心】服务中心成立于2011年4月，位于濉溪县岱河路9号，建筑面积约6000平方米，辖区总人口数12.6万人，在岗职工55人，其中中级职称22人。卫生技术人员30人，下设5个村卫生室、21个社区卫生服务站。

服务中心以健康为中心、家庭为单位、社区为范围、需求为导向，把妇女、儿童、老年人、慢性病人、残疾人等作为重点人群，以解决社区主要公共卫生问题。开展集医疗、预防保健、康复、健康教育等有效、经济、便捷的综合性、连续性的基本公共卫生服务。

【百善镇卫生院】位于百善镇百善街，百善医院是一所集医疗、预防、保健、康复为一体的综合医院，总占地面积25亩，建筑面积6000平方米。

医院开展农村常见病、多发病及疑难杂症的诊断与治疗。突出中医科特色。2014年有医护人员88名，其中中级以上技术职称28名，设有内科、外科、妇科、儿科、耳鼻喉科、肛肠科、骨科、中医科、检验科、放射科、麻醉科等科室，床位80张，配有大型医疗设备：美国GE-CT、DR放射机、美国GE彩超、全自动麻醉机、全自动血液分析仪、全自动尿分析仪、全自动生化分析仪、心电监护仪等设备，服务半径15千米，服务人口12万人。

【徐楼分院】分院成立于1976年5月，是一所集医疗、预防、保健为一体的乡镇分院，“爱婴医院”，医院占地面积3300平方米，建筑面积1650平方米，主体楼2幢（门诊楼综合楼，住院楼）。2014年有职工62人，其中高级职称2人，中级职称10人，各类专业技术人员50人。设有内科、外科、骨科、妇产科、预防接种门诊、五官口腔科、中医推拿按摩科、医技科等15个科室。拥有CR放射机，全自动生化分析仪，美国进口GE彩超，心电工作站，呼吸机、麻醉剂、心电监护仪、综合产床、手术床等30多种设备。服务半径约15千米，服务人口约4.2万人，年业务收入600万元。

【濉溪县刘桥镇卫生院】濉溪县刘桥镇卫生院成立于1956年，坐落在濉溪县城西5千米刘桥镇合欢路，是卫生部批准的“一级甲等医院”，“安徽省示范、标准化乡镇卫生院”，“爱婴卫生院”，“市级文明单位”、“平安医院”。2014年有职工62人，其中管理人员3人、专业技术人员55人，工勤人员4人。占地10000平方米，建有门诊楼、住院楼、预防保健门诊楼、急诊综合楼、职工之家、职工宿舍楼6幢。主要为刘桥镇辖区内约10万人（含矿区人口）提供医疗健康服务。

【临涣镇卫生院】临涣镇卫生院坐落S202省道（萧淮路）南侧，离县城40千米。卫生院现有独立的门诊部、住院部、供应室楼、医技楼、公共卫生服务中心，总占地面积13805平方米，总建筑面积6055平方米。有内科、外科、骨科、妇产科、预防接种门诊、五官口腔科、中医推拿按摩科、医技科等15个专业科室。拥有双排螺旋CT机、DR数字放射机，全自动生化分析仪、进口东芝彩超、心电工作站、呼吸机、麻醉机、腹腔镜、心电监护仪、综合产床、手术床等设备。年业务收入1000万元。主要为辖区内8.9万人及涡阳县石弓镇、青疃镇及周边镇提供医疗、保健健康服务。

【南坪镇中心卫生院】中心卫生院是一所集医疗卫生、预防保健于一体的综合性医院。下辖任集分院，2014年有职工120人。坐落于南坪镇浍河南岸，占地16500平方米，医疗服务辐射周边的5个乡镇，服务覆盖人口约32万人。有独立的住院楼、门诊楼、医技楼、公共卫生服务大楼。大型设备有：东软C2800CT机、德国进口DR摄片机、全自动生化分析仪2台、进口彩超和黑白B超、心电工作站及动态心电仪等，基本能满足于农村患者的常见病和急诊急救的医疗诊断治疗。

【韩村镇卫生院】镇卫生院成立于1956年，坐落于韩村镇振兴街北侧，是一所集医疗、预防、保健为一体的乡镇卫生院。1996年经国家专家组评审为一级甲等、爱婴医院。2006年被濉溪县新型农村合作医疗管理局验收为新农合报销定点医院、医保定点医院。占地面积2021.3平方米，建筑面积840.1平方米，在编职工75人，副主任护师2人，其中中级职称10人，各类专业技术人员63人。设有内科、外科、骨科、妇产科、预防接种门诊、五官科、口腔科、中医推拿按摩科、医技等14个科室，拥有GE彩超、心电工作站、DR放射机，全自动生化分析仪、麻醉机、心电监护仪、综合产床、手术床设备。服务半径15千米，服务人口7万人，连续多次被县卫生局评为先进集体称号。

【铁佛镇卫生院】镇卫生院成立于

1956年，是一所集医疗、预防、保健为一体的综合性“一级甲等”医院，“县级文明单位”、“平安医院”。占地面积6500平方米，建筑面积3000平方米，2014年有职工68人，其中高级职称2人，中级职称8人，初级职称54人，床位40张。负责镇辖区5万群众的医疗、预防、保健、公共卫生等服务。设有内科、外科、妇科、儿科、中医科、防保站、药剂科、护理科等科室；配备有X光机、DR、B超机、生化分析仪、血细胞计数仪、血流变检测仪、尿液分析仪等检测检验设备。

【五沟镇卫生院】镇卫生院始建于1954年5月，为国家一级甲等医院。医院占地面积21312万平方米，业务用房8150平方米，固定资产1250万元。2014年有职工78人，其中本科3人，大专36人，高级职称1人，中级职称22人，医药（护）技师51人。医院设有4个职能科室，1个公共卫生部，门诊部设有12个临床科室；住院部设有内科、外科、妇产科、中医疼痛五官科4个病区，病床98张。2014年医院门诊量10.7万人次，出院病人7540人次。

医院拥有CT、彩超、全自动生化分析仪、500maX光机、德国数字X线成像系统（CR）、B超机、12导联心电图工作站、全自动血球计数仪、麻醉机、心电监护仪等大中型医疗设备30余台（件）。

可开展脾切除术、胆囊切除术、胆总管切开取石T管引流术、骨折切开复位内固定术、胃大部切除术、子宫全切术、剖宫产术、前列腺切除术、膀胱结石取出术。内儿科对急、危、重病人的抢救有丰富的临床经验，中医针灸推拿突出中医特色。

【五沟镇卫生院白沙分院】白沙分院成立于1955年10月，为“一级甲等卫生院”，是一所集医疗、预防、保健为一体的乡镇分院。2006年被濉溪县新型农村合作医疗管理局验收为“新农合报销定点医院”。总占地面积3800平方米，建筑面积约1800平方米，主体楼2幢（门诊楼、医技楼）及住院病房。在编职工39人，其中中级职称2人，各类专业技术人员37人。设有内科、小儿科、外科、骨科、妇产科、预防接种门诊、五官科、医技科等科室。拥有CT机、CR放射机、全自动生化分析仪、彩超、心电工作站、呼吸机、麻醉机、心电监护仪、胎心监护仪、综合产床、多功能手术床等设备。服务半径约10千米，服务人口4.3万人，年业务收入400万元。

【孙疃镇卫生院】镇卫生院成立于1975年5月，坐落在孙疃镇街西村。是一所集医疗、预防、保健为一体的乡镇级中心卫生院，1996年，经国家专家组评审为“一等甲级”、“爱婴医院”，2006年被濉溪县新型农村合作医疗管理局验收为“新农合报销定点医院”、“医保定点医院”。医院总占地面积约8900平方米，建筑面积3800平方米，主体楼3幢(门诊及公共卫生综合楼，医技、住院楼，行政办公楼)。在编职工63人，其中中级职称19人，各类专业技术人员42人。设有内科、外科、骨科、妇产科、预防接种门诊、五官口腔科、中医推拿按摩科、医技科等15个专业科室。拥有CT机、CR放射机，全自动生化分析仪，美国进口彩超，心电工作站，呼吸机、麻醉剂、心电监护仪、综合产床、手术床等设备。服务半径约15千米，服务人口7.2万人，年业务收入700万元。连续4年被濉溪县卫生局综合考评为“一等奖”“先进单位”，被评为市卫生部门“先进集体”。

【双堆集镇卫生院】镇卫生院成立于1972年10月，是一所集医疗、预防、保健为一体综合性卫生院，1990年经国家专家组评审为“一等甲级”、“爱婴医院”，2006年被濉溪县新型农村合作医疗管理局验收为“新农合报销定点医院”、“医保定点医院”。总占地面积21600平方米，建筑面积约3800平方米，主体楼5幢。在编职工66人，其中中级职称14人，执业医师29人，各类专业技术人员43人。设有内科、外科、骨科、妇产科、预防接种门诊、五官、中医推拿按摩科、医技科等15个专业科室。拥有CR放射机，全自动生化分析仪，彩超，心电工作站，呼吸机、麻醉剂、心电监护仪、综合产床、手术床等设备。服务半径30千米(覆盖辖区陈集、三和、罗集、曹坊、芦沟、任集、南坪镇的部分村及宿州、蒙城和怀远的部分乡镇等)，服务总人口25万人，年均业务收入700万元。

【双堆集镇卫生院三和分院】三和分院是一所集医疗、预防、保健、康复为一体的一级甲等医院。占地面积12000平方米，建筑面积6500平方米。2014年有职工60余人，其中各专业主治医师12名。病床60张，设内、外、妇、儿、泌尿、心脑血管等十多个临床科室和CT、彩超、放射、检验、生化等9个医技科室。连续多年被评为全县卫生系统先进集体、市级文明单位，先后获“市质量管理十佳医院”、“树医院形象、创优质服务活动优胜单位”、“三风建设先进集体”等称号。

【四铺镇卫生院】镇卫生院是一所省卫生厅批准设立的中心卫生院、一级甲等医院。位于泗永公路南侧，占地16000平方米，建筑用房12409平方米，业务用房4442平方米。2014年有职工102人，病床120张。其中专业技术人员92人，副主任医师6人，中级职称28人，初级职称60人，本科学历8人，专科学历36人，每年进修学习达5人次。院下辖1个分院及27个村卫生室。

中心卫生院设有内科、外科、妇产科、儿科、骨科、肛肠科、中医科、口腔科、眼科、皮肤科、耳鼻咽喉科、理疗科、手术室、麻醉科、B超室、心电图室、检验科、放射科、CT室、预防保健、五铺门诊二部等。拥有进口麦迪逊彩超、美国螺旋CT、500mA-X光机、血球计数仪、血细胞分析仪、血流变、微量元素分析仪、精液分析仪、尿液分析仪、全自动生化分析仪、十二导心电工作站、多参数心电监护仪、多功能麻醉机、婴儿监护仪、胎心监护仪、无影灯、全自动洗胃机、柯达CR、全自动洗片机等多种先进医疗设备。医院管理采用his信息管理系统，全部实现管理微机化，费用一日一清。

食品药品监督管理

【餐饮服务食品安全监管】2013年，全县餐饮服务食品安全监督量化分级管理涉及单位1560家，共有A级单位 28家，B级单位 610 家，C级单位 922 家。健全基层监管网络。在全县各镇设立食品药品安全监管办公室，落实食品药品安全管理制度，明确人员工作职责，建立联席会议制度，形成政府负总责、监管部门协作配合、镇村两级协管、群众积极参与的工作机制。做好重大活动期间餐饮服务食品安全保障。全县系列重大活动期间，制定餐饮食品安全保障工作预案，实行食品安全责任告知制度，对承担接待任务的酒店和学校食堂进行食品安全责任告知，落实接待单位食品安全承诺制度，签订《重大活动食品安全保障责任书》实行监督员全程监督。先后完成保障中高考、三月十八古会、食品博览会等重大活动期间餐饮服务食品安全保障工作。

实施量化分级管理。2014年1-3月，全县餐饮服务食品安全监督量化分级管理涉及单位510家，共有A级单位 28家，B级单位 160家，C级单位322家。

【食品安全专项整治】2013年先后开展大、中型餐饮单位节前监督检查、学校食堂专项检查、问题乳制品、一次性餐饮具、地沟油等专项整治活动。重点时段对学校、建筑工地食堂等人群聚集用餐场所进行集中整治，共检查各类餐饮服务单位1630家。

2014年1-3月，先后开展大、中型餐饮单位节前监督检查、学校食堂专项检查等专项整治活动。共检查各类餐饮服务单位620家。

【许可受理】2013年共发放“餐饮服务许可证”628个，“保健食品化妆品经营企业审核备案表”112个。

2014年1-3月，共发放“餐饮服务许可证”128个，“保健食品化妆品经营企业审核备案表”63个。

【药品医疗器械监管】2013年，全县实现药品经营企业电子远程监管全覆盖，药品批发企业全部入网，在线率100%；246家零售药店已全部配备计算机设备并安装药品管理软件。加强基本药物配送质量监管，对具有基药配送资格的药品批发企业每季度开展监督检查1次，监督检查覆盖率100%。开展药品安全专项整治工作，出动执法人员370人次，检查药店162家、村卫生室及诊所70个，对部分药店出现的违规行为予以当场整改。推进药品流通企业信用分类管理工作，对全县248家药品零售企业基本信息进行摸底，全面开展药品零售企业信用分类管理。加强对经营隐形眼镜、无菌、植入类和人工器官、介入器材、体外循环及血液处理设备等高风险产品企业的监督检查，无菌和植入类医疗器械经营（批发）企业检查覆盖率达100%。全年共上报药品不良反应报告1225例，医疗器械不良事件报告37例。

【投诉举报工作】2013年，县食药局开通"12331"食品药品投诉举报热线电话，制定12331食品药品投诉举报管理制度，抓好12331食品药品投诉举报电话值班制度落实。全年共接投诉举报案件34起，办结34起，结案率100%。

人口计生工作

【人口控制成效明显】2012年10月至2013年9月，全县共出生15758人，人口出生率为14.72‰；二多孩政策符合率为71.16%；出生婴儿性别比为124.60；长效节育措施新账完成率为105.49%。

在2013年度省人口目标考核中，综合得分93.68分（其中奖励加1分），比2012年增加8.72分，在皖北23个县区排序中位居第13位。被省人口计生委评为"全省人口和计划生育工作求实进步奖"。获全市人口目标综合考评二等奖。

2013年10月至2014年9月，全县共出生15537人，人口出生率为14.33‰，出生人口政策符合率为88.60%，二多孩早孕发现率42.68%，出生婴儿性别比为116.21，新账完成率103.79%，主要考核指标均完成省市下达目标。在省人口目标考核中得97.01分，在皖北23个县（区）中排名第16位。

【落实目标管理，严格兑现奖惩】在2013年度人口目标责任制综合考评中，濉溪镇被评为优秀单位；四铺镇、临涣镇被评为良好单位；刘桥镇、韩村镇、百善镇被评为较好单位。在城市和流动人口属地化管理工作中，县委办31个单位被评为优秀单位，予以通报表扬；县水务局等50个单位为良好单位；县教育局等48个单位为合格单位；县农发行、县人保财险公司、县东方建安公司等3个单位考核结果较差，予以通报批评，并落实"一票否决"。在对农村地区考核中，五沟镇、孙疃镇综合排序全县倒数后两位，列为重点帮助镇，并给予党政主要负责人、分管负责人、计生办主任经济处罚。

在2014年度人口目标责任制综合考评中，濉溪镇被评为优秀单位；四铺镇、百善镇被评为良好单位；韩村镇、临涣镇、南坪镇被评为较好单位。在2014年度城市和流动人口属地化管理工作中，县委办等32个单位成绩优异，被评为优秀单位，予以通报表扬；县总工会等52个单位为良好单位；县档案局等46个单位为合格单位；县百货公司、县石油公司、县人寿保险公司等3个单位考核结果较差，予以通报批评，并落实"一票否决"。在县对农村地区考核中，五沟镇综合排序全县倒数第一，列为重点帮助镇，除没收其党政主要负责人、分管负责人、计生办主任押金外，镇主要负责人在全县大会上作表态发言，县委组织部、县纪委对镇党政主要负责人、分管领导、计生办主任进行诫勉谈话，并给予其他党委委员、副镇长每人2000元的处罚，给予其他在编人员每人1000元的处罚；双堆集镇在县综合考评中居全县倒数第二，除没收其党政主要负责人、分管负责人、计生办主任押金外，镇主要负责人向县委、县政府作书面检讨。没收的押金和罚金上缴县财政。

【出生人口性别比综合治理】2013年，以打击"两非"为突破口，继续加大综合治理性别比工作力度，全年"两非"共立案68件，结案35件，涉案95人，涉案单位2个，判刑13人（其中有期徒刑9人，缓刑4人），开除党籍13人，撤销行政职务1人，吊销医师证3人，吊销医疗机构执业许可证

4个，罚款16.7万元。成功查处“4·13”非法节育手术大要案。濉溪县在全国性别比综合治理会议上作典型发言。

2014年，继续把综合治理性别比纳入重要议事日程，建立健全一系列工作制度，落实五个到位，不断加大综治力度，初步形成党政牵头、部门配合，全社会共同参与的良好格局。全年查结“两非”案件35件，大要案4件（主办1件，协办3件），次要案、一般案件31件。

【计划生育优惠政策落实】2013-2014年，不断完善利益导向机制，制定出台一系列有利于计划生育家庭的优先优惠政策。2013年扩面提标。独生子女保健费由每月15元提高至25元，奖扶对象扩面覆盖到50岁人群，特扶提标翻番，落实节育奖励全覆盖。全年共确认新增奖扶对象170人，特扶对象10人，扩面382人，兑现奖励金196.85万元，双女户绝育433人，兑现奖励金173.2万元。利用人口基金项目为独生子女户、双女户办理意外伤害保险，开展计生贫困家庭救助和大学生助学成才活动，全年共发放49万元。推进政策兼容。形成对计划生育家庭政策上关心、经济上帮助、教育上优先的良好氛围。全年县财政对全县独生子女和双女绝育家庭参加社会养老保险，每人另增10元，共31419人，另增35元，共7320人，合计57.04万元。兑现独生子女保健费配套资金853.29万元；发放标准25元/月。双女绝育户奖励补助配套资金119.2万元；发放标准5000元（含养老保险1000元）。城乡养老保险优惠政策兑现资金137.2万元(含手术并发症、特扶人员补助170元/人)。奖扶扩面（50-59周岁）895人，兑现64.44万元，特扶提标兑现12.83万元。节育手术全覆盖兑现244.65万元。

2014年，全县享受奖扶的有1315人，奖扶扩面1311人，特扶对象(含独生子女伤残死亡对象和手术并发症对象)159人，兑现奖励金280.84万元，双女户绝育114人，兑现节育奖励金45.6万元。县政府出台《关于进一步做好计划生育特殊困难家庭扶助工作的实施意见》（濉政办〔2014〕23号）和《濉溪县计划生育特殊困难家庭老年护理补贴制度实施细则》(濉政办〔2014〕24号)，开展计生贫困家庭救助、大学生助学成才、紧急慰藉等活动。全年落实大病救济、慰问计生贫困家庭233户，大学生助学成才159人，发放救助金61.9万元。落实优惠政策。独生子女保健费按照每月25元标准发放，2014年度共兑现独生子女保健费868.41万元。严格落实城乡居民养老保险补贴政策，全县享受城乡养老保险优惠政策的有39515人，兑现资金139万元。全面落实节育奖励全覆盖政策，2014年享受节育奖励全覆盖的有11871人，兑现奖励金151.06万元。

【流动人口管理】2013年，加强流动人口全省“一盘棋”管理。完善流动人口网上交验工作，坚持每月一考核，每月一通报，及时掌握流动人口计生信息。切实抓好流动人口的清理登记录入工作，对15周岁以上的流动人口进行全面清理登记， 2013年，全县流出人口180929人，其中已婚育龄妇女66223人，已全部规范建档；流入人口2671人，其中已婚育龄妇女744人。

2014年，全县流出人口181025人，其中已婚育龄妇女66371人，已全部规范建档；流入人口2774人，其中已婚育龄妇女730人。

【社会抚养费征收】2013年度，全县计划外二多孩出生总数为1895例，其中二孩计划外1554例，多孩计划外341例。按照省条例规定征收标准计算，全县社会抚养费应征金额为11395万元，各镇、园区共征收上缴社会抚养费3834.16万元，征收到位率为33.65%。

2014年度，计划外二多孩出生总数为1703例，其中二孩计划外1506例，多孩计划外197例。社会抚养费应征金额为9595万元，已征上解1401.7万元，征收到位率为14.61%。

【计划生育队伍建设】切实加强对计生干部的培训和考核，2013年年初分期分批对全县700多名计生干部进行业务培训。2014年对600多名镇、村计生专干分期分批进行业务培训。加强对镇村两级计生工作人员日常工作考评，提高计生干部的责任心、积极性，改进工作方式方法，杜绝弄虚作假。凡弄虚作假的，一经查实，从严、从重落实处理。2013年，全县有1名镇技术服务人员待岗，33名村专干被扣发绩效工资2.2万元，4名村专干被解聘。

2014年，继续抓好计生队伍建设。全县226个村（居）配备483名计生专干，村专干工资由县财政统一打卡发放。从2013年元月起，将村专干年工资提高到9300元。

将镇计生办工作人员参照公务员管理，面向社会公开招考45名大专以上工作人员，其中5名本科人员分配到县计生服务站，其余40名充实到镇计生办、服务所。县级计生协会明确为副科级事业单位，列入参公管理。建立县、镇、村三级计生协会网络，专兼职计生协工作人员458人。11个镇、开发区计生办总人数及在编在岗数均为109人。11个镇计生服务在编在岗数均为125人。为解决县人口计生委部分股室人员力量不足的问题，县政府专门增设5名公益性岗位名额，设立大学生见习基地，选调5名大学生到县计生委见习工作。

明确镇村计生干部的工作职责、奖惩措施以及责任追究等。2013-2014年，镇计生办、所人员中开除留用1人，年终考核不称职6人，扣发工资81人；村专干中解聘3人，考评不称职36人，扣发绩效工资92人。

【计生经费投入】按照人口计生投入每年增长幅度高于财政经常性收入增长幅度的要求，县政府明确每年按规定足额安排计生资金预算，不断加大人口计生资金投入力度。

2013年，省及省以上财政投入491.7万元，市级财政投入161.1万元，县级（含镇办）财政投入4762.2万元。中央、省市补助经费到位652.8万元，县本级对下补助经费257.47万元，总投入达6067.8万元。

2014年，省及省以上财政投入453.7万元，市级财政投入106.58万元，县级（含镇办）财政投入5072万元。中央、省市补助经费到位560.28万元，县本级对下补助经费271.89万元，总投入达到6192.56万元。

【计划生育服务】积极开展生殖健康咨询、查病治病、优生优育宣传等服务活动。2013-2014年，全县开展生殖健康检查人群约8.8万人次，查病治病1.02万人次。积极开展随访和孕情跟踪服务，为已婚育龄妇女提供孕期保健、术前咨询、术后服务、产后随访等计生技术服务，服务人群达17.4万人次。开展免费孕前健康检查。2013-2014年，全县共检查20264人，其中女性检查10023人，男性检查10241人。孕前优生健康检查人群覆盖率达95%，目标人群优生知识知晓率达到96%。

【人口信息化建设】2013年度，把6、7两个月作为全员数据质量提升月，深入开展清查核实工作。实现系统内数据的经常性、及时性比对、核查，确保人口统计数据准确。

2014年，继续强化信息化建设工作，全力做好全员人口数据录入工作，全员人口信息库入库总人数达1093485人，公安部门数据采取率达99.9%以上，全员人口身份证掌握率达98.14%。完善出生实名制登记工作，交流平台使用做到规范化。充分发挥流动人口信息交流平台作用，强化流动人口信息交流与反馈，完善月考核，月通报制度。

社会生活保障

民政工作

【概况】县民政局是县政府主管全县社会行政事务的职能部门，内设办公室、军队离退休和复员退伍军人安置办公室、救灾救济办公室（县生产救灾领导小组办公室）、老龄委员会办公室、优抚股（县双拥工作领导小组办公室）、社会福利和社会事务股（慈善事业促进股）6个股室。二级机构 14个，其中副科级单位4个，即基层政权建设领导小组办公室、社会救助管理中心（与家庭经济状况核对中心一个机构两个牌子）、地名委员会办公室、淮海战役双堆集烈士陵园；股级单位9个，即殡葬管理所、军队离休退休干部服务站、流浪乞讨人员救助站、殡仪服务中心、军人接待站、婚姻登记管理中心、光荣院、社会（儿童）福利中心、福利彩票管理服务中心，1个企业即福利公司。

【城乡低保】全面推行 “二级受理”，严格规范审批程序，准确界定保障对象；坚持分类施保，实行动态管理；强化监督检查，确保工作规范运行。农村低保标准由人均每年1755元提高至2280元，增幅29.9%；城市居民最低生活月保障标准由2013年352元提高到2014年390元，增幅10.8%。两年全县农村低保累计救助58.02万人次，累计发放救助金8967.6万元。农村低保补差标准在全省排名靠前，全市第一。在全省县级单位率先成立家庭经济状况核对中心。城市低保累计救助23.14万人次，累计资金支出7403.57万元。2014年城乡低保因工作成绩突出，省以奖代补奖励989万元。

【农村五保供养】农村五保供养标准进一步提高，集中供养标准由每人年4400元提高到4840元，分散供养标准由1880元提高到2080元。做到年度有审核、季度有调整，实现动态管理下的“应保尽保”、“应退尽退”。全县五保供养对象由2013年5900人调整为2014年5635人。两年共拨付五保供养各项资金3082.19万元。

【社会养老机构建设】按照“谁投资、谁管理、

谁受益”的原则，通过资金补贴等扶持政策，积极推进社会养老机构建设。2013-2014年，共改扩建民办养老机构4所，拥有床位400张。新改扩建社区养老服务站61个，1395张床位，均投入使用。2013年，投资700.64万元，在刘桥镇敬老院北侧，新建县老年公寓1所。占地约40亩，总建筑面积4411平方米，床位100张。

落实民办、社区办一次性建设补助271万元。2013年对社区养老服务站每所给予10000元的以奖代补补助。先后投入资金802万元（不含镇自筹资金），改扩建敬老院4所，设置床位800张。为推进农村敬老院规范化建设，为全县16所敬老院安装呼叫对讲系统和消防报警系统。将刘桥镇敬老院打造成全省一流敬老院，2014年被授予“全国敬老模范单位”称号，成为安徽省唯一获此殊荣的敬老院。

【流浪乞讨人员救助站建设】2013年，投资246.38万元，在刘桥镇新建1个占地20亩、建筑面积1885.49平方米的县级生活无着的流浪乞讨人员救助场所，新增床位30张。2014年6月投入使用。

【孤儿基本生活保障】全县孤儿实行城乡一体化救助，统一保障标准，每名社会散居孤儿每人每月补助600元基本生活费，集中供养孤儿每人每月补助1000元基本生活费，实行动态管理，按月发放。2013年，全县符合基本生活费发放条件并签订协议的孤儿有219人；2014年，全县符合基本生活费发放条件并签订协议的孤儿221人，两年发放孤儿基本生活费310.02万元。

【救助工作】2013-2014年，开展多项救助工作。规范救助程序，严格审批，对家庭成员因病、就学或遭遇突发事件等原因造

成其家庭基本生活水平暂时低于当地城乡居民最低生活保障标准的困难家庭及时进行了临时救助。两年累计救助805人次，累计支出救助金182.39万元。对城乡生活无着落的流浪乞讨人员实行多渠道分类救助。共救助售货员1104人，支出经费126.92万元。

【艾滋病患者救助】2013-2014年，共对140名艾滋病特困人员进行救助，发放救助金51.58万元。

【城乡医疗救助】建立健全医疗救助系统，提高医疗救助比例、增加救助病种、简化救助程序、扩大救助范围。2013-2014年，城乡医疗救助共救资助104728人次（含资助城乡低保户、五保户、重点优抚对象参合参保84203人次），支出医疗救助资金2245.32万元。有效缓解城乡居民因患重大疾病造成的家庭困难压力。

【救灾救济】成立县减灾救灾工作领导小组。修订完善救灾预案。完成对全县村级信息员的培训工作，并指导镇、村两级救灾预案的修订，增强预案的科学性、可操作性和适用性。2013年，因干旱灾、洪涝等灾害，全年受灾人口12000人，紧急转移安置灾民33人，农作物受灾58.7公顷，农房倒塌及严重受损4户6间。2013-2014年，及时发放575万元冬春救灾款和105万春荒救灾款。

【优抚安置工作】2013-2014年，共为各类重点优抚对象发放各项抚恤补助金4773.19万元。评定优待3360人，发放优待金1941.8万元。在春节及“八一”建军节期间，广泛开展走访慰问活动，给淮北市军分区、县人武部、武警中队、消防大队、县光荣院及一至四级残军人及重点优抚对象送慰问金46.65万元。通过优抚医疗补助信息管理系统和手工审批形式，发放医疗补助费126.14万元。对一级至六级残疾军人实行公费医疗，实报实销。接收退役士兵884人。发放退役士兵自主就业补助金1203.53万元。联合淮北职业技术学院，举办退役军人创业培训班。

完成两项慰烈工程。全县共有散葬烈士墓5297座，分布11个镇。一期工程迁葬双堆集镇境内的2536座零散烈士墓，建设完成2座烈士公墓与814座烈士单墓，烈士英名录已篆刻于烈士公墓英烈墙上。二期工程将迁葬剩余所有零散烈士墓。至2014年年底已全部完成。

烈士陵园升级改造工程。扩建双堆集烈士陵园纪念馆。由原来800平方米扩大至1878平方米，采用声光电等现代化方式进行展示。馆内设有序厅、展厅、4D影院。增加烈士纪念设施。新建2座无名烈士公墓、烈士英名墙和814座烈士单墓。新建雕塑。总前委“五大常委”雕塑、“老兵”雕塑、“浴血奋战”雕塑、淮海战役歼灭战“大事记”铜浮雕、纪念馆序厅五星图案浮雕和两侧的“突破汽车阵”、“民工支前”浮雕。另有通向纪念碑的“胜利之路”铜浮雕、纪念馆内序厅“走向胜利”五人组铜雕、东大门两侧“淮海战役”时间浮雕。对园内进行绿化、硬化和亮化，陵园面貌一新。

开展烈士纪念日活动。2014年9月30日是中国首个烈士纪念日，县民政局在淮海战役双堆集烈士陵园组织开展由全市各级党政机关800多人参加的烈士纪念日向烈士纪念碑敬献花篮仪式活动。

【社会事务管理工作】婚姻登记。2013-2014年，共办理结婚登记28062对，离婚登记2685对，补发婚姻登记证3108对，出具婚姻登记记录证明1787份、无婚姻登记记录证明10708份，合格率100%。

收养登记。两年共接受收养登记咨询64人次，办理收养登记2件。做到资料齐全，程序规范，档案完备。

殡葬改革工作。两年全县共入馆火化遗体10561具；全县已建成规范化公益性公墓2处，公益性骨灰堂5座；对844名低保、五保逝者实施殡葬救助，发放救助金额54.9万元。

老龄工作。两年共办理老年优待证1665人，按照每人每月400元标准，为全县百岁老人发放112.8万元的生活补贴。

福利彩票发行。2014年，经中国福利彩票发行管理中心批准，中福在线濉溪销售厅从2014年3月31日销售运行，到12月底，累计销售额1134.40万元。

社团登记。坚持依法登记，加强分类指导和监督管理，社会组织稳步发展。共登记注册社会组织217个，其中社会团体103个，民办非企业单位114个。登记合格率达100%。

区划地名工作。2013年，圆满完成《中华人民共和国政区大典淮北篇(濉溪卷)》的修改工作；完成皖豫界线联检、界桩维护、资料整理、联检报告撰写上报工作。2014年，开展涡阳、濉溪、蒙城的边界线联检，对行政区域界线标志和地貌特征、界桩变化等情况进行检查和处理。

【基层民主政治建设】完成第九届村民委员会换届选举工作。2014年，按照"早谋划、早安排、早介入"和"高标准、高质量、高水平"的工作要求，精心准备村委会换届选举工作。全县213个村全部完成选举任务，参加选举的村民753543人，参选率达到100%。换届选举中积极推行"三项"制度改革，213个村中实行"一票制"选举的村98个，实行"定岗"的村12个，实行"观察员"的村96个，达到省、市的要求。共选出村委会成员658人，其中主任205人、副主任171人，委员282人。换届结束后，11月对"两委"成员全部进行培训，共培训1658人次。

【村级组织服务用房建设】2013-2014年，市、县共投入资金1440万元，实行统一设计、统一招标、统一监理，统一验收的方式，建设48个村级组织服务用房。2014年新建11个镇级社区服务中心。

【厅市合作协议项目】2013年，申报并建设完成县经济开发区溪河社区服务站、刘桥镇彭楼社区服务站，刘桥镇刘桥社区服务站、刘桥镇前吕楼社区服务站4个安徽省民政厅、淮北市厅市合作协议项目。

按照省级精品社区创建标准，2013年在濉溪镇北关建设服务面积达1000平方米的精品社区，2014年在濉溪镇闸西社区建设服务面积达1100平方米的精品社区，并拥有1000平方米以上的居民室外活动场所。精品社区服务设施健全，有集管理与服务为一体的社区信息化网络平台，设有一站式服务大厅、心理娱乐活动室、图书阅览室、警务室、计生服务室、多功能活动室（会议室），室外设有居务公开栏、宣传栏。

为进一步加强和改进城区基层社会管理工作推进社区网格化管理，自2013年开始社区信息化建设试点后，多次组织专业技术人员对濉溪镇、开发区、各社区居委会信息化基础设施和信息化需求情况进行调研分析，制定工作方案。至2014年年底，县社区信息化平台已经建设完成，正在组织实施。

社会保障工作

【就业再就业工作取得新成绩】2013年，继续实施积极的就业政策，全县新增非公企业829家，个体工商户6093户，新增城镇就业14179人，其中下岗失业人员再就业3833人、就业困难人员再就业1915人，超额完成市目标任务；城镇登记失业率控制在4.0%以内；创业意识培训5380人，SYB创业培训900人，完成全年目标任务的100%，创业成功600人，培育创业典型100人；开展就业技能培训3231人，完成全年目标任务的140%，技能鉴定2621人，发放培训补贴160万元；新增转移农村富余劳动力14476人，完成全年目标任务的206 %；推介小额担保贴息贷款2752户，发放小额担保贴息贷款1.75亿元。

2014年，全县新增城镇就业14004人、下岗失业人员再就业2512人、就业困难人员再就业737人，全部超额完成市目标任务；城镇登记失业率控制在4.0%以内；SYB创业培训210人，完成全年目标任务的100%，创业成功600人，带动就业1500人，发放小额担保贷款1亿元；农民工技能培训2902人，完成全年目标任务的116%；新增转移农村富余劳动力人13178人，完成全年目标任务的164%。

【社会保险体系逐步完善】2013年，继续做好城乡居民养老保险试点工作。全县已参保52.87万人，完成省下达任务的107%，续保37.27万人，续保率达94.5%，累计收取保费1.51亿元。享受养老金待遇人员13.6万人，累计发放2.74亿元，发放率达100%，连续四年在全省提前完成各项目标任务，居全省先进行列。社会保险覆盖面稳步扩大。全县基本养老保险、失业保险、医疗保险、工伤保险、生育保险参保人数分别达到50350人、15683人、41738人、28193人、4003人；征收社会保险费2.83亿元。其中，社会养老保险基金1.96亿元；医疗保险基金7448万元；失业保险基金665万元；工伤保险基金476万元；生育保险基金46万元。基金支出2.86亿元。其中，社会养老保险基金2.08亿元；医疗保险基金7355万元；失业保险基金149万元；工伤保险基金248万元。认真做好2012年企业退休人员待遇调整工作，共为10436名符合条件的企业退休人员调整工资，人均增资148.97元，月增养老金621万元，调整后全县企业退休人员月养老金达到1460元。

2014年，继续做好城乡居民养老保险工作。全县已参保52.34万人，完成省下达任务的104%，续保36.43万人，续保率达95.32%，累计收取保费4269万元，提前九个月完成全年任务；享受养老金待遇人员13.4万人，累计发放7573万元 ，发放率达100%。社会保险覆盖面稳步扩大。全县基本养老保险、失业保险、医疗保险、工伤保险、生育保险参保人数分别达到5.18万人、1.57万人、4.06万人、3.27万人、0.47万人；征收社会保险费2.37亿元。其中，职工养老保险基金11776万元；医疗保险基金10666万元；失业保险基金633万元；工伤保险基金546万元；生育保险基金69万元。基金支出2.90亿元。其中，社会养老保险基金24848万元；医疗保险基金3971万元；失业保险基金81万元；工伤保险基金97万元；生育保险21万元。认真做好2014年企业退休人员待遇调整工作，共为12352名符合条件的企业退休人员调整工资，人均增资163元，月增养老金201万元，调整后全县企业退休人员月养老金达到1581元。

【维护劳动者合法权益取得新进展】2013年，通过开展清理整顿非法劳动力市场秩序、农民工工资支付情况、劳动用工执法检查等专项检查和日常巡查活动，有效遏制拖欠农民工工资现象的发生。规范企业用工行为，主动监察用人单位496户，涉及职工1.96万人，共为5346名农民工追回被拖欠的工资693.4万元；投诉举报专查立案79件，结案76件，投诉举报结案率达96%；受理84件劳动争议案件，办结80件，结案率为95%。

2014年，主动监察用人单位412户，涉及职工4.6万人，共为6852名农民工追回被拖欠的工资4644万元；投诉举报专查立案132件，结案125件，投诉举报结案率达94%；受理134件劳动争议案件，办结126件，结案率为94%。

（张军　钱思远）

残疾人工作

【概况】濉溪县残疾人联合会（以下简称残联）成立于1998年，下设残疾人就业服务中心，为全额拨款事业单位，行政编制5人，事业编制3人。联合会现有工作人员8人，其中理事长1人，副理事长2人，其他工作人员5人。全县共有持证残疾人20641人，其中视力残疾1599人，听力残疾人823人，言语残疾1036人，肢体残疾12768人，智力残疾1937人，精神残疾1577人，多重残疾901人。

【贫困白内障患者免费复明手术】2014年3月初，县残联组织工作人员对全县各乡镇疑似贫困白内障患者进行全面筛查。共筛出疑似贫困白内障患者270余人，白内障复明手术145例，完成市下达任务。

【贫困精神病残疾人药费补助】继续开展贫困精神残疾人药费补助民生工程工作，为1080名贫困精神残疾人每人每年提供1000元药费补助。

【贫困残疾儿童抢救性康复项目筛查】3月5日，县残联联合市残疾儿童抢救性康复项目筛查专家组到县开展贫困残疾儿童抢救性康复筛查工作。筛查对象主要是0-6周岁的残疾儿童。筛查的具体项目包括听障、自闭症、脑瘫、智障、精神等7个项目。通过筛查，为符合国家救助标准的极重度听力障碍贫困聋儿植入人工耳蜗，开展系统听力语言训练，改善言语交流功能；为脑瘫、智力、智障、自闭症的残疾儿童实施抢救性康复训练救助；为肢体残疾儿童实施矫治手术；为贫困残疾儿童进行辅助器具适配等。共对全县一百多名残疾儿童进行筛查，筛查出符合救助条件的儿童35人，每名救助对象享受省民生工程贫困残疾儿童抢救性康复项目一定的康复训练及手术补贴经费。

【残疾人就业培训】为提高残疾人实用技能水平，县残联在辖区11个镇、开发区、濉芜产业园举办为期一周的残疾人免费技能培训班。来自各村（社区）的残疾人专职委员和有就业、创业意向的残疾人共437人参加培训。培训聘请淮北职业技术学院专业教师授课，培训内容包括适合残疾人就业的养殖、种植和面食制作。整个培训把理论教学与实际操作结合，重点突出实践性教学环节。

老干部工作

【概况】2014年，全县尚有离休干部227人。其中解放战争时期参加工作的202人，抗日战争时期参加工作的25人；享受县级政治生活待遇的40人，科级以下187人。

【思想政治建设】除充分利用老年大学、离退休干部党支部建设等阵地对老干部进行思想政治教育外，2013年成立开放式党校，聘请授课人员定期授课，开展形势教育。2014开展党的群众路线教育活动，根据老同志的特点和需求，采取召开座谈会、举办报告会等形式对老干部进行宣传教育。

【政治待遇】坚持完善老干部阅文、参加重要会议、听报告、通报情况等制度，每年2次组织老干部参观工农业生产，2次邀请县领导向老干部进行形势通报。重大节日组织离退休干部召开不同形式的座谈会、茶话会、联欢会、开展走访慰问等活动，老干部政治待遇得到较好的落实。

【生活待遇】协同卫生、财政等部门完善《离休干部医药费管理使用办法》，加强对离休干部医药费的监督管理，确保离休干部医药费的合理使用和医药费保障机制的正常有效运转，及时按照有关规定办理离休干部护理费审核报批事宜，协助落实离休干部无工作遗属生活补助费的增资兑现和离休干部去世后抚恤金落实工作。

消费者权益维护

【申诉举报工作】2013年，县工商局共受理消费者申诉、举报、咨询227件，其中申诉125件、举报99件、咨询3件；登记率和录入率100%，申诉调解成功率100%，举报查办率100%，案件回访率100%；发布12315《消费维权动态》12期、《消费警示》4篇，为消费者挽回直接经济损失30余万元。

2014年县市场监督管理局成立后，成立投诉举报中心，整合“12315”消费者投诉举报、“12331”食品药品投诉举报、“12365”质量技术监督投诉举报热线，共接待来访、咨询群众2200人次，受理消费者咨询申诉举报383件，其中“12315”系统受理353件、“12331”系统受理15件、“12365”系统受理15件，调解成功346件，调解成功率98%，案件回访率100%，为消费者挽回经济损失90万元。

【消费维权】2013年，全县共有乡镇消协分会13个，设立12315申诉举报站和消费者维权联络站220个，实现消费纠纷调处“不出店门、不出市场、不出小区、不出村镇”。全年“一会两站”共受理消费者受理申（投）诉186件，申（投）诉调解（和解）成功率98.4%，为消费者挽回直接经济损失30余万元。大力推进“12315”“五进”工作，组织“五进”服务站专职工作人员业务培训1期，参训人员68人次；全县新建“12315消费维权服务站”15个、消费维权绿色通道10户。指导辖区五家公司共同倡议提供5万元资金，设立“消费者法律援助金”，对消费者权益受到侵害但因家庭困难无力承担诉讼费用和商品检测费用时，在资金上予以支持。

2014年，全县共有乡镇消协分会13个，设立“12315”申诉举报站和消费者维权联系站251个，基本上构建覆盖全县各镇、行政村、社区的受理、调解投诉的消费维权网络。全年“一会两站”共受理消费者受理申（投）诉225件，其中申（投）诉调解成功125件，调解成功率100%，为消费者挽回直接经济损失36万元。

镇简介

濉溪镇（Sui Xi Zhen）

政区概况

名称来历 濉溪镇，古称“口子”，“徐口子”，“徐溪口”。后因濉河、溪河在此交会，至清代改称“濉溪口”。

地理位置 位于濉溪县境最北部，北纬33° 55′，东经116° 44′，海拔高度31.7米。东邻淮北烈山区，西北与刘桥镇接壤，南界与古饶镇平山村连接，北与淮北市相山区毗连，系濉溪县人民政府所在地。境内有新老濉河从北向南两条河道。符（符离集）夹（夹河寨）铁路线穿城而过。

政区沿革 本镇历史悠久。清咸丰五年（1855年），捻军首领张乐行率兵马攻打濉溪，成为捻军活动之地。清同治四年(公元)，在濉溪口设立风颖分府（即“二府衙门”），衙署职权，高于宿州。

民国初期，沿袭清制，为相乡，濉溪为相乡所在地，其口东集、口西集、口中集、米市集、黄桥集均属现相乡。

民国17年（公元1928年），宿县下设10区，相乡为第四区，区下仍设集。

民国27年（公元1938年），本镇为日伪宿县第八区，区下设联保，濉河东设口东联保处，濉河要西设口西联保处。

民国34年（公元1945年）9月，地属中共宿西县，濉溪口设置濉溪市（区级），市下设东关、西关、南关、北关、中心5镇，市政府驻地在前大街张宅。

民国35年（公元1946年）7月，民国政府置濉溪区，区下设濉溪镇，镇下设6保66甲，区署驻地在今后街路南县酒厂处。

民国36年(公元1947年)10月，中共建立濉溪区，区下设濉溪镇，因游击战争，驻地无固定。

民国37年（公元1948年）9月，中共改濉溪区恢复濉溪市，驻地无定址，至年底，市下设东关、西关、南关、北关、中心5镇和1个口南乡。口南乡驻地在房庄，市政府驻地在后街仲家祠堂。

民国38年（公元1949年）3月，中共撤销濉溪市，改为濉溪区。5月，濉东区合并为濉溪区。8月，5镇合为河东，濉溪两镇。河东镇驻在东关龙王庙，濉溪镇驻在前大街王家祠堂。

1950年7月11日，建濉溪县，现辖地域分属濉溪区和濉溪西区。

1951年11月，濉溪区辖濉溪镇。

1952年11月，撤销濉溪区，成立城关区，区下设街、戴圩、方顶、张寨、口南5乡和濉溪1镇，濉溪镇驻地在前大街。

1953年4月，城关区，改称濉溪区，区辖东、西、南、北4个关和胜利街。区政府驻地在前大街华康秦。

1955年12月，增划区级濉溪镇，镇下设东升（东关）、火光（西关）、工农（南关）、联盟（北关）4个高级农业合作社，同时成立东关、西关、南关、北关、大街5个居民委员会，取代5街。

1958年9月26日，成立东风人民公社，公社下辖41个农业生产大队，实行政社合一，公社驻地在前大街111号。

1959年7月1日撤销东风公社，分属烈山、濉西、濉溪人民公社。濉溪人民公社下辖东关、西关、黄桥、城西4个农业生产大队和东关、西关、大街3个居民委员会。

1961年12月，恢复区级濉溪镇，濉溪镇也称濉溪人民公社。

1969年4月，撤濉溪公社，濉溪镇易名为城关镇，设东关、西关、南关、北关、城西、房庄、黄桥、侯王8个农业大队，城关镇驻地仍在前大街111号。

1972年8月，从本镇拨出城西、房庄、黄桥、侯王4个农业生产大队入城郊公社，镇辖4个农业生产大队。保留原东关、西关、大街3个居民委员会，新成立南关、北关2个居民委员会。至1980年1月6日城关镇驻地迁至新城沱河路22号。

1980年8月，由北关大队拨出二里、三里、马圩、彭庄4个自然村，新置二里农业生产大队。

1982年12月，原拨出的城西、房庄、黄桥、侯王4个农业生产大队南城郊公社复属城关镇所辖。

1983年4月，城关镇复称濉溪镇。

同年8月，成立新城居民委员会。镇辖侯王、黄桥、房庄、东关、西关、城西、二里、北关、南关9个行政村和东关、西关、南关、北关、大街、新城、濉河路7个居民委员会。4月，原农业生产大队改为行政村。5月1日，改城关镇为濉溪镇，镇下辖9个行政村，6个居民委员会。

1992年2月，溪河乡八里、杜庙、花园、赵圩、蒙村、溪河、杨楼、李庄、五里郢9个行政村并入濉溪镇。有东关、西关、南关、北关、二里、城西、八里、赵圩、杜庙、蒙村、花园、杨楼、五里郢、李庄、侯王、黄桥、王冲孜、溪河、房庄19个行政村；东关、西关、南关、北关、大街、新城、濉河路7个居民委员会。

1998年月，县建立濉溪经济开发区，划出溪河、五里郢2个村民委员会，归开发区管委会辖。

1998年1月，成立老城管理委员会、城南管理委员会、城北管理委员会。撤销原大街居民委员会、濉河居民委员会、新城居民委员会、东关居民委员会、西关居民委员会、南关居民委员会、北关居民委员会。同时新设22个居民委员会：东关居民委员会、南关居民委员会、大街居民委员会、石南街居民委员会、石北街居民委员会、北关居民委员会、南环路居民委员会、北环路居民委员会、浍河东路居民委员会、浍河西路居民委员会、烈山南路居民委员会、烈山南路居民委员会、沱河西路居民委员会、沱河东路居民委员会、沱河中路居民委员会、溪河居民委员会、闸河东路居民委员会、闸河西路居民委员会、闸河中路居民委员会、濉河东路居民委员会、濉河西路居民委员会、庆相桥居民委员会。

1998年成立乾隆湖旅游风景区管理委员会。

1999年8月，撤销城西村、北关村、东关村、南关村、西关村。城北管委会辖原城西村，管辖的居民委员会有浍河西路、沱河西路、闸河西路、濉河东路、濉河西路、濉河中路、闸河东路、虎山北路、庆相桥9个居民委员会。城南管委会辖原西关村、南关村、原西关及南关居民委员会，管辖的居民委员会有浍河东路、沱河东路、烈山北路、烈山南路、十南街、十北街、南环路、南关8个居民委员会。老城管委会辖北关村、东关村、原东关及北关居民委员会。管辖的居民委员会有北关、东关、原东关、北关及大街居民委员会。

2003年6月，房庄、八里、二里3个村民委员会改设为淮海南路、郭楼桥、二里居民委员会。

2004年12月，虎山北路、庆相桥两个居民委员会划归相山区三堤口办事处管辖。

2007年3月，撤销房庄村民委员会，设立房庄居民委员会。

2007年6月，撤销老城、城南、城北和乾隆湖旅游风景区4个管委会。成立城北、城南、老城3个工作委员会，同时设立中共濉溪镇城北、城南、老城3个工作委员会总支委员会。

2008年2月，撤销房庄居民委员会，就近并入淮海南路居民委员会。

2008年2月，设立王冲居民委员会。

2008年3月，撤销老城工作委员会，原辖东关居委会、北关居委会、大街居委会直接由镇人民政府管理。

2008年4月，县经济开发区扩展，划出杨楼、李庄2个村民委员会，归开发区。

政区划分　2008年5月至2014年行政区划不变，濉溪镇辖八里、杜庙、蒙村、王冲孜、黄桥5个村民委员会；城北、城南2个工作委员会；东关、南关、北关、二里、大街、淮海南路、王冲、郭楼桥、浍河西路、沱河西路、闸河东路、闸河西路、濉河中路、濉河西路、濉河东路、沱河东路、十南街、十北居、烈山南路、烈山北路、浍河东路、北环路、南环路23个居民委员会。

人口面积 2014年,辖区总人口119063人,其中非农81521人。另有流动人口3929人。总人口中，男性59402人，占49.89%;女性59661人，占50.11%; 18岁以下23757人，占19.95%; 18-35岁32006人，占26.88%; 35-60岁46381人，占38.96%，60岁以上16919人，占14.21%。总人口中以汉族为主，达118973人，占总人口的99.92%，有回族、朝鲜族等少数民族90人。2014年人口出生率11.11‰，人口自然增长率7.18‰，政策符合率88.06%。辖区东西距离8.25千米，南北距离11.5千米，总面积为64.43平方千米，其中陆地61.32平方千米，占95.17%，水域3.11平方千米，占4.83%。

自然条件

地形地貌 全镇为平原地带，北高南低，地板平坦，坡度平缓，自西北向东南坡降为万分之一。镇境北界高度为31.7米，南界为29.7米，南北高低相差2米。

水文 属古河床边缘中等富水区，境内流经老濉河、萧濉新河、王引河3条，人工河2条，大沟6条。

基础设施

交通运输 境内有省道202、101等干线，铁路阜夹线，青阜线穿境而过。2014年省道203快速通道、省道101改道，县道濉漆路开工建设，现正在施工。有运输公司23家，车辆487台，年创效益千万元。

给排水 2005-2009年，八里村、蒙村村、房庄村、黄桥村、王冲村、杜庙村6个村先后利用县农村饮水安全工程项目建成自来水厂，有深水井9眼及成套净化设备，供水普及率100%。城区由县自来水公司集中供水，供水普及率100%。镇区主要道路两侧铺设排水管道284500米。

供电 境内接受4座变电所供电，有10千伏线路43条，村、户通电率100%。

园林绿化 2013年，完成项目造林1191.4亩，造林补贴856.3亩，其他造林335.1亩，202线路绿色长廊3.8千米，新植“四旁植树”8.9万株，义务植树14.2万株。2014年新增森林增长工程面积1061亩，全镇林地面积达18234亩，厂矿企业、小区及单位林地面积17284.5亩，森林覆盖率20.7%，人均公共绿地7.9平方米。

街道 2014年，镇政府驻地有淮海路、烈山路、沱河路、虎山路、溪河路、濉河路、南环路、北环路、闸河路、浍河路、獬河路、二关路、龙脊山路、溶树路、碱河路街道15条，为沥青混凝土路面。有路灯11500盏。

经济概况

国民经济综述 2013年，地区生产总值为31亿元，财政收入4.15亿元，固定资产投资34亿元,农民人均纯收入8168元。2014年,地区生产总值35亿元,较上年增长12%。财政收入4.83亿元，较上年增长16%。固定资产投资38.5亿元，较上年增长13%。农民人均纯收入9392元，较上年增长15%。

农业 有耕地面积2.76万亩,农民人均1.3亩，全部为水浇地，种植业以小麦、大豆、玉米、蔬菜为主。2014年农业总产值12亿元。粮食作物以小麦、大豆、玉米为主。生产粮食1.9万吨，较上年增加0.1万吨。其中小麦1.3万吨，大豆0.22万吨，玉米0.38万吨,分别较上年增加0.05万吨、0.02万吨、0.03万吨。主要经济作物为蔬菜。蔬菜种植面积700亩,主要品种有白菜、黄瓜、西红柿等。拥有种植业大户26户，其中连片种植百亩以上大户15户。畜牧业以养殖猪、羊、家禽等为主。2014年生猪饲养量0.78万头，年末存栏0.73万头;羊饲养量0.47万只，年末存栏0.44万只;家禽年饲养量16.32万只，分别较上年减少0.1万头、0.02万头、0.3万只和持平。拥有养殖业大户50家，其中500头以上养殖场4家，百头以上养羊户4家。

拥有农业机械477辆(台),机械化收割水平达100%。其中旋耕机52台，收割机67台，玉米收获机7台，拖拉机351台。

2013年4月，蒙村美好乡村示范村建设启动，2014年8月建设完成，采取了“11+4”的模式，顺利通过省、市、县三级验收。

工业 全镇工业主要以纺织服装、机械加工、食品生产、新型建材为主。2014年，实现工业生产总值84.4亿元。拥有工业企业326家，职工8299人；实现工业增加值21.3亿元，较上年增长17%。其中规模以上企业有淮北顺发食品有限公司、淮北万新时装有限公司、安徽诺菲雅壁纸有限公司、淮北金宇设备制造有限公司等42家，其中年产值5000万元以上企业有安徽溪瑞食品有限公司、淮北海绅服饰有限公司、淮北市乾龙包装制品有限公司、淮北市德源机电设备有限公司等20家，年产值亿元以上的企业有淮北顺发食品有限公司、淮北万新时装有限公司、安徽诺菲雅壁纸有限公司、淮北金宇设备制造有限公司4家。

商贸 2014年，共有商业网点5462个，职工12531人；其中企业户586家、个体户4876家。社会商品零售总额达23亿元，较上年增长13.5%；拥有城乡集贸市场3个，年成交额2亿元。

财政金融 2014年，财政总收入4.83亿元，较上年增长16%。其中国税完成8679万元，比上年减少280万元，地税完成39577万元，较上年增加7053万元。辖区内有农行、建行、中行等各类金融机构11家。

社会发展

文物古迹 濉溪老城石板街 东起老濉河西岸，西至关帝庙巷南，全长1千米，街宽5米。街面青石铺砌，光滑如镜。其建筑古朴典雅，呈明清风格，现为省重点文物保护单位。

石板街由清末民初绅士周俊哲修建，工程浩大，动用民工千余人，牛车数百辆，石料上万方，历时数月铺成。抗战时期，石板街遭日寇焚烧，淮海战役又遇国民党飞机轰炸。1950年建县后，人民政府多次拨款修复石板街恢复往日面貌。1966-1968年代，老城石板街不同程度毁坏。20世纪70年代后期，党政机关、学校团体、工商企业陆续迁往新城，石板街日趋萧条。90年代中期，县政府对老城石板街实施开发保护。

三山夹一井 石板街水巷南端，有一古井被三座山墙夹持，山墙耸峙，水井幽深、故为“三山夹一井”。沿街众多井水均苦涩难饮，唯此井水甘甜爽口，口子街居民多饮此水，汲者络绎不绝，致使小巷地面长年不干，又称水巷。

月牙桥 位于老城南关民主巷东端。此处有一小溪穿街而过，溪上卧有半块青石碾盘，状如月牙，光滑如鉴，趣称“月牙桥”。

九道弯 为石板街一古巷名称。位于前大街东段北侧。蜿蜒数百米，通向后街北门，巷内弯道有九个，故称九道弯。

城隍庙 现为老实验小学旧址。此庙坐西朝东，始建于清乾隆年间，光绪年间重建。马鞍门楼，木质双扇大门，门内建南北廊房各5间，正殿内塑城隍神像，大殿高10米，宽18米，为歇山双层斗拱，双飞檐，双挑角。大殿两侧设置晨钟暮鼓。香火会为农历正月十五。

关帝庙 位于石板街关帝巷北头。供奉武圣关羽。始建于清顺治年间。关帝庙分庙门和正殿两部分。庙前沿街为瓦房三间，中书“关帝庙”，左书“忠纯”，右书“义粹”。大殿高8米，为砖木结构，其上五脊六兽，屋面为歇山挑角式。香火会为农历五月十三日。

口子酒及酒文化 口子酒历史悠久。早在公元前697年的春秋时代，宋昭公就曾用口子酒与鲁、陈、卫国君“歃血饮酒，会盟于渠(渠：即今淮北市相山区渠沟镇)”。《诗经·商颂‘烈祖》篇中有云：“既载清酤，责我思成。”酤为古代稀薄之酒，说明此地殷商时期不但有酒，而且有以酒祭祖祈福的习惯。战国末期思想家韩非子曾来此地周游，著有《宋人酤酒》篇：“宋人有酤酒者，升概甚平，遇客甚谨，为酒其美，旗帜高悬，迎风招展，酒香四溢。卖酒者为招徕顾客，热情周到，四方童叟怀钱提壶，往返不绝……”足见当时此地饮酒已很普遍。据古碑记载：“汉建成二十年设沛国于相，颁布

‘酒榷’，在濉溪口、柳孜专设税官，征收盐酒税。”宋元时期，也在渠沟、濉溪口、柳子设“酒监”，以课酒税。明时，酿酒作坊已有10余家，到清末民初，迅速发展到72家，质量也空前提高。民谣说：“团城七十二，居中尽得法。千瓷皆上品，甘美泉水佳。”其时，共有酿酒技师近千名，发酵池600余条，年产量达300多万斤，其中比较有名的酒坊有“周协聚”、“允成”、“福泉”、“广益”、“南豫泰”、“小同聚”等。

濉溪酿酒业绵延千年，长盛不衰，一些文人墨客，达官巨贾，常汇集于此，或泛舟濉水，饮酒赋诗；或纵吟狂歌，留下众多著名的诗篇。魏晋时，“竹林七贤”的嵇康和刘伶，都生于酒乡，酷爱饮酒，常喝得酩酊大醉而后快。刘伶在《酒德颂》中写道：“捧罂承糟，衔杯醇醪，奋鬓箕踞，枕曲藉糟，无忧无虑，其乐陶陶。”嵇康在《秋胡行》中有“旨酒盈樽，莫与交欢”的诗句，至今有的酒店仍在悬贴“嵇康问道谁家好，刘伶答曰此处高”的对联。唐代诗人白居易在《春游濉水》诗中写到濉溪酒：“秋灯夜写联句诗，春雪朝倾暖寒酒。陴湖绿爱白鸥飞，濉水清怜红鲤肥……”公元1031年，文学家苏轼在《南乡子·宿州上元》词中写道：“千骑试春游，小雨如酥落便收。能使江东归老客，迟留，白酒无声滑泻油。”词中“白酒”即口子酒，那时濉溪口属宿州。明万历年间，翰林戴国土曾游濉溪口，夜泊濉水，饮酒赋诗，写下“牯徕疑楚泽，沽酒读《离骚》”的诗句。相山隐士任柔节曾以“隔壁千家醉，开坛十里香”赞美口子酒。

口子酒享誉千古，新中国建立后曾先后获全国浓香型白酒评比第一名、中国国际食品博览会优质食品巨星、中国国际食品博览会国际名牌食品、中国国际农业博览会名牌产品国家原产地保护产品、国家白酒标准样品、中国白酒典型风格奖、国家首批三绿工程畅销品牌……。

文化艺术 2014年，有镇文化站1处，村级文化活动中心5处，各类文化专业户15户，各类图书室5个，藏书2万册，音乐、美术书法、摄影及业余创作人员100人。有各文艺演出团体5家，演员200人。

教育 2014年，有幼儿园39所，在园幼儿6331人，专任教师380人；其中私立幼儿园37所，教师345人。小学11所，在校学生7952人，专任教师390人，小学适龄儿童入学率100%。初中2所，初中在校生4154人，专任教师327人。初中适龄人口入学率、小学升初中升学率、九年义务教育覆盖率均达100%。其中濉溪县城关中心学校是淮北市唯一一所省级“示范初级中学”，学校占地面积15600平方米。建筑面积1万平方米。有教学班45个，在校学生2300多人，教职工191人，先后被评为全国“示范家长学校”、安徽省“示范初级中学”、安徽省未成年思想道德建设示范学校、安徽省廉政文化示范点、安徽省电教设备一类达标学校、安徽省“示范家长学校”、安徽省电教先进单位、淮北市“先进学校”、淮北市综合治理先进学校、淮北市“花园式”学校、淮北市“平安校园”、淮北市教学水平一类达标学校、淮北市文明卫生单位等。

2014年，财政预算内教育经费976.9万元，较上年增长29万元。

医疗卫生 2014年，有镇卫生院1所、村卫生室7个、社区服务站19个；有床位160张；固定资产总值128万元。专业医护人员144人，其中执业医生75人，注册护士69人。2014年完成诊疗9万人次。5个村及23个居委会居民参加新型农村合作医疗59450人，较上年增加1827人，共筹集5861430元，报销支出医保资金24746992元，受益村民8406人。

体育 2014年，有学校体育场11个，室外篮球架10副，有4所学校安装健身器材。95%的村居安装健身器材，经常参加体育活动的人员占常住人口50%以上。

广播电视 2014年，有线电视用户1万户，无线广播覆盖率100%。

社会保障 2014年，城镇最低生活保障户1777户，3232人，月发放金额1010600元，比上年增长9.8%，月人均312元。农村最低生活保障户数548户，987人，月发放金额115560元，人均117元，较上年增长 13%。抚恤事业费支出 767628 元。投资 1000 万元新建敬老院 1 所，床位 300 张，收养农村五保人员 41 人，社区服务中心 18 个。参加新型农村养老保险 11223 人，续保 10782 人。

居民生活 2014 年，全镇村民人均纯收入 9312 元。拥有住房 703166 平方米，人均 41 平方米；其中砖混结构楼房 5923 幢，4991093 平方米。集中居住区 121 个，有楼房 790 幢，3257931 平方米。入住 29996 户，98551 人。居住区环境绿化，垃圾集中清运。设有图书室、体育场、活动室等配套设施。

2014 年，拥有汽车 12807 辆，轿车 9787 辆，摩托车 30987 辆，电动车 5762 辆。

（刘东风）

百善镇（Bai Shan Zhen）

名称来历 南北朝时期东魏武定五年（公元 547 年），（治所今百善）百善为临涣郡所辖。设置白捭县，因“白捭”与百善谐音，故“百善”由“白捭”所演变。

地理位置 百善位于北纬 33° 44′ -33° 52′ ，东经 116° 32′ -116° 44′ 。地处濉溪县中部，北距县城 20 千米。东连四铺镇，南邻临涣镇，西接铁佛镇，北靠濉溪镇。百善镇人民政府驻地百善村，程控电话区号 0561，邮政编码 235151。

政区沿革 梁武帝普通六年（公元 525 年）置临涣郡，治铚城，本地属临涣郡. 东魏武定五年(公元 547 年)，析临涣郡置白捭县和涣北县。白捭县治所在今百善集南。大业六年（公元 605 年）白捭县并入临涣县。同年开掘隋唐大运河首期工程通济渠。后设柳孜镇。（今百善镇）据《宿州志》记载：柳孜为巨镇，有庙宇 99 座，井百眼。南宋光宗五年（公元 1194 年）黄河泛滥，洪水夺淮入海，通济渠淤塞，柳孜镇由此衰落。清宣统二年（公元 1910 年），置镇百善。

民国（公元 1912 年）后，百善设乡，属宿县管辖，为宿县三镇十二乡之一。

民国 19 年(公元 1930 年)，百善乡改宿县第三区。

民国 27 年（公元 1938 年），百善沦陷，日伪设伪第三区即百善区。

民国 28 年（公元 1939 年）6 月，中国共产党建立抗日民主政权宿西县，设柳孜区，后又改为百善区，下辖九个乡。

1950 年，百善设乡，下辖五个行政村，属长山区管辖。同年 7 月建立濉溪县。8 月 15 日，设置百善区（排序第五区），下辖 12 个乡。

1955 年 12 月，区划变动，百善区下辖 6 个乡 1 个镇(百善镇)。

1957 年，百善区下辖 8 乡一镇（百善镇）。1958 年 8 月撤百善区，成立百善、徐楼两个人民公社。百善公社下辖 11 个大队，徐楼公社下辖 6 个大队。1962 年 1 月，恢复百善区建制。1969 年 4 月撤百善区，恢复百善、徐楼两个人民公社。同时两公社均成立“革命委员会”。1972 年 3 月，百善公社划分为百善、柳孜两个公社。1980 年 12 月，百善区下辖 8 个公社。1983 年 4 月，将百善区西北边界的 6 个生产大队，分别划归铁佛和刘桥两区，划出人口 9669 人。1984 年，百善区由 8 个公社改为 8 个乡政府，乡下设行政村。1992 年 2 月，撤区并乡，将原 8 个乡合并为百善、徐楼两个镇。2000 年，百善镇晋级为副县级省重点中心建制镇。2006 年 2 月 8 日，百善、徐楼两镇合并，并为百善镇，辖 43 个行政村。2007 年 3 月，百善镇所辖行政村由 43 个合并为 23 个。

2013 年，李庄行政村和徐楼行政村的翟桥自然村划归濉芜产业园所辖。百善镇辖 22 个行政村。

政区划分 2014 年，辖百善、茶安、鲁店、青卫、张庄、叶刘湖、柳孜、黄新庄、道口、王司、前营、桥头、宋庙、马乡、丁楼、苇菠、郭屯、徐楼、闫集、龙桥、龙沱、龙北 22 个村民委员会，1 个现代化工业园区和百善现代农业综合开发示范区管理委员会。

人口面积 2014 年，辖区总人口 116340 人，其中非农人口 6589 人，另有流动人口 11356 人。总人口中，男性人口 60185 人，占 51.73%；女性 56155 人，占 48.27%；18 岁以下的 25813 人，占 22.19%；18-35 岁的 33748 人，占 29.01%； 35-60 岁的 43720 人，占 33.58%；60 岁以上的 17707 人。总人口中以汉族为主，达 116290 人，占总人口的比例为 99.96%。有回、蒙、苗、满、壮、白、侗、瑶、傣、彝、土家少数民族 11 个，50 人。2014 年人口出生 1741 人，死亡 427 人，人口出生率 15.2‰，人口自然增长率 11.44‰，政策符合率为 88.68%。辖区东西距离 25.5 千米，南北距离是 19.2 千米，总面积为 253.27 平方千米，其中陆地面积 249.76 平方千米，占 98.61%，水域面积 3.51 平方千米，占 1.39%。

自然条件

地形地貌 境内全部为平原，地势平坦。中部有古隋堤横贯，致境内中间高、两边低和北高南低之势。百善矿采煤造成塌陷区。塌陷区 6751 亩，复垦率 85%。2014 年有水面 4100 亩，全部用于水产养殖，养殖品种有鱼、鳖、蟹、泥鳅等。

水文 矿藏 百善镇属中上等富水区，境内有王引河、巴河、沱河三条人工河，为行洪河道。大沟 23 条，承担镇城排水任务。大沟两侧分布 119 条中沟。全镇现有小沟 1118 条，有涵闸 23 座。涵闸分布为：濉临沟 7 座，小李沟 4 座，余楼沟 2 座，团结沟 1 座，史家沟 2 座，张赵沟 1 座，渔沟 1 座，凤凰沟 1 座，丁楼村、黄新庄村塌陷地复垦区内 4 座。

矿产资源以煤炭和铁矿石为主。煤炭地质储量 5000 万吨，可采储量为 4900 万吨，可采厚度为 3-7.3 米，生产煤矿有皖北矿业集团百善煤矿。铁矿石地质储量 95 万吨，可采储量 95 万吨，含铁量为 40%-50%，铁矿体单个最大厚度可达 58 米。淮北市徐楼矿业有限公司一号井和二号井正在生产。

基础设施

交通运输 境内有泗许高速、省道 S202（肖淮路）、省道 S203（淮六路）、省道 S303（泗永路）、县道白铁路、濉威路等公路干线交汇。濉阜铁路穿境而过，百善煤矿、卧龙煤矿专用铁路线横贯东西。

镇直单位运输公司有大型货运车辆 50 台，1500 吨位，年货运周转量 12 万吨。

邮政电讯 2014 年，有邮政局 3 处，邮政业务总量收入 13 万元，报纸、杂志累计发行 80 万份。有电信企业 3 家，服务网点 26 个。电话交换机总容量 5000 门，固定电话用户 2256 户，移动用户 11458 户，互联网用户 5564 户。全年电信业务收入 757 万元。

给排水 1997 年，建成百善镇自来水厂，有深水井 2 眼及成套净化水设备，供水普及率 94%。2013 年，徐楼村辖区内“淮北新兴皇苑自来水有限公司”建成投入运营。有深水井 5 眼和净化水设备。徐楼片区供水覆盖率 100%。镇区主要道路两侧铺设排水管道 24460 米。

供电 1966 年 3 月，濉溪县郝家沟 35 千伏变电所建成投入运行。1969 年 10 月，徐楼片区开始供电，覆盖率 100%。1972 年 10 月 1 日，百善片区接线供电，覆盖率 100%。2014 年全镇供电量计 78871000 千瓦时。辖区内用电客户数 27513 户。10 千伏及以下配电线路长 194.9 千米，公用配变台数 199 台，专用配变台数 159 台，专用配变总容量 33975 千伏安，公用配变总容量 24945 千伏安，低压客户 27354 户。

园林绿化 2014 年，全镇有绿化单位 56 个，绿化总面积 223670 平方米。绿化带总长 16400 米。人均公共绿地 8.7 平方米，建成区绿化覆盖率 34%，绿地率 32%。街道、道路绿化率 92%，农村森林覆盖率 21%，河流绿化率 92%。建成隋堤公园和道口运河文化广场，共占地 156820 平方米，园内绿化树种有水杉、垂柳、石榴、女贞、广玉兰等常绿乔灌木。集健身、运动、观赏、休闲于一体。

街道 2014 年，镇政府驻地有东西主街、南北主街、农贸、粮食、御河、隋园、龙安、油坊、北环街道共 9 条，长度 11.26 千米，为混凝土硬化路面。有路灯 688 盏。共有百善村等村街道 8 条，长 1420 米。

经济概况

国民经济综述 2014年，实现地区生产总值65亿元，较上年增长15.7%。财政收入1.75亿元，较上年增长0.238亿元。固定资产投资18.1亿元，较上年增长2亿元。社会消费品零售总额1.26亿元，较上年减少0.07亿元。农民人均纯收入9210元，较上年增长998元。百善镇是省重点中心建制镇、省综合改革试点镇、省农产品加工业示范基地、省现代农业综合和开发示范区。

农业 全镇有耕地面积20.6万亩，人均1.9亩，全部是水浇地。种植业以小麦、大豆、玉米和蔬菜为主、2014年农业生产总值7.8亿元，较上年增长0.8亿元。粮食作物主要是小麦、大豆和玉米。2014年生产粮食14.6万吨，较上年增加0.2万吨，其中小麦11.4万吨，大豆1.5万吨，玉米1.7万吨，分别比上年增加1.0万吨、减少0.7万吨、增加0.1万吨。主要经济作物为蔬菜，2014年蔬菜种植面积736公顷，主要品种有辣椒、茄子、大葱、萝卜、土豆、西芹、西葫芦、黄瓜、西红柿等。拥有种植大户128家，其中连片种植百亩以上的大户85家。畜牧业以养殖猪、牛、羊、兔、家禽为主。2014年生猪饲养量19.8万头，年末存栏4.3万头；羊饲养量6万只，年末存栏1.8万只；养牛0.54万头，年末存栏0.13万头；养兔0.46万只，年末存栏0.12万只；家禽年饲养量760万只，年末存量185万只。分别较上年减少1.2万头、1.2万只、0.6万头，增加0.04万只、50万只。拥有养殖大户146家，其中500头以上的养殖场12家，百头以上的养羊户17家。

全镇拥有农业机械8060辆(台)，总动力12.3万千瓦，机械化收割水平达92%。其中旋耕机1600台，收割机900台，玉米收获机103台，拖拉机5409台，手扶拖拉机48台。

工业 工业主要以面粉加工、食品加工、畜禽类加工、机械加工、建筑材料为主。2014年实现工业生产总值56.9亿元。拥有工业企业29家，职工5365人。实现工业增加值11亿元，较上年增长8%。其中规模以上企业有面粉厂、食品厂、畜类加工厂、禽类加工厂等26家，其中年产值5000万元以上的企业有面粉厂、食品厂、畜类加工厂、禽类加工厂、饲料厂等23家。年产值亿元以上的企业有面粉厂、食品厂、畜类加工厂、禽类加工厂16家。拥有全国驰名商标2个：“雨润” 食品、“骆驼”牌饲料。省优产品3个：鲁王集团的“咏和”牌面粉、皖雪的“孙侯”牌面粉、三丰肥业的“百善”牌肥料。

商贸 2014年，共有商业网点2808个，职工5810人。其中企业户473家、个体户2335户。2014年社会商品零售总额达17亿元，较上年增加6.8%。拥有城乡集贸市场7个，年成交额37.8亿元。

财政金融 2014年，财政收入1.75亿元，较上年增长10%。其中国税完成1.34亿元，地税完成1.41亿元。分别较上年增加160万元、减少22万元。

2014年，境内有农业银行、农村商业银行(原农村信用社)、邮政储蓄银行金融机构3家，各类存款余额2.19亿元，较上年增长16.25%；各类贷款余额0.91亿元，较上年增长10.5%。

社会发展

历史文化名人 历史文化名人有著名东晋音乐家桓伊和“竹林七贤”之一嵇康，有清举文人道光壬午科副榜杨益鲁、清同治年间岁贡谢传春、监生张焕文、清同治年间廪生王存廉等。

文物古迹

古钱币 1985年元月，在百善集修建过街天桥，将大峪口中间的隋堤从纵面切断，挖至5米深时，发现瓦壶，壶中有宋代不同时期铜钱5枚。分别为“开元通宝、治平通宝、熙宁通宝、崇宁通宝、政和通宝”。还挖出一个唐代椭圆形的锚。上端有一圆孔，是用来穿绳索的。

柳孜运河码头遗址 遗址位于百善镇柳孜村。1999年4月，在拓修泗永路时，在柳孜发现隋唐运河码头遗址。遗址内出土有南宋时南、北方十几个窑口的大批瓷器，还发现唐代沉船艘，出土3艘，其中一艘木船长23.6米。清理出一座完整的宋代石筑码头。2000年，柳孜隋唐大运河遗址被列入全国十大考古重大发现。2014年6月22日，在第38届世界遗产委员会会议上，中国大运河项目成功入选《世界遗产名录》，柳孜运河遗址列入名录。成为淮北市首个世界文化遗产。

古隋堤 据《宿州古今》记载："隋炀帝时，自板渚引黄河水下达淮海开挖一道运河（汴河）。河堤设御道，后称隋堤"。隋堤东西走向，西从铁佛镇道口村起，东到四铺镇颜道口村交界处止，境内全长16千米。隋堤原高出地面3-5米，并比堤之南北高出1-2米。

古城遗址 位于境内王司行政村秦古城自然村西南。北魏时期建，为涣北县城址。该遗址约300米见方，总面积约135亩。四周有土城遗址，地高出地面约一米。秦古城村因此得名。

文化艺术 2014年，有镇文化站1处，村级文化活动中心22处，各类文化专业户23户，各类图书馆29个，藏书4.64万册。音乐、美术书法、摄影及业余创作人员16人。有唢呐艺术团、泗洲戏剧团、豫剧团等文艺演出团体20家，其中经审批持证的4家。演员268人。

教育 2014年，有幼儿园19所，在园幼儿2456人，专任教师61人；其中私立幼儿园2所，教师12人。小学26所，在校学生6450人，专任教师436人，小学适龄儿童入学率100%。初中3所，初中在校生1776人，专任教师189人。初中适龄人口入学率98%，小学升初中升学率99.5%，九年制义务教育覆盖率97.5%。2014年财政预算内教育经费60万元，较上年增长10万元。

医疗卫生 2014年，有镇村医疗单位29个，床位120张，其中村卫生室17个；固定资产总值1250万元。专业医护人员261名，其中执业医生136人，注册护士60人。2014年完成诊疗14.6万人次。22个村的村民参加新型农村合作医疗10.8万人，参保率约98%，较上年增加4100人。共筹集医保资金1100万元，报销支出医保资金906.8万元，受益村民9.7万人。

体育 2014年，有学校体育场5个。5%的村安装健身器材。活动项目有篮球、乒乓球、广场舞、腰鼓舞、象棋比赛等。

广播电视互联网 有线广播网起于1964年，覆盖率87.6%，到1966年达到100%。

1990年7月，在全县率先建成30瓦调频广播电台。1994年投资22万元建成有线电视台。1995年投资83万元建成电视差转台。全镇广播覆盖率达100%，电视收视率达90%。

1995年4月互联网开通，开始拨号上网，2000年实现ADS上网全覆盖，各单位使用互联网专线67条，手机用户1.18万户。

社会保障 2014年医疗救助58人次，288611元。民政部门资助参加合作医疗1086人次，共支出86880元，比上年增长33.33%。农村最低生活保障户数646户，1937人，支出270.01万元。抚恤事业费支出259.07万元。有敬老院2所，床位230张，收养农村五保人员63人。有社区养老服务中心6个。参加新型农村养老保险59600人，参保率96%。

居民生活 2014年全镇村民人均纯收入9210元。拥有住房人均1.5间，27平方米。其中砖混结构楼房4368幢，87.4万平方米。集中居住区8个，有楼房427幢，34.54万平方米。入住3258户，13032人。居住区环境绿化、垃圾集中清理运输。设有图书室、体育场、活动室等配套设施。

2014年，全镇拥有汽车1245辆，轿车1820辆，摩托车893辆，电动车13208辆。

（殷景奇）

刘桥镇（Liu Qiao Zhen）

政区概况

名称来历 刘桥原名刘武桥，原为溪河南岸的一个小村庄，来往行人靠小船渡河，一石匠刘武义务修桥一半病故，另一青年石匠续建，亦名刘伍，后人为纪念2名修桥人，改名刘武桥村，桥成路通。

地理位置 刘桥镇位于北纬116.45°，东经56.8°，地处濉溪县城西5千米。西与河南省永城市接壤，北接相山区渠沟镇，东联濉溪镇，南邻濉溪经济开发区、铁佛镇，距淮北市区10千米，面积85平方千米。人民政府驻地丁楼村，电话区号0561，邮政编码235159。

政区沿革 1950年7月建濉溪县，刘桥陈圩设濉西区，刘桥为濉西区，亦称第三区，辖15个乡，后增设4个乡，共19个乡。

1958年3月，濉西区并入濉溪区。同年8月设濉溪镇，刘桥乡、王堰乡合并为刘桥乡。1969年，撤区，刘桥、溪河、小城三个公社合并为刘桥公社。1980年12月重新建区，刘桥区辖刘桥、张集、钟楼、任土楼、小城、溪河6个公社，1983年，刘桥区增划王堰乡，面积320平方千米，总人口100686人，区公所驻地刘桥集。1986年9月，设刘桥镇，撤刘桥乡划刘桥镇。1987年1月，刘桥镇区合并办公。1992年撤区并乡，保留刘桥镇，2007年7月，村级区划调整由24个村合并为17个村。

政区划分 刘桥镇为工矿型、近郊型城镇，副县级建制镇，全国文明村镇、省新农村建设和城乡一体化试点镇，辖刘桥、彭楼、陈集、丁楼、关帝、前吕楼、后吕楼、小城、任圩、孟口、周大庄、周口、王堰、干庄、火神庙、杨庄、留古17个村民委员会。

人口面积 2014年，辖区常住人口59827人，非农业人口14382人，占总人口24.04%,总人口中男性30175人,占50.44%，女性29652人，占49.56%，18岁以下人口13870人，占23.18%，18-35岁17293人，占28.91%，35-60岁19720人，占32.96%，60岁以上8944人，占14.95%。总人口中汉族达59809人，占总人口99.97%，有苗族、壮族、满族等少数民族8个。

表2 **刘桥镇政区划分表**

村	自然庄
刘桥村	刘桥 桥北 桥南 王庄 小阁孜 路南 路北 前陈 后陈 西陈 姚庄户
彭楼村	彭楼 朱寨 王庄 前荣 小街孜 贺庄 后荣 茴村
丁楼村	丁楼 张庄 刘庄 洪庄 将古同
关帝村	关庙 张庄 刘庄 张演庄 杨庄 蒋庄 孙庄 贾庄
陈集村	李月店 杨代庄 杨大庄 陈集
王堰村	黄庄 王堰 赵楼 杜庄 李圩 周庄 李庄 杨庄
火神村	火神 椅子圈 黄庄 丁庄 朱楼 朱集 张庄
杨庄村	张庄 陈庄 小李庄 李赤楼 杨小楼 杨庄 梁楼 前程庄
周口村	周口 龙庄 李庄 孔庄 谷庄 后谷 姜洼 谷梁庄
留古村	王庄 苗庄 袁庄 张楼 赵庄 后程庄 留古
干庄村	干庄 荣楼 丁楼 黄桥 黄楼 刘桥 周庄 孔刘庄
周大庄村	周大庄 后周 杨庙 杨王庄 周小庄 丁东 丁西 丁小庄 高井也 邢庄
小城村	张庄 温庄 赵庄 周庄 王庄 后寨 小城
孟口村	孟口 张庄 小陈集 余楼
任圩村	方庄 黄庄 徐楼 茴村 任圩 徐庄 丁庄
前吕楼村	前楼 赵庄 土楼 黄庄
后吕楼村	后楼 沈洼 任庄 西小庄

自然条件

地形地貌 境内全部为黄泛冲积平原区，属黄泛冲积成因的堆积地形，区内土壤深厚肥沃，地面平整。

水文矿藏 境内有过境河流王引河、巴河和沱河，大沟35条。

塌陷湖泊 2014年，辖区内塌陷积水面积4.5平方千米，年平均蓄水量为350万立方米。

矿产资源境内矿产资源以煤为主，主要分布在镇区西部，有皖北矿业（集团）有限公司刘桥一矿、恒源煤电2对生产矿井，恒源煤电为国有上市公司。煤炭资源储量2亿吨，开采年限为60-80年。刘桥一矿、恒源煤电生产的煤炭属特低硫、特低磷、中低灰分、高发热量的优质贫煤，是电力行业优良的动力用煤，主要供应华东地区低挥发分机组电厂。

基础设施

交通运输 境内有濉永路、县道钟（楼）王（堰）路、张（集）百（善）路、濉（溪）岳（集）路等公路干线交汇。刘桥一矿、恒源煤电铁路专用线穿境而过。淮北中北巴士公司4路公交线路日发客运110班次，日客运量5000人次。

邮政电讯 濉溪县邮政局刘桥支局，2014年投递流转额79.7万元。刘桥电信营业部专营网点8家，代理服务点30家，宽带用户5102户。淮北移动公司濉溪县分公司于2006年在刘桥镇设立沟通100营业厅，有村级服务网点20家，2014年，移动用户4.2万户，业务收入1800万元，移动宽带主街道及小区全覆盖。

供气 2014年8月，投资200万元，铺设天然气管道1.5万米，周口村使用天然气。加快推进搬迁农民新区前吕楼、后吕楼、陈集等村天然气改造工程。

供水 2011年5月，濉溪润生供水公司成立，有深水井2眼及成套净化设备，日供水能力5000立方米，实际日供水量700立方米，自来水用户4200户。

供电 2014年，全镇有10千伏供电线路2条，长度35.8千米；配电变压器253台，容量43935千伏安；用电总负荷28967千瓦。全镇供电量30020580千瓦时。其中工业电量14010290千瓦时，农业用电362486千瓦时，生活照明用电15647804千瓦时，供电可靠率99.8%，电费总额完成1937万元。完成刘桥镇后吕楼4个精品台区和丁楼村刘庄、洪庄、农民新区一期、二期10个台区的低压新建和改造任务。

园林绿化 2014年，新增造林绿化面积5600亩，镇区绿化率达28.9%。

街道 政府驻地共有街道12条，长15.5千米，为水泥路面，配套路灯800盏。新建银杏路、恒源路、搬迁安置区内道路11.5千米，新增供水管道12.8千米、排水管涵11.3千米。建成农村清洁工程示范村8个，新建公共建筑1.76万平方米。

经济概况

国民经济综述 2014年，财政总收入达1.21亿元，增长15%；全社会固定资产投资完成13.5亿元，增长24%；农民人均纯收入9130元，增长12%。

农业 现有耕地6.9万亩，林地2.5万亩。2014年，农业总产值7.1亿元，较上年增加0.9亿元。粮食总产94.1万吨，较上年增加5400吨。种植大户72家，连片种植50亩以上大户48家，农民专业合作社12家，家庭农场26家。全镇种植蔬菜0.4万亩，实现产值210万元。

畜牧业以养殖猪、牛、羊及家禽为主，有养殖大户185户，其中500头（只）以上养殖场（户）105家；百头以上养殖户40户。生猪存栏0.58万头，年饲养量1.37万头；牛存栏0.086万头，年饲养量0.1382万头；羊存栏量0.4687万只，年饲养量0.8700万只；家禽存栏量34.65万只，年饲养量126万只，动物免疫数量达到98%。

水产养殖主要依托采煤塌陷湖泊。2014年，水产养殖面积6800亩，产量201吨，产值220.6万元。规模养殖户96家，主要养殖品种为红鲤鲫、鲤鱼、鲢鱼、草鱼、鲫鱼、鲶鱼等。

农机化平稳发展。2014 年，农机总动力 7.6 万千瓦，各类拖拉机 4610 台其中大中型拖拉机 675 台；联合收割机 330 台。机耕 6.9 万亩，机播 13.6 万亩，机收 12.3 万亩，农业综合机械化水平 88%。

工业 2014 年，工业固定资产投资完成 11.3 亿元，增长 22%；规模以上工业实现增加值 3.2 亿元，增长 26%；规模以上工业企业营业收入完成 14.3 亿元，增长 19%；工业技术改造投资完成 5.5 亿元。新增规模工业企业 5 家，总数达 27 家，其中年产值 5 千万元企业 15 家，亿元以上的企业 2 家，获省优质产品 1 家（奥瑞化工公司）。恒坤铝业一期、朋援建材、刘桥建材产业园建成投产，巨哲箱包项目已开工建设，奥瑞化工技改项目基本完成。

2014 年，招商引资完成 9 亿元，新引进亿元以上项目 2 个，5000 千万元以上项目 1 个。新建、续建、技术改造项目 8 个，投资总额 12.15 亿元，其中亿元以上项目 4 个，5000 万项目 2 个，恒坤铝业项目总投资 1.7 亿元，项目占地 100 亩，项目全部运营后，可实现年销售收入 26.8 亿元，利润 7900 万元，上缴利税 4600 万元。巨哲箱包项目总投资达 1.5 亿元，占地面积 64 亩，年产各类箱包 3000 万件生产线，软陶产品 100 万件。新兴皇苑新能源科技公司项目、小城商贸城项目等重点项目建设中。

继续实施小老板培育工程，鼓励支持能人创办企业，兴办实体，吸引外出务工人员返乡创业。通过城镇开发改造，建设商贸市场、商贸街、商业综合体，新增限额以上商贸企业 3 家，民营企业 24 家，个体工商户 185 户，培育小老板 340 个。

商贸 2014 年，共有商业网点 3038 个，职工 5790 人。其中企业户 145 家，个体户 2893 户；食品生产类 34 户，餐饮业 90 户，食品经营类 190 户，加工制造业 60 户，种植养殖类 574 户；拥有集贸市场 6 个，其中刘桥农贸市场占地面积 30000 平方米。

财政金融 2014 年，财政收入完成 12146.5 万元，较上年增长 15.2%，其中，地税完成 3730 万元。2014 年，境内设有中国农业银行濉溪刘桥支行、邮政储蓄银行刘桥支行、濉溪农商银行刘桥支行金融机构 3 家。刘桥支行存款 4.72 亿元，比 2013 年增长 6242 万元，完成计划 148.63%。邮政储蓄行存款余额 1.75 亿元，较上年增加 2613 万元；农商银行存款余额 3.7 亿元，较上年净增加 5693 万元，增长 18%。开办社区 E 银行新业务，办理手机银行 1618 户。

新型城镇化建设

城镇建设 2014 年，加大搬迁新村、基础设施建设资金投入力度，实施城镇建设重点工程 20 项，城镇建设投入量、工程量双创新高。美好乡村建设取得成果。刘桥镇被评为“安徽省十佳宜居宜业乡镇”。

聘请安徽省明珠规划建筑设计研究院、合肥市规划设计院修编完成刘桥镇总体规划和安徽农业大学控制性详细规划和 2013-2020 年刘桥镇现代农业产业发展规划及王堰村美好乡村建设规划方案。

农民新区一期赵庄、土楼，建筑面积 6.2 万平方米，安置农户 480 户，约 1500 人；二期姚庄户、路南、路北，建筑面积 7.2 万平方米，安置农户 660 户，约 2000 人；三期朱寨、小街子、卞王庄，建筑面积 19.2 万平方米，安置农户 1400 户，约 5000 人，已陆续进行分房工作。四期小城、周大庄，建筑面积 23 万平方米，2300 户，约 7200 人，小城新区主体工程已完成，配套设施建设中。

美好乡村建设。前吕楼、后吕楼、彭楼、刘桥、陈集、孟口 6 个中心村按照规划，进入第一批美好乡村建设，坚持典型示范，尊重群众意愿，累计整治脏乱差自然庄 26 个，升级改造镇村道路 10.5 千米，加固危桥 5 座，新建桥梁 3 座。

2014 年，开展环境卫生、交通秩序、占道经营专项治理活动，完善 30 家机关单位和 17 个村包保责任制，落实 200 个沿街门店“门前三包”制度，环境卫生和交通秩序得到改善。

社会发展

文物古迹 有小城遗址，南庙、前程庄墓群，周庄墓群，黄楼、朱寨遗址，张庄淮海战役烈士陵园等。

文化艺术 刘桥镇综合文化站于2009年7月建成使用，建筑面积301平方米，设有科技培训室、图书室、电子阅览室、未成年人活动中心、留守儿童活动室、老年大学、乒乓球室、文化信息资源共享室、多功能厅、室外群众文体活动场所。图书室藏书8000册。

有农家书屋26个，总面积1000平方米，藏书50000册，每年借阅量达100000人次。2014年，农民健身场地28处（含镇级广场1处），年参与健身活动40000人次，电影下乡放映200场次。成立“刘桥乡音墨香”文艺学会和民间艺术家协会，会员达150人。有文艺演出团队4家，演出人员100人。主创的戏曲《刘桥的传说》、大鼓《禁烧麦秸》、豫剧《夸媳妇》先后参加市县文艺调演。

教育 2014年，有幼儿园7所，在园幼儿1526人，专任教师56人，其中私立幼儿园7所，教师56人。小学16所，在校学生3198人，专任教师236人，小学适龄儿童入学率100%；初中在校学生1818人，专任教师140人，初中适龄人口入学率、小学升初中升学率、九年义务教育覆盖率达100%，教育教学质量稳步提升，2014年，中考省示范高中录取300人，700分以上30人。2014年度财政预算内教育经费319万元，较上年增长40万元。

医疗卫生 刘桥镇卫生院1所，下辖17个村卫生室，镇卫生院现有现有职工62人，其中管理人员3人；专业技术人员55人，其中执业（助理）医师25人，执业护士23人。医院占地约1万平方米，业务用房2560平方米，床位40张，另有行政村医生71人。2014年，刘桥镇卫生院完成诊疗60202人次，辖区17个村卫生室接诊92568人次。新农合筹资507.8万元，参合率107%，共计76324人次享受报销补助，补助金额1694万元；报告传染病5种类、22例，完成各类疫苗接种15552人次，发放免疫接种证656本。镇区幼儿园学生免费体检1000人次；免费建立居民健康档案45381人，其中老年人建档管理5608人、高血压建档管理4540人、糖尿病建档管理890人、重症精神病建档管理156人。免费为65岁以上老年人体检5197人，开展中医药服务受益3825人，乡村医生签约服务11290户。发放、张贴各种健康教育宣传资料5800余份、开展健康教育知识讲座及外展咨询22次，孕产妇免费建卡管理538人、0–6岁儿童免费建卡管理4414人，宫颈癌免费筛查1500例，免费婚前检查109对，免费增补叶酸发放502人，农村住院分娩补助151人，卫生监督巡查226户。

体育 17个村有体育活动场所60处，安装300组件健身器材，全民健身活动参与率78 %。2014年刘桥镇被安徽省体育局评为“全省体育先进单位”。

广播电视 1974年5月，建成刘桥广播站，2002年8月建成刘桥镇有线电视传输中心，9月正式运营。2014年刘桥镇11个村接通有线电视，用户5000户。17个村实现无线广播全覆盖。

社会事务 2014年，完成危房改造306户，新建前楼、刘桥两个村民活动中心，彭楼村、陈集村养老服务站投入使用，新建300张床位刘桥医院二期和民政服务中心工程完成主体工程。刘桥镇敬老院获“全国敬老模范单位”。

2014年，重点把精神病、艾滋病、大病重度残疾人及困难群众等群体纳入低保范围，享受城乡低保3036户5334人，共发放低保金1234.2万元，经入户调查对不符合条件的农业低保户取消185人，城市低保取消370人，新增454户、685人。

享受优抚补助402人，其中烈属户2户3人、复员军人21人、带病回乡退伍军人101人、革命伤残军人21人、参战参试14人、临时救助16人、60岁以上退伍军人补贴195人、烈士子女补贴25人，发放优抚款115.6万元。2014年，60周岁农村籍退伍军人享受补贴人员新增16人。

刘桥镇敬老院占地32.74亩，建筑面积6680平方米。始建于1992年，2009年投资50万元改建，2012年5月投资1200多万元扩建。敬老院主体为五层楼房，内设电梯2部，标准间96 间，床位200张，2014年接纳五包老人162名，餐厅可容纳200人同时就餐，餐厅内有空调，大屏幕彩电等设施。

人口与计划生育 2013-2014年，出生1447人，出生率下降1.57个千分点，综合性别比119.4，同比下降6.4个百分点；兑现独生子女保健费1590人次、455850元；享受奖励扶助137人，兑现节育奖励375人，组织200对夫妇参加免费孕前优生健康检查。

临涣镇（Lin Huan Zhen）

政区概况

名称来历 浍河古名浍水，又名涣水，临涣城池因临涣水而建，故名临涣。

地理位置 位于北纬33° 37′ -33° 45′ ，东经116° 27′ -116° 41′ 。地处县城中南部，东连韩村镇，南邻五沟镇，西与涡阳县石弓镇、青町镇接壤，北接百善镇。人民政府驻地临涣村，电话区号0561，邮政编码235143，临涣镇隶属于安徽省淮北市濉溪县。距濉溪县城西南37千米处的浍河北岸，是一座历史悠久的古城。

政区沿革 春秋战国时期临涣置铚邑，邑址在今临涣集，属宋国。秦代置铚县，治所临涣集，属泗水郡。梁武帝普通元年（公元525年），置临涣郡。北齐天宝元年（公元550年），废临涣郡，置临涣县。唐、宋仍为临涣县。元至元二年（公元1265年），撤临涣县，置涣阳乡。宋属河南道，后割给金。元属河南归德府，取名涣阳乡。明属凤阳府。清属宿州所辖。

解放战争时期，中共苏豫皖边区第六分区宿西县，设临涣区。1950年7月撤宿西县，设濉溪县。临涣区属濉溪县所辖。

1958年8月撤临涣区，成立人民公社。1980年12月临涣重新设区。1992年2月撤临涣区分设临涣、祁集两镇。2000年为濉溪县副县级镇。2006年3月祁集镇骑路、沈桥、丁楼、陈口、王沃、祁庄、海孜、韩庄、陈圩、常庄、牛庄、四里、谢湖、大孙家、王楼、大高、柴洼、刘油坊19个村并入临涣镇。2007年3月临涣镇由49个村合并为19个村。

政区划分 2014年，辖临涣、铚城、沈圩、徐庙、高皇、临南、张楼、湖沟、石集、夹河、梁庙、海孜、沈桥、徐楼、陈口、四里、大高、姚湖、刘油坊等19个村民委员会。

人口面积 2014年，辖区常住人口96429人，其中非农4127人。另有流动人口13900人。总人口中，男性49053人，占50.87%；女性47376人，占49.13%；18岁以下23143人，占24 %；18-35岁27036人，占28.04 %；35-60岁32590人，占33.8 %，60岁以上13660人，占14.17%。总人口中以汉族为主，达94535人，占总人口的98.04%，有回、满、维吾尔等少数民族13个，1894人，占总人口的1.96%。2014年人口出生1415人，死亡605人；人口出生率14.67 ‰，人口自然增长率8.4 ‰，政策符合率88.9 %。辖区东西最大距离17千米，南北最大距离16千米，总面积168平方千米，其中陆地166.72平方千米，占99.2%，水域1.28平方千米，占0.8 %。

自然条件

地形地貌 境内全部为平原，地势平坦。地层走向由东西转北偏东，向北倾斜，倾角平缓。

水文矿藏 属古河床边缘中等富水区，境内有自然河浍河、泡河2条，人工河界洪河、护城河2条，大沟18条。

矿产资源 以煤为主，煤炭地质储量17000万吨，可采储量为16500万吨，主要分布在镇南部。淮北矿业（集团）有限公司青东煤矿、海孜煤矿矿井2对，为省属国有企业。

基础设施

交通运输 境内有泗许高速、省道202、县道白铁路、临五、临杨路等公路干线交汇。濉阜铁路穿境而过。1998年建成临涣镇客运站，日发客运汽车80班次，日客运量1600余人次。2009年成立双林物流运输公司，现有货车18辆，年运输能力19.71万吨，年收入300万元。

邮政电讯 2014年，有邮政局1处，代办所2处，邮政业务总量300万元，报纸、杂志累计发行900份。电信企业1家，服务网点86个，电话交换机总容量7000门，固定电话用户3500户，移动用户12000户，互联网用户4800户。全年电信业务收入850万元。

给排水 1995年建成临涣镇自来水厂，有深水井4眼及成套净化设备，自来水用户1000户4500人，年供水量20万立方米。镇区主要道路两侧铺设排水管道15000米。

供电 1976年临涣镇海孜变电所建成，2013年文昌宫变电所、朱临变电所建成，户户通电。10千伏线路9条，总长198.61千米，公用变压器台区168台，专用变压器台区146台，居民生活用电28310户；10千伏专用线路两条，线路总长6.1千米。2014年，供电量达122631681千瓦时，其中工业用电92621207千瓦时，居民生活用电30010474千瓦时。

园林绿化 2014年镇驻地有花坛20个，绿化面积1.2万平方米，项目造林95亩，绿色长廊82000米，其中青阜铁路30000米，泗许高速10000米，202省道沿线32000米。

街道 2014年镇政府驻地有混凝土路面街道9600米，其中东西街2条，分别为淮海路、临浍路；南北街5条，分别为文昌街、中心街、城隍庙街、南阁街、粮贸街。太阳能路灯180盏。另有原小乡旧址集市海孜街道1条，长980米。

经济概况

国民经济综述 2014年，规模以上工业总产值21.1亿元，财政收入9577万元，较上年增长12.2%。固定资产投资10.1亿元，较上年增加1000万元。社会消费品零售总额42512万元，较上年增加3795万元。农民人均纯收入9050元，较上年增加793元。临涣镇1995年被列为“全国500家小城镇建设试点镇”，2006年被评为“安徽省历史文化名胜”，2008年被评为“中国民间文化艺术之乡”，2012年被命名为“安徽省生态建设示范镇”，2012年被列为“全国发展改革试点镇”，2014年被命名为“安徽省特色景观旅游乡镇”。

农业 有耕地面积19.08万亩，人均1.98亩，全部为水浇地，种植业以小麦、大豆、玉米、蔬菜为主。2014年农业总产值5.21亿元。粮食作物以小麦、大豆、玉米为主。生产粮食11.49万吨，较上年增加1.64万吨。其中小麦7.28万吨，大豆0.97万吨，玉米3.17万吨，分别较上年增加0.06万吨、0.22万吨、1.84万吨。主要经济作物为蔬菜。2014年蔬菜种植面积418.8公顷，主要品种有韭菜、大葱、黄瓜、西红柿等。拥有种植业大户45户，其中连片种植百亩以上大户40户。畜牧业以养殖猪、羊、家禽等为主。2014年生猪饲养量4.5万头，年末存栏2.3万头；羊饲养量2.2万只，年末存栏1.2万只；家禽年饲养量196万只，分别较上年增加0.3万头、0.2万头、0.7万只、0.6万只、16万只。拥有养殖业大户223家，其中500头以上养殖场8家，百头以上养羊户11家。

拥有农业机械18000辆（台），总动力69万千瓦，机械化收割水平达95%。其中旋耕机450台，收割机480台，玉米收获机49台，拖拉机4500台，手扶拖拉机90台。

工业 工业主要以铸造、机械制造、食品加工、水泥建材为主。2014年实现工业生产总值28.23亿元。拥有规模工业企业18家，职工1840人；实现工业增加值28.6亿元，较上年增长14.1%。其中规模以上企业有双林矿山机械厂、众联水泥厂 等18家，其中年产值5000万元以上企业有相丰水泥厂、天助新型建材厂等4家。拥有（商标名称）全国驰名商标1个（商标全称），省优产品2个。

商贸 2014年，共有商业网点1400个，职工 2800 人；其中企业户 253 家、个体户 2061 户。社会商品零售总额达 4.25 亿元，较上年增长 8.9%；拥有城乡集贸市场 2 个，年成交额 3.89 亿元。

财政金融 2014 年，财政总收入 1.16 亿元，较上年增长 13.6%。其中国税完成 9058 万元，地税完成 2562.64 万元，分别较上年增加 1262.94 万元、130.39 万元。境内有农商银行、农业银行、邮政储蓄金融机构 3 家，各类存款余额 11.56 亿元，较上年增长 48.81%；各类贷款余额 2.04 亿元，较上年增长 40.28%。

社会发展

历史文化名人 “濉涣文章地，两岸多奇才”。在临涣的历史长河中，曾出现过许多国内乃至世界有着重大影响的历史名人。

蹇叔 （公元前 628-前 560 年）东周宋国铚邑（临涣镇）鸣鹿村人，曾与百里奚一起出任秦国左右庶长（上大夫），位达上卿，辅秦穆公为“春秋五霸”之一，成就穆公霸业，为古代著名政治家、军事家。境内筑有蹇叔墓。

徐防 字谒卿，东汉时期沛国铚人，古代著名政治家。徐防于汉明帝永平年间中举孝廉，入朝为郎官。于汉和帝永元初，任司隶校尉，后出任魏郡太守；永元十年任少府大司农（掌钱谷之事），后升任司空（同御史大夫），永元十六年转司徒（即丞相），位居三公之列。徐防的事迹载入《后汉书》。徐防以尊立汉安帝有功，被封为龙乡侯，食邑一千一百户。永初元年，西羌叛汉，切断陇道，郡国十八处地震，四十一处雨水，二十八处大风雨雹。边疆未靖，腹地多灾，徐防认为自己没有辅助皇帝治理好国家，主动辞官。

嵇喜 竹林七贤之首嵇康之兄，字公穆，西晋豫州谯国铚县（今临涣）人。为卫将军司马攸之司马，为齐王重要幕僚。晋时历任江夏太守、徐州刺史、扬州刺史、太仆、宗正。著有文集二卷传于世。其中有答嵇康诗四首《嵇康别传》。

嵇康 （公元 223-262 年），字叔夜，本姓奚，谯国铚县（今临涣）人。三国时曹魏文学家，“竹林七贤”之一。其生性狂放，博学多才，精通于文学、玄学和音乐。曾任中散大夫，史称“嵇中散”。文学创作诗歌、散文。今存诗作 50 余首。《与山巨源绝交书》一文被选入《古文观止》，流传至今。其创作的《长清》、《短清》、《长侧》、《短侧》四首琴曲被称为“嵇氏四弄”，与东汉的“蔡氏五弄”合称“九弄”。是中国古代著名琴曲。其弹奏的《广陵散》为十大古琴曲之一。《声无哀乐论》、《难自然好学论》、《太师箴》、《明胆论》、《释私论》、《养生论》为后代传颂。

嵇含 （公元 263-306 年），字君道，西晋谯郡铚（今临涣）人，著名文学家、植物学家，嵇康侄孙。历任征西参军、骠骑记室督、尚书郎等职。永兴三年，嵇含被司马郭励所害。晋怀帝即位后，追谥号为“宪”。《隋书·经籍志》录有《嵇含集》10 卷。今存诗文收入严可均《全上古三代秦汉三国六朝文》及逯钦立《先秦汉魏晋南北朝诗》。其所著《南方草木状》一书，被称为“世界最早的植物志”、“最早的南方植物志”。

嵇绍 （公元 253-304 年），字延祖，西晋谯国铚（今临涣）人，嵇康之子。为人旷达，事母孝谨。后为武帝秘书丞。永兴初，河间王颙、成都王颖举兵，绍从帝战于荡阴，侍卫皆溃。惟绍以身捍卫，飞箭羽集，遂被害于帝侧，血溅帝衣。元帝即位，（公元 317 年）赐谥曰忠穆。嵇绍著有文集，（《隋书》、《唐书经籍志》）传于世。

戴逵 （公元-395 年），字安道，东晋学者、雕塑家、画家。谯郡铚人。戴逵善于文、琴、书、画。《历代名画记》著录其画作《阿谷处女图》等作品。戴逵擅长雕刻及铸造佛像，首创干漆夹雕塑法。所塑“五世佛”，与顾恺之壁画“维摩诘象”和狮子国送来的玉佛，并称“三绝”。著有《释疑论》等名篇。当时著名学者范宣曾做过戴逵的老师，称其“幼有巧思、聪悟博学”，又说他“少博学，好谈论、善属文，能鼓瑟，工书画，其余巧艺靡不毕综”。

戴颙 （公元 378-441 年），字仲若，戴逵之子，戴颙继承父业，创琴曲15部、长曲1部。精于音律，尤善雕刻，亦能著文，在雕刻成就上，与其父称“二戴像制，历代独步”。文学上著有《逍遥论》一书。

戴勃 (公元371-396年)戴奎长子。擅长书画雕刻。主要绘画作品有《曹长赙象》、《三马图》、《九州名山图》、《朝阳谷神图》、《风云水月图》、《秦始皇东巡图》等。戴勃还以音律闻名于世。创作5部乐曲和1部长曲。

桓宣 （公元-344年）东晋将领。谯国铚（今临涣）人。初为晋元帝司马睿丞相舍人，转王含参军，受命协助祖逖攻张平、樊雅，迁谯国内史。后为南中郎将、江夏相，参与平定苏峻、祖约之乱。桓宣为都督沔北前锋征讨军事、平北将军、司州刺史，击败后赵石季龙军，镇襄阳。建元二年（334），桓宣进攻石虎大将李罴反为所败，因此遭贬，转镇南将军、南郡太守。

文物古迹 临涣古城墙 始建于战国晚期，现为全国重点文物保护单位。临涣古城环临涣集一周。城内径东西长1490米，南北宽1394米，上宽5-8米，高7-15米不等，城基部宽30-50米，内坡度22.3-26.5米，外坡度22.9-26.5米，总面积2.7平方千米。东南西北各有一个城门，四角有角楼。西城有6座烽火台，东城有3座烽火台，南北城桓皆无。台距100米，台长25-50米，台宽15-30米，高出城墙约5米。北面和东面有护城河，南面有浍河，西面有壕沟。四面各一座城门，城墙上设有垛口，作瞭望、射击之用。

土城系两次筑成，第一次系夯土，土质为黄土、杂土，夯层规整，每层厚15厘米不等，夯窝深2-3厘米。主城墙呈梯形，采用平夯法夯筑，两腰经铲削修整，并用圆木棒横向拍打，表面十分平整、光滑、坚硬。第二次覆土无夯土痕迹，输送的沙土杂以砂浆和汉代遗物。城四隅有角楼，四隅上发现有筒瓦、板瓦，纹饰为绳纹、方格纹和古丁纹。城基部较厚的红褐色古丁纹板瓦，具有战国晚期特征。

观星台遗址 位于临涣古城南端，南临浍河，北通集市，东依犀牛望月台，西临紫禁城。该遗址为一高台地，南北长300米，东西宽250米，上有居民，文化层厚约1.5米。1984年文物普查时，曾采集标本10余件：红褐陶鼎足1件，蚌壳4件，鹿角1件、石斧1件、红褐夹砂陶绳纹鬲足2件、豆把3件、大口罐残片3件。纹饰有绳纹、指甲纹、弦纹、附加堆纹。经鉴定，该遗址为龙山、商周至汉代文化遗存。现观星台遗址为县级重点文物保护单位。

文昌宫 现为淮海战役总前委旧址，国家重点文物保护单位。始建于唐代，原名尚书宫，又名藏书宫，后改为昌帝庙。武则天出行江南时，昌帝庙又被改造为一座行宫，宋朝末年易名为文昌宫，沿袭至今。临涣文昌宫原是多重主房、庭院、耳房组合、较为宽大的院落，后相继改建。现存的文昌宫青砖灰瓦，坡顶结构，古朴典雅，分南北中三进庭院，有殿房5间，东西厢房各3间，面房及过道5间，共计16间房屋。

淮海战役开始前，文昌宫是中原野战军司令部驻地。1948年11月16日由刘伯承、陈毅、邓小平、粟裕、谭震林5人组成总前委，这里便成为淮海战役总前委指挥部驻地。11月23日，指挥部驻地根据战事需要由文昌宫迁至临涣集东南的小李庄。文昌宫藏书阁东侧的堂屋是邓小平的工作室兼卧室。一张木床，一张桌子，一把椅子，马灯茶壶，简简单单。

北院为总前委指挥部会议室、秘书处及刘陈邓住处，东跨院为伙房和后勤处，南院是参谋处、作战处、机要处、通讯处旧址。文昌宫的后殿是总前委成员开会的地方。会议桌是两个方桌拼在一起的。邓小平洗浴处在东厢房屋山角，现存有1个小凳子、几块砖垫脚。

文昌宫现设淮海战役总前委旧址纪念馆，纪念馆按照《旅游景区质量等级的划分与评定》的国家标准配备硬件和软件设施。现纪念馆占地面积5436平方米，馆内设有总前委旧址原状陈列、史料陈列、实物陈列等三大内容，馆藏革命文物200余件。1981年被列为安徽省重点文物保护单位，1996、

2001、2007年三次被列为安徽省爱国主义教育基地，2006年被列为全国重点文物保护单位和全国红色旅游经典景区，2008年3月免费对外开放，年接待游客量约10万人次。2010年被国家旅游局评定为AA级旅游景区。

城隍庙 位于临涣古城中部，建于汉唐时期，为县级重点文物保护单位。前址占地70多亩。后几度兴废，现存城隍庙为一处四合院落，后大殿3间，东厢房3间，前门楼及厢房计5间。占地面积536.08平方米，青砖小瓦，高挑沿出厦，花格门窗，石质檐柱。殿内壁画，现依稀可见。

香山庙 又名相山庙、湘山庙，是临涣十八庙之一。香山庙位于临涣镇张后庄庄前，现为县级重点文物保护单位。原有大殿3间，东西耳房各2间，东西厢房各3间，门楼1间，门楼两边各有边房2间。现存香山庙有正殿3间，两边各有耳房2间，占地约400平方米。始建年代不详，现存有明天启三年、嘉庆十年、大清光绪辛丑年、清乾隆二十八年所立的4块碑文。

1970年，香山庙被用作学校，称香山庙小学。2001年6月镇政府再次整理重修香山庙。“临涣城西沈圩村有庙宇一座，保存基本完好，始建年代暂无考。庙内存碑刻数块，上有香山、相山、湘山等字样。取香山以示与淮北市市政府所在地相山相区别。庙前有古槐一棵，颇具观赏价值，为保护古树名木及文物古迹，将庙宇整修如旧，重建了围墙、门楼。修环道、集碑刻、立撑杆、设护栏，使古庙古槐相得益彰，以供参观，是为记。”

香山庙大殿前苍松翠柏，原有四棵松柏置于通往大殿的道路两旁，现仅存3棵，树龄均在百年以上。松柏之前现有老隋槐。槐衬庙宇，庙映槐树，更显槐树的沧桑与灵性。

南阁 是临涣古城墙的南门，叫正阳门，因面朝泡河和浍河，又叫泡浍门。南阁位于城墙南段中间，是东、南、西、北四个城门中最具特色的一个，到1975年尚保存较好。南阁与城墙同一时期建造，秦、汉、唐、宋、元、明、清各代，都进行过不同程度的修葺。

南阁为两层建筑，高15米，长12米，南北宽9米。阁的底层是一拱形城门，用长条石砌成，可供人马车辆通行。东侧两层上有大门，门下有石阶，游人拾级而上，倚楼远眺，古城绿水交相辉映。阁的中层正面自东向西并列着一排齐整的雕花栏杆，栏杆后，是12扇彩门，门的上方有千余个方形、圆形对称的窗口，门的下方木板上画有漆画。栏杆上层有10多个对称的窗口，用油漆木板相连，涂以彩绘。阁顶为琉璃小瓦，分五脊六兽，阁顶两端雕刻着各种不同形态的飞禽走兽，鳞次栉比，惟妙惟肖。阁内正殿中央供奉着一尊雕塑的玉皇大帝，南阁又有玉皇阁之称。南阁飞檐翘角，云霭缭绕，金碧辉煌。

玉皇阁琉璃瓦的屋脊中间，建有袖珍型庙上庙一姜太公庙，高1.5米，长宽各1米，匠心独具，更为奇特。

南阁的南墙有碑刻“光增浍泡”，北墙有碑刻“永固山河”，此字是建阁时所造，字体皆苍劲有力。阁上镌刻着许多珍贵的石雕，有《狮子衔鲤图》、《禹王锁蛟龙》等图案。

李沃孜墓群 临涣集东1.5千米的李窝孜村，有古堆3个，南临浍河。较大的一个在台地西南部，南北长42米，东西宽37米，土层夯实。周围遍植松柏。由于雨水冲刷.古堆逐渐低矮，四周暴露5处小型墓葬。墓内未发现砖石、棺木，均出土铁剑1把。第二个古堆位于前古堆以北60米处，南北长26米，东西宽25米。古堆东部因用土被削去1/3.第三个古堆位于前两个的东侧60米处.长宽各约20米。“文化大革命”期间平毁。1976年，附近村民曾挖掘，掘至4米左右，土质坚硬而止。

临涣茶及茶文化 临涣茶源于东晋，临涣街设有固定茶摊。唐朝出现茶馆。宋、元朝临涣街以经营茶馆为生很普遍。据《通志》载，明清时期的临涣茶馆以独特的水源优势而远近闻名。鼎盛时期茶馆二十余家。临涣人的饮茶习惯自此沿袭至今，绵延不衰。

临涣茶馆临街而建，多为青砖小瓦、飞檐，具有明清建筑风格。2014年有怡心茶楼、南阁茶楼、淮海茶馆等23家茶馆。

临涣茶因取自廻龙泉、金珠泉、饮马泉、龙须泉四大名泉而形成独特的茶韵。汤红、微甜、香醇，回味悠长。“春生津、夏消暑、秋提神、冬产暖”，一年四季皆饮其茶。茶馆以六安茶梗为原料，用自砌的土灶（俗称老虎灶），用沸水冲沏，当地人俗称“棒棒茶”。加入一次茶棒，可反复冲泡数壶，一壶茶可沏三至五碗或数杯。

临涣茶馆是当地文化社交的聚集地，馆内有“淮北大鼓”、“评书”、“琴书”等地方曲艺为客人点唱。茶客以中老年人和游客为主。茶客中有文人雅士评戏品茶，谈论时事新闻、纵论天下大事；有村民、亲朋、邻里围坐茶桌，聚会交流农事、商谈男婚女嫁、调解纠纷等；也有商人们茶语间完成一桩桩交易。

临涣茶文化扬名中外，1997年起，先后有《人民日报》、中央电视台等数家国内知名媒体专门采访报道。《英国卫报》记者欣然在《见证中国》一书中，记录临涣茶馆。1999年巴黎世界民俗摄影展，一组临涣茶馆照片获金奖。2011年 4月17日（农历二月初二古会），濉溪县举办首届临涣文化节。

文化艺术 2014年建有镇文化站、广播电视站各1处，其中文化站为安徽省一级文化站。有村级文化活动中心19处，各类文化专业户27户，各类图书室19个，藏书8000册。有临涣民间艺术团、临涣民间唢呐团、棒棒茶协会、戏曲家协会、诗联协会、泗州戏剧团等文艺演出团体30家，演员500人。

教育 2014年，有幼儿园14所，在园幼儿3100人，专任教师50人；其中私立幼儿园14所，教师85人。小学14所，在校学生5252人，专任教师194人，小学适龄儿童入学率 100%。初中3所，初中在校生2000人，专任教师120人。初中适龄人口入学率、小学升初中升学率、九年义务教育覆盖率均达100%。省示范高中一所，临涣中学在校学生3719人，专任教师246人。2014年财政预算内教育经费1416万元，较上年增加10万元。

医疗卫生 2014年，有镇、村医疗单位21个，床位105张，其中村卫生室19个；固定资产总值1316万元。专业医护人员108人，其中执业医生29人，注册护士30人。2014年完成诊疗8万人次。参加新型农村合作医疗58611人，参保率98%，较上年增加1038人，共筹集医保资金588.21万元，报销支出医保资金3154.2万元，受益村民222402人。

体育 2014年，有学校体育场10个，看台设座椅 2000张。95%的村安装健身器材，经常参加体育活动的人员占常住人口30%。

广播电视 1968年1月，建成临涣镇广播站。2014年电信用户19500户，其中固定电话用户8500户，移动用户6800户，互联网用户4200户。2014年有线电视用户0.6万户。

社会保障 2014年，城镇最低生活保障户206户，480人，支出1092710元，比上年增长33.55%，月人均179元，比上年增长34.08%。医疗救助934人次，民政部门资助参加合作医疗1324人次，共支出1079557元，比上年增长89.54%。农村最低生活保障户1110户，2554人，支出3042023元。抚恤事业费支出2399454元。社会福利费1551270元，比上年增长47.53%。敬老院1所，床位61张，收养农村五保人员61人。2011年11月被评为“全国模范敬老院”。社区服务中心17个。参加新型农村养老保险4.3万人，参保率100%。

居民生活 2014年，全镇村民人均纯收入9050元。拥有安居住房11.5万间，280万平方米，人均1.2间，28.9平方米；其中砖混结构楼房13800幢，160万平方米。集中居住区5个，有楼房6286幢，125万平方米。入住5712户，20202人。居住区环境绿化，垃圾集中清运。设有图书室、体育场、活动室等配套设施。

2014年，拥有汽车680辆，轿车570辆，摩托车9800辆，电动车19880辆。

名优特产

临涣包瓜 有百余年酿造历史，为安徽省名优产品。清光绪初年、由南京人潘孝武父子来临涣集开设“园昌斋”酱园店制成的一种酱菜。它以香、脆、嫩等独特风味而闻名。清末有诗人题诗赞曰：“瓜风送香气，蜂蝶乱飞云，食之包瓜后，忘却故乡人。”

临涣包瓜系选用优良的包瓜(原名女儿瓜)精制而成。包瓜春季播种，6月底7月初采摘，筛选1-1.5市斤丰满滑润、老嫩适中的鲜瓜，随采随加工，保持瓜的鲜度和脆嫩。制作时将鲜瓜切皮去瓤，入缸初腌，日晒夜露30余天后复酱（一层瓜一层甜酱)，培40天后制作成琥珀色的瓜壳待用。然后将加工好的酱杏仁、酱花生仁、酱黄瓜、酱品兰、酱蒜薹、酱生姜、酱培瓜、咸豆角、石花菜、陈皮等10余种优质酱菜配料切碎调配，装人酱培成熟的瓜壳内，盖上瓜盖其成品色泽光亮，脆嫩清香，入口清爽，咸甜适度，酱味浓郁，南北皆宜。

培乳 为临涣酱菜品种之一，有着百年制作历史，曾多次被评为安徽省名优产品。培乳制作工艺精细复杂，选料考究，周期长。选取当地优质大豆，加入多种名贵中药材和特制的香料。筛选大豆、浸泡、磨浆制成上成豆腐，将豆腐切成2厘米厚，4厘米见方的胚块，放入容器内发酵，恒温保持48小时左右，用特制的干蜜酱黄培制，加入盐和伏天酱油及适度甜酱，大缸或坛封存10个月左右。优质培乳成棕褐色，酱味浓郁，鲜香可口，软而不腻。

临涣烧饼 “临涣烧饼”又名马蹄饼、千层饼。以香、酥、脆见长，一家烧饼铺整集飘香，入口酥、脆，掉渣。主要原料为面粉、猪膘油(加入少量鸡油)、葱花、芝麻。面粉加水和成面团，经间隔1-2小时醒发后，揉成小团加入猪油、葱花反复揉撮，制成马蹄状，撒上芝麻，放入烧饼炉内，烘烤即成。

培乳肉 为创新名吃。选取本地标准五花肉，切成薄条状，经热加工后，浇入临涣培乳汁，上笼蒸后即成。色泽鲜亮，肥而不腻，入口即化。

（陈少生　徐平）

南坪镇（Nan Ping Zhen）

政区概况

名称来历 东汉末年称庸平，南北朝时曾设庸平县，北宋时改庸平为南坪，意为“宿州南部坪地”。

地理位置 位于北纬33° 27′ -33° ，东经116° 49′ -116° 54′ 。地处县城东南部，东连宿州市祁县镇、桃园镇，南邻双堆集镇、蒙城县许疃镇，西与孙疃镇、五沟镇接壤，北接宿州市。人民政府驻地南坪村，电话区号0561，邮政编码235126，南坪镇隶属于安徽省淮北市濉溪县。距濉溪县城57千米。

政区沿革 秦朝属泗水郡，蕲城所辖，西汉时属沛郡，东汉时属沛国，三国时入魏属谯郡。南北朝时置庸平县。隋朝属彭城(今徐州)所辖，唐宪宗元和四年建宿州，属宿州蕲县管辖。北宋属淮南道，改庸平为南坪，元朝属徐州蕲乡管辖。明属凤阳府，清属江南省。民国元年南坪属宿县管辖，设南坪自治局。

1950年新置濉溪县，属濉溪县双堆区管辖南坪乡。1958年成立南坪人民公社。1961年12月建南坪区，辖南坪、双堆、三和、陈集、半铺、芦沟、罗集7个公社。1969年撤南坪区建南坪公社。1980年12月撤南坪区并入双堆区为区辖南坪公社。1983年4月恢复南坪区。1986年实行镇区合并，称南坪镇。1992年撤区并乡，保留南坪镇建制，南坪镇辖29个村，1993年合并为14个村。1999年批准为省级“综合改革试点镇”，为濉溪县副县级镇。2004年任集镇并入南坪镇，辖21个村，2010年原忠阳村并入任集村，辖20个村。

政区划分 2014年，辖南坪、钱铺、庙台、任圩、任集、桃花、香山、老家、太平、耿庙、蒋湖、大王、街西、坪西、黄沟、路东、浍北、朱口、半铺、葛圩20个村民委员会。

人口面积 2014年，辖区总人口101911人，其中非农3502人。另有流动人口24500人。总人口中，男性52938人，占 51.95;

女性 48973 人，占 48.05 %；18 岁以下 22795 人，占 22.37 %；18-35 岁 30564 人，占 30%；35-60 岁 34123 人，占 33.48%；其中 60 岁以上 14429 人，占 14.16%。总人口中以汉族为主，达 101860 人，占总人口的 99.95 %，有回、壮、彝、布衣、满、苗、哈尼、傣、侗少数民族 9 个。2014 年人口出生 1463 人，死亡 350 人；人口出生率 14.90‰，政策符合率 88.65 %。辖区东西距离 20 千米，南北距离 16 千米，总面积 225.29 平方千米，其中陆地 220.79 平方千米，占 98 %，水域 4.5 平方千米，占 2 %。耕地 14632 公顷。

自然条件

地形地貌 境内全部为平原，地势平坦。地层走向由西北向东南倾斜，倾角平缓。

水文 矿藏 属古河床边缘中等富水区，境内有自然河浍河 1 条，人工河澥河 1 条，大沟 18 条。

矿产资源以煤为主，主要分布在镇东部、南部。已建皖北煤电任楼煤矿、钱营矿、淮北矿业邹庄煤矿共 3 对。镇域煤炭矿产储藏量 10 亿吨。

基础设施

交通运输 境内有省道 S305、县道刘濉路、芦五、孙任路等公路干线。青芦铁路穿境而过。北距徐合高速宿州出口 12 千米，东距徐合高速南坪出口 3.5 千米，已建成年吞吐量 84 万吨的南坪港水运港口。

邮政电讯 2014 年有邮政支局 2 处，邮政业务总量 5000 万元，报纸、杂志累计发行 1500 份。电信企业 1 家，服务网点 36 个，电话交换机总容量 2 万门，固定电话用户 1900 户，移动用户 7.5 万户，互联网用户 4800 户。全年电信业务收入 600 万元。

给排水 2000 年建成南坪镇自来水厂，有深水井 6 眼及成套净化设备。镇区主要道路两侧铺设排水管道 8 千米。

供电 2014 年 全镇有 10 千伏供电线路 11 条，长度 238 千米。安装配电变压器 326 台，容量 4.8 万千伏安，用电总负荷 6400 万千瓦。供电量 6400 万千瓦时，其中工业电量 2800 万千瓦时，农业用电 15 万千瓦时，生活照明电量 3585 千万时，用电可靠性 99%，通电率 100%。 1983 年南坪变电所建成，1986 年户户通电。

园林绿化 2014 年，镇驻地有花坛 154 个，绿化面积 0.4 万平方米。项目造林 321 公顷。小区绿化率 31%，全镇绿化面积 16.3%。

街道 2014 年，镇政府驻地有中坪、古坪、浍坪、花园、农贸、粮贸、东环、食品、花园主干街道 9 条，长 10 千米，为水泥路面，东环路系 S305 线为沥青路面。有路灯 520 盏。另有任集、新村、矿北、半铺、朱口等集市。

经济概况

国民经济综述 2014 年，实现地区生产总值 11.8 亿元，较上年增长 18.8%。财政收入 4450 万元，较上年增长 20%。固定资产投资 3.6 亿元。农民人均纯收入 8445 元，较上年增长 14%。

农业 有耕地面积 219480 亩，人均 2.18 亩，全部为水浇地。种植业以小麦、大豆、玉米、蔬菜为主。2014 年农业总产值 4.45 亿元，粮食作物以小麦、大豆、玉米为主。2014 年生产粮食 20 吨，较上年增加 1.1 万吨。其中小麦 10.4 万吨，大豆 0.03 万吨，玉米 9.3 万吨，分别较上年增加 0.6 万吨、0.01 万吨、0.4 万吨。主要经济作物为蔬菜。2014 年蔬菜种植面积 704 公顷，主要品种有韭菜、大葱、黄瓜、西红柿等。拥有种植业大户 14 户，其中连片种植百亩以上大户 20 户。畜牧业以养殖猪、羊、家禽等为主。2014 年生猪饲养量 7.3 万头，年末存栏 2.4 万头；羊饲养量 5.4 万只，年末存栏 2.4 万只；家禽年饲养量 54.1 万只，分别较上年增加 0.2 万头、0.3 万头、0.3 万只、0.2 万只、0.6 万只。拥有养殖业大户 32 户，其中 500 头以上养殖场 4 家，百头以上养羊户 3 家。

拥有农业机械 4.5 万辆（台），机械化收割水平达 100%。其中旋耕机 1700 台，收割机 1560 台，玉米收获机 230 台，拖拉机

3.5 万台。

工业 工业主要以铸造、机械加工、面粉加工、建筑材料为主。2014 年实现工业生产总值 6.8 亿元。拥有工业企业 16 家，职工 1013 人；实现工业增加值 1.8 亿元，较上年增长 22 %。其中年规模以上企业 8 家，年产值亿元以上企业 2 家。拥有全国驰名商标 1 个（中联水泥），省优产品 2 个。

商贸 2014 年，共有商业网点 1400 个，职工 2800 人；其中企业 116 家、个体户 1839 户。2014 年社会商品零售总额达 2.8 亿元，较上年增长 11.2%；拥有城乡集贸市场 6 个，年成交额 2.8 亿元。

财政金融 2014 年，财政总收入 4550 万元，较上年增长 20%。其中国税完成 2593 万元，地税完成 1957 万元。 2014 年境内有农业银行、农商行、邮政银行、建设银行等金融机构 6 家。各类存款余额 8.8 亿元，各类贷款余额 2.6 亿元，分别比上年增长 34%、12%。

社会发展

文化艺术 2014 年，有镇文化站、广播电视站各 1 处，有村级文化活动中心 20 处，各类图书室 38 个，藏书 40 余万册，音乐、美术书法、摄影、戏曲、唢呐及业余队伍达 320 人。有文艺演出团体 7 家，演员 86 人。2000 年获全国亿万农民健身活动先进乡镇，2001 年获全省全民健身先进乡镇，2005 年获全省体育先进镇、省级篮球示范乡镇。在“五一”期间已连续举办 29 届农民篮球赛。

教育 2014 年，有幼儿园 5 所，看护点 11 所，附设幼儿园 14 所，在园幼儿 3300 人；其中私立幼儿园 2 所，中心校 2 所。小学 19 所，在校学生 12214 人，专任教师 377 人，小学适龄儿童入学率 100 %。初中在校生 4100 人，小学生 7800 人，专任教师 584 人。初中适龄人口入学率、小学升初中升学率、九年义务教育覆盖率均达 100%。2014 年财政预算内教育经费 73.8 万元，较上年增加 7.3 万元。

医疗卫生 2014 年，有镇、村医疗单位 28 个，门诊部 2 个；床位 280 张，其中村卫生室 78 个。专业医护人员 124 人，其中执业医生 45 人，注册护士 26 人。2014 年完成诊疗 5.4 万人次。20 个村村民参加新型农村合作医疗 90853 人，参保率 90%，较上年增加 580 人，共筹集医保资金 908.53 万元，报销支出医保资金 3199.25 万元，受益村民 196869 人次。

体育 2014 年，有学校体育场 21 个。90%的村安装健身器材，经常参加体育活动的人员占常住人口 30%。

广播电视 1973 年建南坪广播站，广播普及率 98%；1995 年建 50 千瓦调频广播电台；1997 年投资 80 万元建有线电视台，2014 年有线电视用户 0.6 万户，入户率 30%。

社会保障 2014 年，城镇最低生活保障户 110 户，350 人，月人均 300 元。医疗救助 48 人次，民政部门资助参加合作医疗 1200 人次。农村最低生活保障户 704 户，1591 人，支出 305.8 万元。抚恤事业费支出 285.8 万元。敬老院 1 所，床位 80 张，收养农村五保人员 61 人。社区服务中心 7 个，民营养老服务中心 1 个，入住 45 人。参加新型农村养老保险参保率 97%。

居民生活 2014 年，全镇农民人均纯收入 8445 元。拥有住房人居 15 万间，300 万平方米，人均 1.5 间，30 平方米；其中砖混结构楼房 7 万幢，980 万平方米。集中居住区 3 个，有楼房 3000 幢，42 万平方米。入住 2100 户，8000 余人。居住区环境绿化，垃圾集中清运。设有图书室、体育场、活动室等配套设施。

2014 年，拥有汽车 600 辆，轿车 1500 辆，摩托车 2.9 万辆，电动车 3.2 万辆。

（邹杰）

韩村镇（Han Cun Zhen）

政区概况

名称来历 韩村古称“龙脊村”，明朝名为韩店孜，清朝乾隆年间始称韩村集，沿用此名至今。

地理位置 韩村位于濉溪县南部，北纬

33° 6′，东经 116° 6′，距县城 35 千米。南依五沟，北靠百善，东与孙疃接壤，西与临涣相连。

政区沿革 1954 年 10 月始，设韩村区，1958 年 9 月，撤区，建韩村人民公社。1961 年 12 月，撤韩村公社并入五沟区。1969 年 3 月，撤区，设韩村公社。1980 年重设区，韩村公社属五沟区。1986 年 9 月，设韩村镇，为 6 个标准镇之一。2006 年 3 月，原祁集镇 11 个行政村划入韩村镇。

政区划分 2014 年，辖祁集、双沟、桃园、河涯、胜利、光明、马店、大李、大庄、建元、小湖、大殷、韩村 13 个村民委员会，109 个自然庄。

人口面积 2014 年，辖区常住人口 69289 人，其中非农业 8249 人，占总人口 11.91%。总人口中男性 35274 人，占 50.91%，女性 34015 人，占 49.09%。18 岁以下 14964 人，占 21.6%；18-35 岁 21606 人，占 31.18%；35-60 岁 23409 人，占 33.78%，60 岁以上人口 9310 人，占 13.44%。总人口中汉族达 69268 人，占总人口 99.97%，有苗族、壮族、满族等少数民族 8 个。

表 3　**韩村镇行政村情况表**

村名	自然庄名
祁集村	周井孜庄 薛湾庄 高楼庄 祁楼庄 郭湾村 大何家 张桥庄 大郭家 小郭家 小肖家
双沟村	大赵家庄 皂角树庄 小王家庄 庙东赵家庄 庙西张家庄 小赵家
桃园村	马桃园庄
河涯村	杨庄 张河涯 小吴家 夏家庄 杨圩子
胜利村	肖楼庄 杨圩孜庄 周圩孜 张令圩孜 前吴楼庄 王湾庄 后吴楼 大吴楼 骑路杨庄 前骑周 后骑周 杨万庄 周小庄
光明村	桥头吴庄 小吴家庄 大吴家庄 周货郎庄 李圩孜庄 骑路杨庄 吴三毛庄

续表 3

村名	自然村庄
马店村	后马店庄 小周家庄 段楼庄 肖家庄 小王家庄 小刘庄
大李村	小高家庄 小位家庄 陈前李庄 梁陈庄 磨盘李家庄 吴圩孜庄 吴圩前小李庄 尹家庄 李兆青庄 大李家庄 丁家庄 碱昌周家 道人庄
大庄村	前油坊 后油坊 朱家庄 小杨家庄 土楼村 土楼庄 牛行庄 纪家庄 郑家庄
建元村	五里谷推 周圩 前八里庄 后八里庄 建元庄 后洼李庄
小湖村	杨家庄 汤家庄 祝周庄 张青庄 张罗圩孜庄 尹湖庄 前洪庄 后洪庄 小周家庄 小湖孜庄 荒北周家庄 小李家庄
大殷村	前殷庄 后殷庄 后李楼庄 祝家庄
韩村村	韩村老街 振兴街 高宅街 浍河街 团结街 新兴街 友谊街 一队 二队 三队 四队 五队 六队 七对 八队 九队 十队 十一队 十二队

自然条件

地形地貌 地处淮北平原中部，地势自西向东南微倾，海拔 29.6 米。

水文矿藏 境内流域面积 501 平方米，流域长度 10.5 千米，年均流量 2200 万立方米。境内浍河东西贯穿，属淮河支流浍河水系，总长 22 千米。全镇有香顺沟、团结沟、孟沟、清沟、青庙沟、常沟、北临界洪新河，共计总长 96 千米。矿藏丰富，有淮北矿业（集团）有限公司的临涣煤矿、海孜煤矿 2 座生产煤矿。

海孜煤矿属淮北煤田临海童矿区，北距淮北市约 40 千米，东距宿州市 35 千米。矿井范围东南以大马家断层与临涣矿毗邻，西以大刘家断层为界，北至 3 煤层-800 米水平投影线，呈不规则三角形面积 33.745 平方千米。受断层切割，整个井田被分成两个区，即三角区（西部井）和东西区（大井），西部井作为矿井一个接替采区独立成井。

海孜煤矿大井设计生产能力为150万吨/年，于1979年2月动工兴建，1987年10月21日投产；西部井设计生产能力30万吨/年，1996年开始建设，于2001年8月投产。生产能力为159万吨/年，(其中大井为120万吨/年，西部井为39万吨/年)。

交通运输 境内有省道S203(淮六路)，县道临杨路(临涣—杨柳)、铁白路(铁佛—白沙)，海韩路(海孜矿—韩村)。

企业专用公路有韩村工业园区路、青东矿专用公路、临涣矿专用公路，煤焦化、水厂、电厂、选煤厂专用公路。

童亭矿专用铁路、临涣矿专用铁路、煤焦化专用铁路、选煤厂专用铁路穿境而过。淮北中北巴士公司公交101路、102路及途径韩村车辆线路日发客运260班次，日客运量11000余人次。

邮政电讯 有濉溪县邮政局韩村支局，2014年邮政业务量为2万元，报刊发行量11万份，电信5600户，移动互联网用户2300户。

供水 全镇建水厂5座。

祁集村水厂 建于2009年，投资280万元，供水能力590立方米，受益人口5600人。

大殷村水厂 建于2010年，投资127万元，供水能力260立方米，受益人口2395人。

大李村水厂 建于2010年，投资201万元，供水能力410立方米，受益人口3813人。

马店村水厂 建于2010年，投资101万元，供水能力112立方米，受益人口1365人。

小湖村水厂 建于2012年，投资315万元，供水能力464立方米，受益人口5642人。

建镇村排水管道44.4千米。

供电 2014年韩村供电量6273万千瓦时，用电量5785千瓦时。10千伏线路8条，线路总长145.77千米。

经济概况

国民经济综述 2014年，实现地区生产总值52.6亿元，较上年增长13.2%；固定资产投资16.9亿元，农民人均纯收入9050元，较上年增长10.6%。

农业 全镇有耕种地面积10.2万亩，人均1.5亩，全部水浇地。种植业以小麦、大豆、玉米和蔬菜为主。黑糯玉米，“杨柳青”牌豌豆为本镇的特色农产品。2014年农业生产总值7.3亿元，较上年增加0.38亿元。农业生产总值3亿元，较上年度增加0.4亿元。粮食生产8.94万吨，较上年增加1.33万吨。其中小麦产量5.44万吨。大豆产量0.42万吨，玉米产量3.07万吨，分别比上年增加0.53万吨，减少0.27万吨，增加0.98万吨。经济作物主要为蔬菜种植。2014年种植蔬菜973公顷，品种为辣椒、茄子、大葱、萝卜、土豆、西芹、黄瓜等。拥有种植大户113户，其中百亩种植以上大户63户。

畜牧业以养殖猪、牛、兔、家禽为主，拥有养殖大户68户，其中300头以上的养殖大户25户，百头以上的养羊户5户。2014年生猪饲养量4.57万头，出栏2.13万头；羊饲养量1.21万只，出栏0.55万只；家禽106.6万只，出栏42.35万只。

全镇拥有农业机械2.5万辆(台)，其中旋耕机300台，拖拉机1.2万台，玉米收割机50台，联合收割机、手扶拖拉机等12650台。

工业 连续7年财政收入超亿元，2014年完成财政收入 2.14 亿元。全社会固定资产投资11.51亿元。招商引资 9亿元，完成新建项目4个。规模工业16 家，工业固定资产投资9.3 亿元；工业技术改造投资完成8.9亿元；规模工业实现产值22.45亿元；完善工业集中区建设，已实现园区内四通一平，入住兴海面粉、裕氏隆工贸、矿山机械厂等5家规模企业，形成以矿山机械加工和煤化工配套为特色的产业集群。

商贸 2014年，限额以上商贸零售业企业6家，社会消费品零售总额1836万元，较上年增长11.59%。

财政金融 2014年，财政收入2.657亿元，较上年增长5%，其中国税完成2.03亿元，比上年增加101万元；地税完成6315

万元，比上年增加 31 万元。2014 年，服务于全镇的金融机构有农业银行，农村商业银行、邮政储蓄银行等 3 家银行，各类存款余额 2986 万元。

社会发展

文物古迹 淮海战役总前委旧址小李庄、18 烈士墓、马桃园遗址、古井亭、河涯村古碑等。

文化艺术 新修建文化站 1 处，占地 4000 平方米，有文化活动中心 15 个，“农家书屋”藏书 5 万册，有各类文化专业户 10 户，200 人。文艺演出团体 8 家，演员 200 人。

教育 2014 年，有幼儿园 2 所，在园幼儿 1181 人，专任教师 24 人。其中私立幼儿园 1 所，教师 8 人，小学 1 所，在校学生 477 人，专任教师 21 人，小学适龄入学率 100 %。初中 3 所，在校生 1402 人，专任教师 145 人，初中适龄人口入学率、小学升初中升学率九年义务教育覆盖率均达 100 %。2014 年财政预算内教育经费 280 万元，较上年增加 30 万元。

医疗卫生 2014 年，有镇中心卫生院 1 所，分院 1 所，村级卫生室 25 个，床位 30 张，专业医护人员 75 人，其中执业医生 25 人，注册护士 36 人。2014 年完成诊疗 102042 人次，参加新型农村合作医疗 61138 人，较上年增加 744 人。筹集医保资金 4279660 元，报销支出医保资金 312114.4 元，受益村民 102042 人。

体育 2014 年，分别组织举办春节篮球赛、“进步杯”象棋赛、“淮海杯”钓鱼比赛、健身舞比赛等群体性活动。为韩村、双沟、胜利等村配置篮球、乒乓球等健身器材；各村均有体育健身场地、村有健身队，每天开展健身活动；各村农家书屋，订阅 20 多份报刊，图书千余册。

广播电视 1988 年 9 月 20 日建成镇广播站。1994 年 6 月 12 日投资 30 万元建有线电视台。2014 年全镇广播覆盖率 100%，有线电视用户 2 万户，入户率 100 %。

社会保障 2014 年，全镇最低生活保障 1558 人，支出 312 万元，月人均收入 167 元；医疗救助 56 人，民政部门资助参加合作医疗 318 人次，共支出 3118 万元；国家抚恤、补助各类优抚对象 435 人，抚恤事业费支出 110 万元。居民养老参保人数 4.4 万人。有镇村养老院 1 所，面积 5290 平方米，床位 200 张，收养农村五保老人 63 人。

铁佛镇（Tie Fu Zhen）

政区概况

名称来历 铁佛镇北原有 1 唐代古寺，寺内“大雄宝殿”有 3 尊佛像，中间最大的 1 尊用铁铸成，寺以铁佛像得名“铁佛寺”，寺南村庄邵以“铁佛”记名，沿袭至今。

地理位置 铁佛镇隶属于安徽省淮北市濉溪县。位于北纬 33° 42′ -33° 53′，东经 116° 35′ -116° 56′。地处淮北市濉溪县城西南部 23 千米。东距宿州市 45 千米，西距永城市 15 千米。西连永城市候岭乡，北连刘桥镇，东连百善镇，南连临涣镇。人民政府驻地铁佛村，电话区号 0561，邮政编号 235158。

政区沿革 1950 年 7 月建县，设铁佛区。8 月，按数字排列，为铁佛第六区。铁佛区辖堤南、周圩、铁佛、杨营、赵集、宋庙、柳孜、黄集、张井、铁佛、油榨、浍南、古城、文甫、邹楼、桥南、孟楼、岳集等 17 个乡。1954 年设区辖张井乡划属河南省永城市，1955 年 12 月，原岳集区划属铁佛区，铁佛区辖铁佛、文甫、孟楼、柳孜、黄集、浍南、油榨、岳集 8 个乡。1958 年 3 月，铁佛并入百善区，铁佛乡并入卧龙乡。

1961 年 12 月，恢复铁佛区。铁佛区辖卧龙、古城、朱庙、岳集、油榨、铁佛、黄集 7 个公社。

1969 年 3 月，撤铁佛区，改设铁佛公社。

1980 年 12 月，重设铁佛区。铁佛区辖铁佛、黄集、卧龙、十城、油榨、朱庙、岳集 7 个公社。

1992 年 2 月，撤区并乡，撤铁佛区改划铁佛镇。

2006年，撤销岳集乡，并入铁佛镇，同时将铁佛镇的2个村划入刘桥镇。

铁佛镇辖铁佛、尤庄、道口、蒋庄、范楼、周圩、岗孜、店孜、王尧、卧龙、北张楼、朱庄、刘楼、黄集、蒋埝、王楼、李集、赵集、米庄、罗庄、岳集、张黄庄、赵楼、朱庙、孟楼、油榨、大王、邹楼、梁楼、南张楼、梁庄、暗楼、张庄、崔楼、古城、七口、茂铺、曹楼、梁店39个行政村。

政区划分 2014年，辖道口、周圩、刘楼、北张楼、店孜、卧龙、和谐、黄集、赵集、铁佛、张庄、七口、张黄庄、岳集、茂卜、油榨、朱庙、大王、古城、孟楼、崔楼、梁楼、朱暗楼、南张楼、梁庄、邹楼26个行政村。

人口面积 2014年，辖区总人口133379人，其中非农业人口2873人。总人口中，男性69932人，占52.43%；女性63447人，占47.57%；18岁以下32847人，占24.63%；18-35岁40792人，占30.58%；35-60岁41222人，占30.91%；60岁以上18518人，占13.88%。总人口中以汉族为主，共133324人，占99.96%。有苗族、蒙古族、回族等少数民族55人。2014年人口出生1847人，死亡447人，人口出生率为13.85‰，人口自然增长率为10.59‰。辖区总面积223.14平方千米。

自然条件

地形地貌 境内为平原，地势平坦。地层走向由东西转北偏东，向北倾斜，倾角平缓。以横穿平原中部的古隋堤(今宿永公路)为界，北部为黄泛冲积平原区，南部为古老河湖相沉积平原区。隋堤南有较多的封闭型湖洼地，全系耕地，为镇特有的地貌类型，其成因与隋运河有关。原运河北堤宽40米，高出地面5米，高大完整；南堤宽20米，高出地面4米，残缺不全。汛期大水猛涨时，南堤多决口，泥沙被水冲向决口两边，自北向南形成土岭。由于长期积水，便形成封闭型湖洼地，近似方形。湖洼地有卧龙湖、尹湖、油榨湖等。特点为湖底滞水性大，四周保水差。

水文矿藏 属古河床边缘中等富水区，沱河从西到东穿境而过，新建沟、青沟、隋堤沟等6条主干大沟横穿东西。著名的隋唐大运河遗址（当地人称为隋堤）自西北向东南（店孜村、铁佛村、道口村均位于隋堤上）穿过该镇境内。全镇建涵闸7座，承担排水灌溉。

矿产资源以煤炭、铁矿资源为主，现已探明煤炭储量4亿吨，煤种为低灰低硫优质无烟煤，多分布在张黄庄村、卧龙村及其附近区域。镇内有卧龙湖煤矿1座，系省“861”重点工程。铁矿石储量700万吨，多分布邹楼村及附近，邹楼铁矿在建中。

基础设施

交通运输 境内有宿永公路、濉岳公路、白铁公路交叉贯穿，泗许高速公路横穿镇南部。每天经过镇境的班车40班次，日客流量达2000人次。

邮政电讯 2014年，有邮政分局1处，代办所1处，邮政业务总量7500元，报纸、杂志累计发行1000份。电信企业1家，服务网点13个，电话交换机总容量5000门，固定电话用户900户；互联网用户3000户。全年电信业务收入460万元。

给排水 2014年，建成自来水厂，现有油榨村、店孜村、铁佛村、岳集村、古城村等村供用自来水，有深水井2眼及成套净化设备。镇区主要道路两侧铺设排水管道2800米。

供电情况 2014年，全镇有10千伏供电线路9条，长度391.8千米。投运变压器258台，总容量30286千伏安。供电量达4318720千瓦时。其中工业用电量达1007484千瓦时，农业及居民生活用电为3311236千瓦时。用户总数达43186户，通电率达100%。

园林绿化 2014年，镇驻地有花坛及树木绿化达10处，门前设花坛。全镇绿化面积达1.1万平方米。森林覆盖率达10.65%，林木绿化率17.58%，多为杨树、栾树、柳树、银杏、桂花、桃树等品种。

街道 2014年，镇政府驻地有老铁佛街、铁佛北街、铁佛新街、省道S203沿路街道4条，总长320米，为水泥路面。有路灯180盏。另有原小乡旧址集市岳集街道、油榨街道、古城街道、店孜街道、黄集街道5条，总长约5千米。

经济概况

国民经济综述 2014年，规模工业总产值8.5亿元，固定资产投资2.2亿元，规模以上工业企业累计5家。社会消费品零售总额13亿元，较上年增长7%。农民人均纯收入达8955元，增长8%。完成5000万元-10000万元项目2个。淮北锄禾农业开发有限公司投资1.2亿元的特色种植项目签约落户镇。

农业 耕地面积23.4万亩。2014年，全镇农业总产值达5.8亿元。种植业主要为玉米、大豆、小麦、蔬菜。20万亩“全国绿色食品（小麦）原料生产基地”通过二次认证。生产粮食15.36万吨，较上年增加0.81万吨。其中小麦11.8万吨，大豆2.3万吨，玉米1.26万吨，分别较上年增加0.42万吨、0.12万吨、0.27万吨。农业新型经营主体达192家，其中2014年新增48家。适度规模经营快速提升，年新增流转面积0.92万亩。培育高效种植示范区7个，种植结构由麦豆为主体，向麦瓜套、经果林、露地菜、设施蔬菜等多元化发展。

2014年，全镇年出栏各类家禽牲畜550万只（头）。养殖业年产值达到2.67亿元，处于全县领先位置。生猪饲养量12.4万头，年末存栏3.8万头；羊饲养量7.8万只，年末存栏2.9万只；家禽年饲养量628万只，分别较上年增加0.8万只、1.2万只、86万只。拥有养殖业大户194户，规模以上养殖场3家，百头以上养羊户10户。

拥有农业机械17366辆，机械化收割水平达100%。其中，旋耕机318台，收割机916台，玉米收获机43台，拖拉机417台，手扶拖拉机15672台。

工业 主要以农产品加工、面粉加工、饲料加工等为主。2014年规模工业总产值达到8.5亿元，固定资产投资达到2.2亿元，规模以上工业企业累计达到5家，分别为鲁南面粉（集团）有限公司、金华面粉有限公司、弘实粉业有限公司、卧龙煤层气利用有限责任公司、绿康源饲料有限公司。其中，年产值5000万元以上企业有鲁南面粉（集团）有限公司、金华面粉有限公司、弘实粉业有限公司、绿康源饲料有限公司4家。年产值超过亿元以上的企业为金华面粉有限公司、鲁南面粉（集团）有限公司2家。拥有全国驰名商标1个，省产品2个。

商贸 2014年，共有商业网点3177个，职工10312人。其中企业户21家、个体户3156户。2014年社会商品零售总额达12亿元，较上年增长7%；拥有城乡集贸市场14个，年成交额18亿元。

财政金融 2014年，财政总收入6996万元，较上年增长13%。其中国税完成5891万元，地税完成1105万元，分别较上年增加506万元、288万元。镇内有中国农业银行铁佛支行、中国邮政储蓄铁佛支行、安徽农商银行铁佛支行、安徽农商银行岳集支行金融机构4家，各类存款余额9.03亿元，较上年增长21.7%；贷款业务仅中国农业银行铁佛支行办理，贷款余额为35万元。

社会发展

文物古迹 古城汉墓。为全国重点文物保护单位，位于濉溪县岳集乡古城。1992年由省考古所主持发掘，出土文物一二百件，有铜印、石器、铁器、陶器和瓷器等文物。汉墓的一号墓顶高达3.8米，二号墓共有12室14个单元，结构复杂，保存完好。二号墓画像石雕刻手法为浮雕、线刻等，内容有青龙、白虎、朱雀、玄武、三足鸟、象、猪、鱼、开明兽、天禄、辟邪等珍禽异兽。一号墓室内的砖壁上发现有“元和五年”，乃东汉章帝年号。二号墓未发现纪年砖。千年银杏 铁佛镇曹楼村西小学校前的古银杏，高32米，胸围630厘米，枝下高2米。七大主枝支撑托起30×26米的伞状树冠，初步鉴定，属东汉时期古树，迄今已有1800年之久，是淮北市古银杏树中最为壮观的一株。据曹氏大型墓碑载："公祖居河南，惠王之裔，明初时迁于涣北白果树左，由来九世矣……"明代初年曹氏祖先迁于"白果树左"，可见在当时此株银杏已是成年树。此树被《安徽古树名木》一书收录。隋沟堤 古隋唐大运河又称通济渠，于隋大业元年（公元605年）开凿，分东西两段：西段自今洛阳西郊引洛河和谷水入黄河；东段自荥阳汜水，引黄河后，循汴水（原淮河支流），经商丘、宿县、泗县入淮河。运河自西向东分别通过店孜村、 铁佛村、道口村，贯穿约5-8千米，河两岸筑堤种柳，又称隋堤。现河道淤没，堤址仍存。

文化艺术 2014年，有镇文化站、广播电视站各1处，有村级文化中心27处，各类文化专业户60户，各类图书室29个，藏书10万册，音乐、美术书法、摄影及业余创作团队达750人。文艺演出团体60家，演员520人。

教育 2014年，有幼儿园30所，在园幼儿2727人，专任教师307人。小学27所，在校学生5837人，专任教师307人。小学适龄儿童入学率100%。初中3所，在校学生1762人，专任教师167人。小学升初中升学率100%。预算内教育经费499.44万元，较上年增长1%。

医疗卫生 2014年，有镇、村医疗单位32个，有床位100张，其中村卫生室30个；固定资产总额为760万元。专业医护人员115人，其中执业医生69人，注册护士34人，其他工作人员12人。2014年完成诊疗7万余次。参加新型农业合作医疗115549人，较上年增加1251人，筹集医保资金808万元。

体育 2014年，有学校体育场 27个，看台设座椅 1600张。70%的村安装健身器材，经常参加体育和全民健身活动的人员占常住人口的33.5%。

广播电视 1960年建广播站，广播普及率100%。1993年建调频广播电台，2000年建广播电视站。2014年有线电视用户0.8万户。

社会保障 2014年，城镇最低生活保障户86户，125人，支出468480元，比上年增加6225元，月人均300元。民政部门资助参加合作医疗共支出46万元，农村最低生活保障户1408户，3014人，支出53610元。抚恤事业费用支出400万元。有敬老院1所，床位100张，收养农村五保人员28人。社区服务中心1个。参加新型农村养老保险61941人。

居民生活 2014年，全镇村民人均纯收入8960元。人均拥有住房人居1.5间，21平方米；其中砖混结构楼房29000幢，入住121365人。居住区环境绿化，垃圾集中清运。设有图书馆、活动场、活动室等配套设施。

2014年，拥有汽车2165辆，轿车1838辆，摩托车9585辆，电动车28112辆。

五沟镇（Wu Gou Zhen）

政区概况

名称来历 因原有麻沟、孟沟、李沟、张沟、胡沟这5条东西走向的排水沟而得名五沟。

地理位置 位于北纬33° 28′ 0.59″-33° 33′ 42.88″，东经116° 31′ 5.50″-116° 41′ 59.62″。地处濉溪县西南部，东与孙疃镇、南坪镇为邻，南与蒙城县交界，西与涡阳县接壤，北接韩村镇。五沟镇新镇区经过3年的选址、规划、建设，2014年夏季搬迁入住，人民政府驻五沟村，电话区号0561，邮政编码235131，北距县城约50千米。

政区沿革 1950年7月1日建，属濉溪县，设五沟区辖马店等15个乡。1958年9月撤区设五沟人民公社。1961年12月撤五沟人民公社，五沟辖五沟、韩村等6个公社。1969年3月撤区又设五沟公社。1980年12月，再撤公社设五沟区。1992年4月，撤区设五沟镇。

政区划分 2014年年底，五沟镇辖五沟、白沙、白寺、魏庙、藕池、界沟、张圩、南湖南、北湖南、王圩、邵长营、曹坊、孟集、童亭、大陈、石门、国政、土楼、庙前、袁店、肖店21个村民委员会。

人口面积 2014年年末，辖区常住总人口105922人，其中非农业人口3761人，农业人口102161人。另有流动人口27106人。总人口中，男性54095人，占51.07%；女性51827人，占48.93%；18岁以下25654人，占总人口24.22%；18-35岁31761人，占30%；35-60岁34587人；60岁以上13920人，占13.14%。总人口中以汉族为主，105829人，占99.91%；少数民族93人，占0.09%。2014年，人口出生率37.11‰，死亡率4.94‰，人口自然生长率32.17‰。辖区东西最大距离16.88千米，南北最大距离17.94千米，总面积188.76平方千米。其中陆地175.19平方千米，占92.81%；水域13.70平方千米，占7.19%；城镇建成区面积120公顷，总人口21650人，绿化面积8公顷。

自然条件

地形地貌 五沟镇境内全部为平原，地势平坦，为石灰质地层。西北高而东南低，境内沟、河多东南流向。

水文矿藏 境内沟河甚多，分三大水系：浍河水系（南岸），澥河水系（北岸），淝河水系。浍河水系：浍河东西走向，经韩村镇流入五沟镇童亭村北部边缘，向东南流入孙疃镇。浍河在本镇内全长3.5千米，河上口最宽130米，河深4.5米，水深2.5米。全镇78%的雨水通过白尤沟、团结沟、孟沟流入浍河。澥河水系：东西走向，从五沟镇土楼村徐集庄西南角，向东流至界沟村，在石盘庄入南坪镇境内，全长14千米，宽30米，深4.5米。淝河水系：运粮沟从韩村镇小湖孜村小周庄入境，经袁店、魏庙、肖店、土楼等村向南流入蒙城县境内的北淝河，运粮沟在五沟镇境内全长17千米，宽20米，深3.5米。

境内矿产资源丰富，现有淮北矿业集团和皖北矿业集团的五沟、界沟、袁店、童亭4对生产煤矿，资源储量为107860.6万吨。其中界沟井田面积13.64平方千米，矿井资源储量16040.4万吨，可采储量6801.7万吨；五沟矿井田面积17万平方千米，可采储量7400万吨；童亭矿井田面积24.16平方千米，可采储量6246.5万吨。

基础设施

交通运输 境内有省道203（淮六路）过境，境内长14千米，双向车道。每日五沟至淮北方向往返客车44辆次，日客运量500人次；每日五沟至宿州方向往返客车32辆次，日客运量460人次。有服务于五沟、界沟、袁店、童亭4座煤矿的运输公司4家，运输车辆133辆，日运输能力达2000吨。

邮政电讯 2014年年末，有五沟、大陈邮政网点2处，邮政储蓄点2处，邮政业务总量15万元。报纸、杂志累计征订60万份。电信企业2家，服务网点9个，电话交换机总容量2.7万门，固定电话用户0.4万户；移动电话用户0.7万户，互联网用户0.25万户。全镇电信业务收入300万元。

供排水 到2014年年末，有大陈、界沟、白沙、北湖南、国政、五沟6个自来水厂，有深水井10眼及成套净化设备，年供水8.6万立方米。五沟新区分污水、雨水两个排水系统，排水管网长140000米。2014年，投入资金700万元，建设五沟新区污水处理厂，当年建成并投入使用，日处理污水345吨。

供电 五沟镇新镇区供电所于2014年8月建成，全镇有主变压器266台，总容量54730千伏安，高压输电线路7条，总长度240千米。年售电量3200万千瓦时，其中工业用电660.8万千瓦时，农业用电100万千瓦时，居民生活用电2202.3万千瓦时，非居民用电157.1万千瓦时，商业用电53.1万千瓦时，综合电压合格率97%，供电可靠率99.7%。

园林绿化 2014年，镇驻地新建文化广场1个，绿化1.2平方千米；项目造林288.2公顷，绿化面积1860公顷，全镇绿化率21%。

街道 新镇区共有14条街道，总长

14.56千米，路面水泥硬化23.3万平方米，有路灯1263盏。旧集市改造3条，总长1.8千米，路灯217盏。

经济概况

国民经济综述 2014年实现地区工农业生产总值18.9亿元，比上年增长8.1%；财政收入1.73亿元，比上年增长15%；固定资产投资10.5亿元，较上年增长12%；社会消费品零售总额10.6亿元，较上年增长4.25%；全镇农民纯收入9856元，较上年增长10.1%。

农业 全镇耕地面积18.16万亩，人均1.8亩，靠近浍河的童亭村有部分田块为潮土土质，其他全部为砂浆黑土土质。2014年农业总产值8.5亿元。粮食作物以小麦、玉米、大豆为主。2014年生产粮食29万吨，其中小麦17.82万吨，玉米8.67万吨，大豆1.43万吨。主要经济作物为蔬菜。2014年蔬菜种植面积0.2万亩，产量2万吨，主要产品有黄瓜、西红柿、豆角等。

畜牧养殖以猪、羊、家禽为主，示范户20家，每年开展养殖技术培训6次，培训人员900人次。2014年生猪存栏量3万头；羊存栏量1.6万只，出栏量2.8万只；家禽存栏量20万只，出栏量48万只。

工业 以煤炭、建材为主。2014年工业总产值17.86亿元。拥有工业企业56家，就业3573人；实现工业增加值7.8亿元，比上年增长10.2%。

商贸 2014年，共有商业网点1857个，职工2000余人，其中企业107家，个体户1750户。2014年社会商品零售总额达10.5亿元，较上年增长4.1%。拥有五沟、白沙、袁店、界沟、大陈5个乡村集贸市场，年成交额16亿元，比2013年增长6.7%。

财政金融 2014年财政收入1.74亿元，比上年增长15.5%。其中地方财政0.47亿元，比上年增长10.5%。完成营业税1331.9万元，增值税15846万元，企业所得税1401.6万元。2014年年末，境内金融机构有农业银行、农村商业银行、邮政储蓄银行3家，各类存款余额11亿元，比上年增长10%；各项贷款余额0.1亿元，比上年增长20%。

社会发展

文化艺术 2014年年末，有镇文化站1处，村级文化活动中心21处，各类文化专业户13户，从业人数156人，年参加演出3120次。镇文化站图书室1个，村农家书屋21个，留守儿童活动室7个，未成年人活动中心4个，共藏各类图书4.13万册。

教育 2014年年末，有公办独立幼儿园2所，在园幼儿335人，教师22名；民办幼儿园16所，在园幼儿2199人，自聘教师109人；小学22人，在校学生4980人，教师306人；九年一贯制学校2所，在校学生1101人，教师77人；初中1所，在校学生2354人，教师171人。九年义务教育覆盖率均达100%。2014年，财政预算内教育经费540万元，比上年增长21.8%。预算内教育经费占财政总支出比例为12.3%。

医疗卫生 2014年年末，有各级医疗卫生机构27个，民营医院3所，门诊部2个，床位126张；固定资产总值3460万元。专业卫生人员117人，其中执业医师38人，执业助理医师33人，注册护士24人。2014年，医疗机构（门诊部）完成诊疗18.7万人次。全镇21个村参保新型农村合作医疗95579人，参保率90.24%。

体育 2014年，有体育健身场所43处，其中镇政府1处，机关单位2处，村民服务中心15处，学校25处。每年都定期举办迎春运动会、广场舞大赛、物资交流会篮球邀请赛、学校运动会各1次，参加全民健身活动人口达全镇人口的46%。

广播电视 1969年12月建广播站，1997年10月建调频广播电台。2014年按城镇规划，新文化站在五沟新区建成并投入使用，开通无线广播和有线电视，有线电视用户1.2万户，入户率达80%。

社会保障 2014年，城镇最低生活保障人数54人，支出19.6万元，月人均收入302.98元；医疗救助235人次，民政部门资助参加合作医疗1768人次，共支出

107.25 万元；农村最低生活保障人数 1768 人，支出 254 万元，月人均收入 119.71 元；国家抚恤、补助各类优抚对象 546 人，抚恤事业费支出 118 万元。新建五沟、界沟 2 个敬老院，床位 300 张，收养农村五保人员 34 人；全镇参加新型农村社会养老保险 58775 人，参保率 90%，应续缴保费人员为 45664 人，续保率 98%。

居民生活 2014 年，全镇村民人均纯收入 9856 元。拥有住房 175.5 万间，2305 平方米，人均 21 平方米。其中，砖混结构楼房 1.03 幢，144.2 万平方米。集中居住区 6 个，有楼房 1860 幢，22.3 万平方米，入住 2680 户，0.98 万人。居住区内环境绿化，垃圾集中清运，并设有图书室、活动室、体育场所等配套设施。

2014 年，拥有汽车 468 辆，轿车 870 辆，摩托车 1.7 万辆，电动车 2.7 万辆。

孙疃镇（Sun Tuan Zhen）

政区概况

名称来历 “疃”是“屯、村庄”的意思。元朝末年孙姓最先定居形成的村庄，后人口渐多，形成集市。

地理位置 孙疃镇位于濉溪县中南部，处濉（濉溪）陈（陈集）公路与宿（宿州）涡（涡阳）公路交汇。北纬 33° 33′，东经 116° 46′，南北与本县南坪、四铺接壤，东西与宿州、东铺村相邻。镇域呈东西走向狭长状，随境内浍河蜿蜒曲折，东西最长处 27.5 千米，南北最宽处 18.8 千米。人民政府驻地孙疃村，电话区号 0561，邮政编码 235121。

政区沿革 民国初年，孙疃隶属宿州临涣镇孙疃乡。民国 16 年（公元 1927 年）改建行政区，孙疃乡改为宿县第四区。民国 19 年（公元 1930 年）第四区和第七区（临涣区）合并，称临涣区，原第四区孙疃区改称孙疃联保处，下设保、甲。

民国 31 年（公元 1942 年），孙疃属中共宿蒙县浍南区所辖乡。民国 34 年（公元 1945 年）10 月，孙疃属宿蒙县界沟区所辖乡。民国 36 年（公元 1947 年）底，中共宿西县在孙疃浍北一带今属陈楼、燕头、杨柳新建雁鸣区。民国 38 年（公元 1949 年）初，孙疃浍南一带划归五沟区。1950 年 7 月，建濉溪县，设孙疃区。五沟区析出辖孙疃、王圩、三官、郭集、田寺、香山、任集、忠阳、逯滂、庙台、坪西、蒋湖、张桥、太平、浍北、谭庙等 16 个乡。1955 年，原杨柳区并入孙疃区，下辖 22 个乡。1958 年 9 月，撤销孙疃区成立人民公社，孙疃区划分为两个人民公社。浍南以孙疃为中心成立“超英人民公社”，浍北以杨柳为中心成立“中苏人民公社”。1961 年 12 月，恢复孙疃区，孙疃区辖孙疃、任集、忠阳、太平、朱口、燕头、杨柳、陈楼 8 个公社。1969 年 3 月，撤区，孙疃区拆分为孙疃、杨柳、任集 3 个公社。1980 年 12 月，重设区，“孙疃区”辖孙疃、朱口、陈楼、杨柳、尤沟、太平、任集、忠阳 8 个公社。1983 年 4 月，取消公社，改为乡。孙疃区辖孙疃、郭集、尤沟、任集、太平、忠阳、杨柳、燕头、陈楼 9 个乡。1992 年，撤区并乡。撤孙疃区，分设孙疃镇、任集镇和杨柳乡。2006 年，杨柳乡并入孙疃镇。

政区划分 2014 年，辖孙疃、任李、秦口、六八里、王楼、刘寨、尤沟、四李、燕头、炮楼、杨柳、沟西、刘圩、陈楼、楼坊、代庙、耿圩、王圩、大田、郭集、郜桥、徐圩 22 个村民委员会。

人口面积 2014 年，辖区常住人口 105936 人，常住户数 29367 户。其中非农人口 4595 人，另有流动人口 6723 人。常住人口中，男性 54998 人，占 51.92%；女性 50938 人，占 48.08%。其中 18 岁以下 22410 人，占 21.15%；18-35 岁 32245 人，占 30.44%；35-60 岁 35344 人，占 33.36%；60 岁以上 15937 人，占 15.04%。总人口以汉族为主，共 105854 人，占总人口的 99.92%。有回族、毛南族、布依族、满族等 11 个少数民族，82 人。2014 年人口出生率 14.8‰。

自然条件

地形地貌 辖区面积 268 平方千米，其中陆地面积204.98平方千米，水域面积0.1平方千米。境内全部为平原，地势平坦。地层自西北微向东南倾斜，坡降万分之一点六，落差8米，平均海拔高度25.5米。

水文 矿藏 属古河床边缘中等富水区，境内有自然河浍河1条，大沟12条，涵闸5座。

矿产资源以煤为主，已建淮北矿业（集团）有限公司孙疃煤矿和杨柳煤矿，为省属国有企业。孙疃煤矿总投资12.6亿元，年产180万吨，杨柳煤矿总投资13.3亿元，年产240万吨。

基础设施

交通运输 境内有宿涡路、刘濉路、宿马路、孙任路、濉漆路等公路干线交汇。青芦铁路穿境而过。2000年建成孙疃镇客运站，日发客运汽车41班次，日客运量2000人次。

邮政电讯 2014年，有邮政支局2处，邮政业务总量309万元，报纸、杂志累计发行72000余份。电信企业1家，服务网点12个，电信业务收入602万元。电话交换机总容量7200门，固定电话用户6300户；互联网用户4100户。

给排水 2008年建成孙疃镇自来水厂，有深水井7眼及成套净化设备，供水普及率为90%。镇区主要道路两侧铺设排水管道5400米。

供电 2014年，全镇有10千伏供电线路8条，长度200.21千米。配电变压器300台，容量45075千伏安。全镇供电量48480980千瓦时，用电可靠率99.98%。

园林绿化 2014年，镇驻地有花坛166个，绿化面积533336平方米。新增造林绿化面积11065亩。小区绿化面积34亩。

街道 2014年，镇政府驻地共有街道4条，长5.5千米，为水泥路面。配套路灯900余盏。有孙疃集原小乡旧址集市杨柳、郭集、尤沟、燕头、陈楼6个集市。

经济概况

国民经济综述 2014年，实现地区生产总值3.7亿元。实现财政收入1.27亿元，较上年减少16 %；固定资产投资3.8亿元，其中工业固定资产投资完成1.26亿元。招商引资到位资金5亿元。社会消费品零售总额39234万元，较上年增长1076万元。农民人均纯收入8680元，较上年增加840元。

农业 全镇有耕地面积20.7万亩，人均1.95亩。全部为水浇地。种植业以小麦、大豆、玉米和蔬菜为主，黑糯玉米、“杨柳青”牌豌豆为本镇的特色农产品品牌。2014年，农业生产总值5.5亿元，较上年度增加0.3亿元。粮食生产18.6万吨，较上年增加1.3万吨。其中小麦产量9.8万吨，大豆产量0.16万吨，玉米产量8.6万吨，分别比上年增加0.5万吨、0.3万吨、0.5万吨。经济作物主要为蔬菜种植，种植蔬菜623公顷，品种为辣椒、茄子、大葱、萝卜、土豆、西芹、黄瓜等。拥有种植大户18家，其中百亩以上种植大户6家。

畜牧业以养殖猪、牛、羊、兔家禽为主，拥有养殖大户860户，其中300头以上的养殖大户230户，百头以上养殖大户320户。2014年生猪饲养量0.74万头，年末存栏3万头，羊饲养量2.3万只，年末存栏0.9万头。分别较上年增加0.01万头、0.02万只、0.02万只、0.01万只。

全镇拥有农业机械8778辆（台），总动力52.67万千瓦，其中旋耕机351台，收割机772台，拖拉机7351台，秸秆粉碎还田机192台，打捆机12台，玉米收获机100台。

工业 工业主要以农产品加工、新型墙材、面粉加工和农机具生产为主。2014年实现工业生产总值5.33亿元。全镇拥有规模工业企业6家，职工735人；实现工业增加值2428万元，环比增长10%。规模以上企业有濉溪县大地制粉有限责任公司、淮北市华丰机械设备有限公司、淮北市祥业建材有限责任公司、淮北市润雨新型墙材有限公司、濉溪县郜桥新型墙材厂、淮北市金之田食品科技有限公司。年产值5000万元以上企业5家，为濉溪县大地制粉有限责任公司、淮北市华峰机械设备有限公司、淮北市祥业建材有限责任公司、淮北市润雨新型墙材有限公司、濉溪县郜桥新型墙材厂。年产值亿元以上企业1家，为濉溪县大地制粉有限责任公司。

商贸 2014年，共有商业网点267个，职工8010人，其中企业户89家，个体户2567户；拥有城乡集贸市场6个，年成交额4.6亿元。

财政金融 2014年，财政收入1.27亿元，较上年度减少16%。其中国税完成1.03亿元，比上年增加2751.19万元；地税完成2378万元，比上年增加22.36万元。2014年服务于全镇的金融机构有农业银行、农村商业银行、邮政储蓄银3家。各类存款余额14.8亿元，较上年增长28%、30%。

社会发展

文物古迹 “马谷堆”，今沟西村境内。“皇陵古堆”，今陈楼村境内，隋唐时期，为纪念修渠引水所建。“大帅营”，今任李村，为项羽屯兵之处。

文化艺术 2014年，有文化站1处，占地1000平方米。有文化活动中心22个，“农家书屋”藏书3万册。各类文化专业户13户、15人。各类文艺演出团体3家，演员65人。

教育 2014年，有幼儿园25所，在园幼儿1520人，专任教师73人。其中私立幼儿园16所，教师45人。小学33所，在校学生5909人，专任教师1341人，小学适龄入学率100%。初中4所，在校生1980人，专任教师88人。初中适龄人口入学率、小学升初中升学率、九年义务教育覆盖率均达100%。镇有“省示范普通高级中学”1所。孙疃中学在2002年、2006年全县高考中，分获理科高考状元。2014年财政预算内教育经费25.69万元，较上年减少22.95万元。

医疗卫生 2014年有中心卫生院1所，分院1所，村级卫生室25个。设有床位85张，固定资产总值820.41万元。专业医护人员99人，其中执业医生54人，注册护士45人。2014年完成诊疗73533万人次，村民参加新型农村合作医疗41730人，参保率96%，较上年持平。共筹集医保资金162641.7万元。报销支出417.03万元，受益村民390人。

体育 2014年，有学校体育场35个，全镇22个村均安装健身器材，经常参加体育活动的人员占常住人口4%。

广播电视 1953年2月建成镇广播站。1992年10月，投资25万元建有线电视台。1993年10月建成电视差转台。2014年全镇广播覆盖率100%，有线电视用户0.16万户，入户率60%。

社会保障 2014年，全镇最低生活保障人数达3063人，支出430万元，月人均收入120元；医疗救助1558人次，民政部门资助参加合作医疗1505人次，共支出36.8万元。国家抚恤、补助各类优抚对象780人，抚恤事业费支出225万元，比上年增长22%。镇村建设养老院1所，面积1800平方米，设床位100张，收养农村五保人员50人。养老服务机构5个，设床位90张，负责老年人员的日间照料。

居民生活 2014年，全镇村民人均纯收入8680元，拥有住房人居2间，60平方米。集中居住区3个，有楼房3267幢，294030平方米。入住3267户，13068人。居住区环境绿化，垃圾集中清运。设有图书室、体育场、活动室等配套设施。

2014年，拥有汽车5936辆，轿车2968辆，摩托车20776辆，电动车25228辆。

（刘洋）

双堆集镇（Shuang Dui Ji Zhen）

政区概况

名称来历 因南有尖谷堆遗址、北有平谷堆遗址，二堆成双，故称双堆。

地理位置 位于北纬33° 17′ -33° 26′ 25″，东经116° 55′ -116° 59′。地处县境最南部，东与宿州市埇桥区接壤，南与蚌埠市怀远县为邻，西与亳州市蒙城县相连，北接南坪镇。人民政府驻地双堆村，电话区号0561，邮政编码235128，北距濉溪县70千米。

政区沿革 1950年7月撤宿西县建濉溪县，设双堆区，为县辖第十一区。1951年县设10区，双堆区辖糟坊、芦沟、罗集、谢店、平堆、三和、澥河、南坪、张圩、刘楼、陈集和双堆12个乡。1958年8月，双堆乡并入南坪乡。同年9月，撤区成立人民公社，双堆并入南坪公社。1961年年底，恢复区建制，双堆公社属南坪区辖。1969年3月，第二次撤区，设双堆公社。1980年12月双堆重新设区。双堆区辖双堆、半铺、南坪、三和、芦沟、罗集、陈集7个公社。1992年2月，撤双堆区，设双堆集镇。2006年3月原陈集乡三和村、魏圩村、祝庙村、高家村、谢店村、陈集村、马沟村、张集村、四门村、赵元村、大桥村、梨园村、罗集村、刘楼村、大徐村、熊庙村、17个村并入双堆集镇。2007年3月双堆镇由39个村合并为23个村。

政区划分 2014年年末，辖曹坊、张圩、沈湖、施刘、双堆、吴井、李圩、陈桥、芦沟、大桥、罗集、熊庙、刘楼、魏圩、三和、谢店、高家、祝庙、张集、马沟、陈集、赵元、邹圩23个村民委员会。

人口面积 2014年，辖区总人口106482人，其中非农2964人。另有流动人口23091人。总人口中，男性55695人，占52.3%；女性50787人，占47.7%；18岁以下24786人，占23.28%；18-35岁30450人，占29%；35-60岁35615人，占33.45%；60岁以上15631人、占14.68%。总人口中以汉族为主，达106375人，占总人口的99.9%，有回族、苗族少数民族2个。2014年人口出生3652人，死亡317人；人口出生率0.03%，政策符合率100%。辖区东西最大距离19千米，南北最大距离22.6千米，总面积253.48平方千米。其中陆地243.5平方千米，占96.1%；水域9.5平方千米，占3.9%。

自然条件

地形地貌 境内全部为平原，地势自西北向东南缓倾，中部微高，南部淝河沿岸，北部八里沟沿岸，地势较低。

水文矿藏 境内河道属小清河水系，有自然河澥河、淝河2条，澥河起源于五沟镇自陈桥村西入境，东西贯穿，流入浍河，境内河道长15.5千米。淝河发源于河南省商丘，从本地区南部边境流过，境内河道长6.5千米。大沟12条。

境内矿产资源主要为煤，蓄量2亿吨，主要分布在双堆村、邹圩村附近。

基础设施

交通运输 境内南北有合徐高速、S305省道2条公路干线。其中合徐高速境内长8千米，省道S305境内长6.58千米。2014年年末，镇区开通交通线路4条，全长25千米，公交汽车线路2条，日发客运汽车25班次，日客运量600人次。

邮政电讯 2014年年末，有邮政局2处，代办所2处，邮政业务总量11万元，其中纯收入6万元。报纸、杂志累计期发行5.7万份。电信企业1家，服务网点51个，电话交换机总容量3.26万门，固定电话用户1.02万户，移动电话用户25736户，互联网用户12372户。电信业务收入361.8万元。

给排水 农村饮水安全工程项目双堆水厂在建，现有深水井3眼，铺设管网20千米，建成后可解决周边6个村4万人的饮用水问题。全镇铺设排水管道16千米。

供电 2014年，辖区内10千伏高压输电线路5条，总长620千米，配电变压器268台，总容量1.1兆伏安，用电负荷1.8万千瓦，年售电量累计完成0.3亿千瓦时，其中工业用电量60万千瓦时，农业用电量240万千瓦时，居民生活用电量2700万千瓦时。综合电压合格率99.96%，供电可靠率99.98%。

园林绿化 2014年，镇驻地有花坛5个，绿化面积0.5万平方米。植树造林面积1786公顷，绿化率10.2%。

镇政府驻地有淮海路、口子路、曹城路、浍水路、陵园路、解放路、胜利路、教育路街道8条，长13千米，为水泥路面。有路灯120盏。另有原小乡旧址集市罗集街、陈集街、芦沟街、三和街、曹坊街道5条。

经济概况

国民经济综述 2014 年，实现地区生产总值 12.2 亿元，较上年增长 18.72 %。财政收入 1237.7 万元，较上年增长 123.77 万元。固定资产投资 2.2 亿元，较上年增长 4620 万元。社会消费品零售总额 40286 万元，较上年增长 3222 万元。农民人均纯收入 8990 元，较上年增加 988.9 元。

农业 全镇有耕地面积 26.2 万亩，人均 2.5 亩，全部为水浇地。种植业以小麦、玉米、蔬菜为主。2014 年，农业总产值 5.76 亿元，较上年增加 0.4 亿元。粮食作物以小麦、玉米为主。2014 年生产粮食 27.05 万吨，较上年增加 1.3 万吨。其中小麦 14.15 万吨，玉米 12.9 万吨，分别较上年增加 0.96 万吨、0.34 万吨。主要经济作物为蔬菜。2014 年蔬菜种植面积 801 公顷，主要品种有韭菜、黄瓜、西红柿等。拥有种植业大户 21 户，其中连片种植百亩以上大户 4 户。

畜牧业以养殖猪、羊、家禽等为主。2014 年生猪饲养量 7.16 万头，年末存栏 2.52 万头；羊饲养量 2.60 万只，年末存栏 0.97 万只；家禽年饲养量 67 万只。拥有养殖业大户 108 户，其中 500 头以上养殖场 92 家，百头以上养羊户 16 户。

拥有农业机械 25430 台，总动力 23780 千瓦，机械化收割水平达 99%。其中旋耕机 4570 台，收割机 450 台，玉米收获机 570 台，拖拉机 19800 台，手扶拖拉机 40 台。

工业主要以机械加工、服装加工、面粉加工、建筑材料为主。2014 年实现工业生产总值 0.2 亿元。拥有工业企业 13 家，职工 320 人；实现工业增加值 0.2 亿元，较上年增长 100%。其中服装加工厂 10 家，年产值 600 万元，机械加工企业 3 家，年产值 1000 万余元，其他企业 8 家，年产值 400 万余元。

商贸 2014 年，共有商业网点 246 个，职工 2300 人，个体户 1304 户，社会商品零售总额达 4.03 亿元，较上年增长 8%；拥有城乡集贸市场 6 个，年成交额 4.6 亿元。

财政金融 2014 年，财政总收入 1237 万元，较上年增长 10%。其中国税完成 782 万元，地税完成 455 万元，分别较上年增加 80 万元、40 万元。

2014 年，境内有农村商业银行、邮政储蓄金融机构 2 家，各类存款余额 7.8 亿元，较上年增长 5%；各类贷款余额 2.7 亿元，较上年增长 3%。

社会发展

文物古迹 文物出土为 8 类、33 种、46 件。其中古货币有两类（蚁鼻钱、方眼铜钱）41 种，126 样版面，产生于战国时期。古化石、石锛、石斧、贝镰、穿孔介贝、骨镞、陶镞、陶埙等产生于新石器时期。

尖谷堆遗址，位于淮海战役双堆集烈士陵园院内西南角，南北长 32 米，东西宽 28 米。

平谷堆遗址位于平堆村刘庄西北 80 米，南北长 47 米，东西宽 42 米。两堆为新石器时期的人类生活点，安徽省文物保护单位。

马古堆、安郎寺出土部分文物，初步鉴定为殷、商时期遗址。

淮海战役烈士纪念馆为全国重点文物保护单位。

重大事件 淮海战役双堆集地区歼灭战。为淮海战役第二阶段战役。从民国 37 年（公元 1948 年）11 月 18 日阻击战始，至 12 月 15 日，国民党王牌新队第十二兵团止，历时 28 天，经过阻击、包围、围歼三个阶段，歼灭国民党第十二兵团 4 个军，11 个师，1 个快速纵队，共 12 万人，生俘兵团司令黄维，副司令吴绍周。淮海战役是整个战役承前启后的关键。

邓小平视察双堆。1960 年 2 月 24 日，中共中央总书记邓小平、书记彭真等在中共安徽省委第一书记曾西圣、蚌埠地委第三书记丁道明、专员单劲之的陪同下，到双堆视察。

文化艺术 2014 年有镇文化站、广播电视站各 1 处，有村级文化活动中心 23 处，各类文化专业户 35 户，各类图书室 24 个，藏书 3.2 余万册，音乐、美术书法、摄影及业余创作人员 326 人。有芦沟腰鼓队、双堆秧歌队文艺演出团体，演员120人。

教育 2014年有幼儿园7所，在园幼儿740人，专任教师18人；其中私立幼儿园4所，教师10人。小学26所，在校学生7500人，专任教师294人，小学适龄儿童入学率100%。初中4所，初中在校生2600人，专任教师190人。初中适龄人口入学率98%、小学升初中升学率99%、九年义务教育覆盖率均达100%。2014年财政预算内教育经费781.6万元，较上年增长40.2万元。

医疗卫生 2014年，有镇、村医疗单位25个，门诊部25个；有床位245张，其中村卫生室23个；固定资产总值1230万元。

专业医护人员123人，其中执业医生57人，注册护士70人。

2014年，完成诊疗9万人次。参加新型农村合作医疗88207人，参保率88.6%，较上年增加2380人，共筹集医保资金882.07万元，受益村民6万人。

体育 2014年，有学校体育场6个。90%的村安装健身器材，经常参加体育活动的人员占常住人口30%。

广播电视 1970年1月建立双堆集镇广播站，同年建成275瓦调频广播电台，1995年投资12万元建成有线电台。2014年广播覆盖率100%。有线电视用户1.9万户，入户率65%。

社会保障 2014年，城镇最低生活保障户41户，67人，支出248640元，比上年增长3.81%，月人均310元，比上年增长47.61%。医疗救助40人次，民政部门资助参加合作医疗535人次，共支出518403.57元，比上年增长74.95%。农村最低生活保障户数624户，1935人，支出2684760元。抚恤事业费支出2022123元。社会福利费1313440元，比上年增长43.62%。建敬老院3所，床位220张，收养农村五保人员120人，2002年12月被安徽省民政厅评为省一级敬老院。社区服务中心20个。参加新型农村养老保险8.8万人，参保率83%。

居民生活 2014年，全镇村民人均纯收入9056元。拥有住房人居2间，45平方米；其中砖混结构楼房17280幢，259.2万平方米。集中居住区3个，有楼房1350幢，24.3万平方米。入住1250户，5670人。居住区环境绿化，垃圾集中清运。设有图书室、体育场、活动室等配套设施。2014年，拥有汽车1180辆，轿车2200辆，摩托车15380辆，电动车18936辆。

（周传华）

四铺镇（SiPu Zhen）

政区概况

名称来历 元和四年(公元809年)，本地属宿州。后官府设置铺堡，十里一铺，五里一堡，传递文书。宿州城西有西三铺、西四铺、西五铺等铺。四铺距宿州城四十华里，是宿州向西设置的第四个铺堡，名西四十里铺，后称四铺。

地理位置 四铺镇位于北纬33°38′35′′-33°48′18′′，东经116°40′55′′-116°53′03′′。地处濉溪县东部，距县城22.5千米，北靠淮北市烈山区，西连百善镇，南接韩村镇和孙疃镇，东临宿州市，是濉溪县的东大门。人民政府驻地四铺村，电话区号0561，邮政编码235115。

政区沿革 民国初年（1912年），四铺隶属于宿县。

1950年7月，新建濉溪县，四铺乡属常山区辖。

1958年9月成立四铺人民公社。

1981年12月，四铺公社撤销，成立四铺区。四铺区下辖三铺、四铺、五铺、秦楼、赵集、魏集、古饶7个乡。

1992年2月，撤四铺区，设四铺乡。

2006年由四铺乡和五铺乡合并为四铺乡，辖20个村、193个自然庄。

2012年12月撤四铺乡建四铺镇。

政区划分 2014年，辖四铺村、五铺村、三铺村、大郭村、新风村、北陈村、大曹村、洪南村、界洪村、谢岭村、周陈村、新建村、八里村、梁圩村、湖涯村、新庄村、五里铺村、颜道口村、侯庙村、张圩村20个村民委员会。

人口面积 2014年，辖区总人口88968人，其中非农2745人。另有流动人口10787

人。总人口中，男性 46302 人，占 52.04%；女性 42666 人，占 47.96%；18 岁以下 19404 人，占 21.81%；18-35 岁 25851 人，占 29.06%；35-60 岁 30557 人，占 34.35%；60 岁以上 13156 人，占 14.79%。总人口中以汉族为主，达 88530 人，占总人口的 99.51%，有蒙古族、回族、苗族、彝族、壮族、满族、白族、土家族、傈僳族少数民族 9 个。2014 年人口出生 1246 人，死亡 346 人；人口出生率 14.05‰，人口自然增长率 10.15‰，政策符合率 89%。辖区东西最大距离 18.5 千米，南北最大距离 17.5 千米，总面积 195.85 平方千米，其中陆地 192.15 平方千米，占 98.11%，水域 3.7 平方千米，占 1.89%。

自然条件

地形地貌 境内处于淮北平原腹地，地势平坦开阔，湖洼地较多。地势自西北向东南微倾。

水文 矿藏 属淮河洪泽湖水系。境内有人工河 1 条，大沟 14 条，建排灌涵闸 12 座。

境内矿产资源丰富，分布有蔡山、海孜、临涣、杨柳煤矿区和三铺铁铜多金属矿区，煤炭储量 4021 万吨，铁矿储量 4412 万吨，铜金属储量 75153 万吨。建有鑫成、玉鑫、太平和东鑫 4 座铁铜矿山。

基础设施

交通运输 东距京沪铁路 20 千米、合徐高速公路 15 千米，省道 S303 公路、泗许高速公路穿境而过。2002 年建成四铺镇客运站，日发客运汽车 28 班次，日客运量 500 人次。

邮政电讯 2014 年有邮政局 1 处，代办所 1 处，邮政业务总量 130 万元，报纸、杂志累计发行 20 万份。电信企业 3 家，服务网点 12 个，固定电话用户 4353 户；移动电话用户 57000 户，互联网用户 4800 户。全年电信业务收入 518 万元。

给排水 2013 年建成四铺镇自来水厂，有深水井 2 眼及成套净化设备，供水普及率为 100%。镇区主要道路两侧铺设排水管道 6400 米。

供电 2014 年，全镇有 10 千伏供电线路 4 条，长度 169.7 千米；配电变压器 222 台，容量 32125 千伏安；用电总负荷 5 万千瓦；全镇供电量 2851.8 万千瓦时，其中工业供电量 1010 万千瓦时，农业供电量 0.8 万千瓦时，生活照明供电量 1841 万千瓦时。用电可靠率 99.98%。

园林绿化 2014 年，镇驻地有花坛 185 个，全镇植树造林 34 公顷，绿化覆盖率 18.3%，集中居住小区绿化率 45.6%。

街道 2014 年，镇政府驻地有街道 6 条，长 3.5 千米，为水泥和柏油路面。有路灯 150 盏。另有原小乡旧址集市五铺街、三铺街、四铺街、魏集街、八里铺街、马家集街，街道 6 条。

经济概况

国民经济综述 2014 年，实现地区生产总值 16.18 亿元，较上年增长（或减少）1.2%。财政收入 7858 万元，较上年增长 754.4 万元。固定资产投资 7.7 亿元。社会消费品零售总额 31698 万元，较上年增加 873 万元。农民人均纯收入 9100 元，较上年增加 1092 元。

农业 有耕地面积 19.2 万亩，人均 2.16 亩，耕地有水浇地和旱地，种植业以小麦、大豆、玉米、蔬菜为主。2014 年农业总产值 2.45 亿元，较上年增加 0.12 亿元。粮食作物以小麦、大豆、玉米为主。2014 年生产粮食 17.4 万吨，较上年增加 1.9 万吨。其中小麦 9.8 万吨，大豆 0.3 万吨，玉米 7.3 万吨，分别较上年增加 0.15 万吨，减少 0.38 万吨，增加 2.1 万吨。主要经济作物为蔬菜。蔬菜种植面积 393.5 公顷，主要品种有芹菜、白菜、黄瓜、豆角等。拥有种植业大户 248 户，其中连片种植百亩以上大户 3 户。畜牧业以养殖猪、羊、家禽等为主。2014 年生猪饲养量 12.2 万头，年末存栏 3.7 万头；羊饲养量 2.7 万只，年末存栏 0.94 万只；家禽年饲养量 60.9 万只，分别较上年增加 448 头、3073 只，减少 11.4 万只。

拥有养殖业大户105户，其中500头以上养猪场3家，百头以上养羊户4户。

拥有农业机械11.3万辆(台)，总动力118万千瓦，机械化收割水平达98%。其中旋耕机846台，收割机509台，玉米收获机106台，拖拉机309台，手扶拖拉机1134台。

工业 工业主要以铁矿、皮件、水泥生产加工为主。2014年，实现工业生产总值13.73亿元。拥有工业企业15家，职工1537人；实现工业增加值5.3亿元，较上年增长9%。其中规模以上企业8家，为年产值5000万元以上企业7家。年产值亿元以上企业安徽太平矿业有限公司、濉溪县玉鑫矿业有限责任公司、淮北市东鑫矿业有限公司、濉溪县庞博皮件有限公司4家。

商贸 2014年，共有商业网点1300个，职工25734人。其中企业户328家，个体户972户。2014年社会商品零售总额达31698万元，较上年增长2.83%；拥有城乡集贸市场4个，年成交额3.1亿元。

财政金融 2014年，财政收入7800万元，较上年增长10%。其中国税完成6588万元，地税完成1270万元，分别较上年增加894万元、减少204万元。2014年，境内有中国农业银行四铺支行、中国邮政储蓄银行濉溪四铺营业所、濉溪农商银行四铺支行、濉溪农商银行五铺支行金融机构4家。各类存款余额6.25亿元，比上年增长17.24%。

社会发展

文化艺术 2014年，有镇文化站、广播电视站各1处，有村级文化活动中心20处，各类文化专业户5户，各类图书室24个，藏书4.5余万册，音乐、美术书法、摄影及业余创作人员达30人。文艺演出团体3家，演员50人。

教育 2014年，有幼儿园5所，在园幼儿640人，专任教师22人；其中私立幼儿园3所，教师14人。小学19所，在校学生4516人，专任教师236人，小学适龄儿童入学率100%。初中4所，初中在校生1130人，专任教师166人。初中适龄人口入学率、小学升初中升学率、九年义务教育覆盖率均达100%。2014年，财政预算内教育经费452万元，较上年减少37万元。

医疗卫生 2014年，有镇、村医疗单位28个，其中村卫生室27个，门诊部1个；床位115张。固定资产总值500万元。专业医护人员89人，其中执业医生30人，注册护士38人。2014年完成诊疗25万人次。参加新型农村合作医疗85206人，参保率97%，较上年增加1200人，共筹集医保资金596.4万元，报销支出医保资金487.4万元，受益村民217615人次。

体育 2014年，有学校体育场20个，看台设座椅500张。35%的村安装健身器材，经常参加体育活动的人员占常住人口60%。

广播电视 1958年建四铺广播站，1980年建成550瓦调频广播电台。2006年4月建成四铺镇广播电视站，2014年，全镇广播覆盖率100%，有线电视用户2万户，入户率75%。

社会保障 2014年，城镇最低生活保障户133户，318人，支出104940元，比上年增长10%，月人均330元，比上年增长10%。医疗救助45人次，民政部门资助参加合作医疗2574人次，共支出286940元。农村最低生活保障户数1569户，2169人，支出3132900元。抚恤事业费支出223220元。社会福利费106200元，比上年增长17%。建敬老院1所，床位100张，收养农村五保人员54人。2011年11月敬老院被评为“全国模范敬老院”。设社区服务中心1个。参加新型农村养老保险3.6万人。

居民生活 2014年，全镇村民人均纯收入9100元。拥有住房人居2间，30平方米。其中砖混结构楼房9593幢，863370平方米。集中居住区2个，有楼房847幢，76230平方米。入住847户，3388人。居住区环境绿化，垃圾集中清运。设有图书室、体育场、活动室等配套设施。

2014年，拥有汽车4389辆，轿车2194辆，摩托车15072辆，电动车18972辆。

(杨旭光)

人　物

逝世离休干部名单

表 4　　2013 年

姓　名	出生年月	工作单位	籍　贯	参加工作时间	职　务
黄思贤	1924.12	水务局	皖濉溪	1949.04	科员
朱　霞	1927.08	酱品厂	皖灵璧	1949.07	科员
刘须凯	1931.08	工业协会	皖濉溪	1949.03	主任
左允荣	1919.10	轻工业局	豫青丰	1942.07	局长
周成尹	1923.04	祁集粮站	皖濉溪	1949.01	站长
李景天	1932.05	铁佛镇政府	皖濉溪	1947.09	书记
王鸣周	1924.12	粮贸公司	皖濉溪	1949.02	科员
李　超	1932.05	百善中学	皖濉溪	1949.05	科员
吴忠堂	1928.08	徐楼镇政府	皖濉溪	1949.04	武装部长
徐志华	1924.06	黄桥农场	皖濉溪	1949.02	场长
叶志孝	1924.06	青卫小学	皖濉溪	1948.10	科员
李文元	1924.07	三和中学	皖濉溪	1949.02	科员
王万圣	1928.10	双堆中学	皖濉溪	1949.02	科员
李玉朴	1931.01	澥河小学	皖濉溪	1948.11	校长
赵长洲	1932.04	防疫站	皖濉溪	1942.07	科员
王玉岭	1917.11	建委	皖濉溪	1949.02	股长
刘　平	1933.10	粮食局	皖濉溪	1949.08	股长
张雅秋	1928.10	生资公司	皖宿州	1949.08	科员
武言良	1923.11	直属粮库	皖濉溪	1948.09	科员
解金榜	1922.06	梁楼小学	皖濉溪	1949.09	科员
吴帮英	1925.12	罗集中学	皖濉溪	1949.02	校长
刘占奎	1928.05	南坪水利站	冀州市	1946.10	站长
任启月	1921.05	张圩小学	皖濉溪	1949.02	科员

表 5

2014 年

姓　名	出生年月	工作单位	籍　贯	参加工作时间	职　务
许家轩	1919.11	工业局	皖五河	1938.04	副科长
许天福	1927.01	濉溪镇政府	皖濉溪	1945.08	副书记
任士楷	1928.12	任集镇	皖濉溪	1949.09	科员
吕本太	1924.01	教委教研室	皖濉溪	1949.03	科员
丁在运	1926.10	水产中心	皖濉溪	1947.10	科员
任之栋	1924.02	任集镇	皖濉溪	1949.02	科员
朱孝彬	1931.02	外资外贸局	皖濉溪	1947.10	科员
杨敬连	1922.08	食品公司	皖濉溪	1947.08	科员
张树勋	1921.05	三和中学	皖濉溪	1949.09	科员
吴铸长	1926.12	吴楼小学	皖濉溪	1949.02	科员
朱瑞英	1921.05	道口小学	皖濉溪	1948.09	科员
李学校	1929.12	水务局	皖濉溪	1948.08	督导员
赵希振	1923.10	燃料公司	皖淮北	1949.01	主任
徐振西	1923.08	城关一中	皖定远	1949.09	科员
宋允堂	1930.03	孙町供销社	皖濉溪	1949.09	科员
陈宜清	1928.12	城关七小	皖濉溪	1948.02	科员

濉溪县级劳动模范（先进工作者）名 单

（2013年4月）

劳动模范

吴恩杰 安徽电力濉溪供电公司总经理
刘丰平 县自来水公司安装队长
杨文利 淮北市创世商贸公司董事长
李加明 刘桥镇小城村书记、主任
王 浩 淮北市浩强菇业有限公司总经理
王士科 濉溪县绿丰谷物专业合作社社长
李心华 濉溪县韶华谷物种植专业合作社社员
魏长坤 淮北漪雨线缆公司副经理
王 云 濉溪县南坪镇运输公司经理
任明取 濉溪县南坪镇任集村书记、主任
郭凤军 濉溪县邮政局五沟支局支局长
雷 慧 濉溪县农村信用合作联社党委书记、理事长
郜均利 濉溪县远方电子厂厂长
马玉川 濉溪县孙疃镇刘圩村党总支书记
徐立龙 淮北顺发食品公司生产部经理
方学峰 淮北腾达置业公司总经理
张金华 濉溪镇蒙村村党总支书记
彭兆团 淮北市东鑫矿业有限公司副总经理
刘晓峰 四铺镇周陈村村党总支书记
孙 超 安徽皖雪食品公司总经理
赵德平 百善镇叶刘湖村村党总支书记
任印永 五沟镇石门村村委会副主任
涂景山 界沟煤矿党委副书记
贾善伟 濉溪县饮食服务公司副经理
梁立善 安徽宝博合成革公司总经理
方 晖 安徽巨成化工公司董事长
冉 峰 濉溪县鸿源煤化公司董事长
孙奕旗 濉溪县聚龙工贸公司经理
王 伟 濉溪县铁佛镇大王村村主任
马雪建 濉溪县韩村镇建筑安装工程公司总经理
罗 习 韩村镇马店村罗习沙发厂厂长
陈永生 县交通运输局总工程师
李永进 县工商局办公室科员
周登峰 濉溪县白沙中心学校总务主任
张 惠 濉溪县孙疃中心学校副校长
董运动 濉溪县第二中学教师
张兴文 濉溪县医院党委书记院长
丁佩林 濉溪县四铺镇卫生院院长
周素英 濉溪县农业科学研究所研究员
周尚飞 县市容局监察大队队长
黄艳丽 县纪委科员
吴红飞 县地税局百善分局分局长
杨增伟 县委组织部驾驶员
魏任重 县经济和信息化委员会党委书记主任
陈 健 濉溪县人民检察院检察员
张 涛 城关派出所所长
丁 峰 县人民法院审判员
张建平 县文化委副主任
赵 琳 县殡仪服务中心殡仪工
秦 岭 县水务局井灌办公室主任

模范人物

中国好人

周志民 孙启民 杨经验 刘安峰
蔡士兵 刘 旸 姚 勇 张 君
周 建 李 平 陈 雷 王立侠
王 芳 周 峰 仲继磊 吕本恒
李海峰 王启军 宋兴发 侯继学
周义强 王子干 荐雪梅 葛 超
邵英文 马 力 王 振 李成杰

第一届“感动濉溪”十佳人物名单

姚 勇 穆小龙 周庆九 王启军
钱宏伟 任明光 耿红梅 杜正海
陈 文 周 建

第二届“感动濉溪”十佳人物名单

杨增伟 姚 勇 葛 超 荐雪梅
李 平 周 建 蒋化荣 李广元
王 芳 王君莉

安徽省道德模范提名奖

姚 勇 任印民

晋升副高职称人员名单

卫生系列副高级人员

杨发武　雷　响　卞永德　黄　辉
田凤云　沈娟娟　于之明　朱学清
王跃峰　赵德胜　李　勇　李　平
代龙波　杨青田　郭永刚　尹　红

教育系列副高级人员

王万富　白祥宝　田　勇　朱　蕾
吴　芹　祝　伟　梁茜茜　杨书华
任启友　黄　山　吴雪琴　叶淑云
牛华中　刘红星　李　梅　田　莉
吴建华　王奎花　董仲奎　张　健
耿德华　袁希德　王　峰　余大海
宣庆华　夏　冰　徐燕英　訾银平
董　波　彭　峰　石海辉　王新景
王淑华　赵云峰　耿红梅　孙红秀
郭绍辉　马　飞　李玉志　杨　帆
郑守超　刘　艳　徐良伟　崔　灿
朱建民　胡艳丽　凌　敏　李参军
王成高　王　飞　张再好　赵兰芳
朱艳春　韩　震　马　超　朱金学
郝　芳　徐振东

其他系列

周　奇　赵　震　张　琼　刘　平
陈庆萍　沈秀芳　郜洪琳　曹　亮
李　志　陈发祥　孙全福　赵西川
邵　科　祝道亭　杨广森　陶延禄
郭　超　刘芸芸　张凤荷　陈若红
任淑玲　王立忠　吴亚莉　顾　军
王其圣　赵玉凤　邵英姬　李红艳

领导干部名录

（2015 年 7 月 30 日）

中共濉溪县委

县委书记　李加玉
县委副书记　赵德志　徐从亮
县委常委　朱　群　刘　铁（女）
朱成文　周　昆　曹崇君
李春山　王　申
张文举（女　挂职）
徐　虎　孙荣本

县委工作部门及直属单位

县委办公室

主　任　周　昆
副主任　马　宇　段文成　祁克勇
黄夫良　李　影　陆　建

政研室

副主任　袁雪飞

县委、县政府信访局

局　长　李　影
副局长　王从贵　董　鑫（女）

组织部

部　长　徐　虎
副部长　陈文娟（女）周　鹏　陈　光
高　峰　崔海波　李金军

宣传部

部　长　王　申
常务副部长　李　磊
副部长　刘　溪　许明英（女）

文明办

主　任　许明英（女）
副主任　丁怀军

统战部

部　长　张发杰
副部长　韩正勇　张中玲（女）
朱长虹
对台办主任　朱长虹
副主任　李晓平

政法委

书　记　朱成文
副书记　杨文学　丁正武

维稳办

主　任　刘允奇
副主任　曹光仿

综治办

主　任　王　林
副主任　鲍文正

610 办主任

主　任　牛孝彬

保密局

局　长　段文成

党史研究室
主　任　陆　建
副主任　梁廷春
档案局（档案馆）
局长、党组书记　韩建国
党组副书记　戴长虹
副局长　蔡　莽　袁卫东
老干部局
局　长　高　峰
副局长　马明华
县委党校
常务副校长　孙　浩
副校长　郝宗敏　徐　飞
直属机关工委
书　记　李金军
副书记　郭慧慧（女）
副书记、纪委书记　崔　华（女）

濉溪县纪委

书　记　刘　铁（女）
副书记　赵德光　李永刚
常　委　肖雪峰　赵海峰　黄从俭

濉溪县人大常委会

主　任　李相军
副主任　闻　斌　赵　岩（女）
吕廷华　王成武

县人大常委会工作机构

办公室
主　任　刘继华
副主任　丁淑华（女）　张文书
人事代表选举工委
主　任　张虚实
副主任　魏秀侠（女）
城市建设工委
主　任　谢友勇
副主任　张　超
农业与农村工委
主　任　王德平
副主任　祝关东
内务司法工委
主　任　王宏彦
教科文卫工委
主　任　陈钦成
财政经济工委
主　任　周志坚
人大专职常委　李兆远　王　峰

濉溪县人民政府

县　长　赵德志
副县长　曹崇君　李春山　张文举(女 挂职)
朱秀芳(女)　胡远文　亓　峰
吴　杰　沈振宇（挂职）
裴　磊(挂职)　刘晓云(女 挂职)
葛凤江（挂职）

政府办及有关部门

县政府办公室（法制办、外事办）
主　任　刘　兵
副主任　张　辉　王智涛　王廷友
李　影　黄夫良
纪检组长　关存政
人民防空和防震办公室
主任、党组副书记　赵　宝
党组书记、副主任　方立君
副主任　胡晓波　陈兴华
纪检组长　张东岳
民族宗教事务局
局　长　李杰超
副局长　陈春华（女）
行政服务中心
主任、党组书记　王　强
副主任　刘晓梅（女）
纪检组长　梁硕东
政府任期目标考核委员会办公室
主　任　孙亚非
副主任　孙文略
县委、县政府接待办公室
主　任　黄夫良
副主任　黄　娣（女）

环保局
局长、党组书记　单春晓
副局长　颜新启　张心红
纪检组长　朱　斌
文化旅游体育委员会
主任、党委书记　周金华
副主任　张建平　张玉梅(女)　王晓梅(女)
　　　　李　森　贾维维(女)　马廷玉
安全生产监督管理局（煤炭管理局）
局长、党组书记　李军培
副局长　王再平　朱　洁
纪检组长　丁　文
县城市管理综合执法局
局长、党委书记　邱长武
副局长　王　伟
纪委书记　程金玲（女）
交通运输局
局长、党委书记　曹光焰
副书记　周茂志
副局长　张振红　陈安厚
纪委书记　丁素玲（女）
人社局
局长、党委书记　崔海波
副局长　李飞山　赵夫鸣　赵建华
　　　　王兴中
纪委书记　吴晓燕（女）
编　办
主任、党组书记　王　胜
副主任　郑子福
财政局（国有资产管理局）
局长、党组书记　关春燕（女）
副局长　蔡晓春　营劲松
纪检组长　张　坤
金融办公室
主　任　蔡晓春
副主任　鲁德明
民政局
局长、党委书记　张红旗
副局长、党委副书记　赵光胜
副局长　刘　飞
纪委书记　王万鹏
监察局
局　长　赵德光
副局长　刘　鎏（女）　张亚斌
科技局
局长、党组书记　万学军
副局长　姬广杰　王俊武
纪检组长　邢朝云（女）
教育局
局长、党委书记　秦雪峰
党委副书记、纪委书记　袁希学
副局长　郜洪联　李　勇　杨　生
城乡建设委员会
主任、党委书记　张广华
副主任　朱利茂　徐尊义　刘杰华（挂职）
党委副书记　徐海飞
纪委书记　杨林
卫生和计划生育委员会（爱卫会办公室）
主任、党委书记　吴　翔
党委副书记　梁　浩
副主任　沈志华　王　平　赵　磊
　　　　伯广宝　王　洁（女）
纪委书记　张纯胜
农林委员会
主任、党委书记　张　平
副主任　陆青华　陈思宇　曹方明
　　　　吴亚东　王红亚　戚晓光
纪委书记　张　丽
县发展和改革委员会（物价局）
主任（局长）、党组书记　吴　飞
副主任（副局长）周大学　刘启先
　　　　黄玉峰　朱林海
纪检组长　刘巧玲（女）
经济和信息委员会
主任、党委书记　魏任重
副主任　李首峰　陈绪杰　李明星
　　　　郑达勤　马　跃
纪委书记　高　琳（女）
统计局
局长、党组书记　陈永乐
副局长　李向龙　袁文军
纪检组长　丁玉芹（女）
审计局
局长、党组书记　程振华
副局长　熊训风　邓晓梅（女）
纪检组长　陆　青（女）

房产管理局
局长、党组书记　彭兴艾
副局长　王立侠（女）徐　磊
纪检组长　张　梅（女）
房屋征收安置办公室
主任、党组书记　牛家标
副主任　刘　磊　陈　勇
纪检组长　张银行
公共资源交易中心
主　任　王凤强
副主任　闫　标
纪检组长　耿红超
市场监督管理局（食品药品监督管理局、食品安全委员会办公室）
局长、党委书记　郑思海
副局长　程　浩　张　芳（女）　梁　煜
纪检书记　刘金成
广播电视台
台长、党委书记　刘　溪
党委副书记　李家远
副台长　费艳芬（女）　侯良丽（女）
王　利
纪委书记　邢爱华
供销合作社
主任、党委书记　任明杰
党委副书记　耿德文
副主任　王　荣(女)　姚春华　李云臣
纪委书记　郭圣军
水务局
局长、党委书记　李秀侠（女）
副局长　赵团结　赵永祥
纪委书记　赵华山
商务局（招商局）
局长、党委书记　刘须芹
副局长　李敬乾　吴宏军　杨玉峰
纪委书记　梁永华
粮食局
局长、党委书记　何维军
党委副书记　李廷云
副局长　赵时龄　王丽茹（女）
纪委书记　孙慧敏（女）
农业机械管理局
局长、党组书记　李　岩
副局长　朱从惠（女）　朱航军
能源办
主　任　陆青华
地方志编纂委员会办公室
主　任　禹延梅（女）
副主任　李　芹（女）
县红十字会
会　长　任印标
副会长　朱　浩　耿　平（女）

濉溪县政协

主席、党组书记　杨恒仁
副主席　张发杰　李家龙　沈志华
任　婷(女)　刘继华

政协办

办公室
秘书长、主任　王亚辉
副主任　姚　侠(女)　郜喜民　吴红岩
社会和法制委
主　任　陈　峰
副主任　张爱侠（女）
港澳台侨和民族宗教委
主　任　曹　健
副主任　郑万新
农村工委
主　任　张怀志
教科文卫体委
副主任　金蕙梅（女）
提案委
主　任　马庆春
经济贸易委
主　任　吴卓亚
文史资料委
主　任　杨　峰
专职常委　任　民　王爱卿

人武部

部　长　孙荣本
政　委　陈龙万

政法部门

公安局
局长、党委书记　胡　巍
党委副书记、政委　朱德春
党委副书记、纪委书记　魏　杰
副局长　周　杰　张卫东
副政委　宰卫玲（女）
检察院
检察长、党组书记　施宏波
副检察长　李怀玉　王瑞莲(女)　陆青峰
纪检组长　李志林
法　院
院长、党组书记　黎文彬
副院长　郑士田　许晓明　马成城
纪检组长　毛宏星
司法局
局长、党组书记　殷化阳
副局长　李卫秋（女）　郑永明
纪检组长　任明清

群团部门

总工会
主席、党组书记　戚　华（女）
副主席　陆玉玲（女）　耿敬文
团县委
书记、党组书记　丁晓莉
副书记　梁文龙　岳小丽（女）
妇　联
主席、党组书记　周　苑（女）
副主席　朱　玲（女）　任　影（女）
科　协
主　席　张　群（女）
副主席　张存岭
文　联
主　席　王明文
副主席　刘怀杰
工商联
主　席　李家龙
党组书记　邵　峰
副主席　任　婷（女）　陈献宇
残　联
理事长　赵中炳
副理事长　郭　萍（女）　杨　权

县辖区、乡（镇）

濉溪芜湖现代产业园区
党工委第一书记　李加玉
主任、工委书记　朱　群
副主任　翟发金　王　莉（女）
濉溪经济开发区
主任、工委书记　杜曙光
工委副书记　孟凡恕
副主任　王　莉（女）　金朝阳　苏文华　谢东升
纪委书记　黄启亚
百善现代农业示范区管委会
党工委书记　陶延华
副主任　胡　宇（主持工作）
副主任　彭红心　赵海涛
濉溪镇
党委书记、人大主席　周圣民
党委副书记、镇长　李拥军
党委副书记　欧阳玲（女）
纪委书记　李　辉
副镇长　王　振　杨晓红(女)　陈　勇(挂职)　刘怀志（挂职）
人大副主席　陈智琼（女）
刘桥镇
党委书记、人大主席　张敬民
党委副书记、镇长　李　新
党委副书记　张　超　王冬冬（挂职）
副镇长　任明利　周桂华(女)　候红军
人大副主席　孙继光
百善镇
党委书记、人大主席　陶延华
党委副书记　单晓华
纪委书记　刘北斗

副镇长　胡金锋　任明坤　陈龙春
人大副主席　谢　鑫

临涣镇

党委书记、人大主席　赵先贺
党委副书记、镇长　李　健
党委副书记　聂　颖
纪委书记　陈　雷
副镇长　闫兴刚　武亚萍(女)　何　义
人大副主席　周德林

南坪镇

党委副书记、镇长　邓　鹏
党委副书记　王俊廷
纪委书记　张　雷
副镇长　赵　明　李汉荣(女)　王　铎
　　汪昌勇（挂职）
人大副主席　化启民

五沟镇

党委书记、人大主席　郑　林
党委副书记、镇长　任　勇
党委副书记　罗冬生（挂职）
纪委书记　周建华
副镇长　荆孝武　周　超　谢传标
　　李玉东
人大副主席　王光红

铁佛镇

党委书记、人大主席　费　珩
党委副书记、镇长　赵　炎
党委副书记　祝春华（女）
纪委书记　陈钦刚
副镇长　郭清春　孙庆平　胡守忠
　　陈令成
人大副主席　朱远东

韩村镇

党委书记、人大主席　张　伟
党委副书记、镇长　李端新
党委副书记　孙永军　李　曼(女　挂职)
纪委书记　李建国
副镇长　刘帅山　马万峰　郑新江
　　高思民
人大副主席　徐晓辉

孙疃镇

党委副书记、镇长　朱东利
党委副书记　张运岭　马艳风（挂职）
党委副书记、纪委书记　周兴华
副镇长　杜祥军　徐　伟　马　冲
人大副主席　董　侠（女）

双堆集镇

党委书记、人大主席　杨　永
党委副书记、镇长　蒋　鹏
党委副书记　魏　鹏
纪委书记　刘启明
副镇长　李　峰　杨兢业
人大副主席　张道海

四铺镇

党委书记、人大主席　徐宏建
党委副书记　陈丹静
纪委书记　张　平
副镇长　刘顺风　吴　亮　赵礼平
人大副主席　王守杰

市属及其他单位

国土资源局

局长、党组书记　许小松
副局长　张玉松　徐亚军
纪检组长　李　立

国税局

局长、党组书记　樊登信
副局长　马良信　周静鲁　周宗普
　　吴　超
纪检组长　杨东海

地税局

局　长　杨德刚
副局长　张明亮　王　玫(女)　宋新华
纪检组长　徐继武

气象局

局　长　陈启霞（女）
副局长　李　兵

国网濉溪县供电公司

总经理、党委副书记　梁　伟
党委书记、副总经理　王继平
副总经理、纪委书记　吴元月
副总经理　丁怀军　李　刚

邮政局
局　长　万利果
副局长　王　强
中国电信股份有限公司濉溪分公司
总经理　胡　军
副总经理　李朝峰　曹长见
中国移动通信集团有限责任公司濉溪分公司
总经理　孔少龙
副总经理　皮成松　李健
中国联通公司濉溪分公司
总经理　焦来义
副总经理　张新源
中国银行濉溪支行
行　长　徐晓峰
副行长　谢文峰　李鹏程
建设银行濉溪支行
行　长　丁怀海
副行长　徐　姚　刘福田
工商银行濉溪支行
行　长　张裕刚
副行长　马化洋　周旭　沐清森　关　健
农业银行濉溪支行
行　长　黄　艳
副行长　张洪军　高利
农业发展银行濉溪支行
行　长　王建华
副行长　李　杰　孙世忠
农商行濉溪支行
董事长、党委书记　雷　慧
副行长、党委副书记　姚　清
副行长　马健康　雷志刚　段张虎
监事长、纪委书记　徐　岩
徽商银行濉溪支行
行　长　任万里
副行长　刘媛媛　范洪涛
邮政银行濉溪支行
行　长　冯　强
国家统计局濉溪调查队
队　长　曹伯蕊
马鞍山农商银行濉溪支行
行　长　陈　勇
副行长　鲁汪琼
濉溪湖商村镇银行
行　长　佘月平
副行长　李　宁　赵文龙

附　录

顺应经济发展新常态 鼓足干事创业精气神
——在县委十届六次全体（扩大）会议上的报告（节选）

（2015年1月13日）

李　加　玉

一、客观评价2014年工作

2014年，面对严峻复杂的宏观形势和经济持续下行压力，县委常委会牢牢把握发展大势，以开展党的群众路线教育实践活动为契机，团结带领全县人民，积极作为，砥砺奋进，经济社会发展稳中有升、稳中见优、稳中向好，各项工作扎实推进，迈出了新的步伐。县委常委会重点抓了以下几个方面工作：

（一）突出抓作风、反“四风”，学教活动成效显著。根据中央和省、市委的统一部署，我县党的群众路线教育实践活动自去年2月份启动，共有30个党（工）委、223个党总支、1285个党支部参加，涉及科级以上干部947人、党员38591人。一是紧紧抓牢学习教育主线，补了钙，强了骨，切实增强了政治意识。通过领导带头学、坚持全面学、抓好典型学、加强警示学以及开展“三严三实”集中教育活动等形式，引导党员干部深学细研、补钙强骨，使广大党员从思想深处受到了群众观念和宗旨意识的一次深刻洗礼，进一步筑实了政治根基。二是大力整治“四风”问题，治了病，排了毒，进一步密切了党群干群关系。制定下发了《开展“四风”突出问题专项整治和加强制度建设的方案》，坚持把边学边改、边查边改、立行立改贯彻始终，强力推进各项专项整治行动，一批群众关注的热点难点问题得到有效解决，党员干部作风显著转变。三是深入贯彻整风精神，红了脸，出了汗，有效恢复和发扬了批评与自我批评优良传统。坚持时间服从质量，按照压茬推进的要求，对全县各级专题民主生活会和组织生活会从严要求、严格把关，确保会议高质量、接地气、有特色，达到了帮助同志、增进团结、促进工作的目的。四是全面加强制度建设，立了规，划了线，有力固化了学教活动成果。坚持以制度建设为基，积极推动作风建设规范化、常态化、长效化。2014年，全县共新建制度36项，修订完善制度39项，废止不适宜制度19项。强化制度执行约束，共对32人进行了问责，给予10名工作人员党政纪处分。在活动开展的同时，县委常委会始终注重统筹兼顾，坚持把开展活动与推动中心工作有机结合起来，切实做到两手抓、两不误、两促进，有力促进了经济社会持续健康发展，实现了党员干部受教育、科学发展上水平、人民群众得实惠的目标。

（二）突出抓产业、保增长，经济运行平稳向好。坚持发展第一要务，聚焦产业发展和实体经济主线，狠抓稳增长、促转型、扩内需各项措施的落实，经济运行整体平稳，发展质量有效提升。预计全年实现生产总值204亿元，同比增长13.3%；规模工业增加值120亿元，增长20%；固定资产投资203亿元，增长12%；社会消费品零售总额60.5亿元，增长13.5%；城镇和农村常住居民人均可支配收入分别为17304元、8445元。全年完成财政收入26.4亿元，同比增长8.1%。主要经济指标增速同比虽有所回落，但整体仍处于较快区间。一是工业经济支撑有力。切实加强工业运行调度，大力实施干部帮联企业、主导产业培育、规模企业扩张、企业技术改造等工业促进工程，工业增速强势回升，规模工业增加值增速继续位居全省县级前列，对县域经济的支撑作用进一步增强。预计全年实现工业投资

131 亿元，同比增长 12%；技术改造投资 65 亿元，增长 6.2%；新增规模工业企业 36 家，总数达 249 家，其中 50 家重点企业被纳入省经信委信息平台。创新型企业培育取得重大突破，全县新增国家级高新技术企业 9 家、省级创新型企业 4 家、高新技术产品 12 个。主导产业集聚效应进一步凸显，六大产业预计全年实现产值 341 亿元，同比增长 19.5%，拉动全县工业增长 13.6 个百分点。二是农业经济稳定增长。充分挖掘农业内部增长潜力，打造部级小麦高产万亩示范片 7 个、市级 19 个，总数达 26 个；粮食生产实现“十一连增”。加大新型农业经营主体培育力度，全县已发展家庭农场 557 家、农民专业合作社 721 家；新型经营主体规模流转土地 28 万亩；口子谷物良种繁育专业合作社被认定为国家级农民合作社示范社。积极推进农业产业化、标准化发展，全县农业产业化企业增至 120 家，预计全年完成规模以上农产品加工业产值 125 亿元，同比增长 12.7%；无公害农产品生产基地面积增至 130 万亩。三是第三产业亮点增多。预计全年新增限上流通企业 23 家，总数达 80 家。福田辰茂酒店、中苑商厦、数码港等大型城市综合体项目有望近期竣工。南坪港项目已经竣工，浍河通航正式投运，开启了淮北地区通江达海的新纪元。湖商村镇银行、濉溪农商银行、金福达担保公司挂牌营业，招商银行筹建工作基本完成，交通银行正在准备筹建。年末金融机构贷款余额 138.07 亿元，存贷比 51.94%，同比提高 5.33 个百分点。对外贸易持续增长，预计全年完成进出口总额 2 亿美元，同比增长 20%。

（三）突出抓改革、促开放，发展活力加速释放。坚持把改革开放作为根本动力，着力破除体制机制障碍，改革的深度和开放的程度不断拓展。扎实推进政府机构、行政审批、医疗卫生、文化体制等各项改革。平稳完成市场监督管理局组建工作；刘桥镇和双堆集镇农村土地承包经营权确权登记颁证试点工作稳步推进；城市建管、财税体制、要素市场等重点领域和关键环节改革实现了新突破。完善招商引资政策体系，强化招商责任，创优投资环境。濉溪县和县经济开发区分别获“中国中小企业创新服务先进县”、先进园区和“安徽省投资环境十佳县”及园区称号。预计全年引进省外资金 90 亿元、外资 1.8 亿美元，其中引进亿元以上项目 28 个；引进外资规模继续保持全省县级领先位置。强力推进园区建设发展，县经济开发区争创国家级开发区工作已报国务院待批；濉芜产业园新增征地面积 1500 余亩，签约亿元以上项目 36 个，入驻产业项目 8 个；百善食品工业园产值突破 50 亿元大关。大力实施项目带动战略，强化项目推进调度和服务，215 个重点项目推进整体顺利，预计全年完成投资 154 亿元，其中 39 个省“861”、73 个市重点项目分别完成投资 75.5 亿元和 110.4 亿元，均超预定目标。加强项目谋划储备，确保项目承接有序，进一步增强了发展后劲。

（四）突出抓统筹、创环境，城乡面貌显著改观。坚持城乡统筹、一体发展，强力推进争创全省文明县城、省级园林县城和森林增长工程、城乡环境综合整治等活动，城乡建设步伐加快，人居环境显著改善。县城开发建设全面提速。浍河路桥、碱河西路等一批重点市政项目竣工使用，改造背街小巷 19 个，预计全年完成市政基础设施投资 4.8 亿元；实施房地产项目 22 个，完成房屋征收面积 58.3 万平方米。成功获评第三届安徽省文明县城称号，这是濉溪县首次获此殊荣。因地制宜加快小城镇和美好乡村建设，积极推进农村城镇化。百善镇跻身新一轮全国重点镇，临涣镇、双堆集镇获全省特色景观旅游名镇称号，刘桥镇获评全省宜居宜业优秀乡镇，五沟镇区整体搬迁基本完成；美好乡村建设获得全省先进县称号，8 个新增省级示范村建设推进有序。强化生态环境监管，加强污染面源治理，严格落实秸秆禁烧措施。加强市场化运作，创新考核机制，高位推进“三线四边”综合整治工作。全面完成森林增长工程任务，新增造林绿化面积 3.97 万亩，全县林木绿化率达到 16.6%。

（五）突出抓民生、保稳定，社会建设有效加强。坚持发展为了人民、发展成果人民共享，持续改善民生民计，全力促进和谐稳定。大力实施 33 项民生工程，累计投入民生工程资金 12.7 亿元。扎实实施渔民上岸安居工程，初步完成老民师、老村干等 7 个“老字号”群体补助认定发放工作。突出以创业促就业，深入实施小老板培育工程，建成农民工创业园 9 个、城市创业园 1 个，发放小额担保贴息贷款 1.03 亿元，预计全年新增私营企业 943 家、个体工商户 4230 户。强化社保扩面提标，全面完成城乡居民养老保险任务，城乡居民合作医疗参保率达 102.5%，企业退休人员人均增资 163 元。深化群众性精神文明创建活动，加强核心价值观教育，推进志愿服务活动制度化；新增“中国好人”1 人、市级道德模范 4 人，“中国好人榜”累计上榜达 26 人。大力繁荣发展社会事业。全面推进素质教育，提升职业教育，高中阶段入学率达 84%，县职教中心获得“国家中等职业技术示范校”称号；加强文物管理保护，柳孜运河遗址成功入选世界文化遗产名录，成为全省第三处世界文化遗产；加强城乡医疗卫生服务体系建设，医改成果进一步巩固；刘桥敬老院被评为“全国敬老模范单位”。大力推进“阳光计生”，强化综合治理，主要计生指标进一步优化，打击“两非”工作经验在国家、省会议上交流。积极推进基层自治管理创新，全面完成基层综治维稳信访工作中心（站）组建工作；深入开展“积案化解”、“守护平安”、“打非治违”等专项行动，社会大局整体平稳，与经济发展的联动效应进一步增强。

（六）突出抓党建、强基础，政治保障更加有力。严格落实管党治党责任，着力提升党建工作规范化、制度化、科学化水平。注重思想建党，坚持和完善党委中心组学习制度，扎实组织各类主题培训，引导广大党员锤炼党性、保持定力，切实增强道路自信、理论自信和制度自信。积极深化干部人事制度改革，坚持“六用六不用”选人用人标准，进一步彰显正确用人导向。2014 年，县委共调整任用干部 88 人，干部配备和调整情况均符合中央和省、市委有关规定。推动党建工作重心下移，开展软弱涣散村党组织集中整顿，圆满完成村“两委”换届选举工作，进一步筑牢基层党建工作基础。创新基层党建工作形式，全面推行村干部开放式集中办公，培树“党委 110”、“广场民情恳谈会”、“夕阳红旗社”等知名党建品牌。深入开展“作风建设提升年”活动，强化效能建设问责，加大执行“八项规定”督查力度，集中整治“小四风”问题，推动作风转变成为新常态。深化党风党性教育，强化廉政教育和风险防控，依法查处一批违法违纪案件，营造风清气正的良好氛围。县委常委会高度重视自身建设，认真贯彻落实民主集中制，注重同县几套班子的协调配合，充分发挥民主党派和群团组织的作用，统揽全局、协调各方的核心作用进一步加强。

二、科学审视濉溪发展面临形势

科学谋划濉溪发展思路，准确判断和把握形势是前提。置身日趋复杂的国际国内宏观环境中，我们必须以更加宽广的视野、开拓的思维，努力在变化中捕捉机遇，在压力下寻求突破，切实增强各项工作的预见性和创造性。

第一、要正确认识新常态蕴藏内涵，保持战略定力。随着经济发展基数的显著增大，保持经济持续高速增长的难度越来越大，发展中面临的困难和制约因素不断增多。面对新常态带来的新问题，我们决不能“乱花迷眼、浮云遮眼”，要看到经济增速虽然放缓，但增长更趋平稳，增量依然可观，前景更加稳定。要透过现象看本质，既要树立底线思维，把困难和挑战考虑得更加充分一些，确保经济增长不过速也不失速，又要保持战略定力，全面加大改革创新力度，切实把顺应新常态的过程转化为苦练内功的过程，转变为结构升级的过程，努力在更高起点、更高层次上推进科学发展，在新常态下抢占先机、赢得主动。

第二、要敏锐把握政策环境新变化，强化机遇意识。2014年底召开的中央经济工作会议强调,继续坚持稳中求进的工作总基调,保持经济运行在合理区间，一系列重要领域改革和支持实体经济发展的政策将陆续出台,今年发展的整体外部环境将趋宽松。省委、省政府去年11月份出台了促进皖北发展的“新十条”(《关于促进皖北又好又快发展的若干意见》),同时将原有“两个十条、一个纪要”有关政策延长执行到2020年，支持振兴皖北发展力度不断加大。淮北市发展重心不断南移，市、县联动发展的一体化格局已经形成。面对政策环境的新变化，我们必须登高望远、把握大势。要善于“借势”，从宏观环境的发展变化中捕捉机遇；善于“乘势”，从贯彻执行上级决策部署中抓住机遇；善于“顺势”，从人民群众的期盼和诉求中发现机遇,最大限度地增加动力、减少阻力、形成合力，不断开创发展新局面。

第三、要充分挖掘内在潜力和优势，加快赶超步伐。抓住新一轮发展机遇、实现又好又快发展，必须立足县情，充分挖掘和发挥自身潜力和内在优势。整体上看，濉溪县仍处于工业化、城镇化、农业现代化快速推进阶段,经济发展虽然受到煤炭、铁矿石等行业低迷冲击，但铝基新材料、机电制造、战略性新兴产业迅速成长。省委书记张宝顺同志在来濉调研指导工作时,对县主导产业培育工作给予高度评价,特别是对濉溪的铝基新材料产业前景寄予厚望。淮水北调、城际高铁、S101改线、临涣工业园快速通道等一批重大基础设施项目加快实施，“2+1”园区建设快速推进，濉溪县的区位、资源、基础设施、发展环境等,在新一轮产业转移中的竞争优势日益凸显。县委、县政府坚持既定的发展思路不犹疑，持之以恒地抓产业、抓项目、抓招商，广大干群思发展、谋发展、促发展的氛围日趋浓厚。

三、奋力开创“四个濉溪”建设新局面

县委对2015年工作的总体要求是:全面贯彻党的十八届三中、四中全会和中央、省经济工作会议以及市委全会精神，以邓小平理论、“三个代表”重要思想、科学发展观为指导,牢牢把握稳中求进工作总基调，主动适应经济发展新常态，突出抓主抓重，狠抓改革攻坚，促进“四化”融合，强化民生保障，确保经济平稳健康发展、社会和谐稳定，奋力开创“四个濉溪”建设新局面。

经济社会发展主要目标是:生产总值增长9%；规模工业增加值增长13%；财政收入增长8%；固定资产投资增长13%；社会消费品零售总额增长12%；城镇和农村常住居民人均可支配收入分别增长11%、12%；人口自然增长率和节能减排指标控制在省、市规定的范围以内。

贯彻落实好以上总体要求,胜利完成全年目标,关键要抓紧抓实以下几个方面的工作：

（一）攻坚克难推进改革创新。发展要有新局面,关键是各项改革要持续发力。要敢于啃硬骨头，敢于涉险滩，敢于过深水区，着力打破体制机制羁绊，加速释放发展活力。一要加快政府职能转变。进一步简政放权，深化行政审批改革。加快编制和发布政府、部门权利清单、责任清单、负面清单，推进机构、职能、权限、程序、责任法定化，最大限度地减少政府对微观事务的管理，切实把政府的“有形之手”转变到创优发展环境、提供优质公共服务、维护社会公平正义上来。积极优化政府机构设置,确保按时间节点完成机构改革任务。加快事业单位分类改革，加大政府购买公共服务力度,推动公办事业单位与主管部门理顺关系和去行政化。二要完善现代市场体系。坚持社会主义市场经济的改革方向,突出市场在资源配置中的决定性作用。全面放开市场准入，推进工商注册、纳税登记便利化，完善产权保护制度，加强社会征信系统建设，推动企业平等使用生产要素、公平参与市场竞争。深化行政执法和司法体制改革，坚持实体公正和程序公正并重,完善办案程序规则、质量标准和监督制约，减少自由裁量权，提高执法和司法公信力。三要推进思路举措创新。要紧密结合县情，敢于想人未想、谋人未谋，着力在破解土地、资金、征收、维稳等发展难题上拓展思维，在推进产业发展、加强城市建管、推动全民创业等方面大胆创新。要努力让“只为成功想办法，不为失败找理由”成为一种常态，坚持不懈地以改革的理念、创新的办法、市场的手段打开工作局面、推动工作落实，不断积累和创造“濉溪经验”。县经济开发区和濉芜产业园要勇当全县改革创新先锋，先行先试，积极探索，树好标杆。

（二）坚定不移做强产业支撑。坚持以工业强县建设统筹三次产业发展，大力实施产业促进工程，着力做大总量、调优结构、提升效益，全面增强产业综合竞争力。一要大力推进工业转型升级。紧盯国家产业政策走向，结合“十三五”规划编制，研究制定铝基新材料、装备制造、食品加工等重点产业培育发展规划，启动实施一批重大产业提升项目。着力加强首位产业培育力度，切实提升铝基新材料产业的集聚力和牵引力。坚持有所为、有所不为，深入实施创新驱动战略，大力发展节能环保、电子信息等战略性新兴产业，努力抢占新一轮发展“制高点”。加强工业运行监测，深入开展“干部帮联企业”等活动，着力破解企业生产经营中遇到的资金、用工、用电等难题。继续实施规模企业壮大和中小企业成长工程，筛选20家骨干企业和50家成长性好的中小企业进行重点扶持，引导支持企业实施战略扩张和科技创新，力争全年新增产值超亿元企业10家，新增规模企业25家，新增高新技术企业5家。二要积极转变农业发展方式。深入推进小麦高产攻关，加强农业科技推广应用，进一步巩固“千斤县”创建成果。扎实推进农村土地承包经营权确权登记工作，力争2015年全面完成土地确权任务。以土地确权为契机，进一步整合涉农资金，加大新型农业经营主体培育力度，力争今年新增土地规模流转面积3万亩，新发展家庭农场60家，其中示范家庭农场30家。加快推进五铺农场、黄新庄休闲体验农业示范点建设，着力培育和打造省、市新型农业亮点。继续加大农业招商引资力度，推动企业与农户对接，提高农产品加工增值能力，力争2015年新增规模农业产业化龙头企业5家。三要加快做强现代服务业。抢抓国家扩大内需机遇，研究制定促进服务业整合及发展政策，建立完善服务业考核机制。结合工业强县建设实际，重点扶持物流、金融、中介等生产性服务业发展。加强百善物流基地建设，进一步打响“物流百善”品牌。加快实施沱浍河通航工程，加快发展壮大水运物流。扎实抓好交通银行、银通担保公司等筹建工作，推动金融机构在乡镇布点。加强房地产业风险防控，促进房地产业健康发展。完善商业网点布局，加快商贸中心、专业市场、直营连锁店建设，推进商贸企业电子商务普及应用，力争全年新增限额以上流通企业10家。

（三）集中力量扩大项目投入。加快项目建设、实施投资驱动，既是确保经济保持较快增速的最有力手段，又是优化产业结构的重要途径。要继续举全县之力争上项目、抢建项目，持续掀起项目建设热潮。一要着力加强项目谋划。要紧盯国家投资走向，把握“十三五”规划编制的机遇，精准落实省委、省政府新一轮支持皖北发展的精神，善于做无中生有、有中更好的文章，重点围绕自主创新、结构调整、基础设施建设、民生工程等，超前谋划、储备、包装一批打基础、增后劲、促升级的重点项目，充实完善项目库。要全力做好项目对接和申报工作，确保政策允许后能迅速跟进，争取更多项目进入国家、省、市扶持序列，争取更多项目在县布局。二要狠抓重点项目推进。健全完善项目建设“五个一”推进机制，继续筛选一批重大项目由县级领导直接联系帮扶。对牵头领导和项目单位实行“双向约束”，定责任、定节点、定奖惩，强化项目调度和督查问效，签约项目抓落地、开工项目抓进度、建成项目抓投产，形成项目建设协调联动、梯次推进的格局。要突出抓好在建项目，实行倒排工期、挂图作战，着力解决项目推进中存在的备案、核准、用地、用电、资金等问题，打好“攻坚战”，确保全年重点项目投资140亿元以上,20个以上的重大产业项目建成运营。三要创优项目建设环境。近期，国务院已启动对地方税收等优惠政策的全面清理工作。在这个大背景下,靠什么赢得竞争优势？只能靠抓服务、抓环境。全县各级各部门都要进一步强化环境品牌意识,无条件地服从和服务项目建设。要严格落实一站审批、限时办结等有关制度，着力从项目签约、注册登记、开工建设到投产经营提供全过程、多方位、系列化服务。健全完善客商投诉快速反应处理机制，对乱检查、乱收费、乱摊派和强买强卖、强揽工程、强装强卸等违法违纪行为,坚决做到露头就打，严肃处理，绝不姑息。

（四）持之以恒狠抓招商引资。招商引资、借力发展是经济工作的生命线,也是发挥后发优势、实施弯道赶超的最直接、最有效途径。要切实强化招商引资第一要事意识，举县而为大招商、招大商，力争全年引进省外资金95亿元、外资1.85亿美元，引进亿元以上项目30个。一要大力推行精准招商。严格项目准入条件，正确处理“放下身段”与“抬高门槛”的关系，突出招大引强、延链引进、集群承接，重点围绕铝基新材料、机电制造、节能环保、电子信息等重点产业，着力在引进大企业、大集团上做文章，在引进重点产业的上下游配套项目上下功夫,努力实现招商引资向招商选资转变,进一步拉长产业链条，提升产业层次。二要积极创新招商方式。要紧盯长三角、珠三角、环渤海等重点区域，密切同当地商会、行业协会的联系，广泛捕捉项目信息，大力推进企业招商、以商招商和驻点招商，加快传统招商方式向现代招商方式转变。要更加注重境外招商,确保利用外资全省县级领先位置。继续强化招商引资责任，加强和改进招商考核；对引进规模以下项目的，实行打捆申报。坚持内外资并举，坚决清除各种隐性壁垒,确保本地人才创业享受同等待遇。三要全面加快园区建设。继续集中力量支持“2+1”园区超常规跨越发展。县开发区要锁定争创国家级开发区目标，强力实施“增容升级”工程，提升生产生活综合配套能力，推动土地集约、企业集中、产业集聚；利用好中小企业孵化园、科创大厦等载体,积极发展“草根经济”和“总部经济”。濉芜产业园要加快吸纳项目落地,勇当今年项目建设的主战场。百善食品工业园要依托现代农业示范园，积极推进企业与农户协同发展，全面加快白酒、肉食加工等专业园区建设，努力跻身省级食品开发区行列。

（五）坚持不懈强化城镇驱动。坚持以新型城镇化为引领，突出以城带乡、城乡统筹，加快改善城乡生产生活条件，释放城镇化驱动潜能。一要强化县城龙头带动作用。深入开展县城规划管理“六项提升”行动，优化城市整体空间布局，进一步确立打造中等规模工业生态城市目标。启动实施郭楼桥改建、闸河路贯通、乾隆湖景观工程等一批重点市政项目,开展第三批背街小巷综合整治,着力提升基础设施、配套设施整体功能。科学规划管理单元，有序实施组团开发；加快重点地块房屋征收力度,力争县城今年完成征收面积30万平方米。加快推进河西路网、学校、医院等项目建设，启动区内自然庄搬迁工作，有序引导公共资源、商贸企业向河西集聚，拓展城市发展空间。二要稳步推进农村城镇化。积极引进社会资金，因地制宜加快现有小城镇建设开发,着力吸纳农村人口就地转移。充分发挥“扩权强镇”和城乡一体化试点政策优势，推动百善、临涣、南坪等中心小城镇建设提速提质，着力打造县域副中心。进一步巩固前两批美好乡村创建点效果,启动实施第三批8个美好乡村示范点创建工作,积极推动农村居民居住社区化，着力打造“升级版”新农村。三要深化城乡综合整治。深入推进县城“三城同创”活动，启动实施全国园林县城和全省卫生县城创建工作。创新城镇管理模式，推进管理重心下移，努力实现无缝隙、全覆盖。继续推进“三线四边”集中整治，加大城乡同治力度，深入实施森林增长工程，推进生态水系治理，加强重要区域、重要节点景观建设，推动城乡综合环境进一步改观。

（六）以人为本加强社会建设。坚持发展为了人民、发展成果人民共享，积极创新社会治理模式，确保人民安居乐业、社会安定有序。一要持续改善民生民计。突出保基本、守底线、可持续原则，继续加大民生工程实施力度，推进民生工程滚动发展。坚持就业优先战略，突出以创业促就业，实施新一轮小老板培育三年计划，力争今年新增私营企业695家、个体工商户2980户。深入实施城乡居民收入倍增计划，深化机关和企事业单位工资制度改革，多渠道增加居民财产性收入。加快健全社会保障征管体制和经办服务体系，进一步扩大参保缴费和城乡救助覆盖面。加快推进保障性住房建设和农村危旧房改造，继续抓好渔民上岸安居工程和老字号群体补助认定发放工作，切实解决特殊群体的生活困难。二是统筹发展社会事业。统筹城乡教育资源，探索推进“捆绑制”、“联盟校”等管理模式，促进教育公平，推动各种教育协调发展。深化医药卫生体制综合改革，支持县医院争创三级医院，提升农村、社区等基层卫生服务水平。启动柳孜遗址博物馆和遗址公园建设，积极争创国家5A级景区。坚持人口计生工作“三个不动摇”，健全利益导向，综合治理出生人口性别比，强化过程管理，确保省考核位次稳中有进。三要全力维护社会稳定。加强基层社会管理和服务体系建设，充分发挥群众性自治组织作用，推动矛盾纠纷就地化解。深入开展领导包案、带案下访等活动，坚持依法治访，落实诉访分离，着力把一批信访诉求引入法治轨道解决。扎实推进“平安濉溪”建设，创新立体化社会治安防控体系，依法严密防范和惩治各类违法犯罪活动；加大对新安全生产法宣传贯彻力度，强化对建设工程、煤矿、食品药品等重点领域、重点行业、重点部位的监管，严防重特大事故的发生，确保人民群众生命财产安全。

近期国家、省有关“十三五”规划编制的精神陆续出台。各有关部门要认真学习领会，及早开展各类调查研究活动。要切实吃透县情，高点站位，聚焦重点任务、重点项目、重点区域，突出问题导向，正确处理政府与市场、继承与创新、顶层设计与因地制宜的关系，推动争先进位、加快赶超步伐。要坚持开门办规划，广开言路，努力使规划编制成为凝聚各方共识、汇聚各方智慧的过程，齐心协力共同绘好未来几年指引我们发展的宏伟蓝图。

四、大力营造干事创业的良好政治环境

事在人为、业在人创。抓好今年各项工作，各级党员干部必须奋勇前行、带头落实。要积极创新党建工作方式，全面加强党的思想、组织、作风和制度建设，充分发挥各级党组织的战斗堡垒作用，努力使广大党员干部争先干事、争创事业成为常态，为胜利完成全年目标任务提供坚强保障。

一要激发干事创业的内动力。干事在人，人在精神。不可否认，当前仍有一些干部精神不振、不思进取，为了不出事宁愿不干事，做一天和尚撞一天钟，求稳怕乱，敷衍塞责，必须引起高度警醒。要激发昂扬向上的志气，自觉从“要我发展”转变为“我要发展”，进一步拓宽视野、拉升标尺，始终保持一往无前的斗志、争创一流的激情，努力在平凡中创造非凡，在“小”岗位上创出大事业。要砥砺敢于担当的勇气，始终保持敢闯敢试的魄力、志坚如钢的定力，直面各种困难和挑战，勇走新路、善破难题、能当重任，切实做到守土有责、守土负责、守土尽责。要提升干事创业的能力，切实把学习作为一种价值追求、一种政治责任、一种生活常态，坚持学用结合、知行合一，不断深化对形势的判断、问题的思考、规律的认识，真正做到科学施策、科学应对、科学实干。

二要聚强干事创业的正能量。要扎实做好党的群众路线教育实践活动各项“收尾”工作，持续加大转作风、反“四风”力度，进一步巩固和提升活动成果。要以提高干部队伍执行力为重点，坚持问题导向，切实加强和改进对县委、县政府重点工作督查问责力度，深化治庸治懒，严肃查处不作为和慢作为行为。要积极培树一批扎根基层、勤奋敬业的典型，在全县宣讲推广，以榜样的力量引导广大干部立足岗位、创好事业。要创新干部考核评价机制，进一步树立鲜明用人导向，坚持和完善从基层选人用人制度，把目光更多投向那些不事张扬、任劳任怨、埋头苦干的“老实人”、实干者，真正让吃苦的人吃香，实干的人实惠，有为的人有位。要适应基层党建形势变化需要，着力抓好镇党委书记、村支部书记、农村致富带头人“三支队伍”建设，加强农村合作社、专业协会和城市“两新”组织党组织建设，组织开展基层党组织星级创评等活动，不断增强基层党组织的凝聚力和战斗力。

三要守好干事创业的“防护线”。党的四中全会对全面推进依法治国做出了重大战略部署。党员干部是依法治国的组织者、推动者、实践者，要带头学法遵法用法，自觉在法治轨道履职尽责，提高运用法治思维和法治方式深化改革、推动发展、化解矛盾、维护稳定的能力。要将宪法法律作为中心组学习和干部培训的重要内容，深入培育和塑造法治文化，积极推进法治反腐。要坚持用制度管权管人管事，推进决策公开、管理公开、服务公开、结果公开，加大对重点工程、重点领域的清理整顿规范和纠风治乱力度，努力使各级干部能干事、干成事、不出事。要严格落实党风廉政建设党委主体责任和纪委监督责任，推动纪委派驻机构全覆盖，严厉查处违纪违法案件，努力实现干部清正、政府清廉、政治清明，以良好的政治生态凝聚力量、保障发展。

要切实加强县委常委会自身建设，坚持和完善民主集中制，不断提高决策的科学化、民主化、制度化水平；进一步加强和改进对人大、政府、政协和工、青、妇等人民团体的领导，巩固和发展爱国统一战线，充分发挥统揽全局、协调各方的核心作用；积极完善县委内部运行机制，强化县委全委会职能，拓展党代表行使权利途径，进一步扩大党内民主。

濉溪县第十六届人民代表大会第五次会议政府工作报告

（2015年4月1日）

赵 德 志

一、2014年工作回顾

全年完成地区生产总值首次突破200亿元，达到204亿元，同比增长13%。固定资产投资217亿元，增长12%。财政收入26.4亿元，增长8%；地方财政收入14.2亿元，增长8.5%。社会消费品零售总额60.1亿元，增长13.2%。城镇和农村常住居民人均可支配收入分别达到21255元、9056元，分别增长8.8%、11.7%。节能减排完成省、市控制目标。多项经济指标位居全省县级前列，被评为“中国中小企业创新服务先进单位”、“全省投资环境十佳县”、第三届“安徽省文明县城”和“全省园林县城”，再次荣膺“全国文化先进县”称号。

（一）工业经济提质增效，项目建设高效推进。强化月调度落实和帮扶机制，工业经济实现较快发展，全年新增规模工业企业36家，总数达246家，产值超亿元企业143家。规模工业增加值首次突破100亿元，达到121亿元，增长18.2%，增速分别位居全省二类县第3位、县级第4位。煤电及矿产采选、装备制造等六大行业实现工业产值341亿元，占规模工业总产值的71%。民营经济快速发展。口子酒业、理士电源入选“全省民营企业100强”，南坪镇天嘉湖生态农业科技公司在“新四板” 成功上市，广博机电、美信铝业进入“新三板”上市辅导期。战略性新兴产业实现增加值25.3亿元，占规模工业增加值比重超过20%。新增9家国家级高新技术企业、4家省级创新型企业、12个省级高新技术产品，淮北矿山机器生产的液压传动式浓缩机被评为国家重点新产品。强化县级领导联系调度和要素保障机制，项目建设加快推进，215个重点项目完成投资154亿元，相江实业、华中天力等铝加工项目竣工试产，伺服电机、金鸿盛电气等装备制造项目加快建设。道路交通、城镇化建设、农田水利等一大批政府投资项目已完工。

（二）开放水平明显提升，园区发展势头强劲。完善投资项目准入管理、绩效考核办法等配套文件，突出浙江、广东等重点地区，开展精准招商活动。引进省外资金90.3亿元，利用外资1.8亿美元；引进亿元以上规模项目27个，综合排名全市第1位。被评为全市招商引资先进集体，在全市表彰大会上作典型发言。完善外贸进出口奖励政策，实现外贸进出口总额2.13亿美元，增长26.45%，排名全市第1位。开发区污水处理厂二期竣工运营，公租房建成分配，中小企业孵化园建成并入驻5家企业，争创国家级开发区工作已上报国务院待批。区内全年完成规模工业增加值58亿元，财政收入5.13亿元，在建重点项目32个。清理盘活低效闲置用地737亩，促进土地节约集约利用。被评为“中国中小企业创新服务先进园区”、“全省投资环境十佳园区”。濉芜产业园7条续建道路附属工程基本完工，3条新建道路加快推进，安置房全部封顶；艾瑞库车业、亚星重工等8个亿元项目开工建设。百善食品工业园基础设施进一步完善，入驻规模食品加工企业16家，中隆酒业、华大生物科技、牧仕达饲料等项目加快建设。

（三）城镇建设步伐加快，城乡环境明显改观。完成《县城总体规划》（2013-2030）纲要修编和城乡规划方案编制，实施开发区、濉芜产业园、县城区五个片区控规、14项专项规划和各镇总规及镇区控规编制。浍河路桥和碱河西路改造建成通车，19条背街小巷改造完成，碱河路铁路立交桥开工建设。县城地下管线普查和系统平台建设工程实地勘察基本完成。县城已开通6条公交线路，公共自行车二期投入使用，完成17座公厕旱改水改造任务。出台《国有土地上房屋征收与补偿暂行办法》等房屋征收文件，县城区完成房屋征收面积58.3万平方米。房地产完成投资17.2亿元，销售商品房面积54.5万平方米。合欢家园安置房完成主体及辅助工程，幸福家园安置房二期全部封顶。2903套棚户区改造和太平矿业560套自建公租房项目加快建设。开展非法加工石料厂、秸秆禁烧等12项大气污染防治和交通秩序整治、拆违控违等环境整治行动，城乡环境明显提升。实施20项园林绿化提升工程，城南广场和新濉河公园延伸段建成开放，濉河公园荣获安徽省人居环境范例奖。实施“森林增长工程”、“三线四边”绿化提升行动，生态环境显著改善。小城镇功能进一步完善，镇域实力不断增强，百善镇被评为全国重点镇。南坪镇、濉溪镇和百善镇黄新庄村被评为第三届“安徽省文明村镇”。

（四）农业经济稳步发展，基础设施显著改善。粮食总产实现“十一连增”，小麦单产502.9公斤，连续10年被评为“全国粮食生产先进县”。农业标准化示范县建设和小麦高产创建活动扎实推进。百善现代农业综合示范区生产能力和抗御风险能力进一步增强。口子谷物良种繁育专业合作社被认定为国家级农民合作社示范社。新增农民专业合作社60家，发展家庭农场557家、专业大户530家。规模养殖健康发展，新建和改扩建规模养殖场72家。新增规模以上农产品加工企业5家，全县农业产业化企业达120家。刘桥镇和双堆集镇农村土地承包经营权确权颁证登记试点稳妥推进。实施“畅通工程”，S203淮六路连接线、S101合相路改线、濉漆路北段、濉岳路南段加快推进，淮六路、宿涡路完成大修工程，郭小路、百宋路西段建成通车，S202萧淮路改建、濉刘路（孙疃-陈集）完成年度计划。6座危桥和600户农村危房完成改造任务。创新农饮工程市场化建管模式，将工程交由市自来水公司规划建设和管护，保障了饮水质量，得到国家水利部的充分肯定。包河、王引河、老濉河等中小河流治理扎实实施，小农水重点县工程和小型农田水利设施改造提升工程加快推进。实施了4个高标准基本农田建设项目。完成农网改造升级和技改大修工程，电网供电能力和可靠性显著提升。美好乡村建设加快推进，被评为“全省美好乡村建设先进县”。

（五）第三产业持续发展，消费环境逐步提升。出台加快流通产业发展意见，修订完善现代服务业发展政策。新增限上企业23家，全县达80家。中瑞商贸、顺达商贸被评为“全省诚信商贸企业”，临涣培乳肉被评为“安徽老字号”。中瑞批发市场被省商务厅确立为省级应急商品调运企业，大自然种猪育种有限公司获省级第一轮5000头生猪活体储备计划。东风物流和开发区物流信息公共服务平台获省级内贸发展专项资金支持。建成淮海中瑞“云铺宝”电子商务信息平台。南坪港建成使用，华东商品博览城、华宇物流等商贸物流项目加快推进。农村商品流通服务体系试点工作加快推进，建成乡镇商贸中心1个、直营连锁店58个，虎山北路菜市场建成使用。濉溪湖商村镇银行、濉溪农商行和招商银行濉溪支行挂牌营业，全县银行金融机构达11家。金融机构贷款余额138.1亿元，同比增长28.9%，增速高于全市20.64个百分点；存贷比为51.94，创历史新高。

（六）民生工程扎实推进，社会事业全面进步。克服财力困难，保障民生资金需求，全年民生事业支出占财政总支出的89.7%。投入资金12.71亿元，实施33项民生工程，农村五保户补助等补助类项目和乡镇公办幼儿园等工程类项目全面完成任务。实施公益文化活动演出、城市园林养护等6个政府购买服务项目。创业促就业工作有新成效。新增城镇就业人员14004人、转移农村富余劳动力就业13178人。新注册个体工商户4230户、私营企业943户。社会保险覆盖面稳步扩大，社会救助体系不断完善。社会养老服务体系建设进一步加强，民政基础设施建设全面提升。420户以船为家上岸渔民住户得到妥善安置。老民师、老村干等7个老字号群体补助发放认定工作基本完成。社会事业得到加强。公开招录200名中小学教师。县职教中心荣获教育部等三部委首批“国家中等职业技术示范校”。设立青少年技术创新县长质量奖，修订专利发明资助办法。文化事业繁荣发展。柳孜运河遗址入选《世界遗产名录》。临涣镇被评为“安徽民间文化艺术之乡”，双堆集镇被评为“全省特色景观旅游名镇”。县级公立医院改革稳妥推进，基层医改进一步完善，基本药物制度实现全覆盖。基本公共卫生服务和妇幼保健水平明显提升，重大疾病防控和职业病防治得到加强。将正高级职称专业技术人员纳入医疗保健对象。健全人口服务和管理机制，人口质量得到提升。加强耕地和基本农田保护，严查土地违法行为。妇女儿童、青少年、老龄、残疾人等事业取得新进步，物价、统计、人防、地震、供销等工作取得新成绩。双拥共建、民族宗教、外事侨务、对台事务、档案、地方志等工作得到加强。

行政审批制度改革进一步深化，县政务服务中心被评为“省级行政审批服务标准化建设单位”。推进商事制度改革，推行工商注册“三证合一”改革试点，登记时限由至少15个工作日缩短为3个工作日。工商、质监、食品药品监督管理体制改革顺利完成。食品药品安全、产品质量等系列专项整治深入开展，保障了食品药品安全。开展安全生产“打非治违”和隐患治理，安全生产形势稳定。普法宣传有声有色，荣获“全国‘六五’普法中期先进县”。有效预防和解决农民工工资拖欠问题，为农民工追回拖欠工资4600余万元。29个压煤村庄搬迁稳步推进。213个村完成村委会换届任务。治安防控体系建设得到加强，各类案件有所下降。完善应急管理机制，处理突发事件能力进一步提高。认真排查化解矛盾纠纷和信访积案，有效解决一批信访问题，社会大局保持稳定。

出台《县政府工作规则》，规范重大事项决策行为，推进政务和信息公开，政府工作更加科学化、民主化、法制化。深入开展依法行政示范单位创建活动，依法行政意识进一步增强。自觉接受人大法律监督、政协民主监督和社会舆论监督。办理县人大代表议案、建议32件，县政协提案128件，办复率100%。严格执行中央八项规定、国务院“约法三章”和省市县有关要求，机关和部门作风有效改进，三公经费支出同比下降15.9%。财政国库管理改革不断深入，国库集中支付和公务卡结算深入推进。政府性债务管理规范运行，政府和部门预决算公开稳步推进。扎实开展群众路线教育实践活动，解决一批损害群众利益的“四风”问题。党风廉政建设和惩治预防腐败体系建设进一步加强，查处了一批违法违纪案件。出台《关于进一步严肃招投标纪律规范招投标行为的通知》等招投标文件，规范了政府投资工程招投标行为。出台《进一步加强审计整改工作的意见》，加强重点领域审计，提高财政资金使用效益。全年审计政府投资项目804个，审减资金1.3964亿元。强化政务督查，开展国有资产清查、城乡低保办理等督查活动，重大决策和重点工作有效落实。

回顾过去的一年，我们也认识到经济社会发展中还存在不少困难和问题。主要表现在：一是受宏观经济依然下行、国家各项政策收紧的影响，我县部分企业经营困难、效益下滑；与此同时，全县经济总量仍然偏小，主导产业优势不够突出。二是财税收入难以保持较快增长，而基础设施建设、民生工程、工资及车改等刚性支出持续增加，财政收支矛盾十分突出。三是因村庄搬迁、城市建设等引发的信访问题依然较多。四是面对各项政策法规逐步完善的新形势，广大干部依法行政的意识和能力亟待提高。

二、2015年工作安排

2015年县政府工作的总体要求是，深入贯彻党的十八大和十八届三中、四中全会精神，全面落实省、市、县委全会精神，积极适应新常态，遵循发展规律，全面深化改革，扩大有效投入，调整优化结构，促进民生改善，锐意进取，勇闯难关，全力推进“四化”融合发展，确保经济社会平稳健康发展，加快“四个濉溪”建设进程。

2015年经济社会发展主要目标是：地区生产总值增长9%；规模工业增加值增长13%；财政收入增长8%；固定资产投资增长13%；城镇和农村常住居民人均可支配收入分别增长11%、12%；社会消费品零售总额增长12%，人口自然增长率和节能减排指标控制在省、市规定的范围以内。重点抓好八个方面工作：

（一）深化重点领域改革，加速释放发展活力。加快推进重点领域改革，最大限度释放市场活力，充分激发经济社会发展内生动力和创新活力。

深化行政体制改革。积极推进政府机构改革。深化行政审批制度改革，衔接落实国务院和省取消下放的行政审批事项。建立权力清单、责任清单和负面清单制度，确保权力运行公开透明、运转高效。继续推进商事制度改革，扩大工商注册“三证合一”适用范围，实行项目审批收费“一表制”，适时运行“先照后证”制度，全面优化营商环境。稳妥推进公车制度改革和事业单位分类改革。推进电影系统事转企改制工作。深化投资体制改革和公共资源交易体制改革。

深化财政体制改革。坚持依法治税，强化综合治税管理和非税收入监管，确保各项收入应收尽收。推进“营改增”和资源税等税制改革。实行全面规范、公开透明的预算管理制度，加强预算绩效评价，盘活财政存量资金。加强政府债务管理，防范和化解债务风险。推进公共服务机制改革，非基本公共服务加快向民营资本开放，基本公共服务尽量采取政府购买服务方式。

深化金融体制改革。大力引进域外金融机构来濉设立分支机构，完善金融体系。增强农村商业银行和村镇银行服务能力，支持政策性融资担保公司发展。试行政府与企业合作PPP模式，加强交通和公共基础设施建设。推进建投公司改革，建立国有独立法人治理结构。推进普惠金融服务。鼓励发展多层次资本市场。全面深化农村金融综合改革，鼓励银行业金融机构向农村延伸。

深化城乡一体综合配套改革。深化社会事业改革，鼓励支持民办学校、医院、文化事业发展。推进医药卫生体制综合改革，巩固完善基层医改和县级公立医院综合改革。推进机关事业单位养老保险制度改革和收入分配制度改革。稳妥推进户籍制度改革，继续实行居住证制度。深化农村经营管理体制改革，在完成刘桥、双堆集农村土地承包经营权确权颁证登记试点任务的基础上，全面推开全县承包经营权确权颁证工作。

（二）实施创新驱动发展，推动工业做强做优。工业是濉溪的首要支撑。坚定不移实施工业强县战略，推进工业经济提质增效，打造精良产业，培育产业集群，努力构建现代化工业体系。

培育壮大龙头企业。建立县级涉企收费清单制度，落实“一企一策”指导服务，推动生产要素和优质服务向重点企业集中，加大对龙头、骨干和成长性企业的扶持和培育力度，做大工业总量、调优产业结构。全年新增规模以上工业企业25家，其中产值超亿元企业10家。支持巨成化工、矿山机器、广博机电等企业上市，提升直接融资能力。

精心打造优势产业。大力实施产业促进工程，推动传统优势产业向高附加值、高技术含量转型。研究制定重点产业发展培育规划，促进铝基新材料、装备制造、食品加工等主导产业集聚发展。实施铝基产业提升工程，推进华中天力、相江实业、三本车业等投产项目尽快达产达效，力争年实现铝加工产值50亿元。制定落实《加快战略性新兴产业发展若干意见》，培育发展节能环保、新能源、新材料等战略性新兴产业。推进上海浦发秸秆发电、汉能光伏发电项目建设，打造新的经济增长点。

提升企业创新能力。完善鼓励研发投入、人才引进培育等政策措施，促进产业高新化、高端化，扶持一批高成长性和创新性中小企业发展壮大。新增国家高新技术企业5家，省级高新技术产品8个。重点推进理士电源、相淮水泥等重点技改项目建设，力争技改投资增长7%以上。深入推进产学研合作，加快省级铝加工检测中心和铝基新材料科技孵化园建设。加强云计算和物联网等现代信息技术运用，新增省两化融合示范、试点企业1-2家。

（三）狠抓重点项目建设，发挥投资拉动作用。濉溪发展靠投资，投资关键靠项目。始终扭住项目主抓手不放松，持续扩大有效投资、增强后劲，筑牢经济发展基础。

提质增效推进项目。2015年，安排重点项目183个，年内计划投资140.6亿元，包括39个省亿元以上项目、63个市重点项目、44个县级领导联系项目。力争金鸿盛电气、伺服电机等项目尽快投产，博杰汽配、艾瑞库车业、亚星重工等项目加快建设；推进汽车零部件产业基地建设，促进装备制造业由配件向部件和整机迈进；推进符夹线扩能、浍河航道疏浚及船闸建设工程、徐楼闸拆除重建、S203淮六路连接线、S101合相路、S202萧淮路等重大基础设施项目建设。

优化服务保障项目。强化县级领导、各镇（园区）及相关部门分级调度落实制度，随时掌握项目进展情况，及时解决建设难题，推进项目早开工建设、早投产见效。强化生产要素保障。用好工矿废弃地复垦调整使用政策，完成复垦调整使用指标1500亩。积极搭建银企沟通平台，鼓励各类银行和金融机构扩大信贷投放，努力缓解企业融资难题。做好招工引智工作，全年争取为重点企业提供员工2万人左右。

超前谋划争取项目。结合“十三五”规划编制，抓住省委省政府加快皖北地区又好又快发展政策机遇，围绕主导产业、市政基础设施、基本公共服务、现代农业等方面，谋划一批打基础、管长远、促升级的产业发展项目、城镇建设项目和现代服务业项目，全年谋划重点项目100个以上。做好项目前期准备工作，最大限度争取国家和省政策支持。

（四）创新招商方式方法，提升引资质量效果。招商引资是濉溪发展的“活力源”和“助推器”。继续强化招商第一要事思想，发挥综合优势，全力抓招商、上项目，实现借势借力发展。

精准发力抓招商。优化招商政策，围绕主导产业和战略性新兴产业，主攻长三角，重视珠三角，推进以商招商、产业招商，引进一批优质项目、先进技术。进一步拓宽招商领域，加大现代物流、金融服务、总部经济等生产性服务业招商力度，推进交通银行尽早落户。全年引进亿元以上项目30个以上，引进省外资金95亿元以上，利用外资1.85亿美元左右。

优化环境抓招商。认真研究国家和省市关于新常态下发展经济的各项政策，设立支持高科技、战略性新兴产业等方面发展基金，用基金引导招商，确保招商力度不降、成效提升。建设产业孵化园标准化厂房等硬件配套设施，开展集中审批、“打包审批”，推进政务服务中心“一个窗口服务”，以完善的设施配套和优质高效服务吸引客商。对签约和落户企业，强化专人跟踪服务，全面了解、帮助和服务企业，确保引得进、留得住、发展好。

做强园区抓招商。按照经济园区化、园区产业化、产业聚集化要求，加快“2+1”园区建设，推进产城融合。推进开发区扩区增容提质，争创国家级开发区。加快濉芜产业园基础和公共服务设施建设，引进一批优质主导产业项目。提升百善食品工业园规划建设水平，做精做专农产品深加工、物流和特色食品产业。严格项目预审、准入、合同履约三关，提高项目投资强度和产出效益。加大批而未供和低效闲置土地清理，推进“二次招商”。

（五）增强城镇承载能力，加快新型城镇化进程。新型城镇化是扩大内需的最大潜力。加快提升县城规划和建管水平，培育发展特色小城镇，促进县城和小城镇互为补充、协调发展。

完善县城服务功能。推进县城扩容提质，开展“三城同创”活动，增强县城服务功能，提升生态文明环境，争创全国园林县城和全省卫生县城。完成《县城总体规划》修编和报批工作，深化编制各片区和开发区控制性详规，加快编制交通、防洪排涝、地下空间等14项专项规划。强化“规划即法”意识，依法严格实施各项规划。加大市政设施建设力度，提升县城综合承载能力，重点推进碱河路铁路立交桥及引道工程、烈山南路改造、烈山路污水管网和10条背街小巷整治。启动程庄、中医院北、职高东3个安置房项目，推进河西新区濉溪二中新校区、九年制学校等公共和市政设施项目建设，以此经营土地并带动河西新区建设，把向西拓展作为城市发展主要方向。推进房屋征收工作，完成县城区房屋征收面积30万平方米。

提升县城管理水平。强化环境常态化管理，营造环境优美、舒适宜居的生态文明环境。实施环境整洁行动，解决空中管线、环境卫生、乱搭乱建等脏乱差问题。加强交通秩序整治，规范清理电动三轮车、四轮车，保障道路安全畅通。以贯彻新环保法为契机，扎实开展专项整治工作，铁腕治理破坏环境行为。坚持源头严防、过程严管、后果严惩，有效保护生态环境。实施绿化提升和出入口整治工程，推进老濉河绿地景观带建设，实施闸河东路北侧公园、乾隆湖北岸景观绿化工程，推进新浍河路桥西、闸河路立交桥两侧等节点绿化，合欢路、碱河路、龙脊山路、榕树路等道路绿化；谋划乾隆湖综合性公园、王引河绿化景观带建设，打造“皖北水乡，生态濉溪”。

加快完善小城镇功能。结合美好乡村建设，加快小城镇基础设施和公共设施建设。推进扩权强镇试点工作，挖掘资源优势，大力发展镇域经济，强化小城镇公共服务、吸纳就业、人口集聚功能。强化农村建房监管，妥善解决农村建房无序问题。加强环卫管理，彻底解决小城镇脏乱差现象，营造优美整洁的生活环境。

（六）转变农业发展方式，做好农业农村工作。农业稳则经济稳，农业丰则基础牢。要继续把解决“三农”问题作为政府工作的重中之重，持之以恒强农业、富农村、惠农民。

保障粮食高产稳产。全面落实支农惠农政策，提高农民种粮积极性。以小麦高产创建万亩示范片建设为重点，推进小麦高产攻关和玉米振兴计划。强化农业技术、政策扶持等保障措施，提高农业技术和信息装备化水平。做好永久性基本农田划定和保护工作，加快建设17万亩高标准基本农田，推进小型农田水利改造提升工程建设，为粮食增产增效奠定基础。实施“粮安工程”建设，服务农业发展。

创新农业经营体系。因地制宜发展多种形式适度规模经营，培育发展一批新型农业经营主体。引导种养大户、家庭农场开展专业化、集约化生产，支持农民专业合作社开展土地、股份和信用合作，大力培育省级示范家庭农场和专业合作社。新发展家庭农场60家、示范家庭农场30家。以教育培训、认定管理、政策扶持为重点，培养一批生产经营型、专业技能型和社会服务型职业农民队伍。

加快提升现代农业。推进农业适度规模经营，新增土地流转面积3万亩。依托农业标准化示范县建设，紧紧围绕消费市场，大力推进优质特色农产品生产，提升“菜篮子”产品生产水平。加强农产品质量安全监测，完善农产品流通市场体系。以百善现代农业综合开发示范区和五铺农场生态循环农业科普示范园建设为重点，完善农业产业化链接机制，提升农业产业化水平。加大农业招商力度，引进5家农业产业化龙头企业。促进养殖业健康发展，规模饲养比重同比提高5个百分点以上。

推进美好乡村建设。以改善农村生产条件、治理垃圾污水、整治村容村貌等为重点，加快中心村基础设施建设。继续实施“畅通工程”，加快濉岳路等5条县乡道路改造，推进韩村浍河大桥等5个危桥改造。坚持产业兴村和兴业富民工程，深入推进“一村一品”、乡村旅游等特色产业发展。继续实施森林增长工程，植树造林2.4万亩，建设森林长廊46千米。建设孙疃镇大田规模水厂，解决10万农村人口饮水安全问题。实施农网工程项目106个，新增配变135台，新建、改造供电线路251千米。完善乡村治理机制，健全村级事务民主决策、管理和监督制度，规范村级政务、财务和事务公开。

（七）加快服务业发展，改善城乡消费环境。加快发展服务业是扩内需、优结构、促就业、稳增长的重要举措。全面落实加快服务业发展和促进消费政策，提升服务业发展水平。

大力发展生产性服务业。完善物流业发展布局和物流配送体系，优化要素配置。促进华东商品博览城、瑶海家居广场等特色专业市场建设，加快开发区工业品、百善农产品两个物流园区建设，推进县城日用消费品、临涣煤化工、南坪粮油三个物流中心建设，加快百善再生资源和农机交易市场建设。加快金融、保险、研发设计、物流快递等其他生产性服务业发展。

加快提升生活性服务业。完成《濉溪县城市商业网点规划》编制。推进主城区商业中心、专业市场和特色商业网点建设，发展连锁经营、大型商超等新型流通业态。继续推进“万村千乡市场工程”、“农超对接” 和“企超对接”工程，推进全省农村商品流通服务体系试点工作。新增限额以上商贸流通企业10家，建设2个商贸中心、37个直营连锁店。鼓励流通企业申创中国驰名商标和名牌产品、安徽省著名商标。积极发展健康养老、家政服务、医疗卫生、信息消费等其他生活性服务业。稳定扩大外贸规模，完成进出口总额2.2亿美元。

培育发展新兴服务业。出台《促进旅游业改革发展实施方案》，推进文化、旅游等产业互动融合。发挥柳孜运河遗址世界遗产金字招牌作用，谋划1-2个文化旅游产业项目。推进柳孜遗址博物馆和柳孜考古遗址公园、乾隆湖和濉溪老街更新改造等文化旅游项目建设，打造皖北知名文化旅游景点。争创全省农村电子商务示范县，促进电子商务与传统商业融合发展。

（八）全力保障改善民生，确保社会和谐稳定。让人民更幸福是政府工作的根本出发点和落脚点。坚持“守住底线、突出重点、完善制度、引导舆论”基本思路，保障各项民生事业发展。

大力实施民生工程。压缩“三公”经费等一般性支出，腾出更多财力保民生，继续实施33项民生工程，完善绩效管理和建后管养机制。继续实施小老板培育工程，鼓励大众创业、万众创新。新增私营企业400户，个体工商户2600户。推进社会救助制度改革，全面落实低保及特困人员供养、受灾人员救助、临时救助、医疗、教育、住房、就业等救助制度。做好上岸定居渔民、“老字号”群体生活保障工作。开工建设棚户区改造住房2513套，完成农村危房改造任务300户。

统筹发展社会事业。深化教育领域综合改革，促进城乡教育和各级各类教育协调发展。落实教育优先发展战略，做好义务教育发展基本均衡县验收工作。推进国家知识产权强县工程试点县建设。启动县医院门诊楼建设，支持县医院和县中医院争创三甲医院。提升乡镇中心卫生院服务能力，加快社区卫生服务机构建设。实施文化惠民工程，促进基本公共文化服务标准化、均等化。推进县文体中心项目建设。开展群众性体育活动，促进青少年竞技体育事业发展。加强人口计生工作，实行性别比综合治理，优化人口结构，确保在省目标考核中位次前移。加强妇女、儿童和老年人工作，努力解决农村“三留守”问题。做好残疾人工作，努力让残疾人生活更加殷实、更有尊严。依法管理民族宗教事务。做好编纂《濉溪县志（通志）》工作。创新规划理念，高标准编制“十三五”规划。做好科普、档案、防震减灾、气象服务等工作。支持驻濉部队建设，加强国防动员、民兵预备役和人民防空工作，开展双拥共建，推动军民融合发展。

改进社会治理方式。加强食品药品监管，争创省级食品安全示范县。取缔无证无照经营行为，规范市场经济秩序。集中清理机关事业单位“吃空饷”问题。加大教育乱收费治理力度。落实“党政同责、一岗双责”，抓好重点行业、重点领域安全生产工作，严防各类安全事故发生。强化国土资源和矿政管理，严厉打击违法违规用地行为。加强河道堤防管理，严禁河道采砂行为。实行最严厉的水资源管理制度，打击非法取水用水行为。完成“六五”普法任务，谋划“七五”普法规划。推进数字化、立体化社会治安防控体系建设，严厉打击各种违法犯罪活动。依法强化网络管理，确保网络和信息安全。完善应急处置联动机制，快速有效处置重大突发事件和治安灾害事故。推行“阳光信访”，坚持领导干部接访下访，实施依法逐级走访，把信访纳入法治化轨道。加强初信初访办理，坚持带着感情疏导和化解群众矛盾，及时就地解决群众合理诉求，确保社会大局和谐稳定。

三、加强政府自身建设

深入贯彻落实十八届四中全会和中纪委十八届五次全会精神，按照“四个全面”要求，坚持正风肃纪，推进依法治县，努力建设法治政府、廉洁政府。一是坚持以宪施政、依法行政。牢固树立法治意识，时刻牢记法律红线不可逾越、法律底线不可触碰，切实把政府工作全面纳入法制轨道。坚持领导干部真心尊法、带头学法、模范守法、善于用法。严格规范重点领域和行业公正文明执法，推进行政执法公示制度。二是强化权力运行制约监督。按照依法依规、集体决策、公开透明、终身负责的原则，完善和规范政府系统重大事项决策制度，健全公共资源交易、工程招投标、政府采购、土地出让等重点领域和重点行业管理制度，持续扎紧制度笼子，让权力运行不再任性。全面推进行政权力运行、财政预决算、公共资源配置、社会公益事业等政务和信息公开。自觉接受人大、政协、司法和社会舆论监督，认真办理人大代表议案、建议和政协委员提案。充分听取人大代表、民主党派、工商联、无党派人士和各人民团体的意见。加强审计监督，对公共资金、国有资产、国有资源、领导干部履行经济责任情况实行审计监督全覆盖。三是坚持纠正“四风”和树立新风并举。建立改进作风常态化、长效化机制，继续严格执行中央八项规定、国务院“约法三章”和省市县有关规定，严控“三公”经费，降低行政成本，促进机关作风持续改进。强化绩效考核、行政监察和政务督查，严肃查处履职不到位、行政不作为、慢作为和乱作为等问题，切实提升执行力。四是严格“一岗双责、守土有责”。严格执行党风廉政建设责任制，自觉遵守廉洁从政各项规定，严守政治纪律和政治规矩，按本色做人、按角色办事，促进干部清正、政府清廉、政治清明。

濉溪县2013年国民经济和社会发展统计公　报

一、综合

经济保持较快增长。全县实现地区生产总值185.83亿元，比上年增长12.4%。其中，第一产业增加值39.86亿元，增长4.8%；第二产业增加值102.21亿元，增长17.3%；第三产业增加值43.76亿元，增长7.2%。人均地区生产总值17251元，比上年增长12.1%。从产业结构看，三次产业比21.5∶55.0∶23.5，其中工业对经济增长的贡献率达78.8%。财政总收入占GDP比重达13.1%。

二、农业、农村

农村经济平稳发展。全县农林牧渔业总产值67.01亿元，按可比价计算比上年增长4.8%。其中，农业总产值40.95亿元，增长5.1%；林业总产值1.84亿元，增长22.5%；牧业总产值20.22亿元，增长2.6%；渔业总产值1.91亿元，增长8.0%；农林牧渔服务业总产值2.86亿元，增长3.5%。

粮食生产再获丰收。全年粮食种植面积293.3万亩，比上年增加3万亩。其中夏粮播种面积157.7万亩。粮食总产量103.1万吨，增长2.8%。其中夏粮产量75.6万吨。粮食生产实现“九连增、十连丰”。

畜牧养殖形势趋好。全年肉类总产量5.3万吨，比上年增长3.4%；生猪出栏量37.2万头，比上年增长1.6%；家禽出栏量1010万只，比上年增长12.5%；水产品产量10950吨，比上年增长5.9%。

主要农产品产量

产品名称	计量单位	完成数	比上年增长（%）
粮食	万吨	103.1	2.8
油料	吨	2017	-23.4
棉花	吨	954	29.1
蔬菜	万吨	22.5	8.4
水果	吨	2632	42.0
肉类	万吨	5.3	3.4
禽蛋	万吨	3.4	10.0
水产品	吨	10950	5.9
粮食	万吨	103.1	2.8
油料	吨	2017	-23.4

美好乡村建设成效显著。首批25个美好乡村试点取得阶段性成效，基础设施建设完成投资3.86亿元。蒙村、道口两村建设规划获“全省美好乡村优秀规划”殊荣。落实各项支农惠农政策，发放各类补贴1.64亿元。全年流转土地6.5万亩。

三、工业和建筑业

工业生产较快增长。年底全县规模以上工业企业230家。全年实现工业总产值421.6亿元，增长25.0%；规模以上工业企业增加值增长18.5%。全年工业用电量8.7亿千瓦时，增长26.2%。分行业看，石油加工、炼焦及核燃料加工业总产值5.0亿元，农副食品加工业总产值72.2亿元，非金属矿物制品业总产值50.9亿元，黑色金属冶炼及压延加工业总产值4.9亿元，有色金属冶炼及压延加工业总产值28.8亿元，专用设备制造业总产值

30.7 亿元，电气机械及器材制造业总产值 39.5 亿元。

主要工业产品产量

产品名称	计量单位	完成数	比上年增长(%)
白酒	千升	33568	1.2
服装	万件	2640.6	11.8
小麦粉	万吨	98.5	9.3
饲料	万吨	31.5	0.6
铝材	万吨	6.4	38.8
砖	亿块	25.6	5.0
铜材	万吨	2.9	8.1
水泥	万吨	505.1	-26.3
发电量	亿千瓦时	3.6	3.8
白酒	千升	33568	1.2
服装	万件	2640.6	11.8

各类型企业增加值全面增长。国有企业增长 3.5%，外商及港澳台企业增长 20.1%，股份制企业增长 24.9%。从轻重工业看，重工业增长快于轻工业。轻工业增加值增长 16.7%，重工业增加值增长 24.5%，重工业比轻工业快 6.8 个百分点。

经济效益稳步提高。全县规模以上工业实现主营业务收入 405.6 亿元，同比增长 19.1%；利润总额 21.4 亿元，增长 18.1%；利税总额 33.6 亿元，增长 19.3%。

建筑业保持稳定发展。全县资质等级以上建筑企业 12 家，建筑企业完成增加值 10.5 亿元，同比增长 8.6%。房屋建筑施工面积 52.3 万平方米，同比下降 14.9%；房屋竣工面积 46.5 万平方米，同比下降 14.5%。

四、固定资产投资

投资保持较快增长。全年固定资产投资完成 197.1 亿元，比上年增长 20.2%。其中城镇固定资产投资 186.0 亿元，增长 19.9%。全部固定资产投资中，一产完成投资 3.9 亿元，增长 182%；二产完成投资 120.5 亿元，增长 21.7%；三产完成投资 55.4 亿元，下降 12.8%。房地产市场回落，全年房地产开发投资完成 17.3 亿元，比上年下降 23.7%。

项目建设支撑有力。深入开展“项目建设推进年”活动，重点项目完成投资 175 亿元。其中 64 个省“861”项目完成投资 41 亿元，71 个市重点项目完成投资 88 亿元。华中天力、弘邦铝业等重点制造业项目加快建设；邹庄煤矿、玉鑫铁矿等资源型项目顺利推进；萧淮路、宿蒙路等交通设施项目开工建设；浍河经济带及南坪港口经济区等前期项目列入市重大项目储备库。

五、国内贸易

消费市场持续活跃。全年实现社会消费品零售总额 53.3 亿元，比上年增长 14.2%。从规模看，限额以上单位实现零售额 15.7 亿元，增长 31.3%；限额以下单位实现零售额 37.7 亿元，增长 8.4%。从商品销售类值看，基本生活类商品仍是消费持续增长的稳定动力。限额以上批发零售贸易业日用品类零售额 0.8 亿元，增长 23.2%；服装、鞋帽、针纺织品类零售额 0.3 亿元，增长 30.5%；粮油、食品、饮料和烟酒类零售额 10.2 亿元，增长 25.6%。

六、对外经济

外贸进出口总量扩张。全年实现进出口总额 16757 万美元，比上年增长 34.7%，增速高于全省平均水平 18.5 百分点。其中，出口总额 14838 万美元，增长 40.1%；进口总额 1919 万美元，增长 3.4%。

招商引资取得新的进展。全年引进省外资金 102 亿元，引进外资 15362 万美元。引进亿元以上项目 29 个，其中投资 1-3 亿元项目 21 个，3-5 亿元项目 4 中，5 亿元以上项目 4 个。美信铝业投资 10 亿元正式投产。相江实业、弘邦铝业、金鸿盛电器等投资 5 亿元项目开工建设。

七、交通和邮电

交通基础设施完善更新。濉永路等 8 条新建主干道路建成通车，碱河路桥竣工通车，浍河路大桥建设加快推进，龙脊山路、榕树路连接段加快建设。

运输能力稳步提升。年末全县公路里程 2152 千米。全年完成旅客、货物运输量分别为 3925 万人次和 3185 万吨，比上年分别增长11.6%和13.5%。客、货物周转量比上年增长16.8%。

园区发展步伐加快。开发区10万平方米工业地产主体竣工，污水处理厂二期投入使用，园区承载力大幅提升，被评为全省创新型园区。区内在建项目36个，其中新开工项目10个。濉芜产业园启动区拆迁任务基本完成，征地工作全面开展。融资超过5.3亿元，获批用地指标2280亩。银桦路等7条道路和濉芜星城安居房加快建设，海棠路桥竣工通车，濉临沟桥建设加快推进。全年签订投资项目协议13个，投资额超过25亿元。百善食品工业园新引进规模项目6个。

八、财政、金融

财税收支稳定运行。全年实现财政总收入24.38亿元，比上年增长6.0%。其中地方财政收入13.08亿元，增长10.4%。各项税收22.25亿元，增长1.6%。全年财政支出36.18亿元，增长1.3%。其中，教育支出7.50亿元，增长3.1%；医疗卫生支出4.56亿元，下降3.2%；农林水事务支出5.83亿元，增长33.2%；住房保障支出1.82亿元，增长10.4%；科学技术支出0.4亿元。

金融工作再增亮点。新增小额贷款公司、融资担保公司2家，安徽濉溪湖商村镇银行开建，濉溪农村商业银行获中国银监会批准筹建。金茂担保公司担保能力由5亿元增加到10亿元。年末全县金融机构各项人民币存款余额229.78亿元，比上年增加24.76亿元，同比增长12.1%；居民储蓄存款余额164.03亿元，比上年增加23.32亿元，同比增长16.6%；金融机构各项人民币贷款余额107.12亿元，比年初增加31.37亿元，同比增长41.4%。

九、教育和科技

教育巩固发展。年末全县拥有各类全日制学校336所，在校学生17.4万人，其中，普通中学56所，在校学生6.5万人；小学206所，在校学生7.4万人；中职学校3所，在校学生4426人；幼儿园83所，在园幼儿3.0万人。年末全县拥有专任教师8855人。

科技发展步伐加快。新增国家级高新技术企业6家、省级高新技术产品19个，总数分别达到15家和51个。理士电池、宇鑫新材料被批准为省级创新型试点企业，安徽沪源铝业被批准为全省创新型企业。全年专利申请量639件，专利授权量451件。被列为国家知识产权强县工程试点县，再次被评为全国科技进步先进县。

十、文化、体育和卫生

文体事业稳步推进。县职教中心通过国家级示范性中职学校建设评估验收。乡镇综合文化站、农家书屋基本实现全覆盖。新增古城汉墓、大运河遗址2处国家级文物保护单位。口子文化博览园、柳孜运河民俗博物馆加快建设。

卫生保障更加有力。基本公共卫生服务扎实开展，村级卫生室规范化建设有序推进，重大疾病防控工作明显加强。县医院综合大楼、县中医院新大楼建成并投入使用。年末全县拥有各类医疗卫生机构316家，其中，医院、卫生院39家，执业（助理）医师1416人、注册护士1421人。卫生机构床位数3338张。

十一、人口、就业、社会保障与人民生活

人口发展基本稳定。年末全县户籍人口107.7万人，比上年增加0.4万人，其中：男性55.5万人，增加0.2万人；女性52.2万人，增加0.2万人。当年出生人口21794人，死亡人口5872人。

居民收入稳中有增。全年城镇非私营单位职工平均工资44082元，比上年增长9.3%。农村居民人均纯收入8001元，比上年增加967元，增长13.7%。

社会保障能力提升。年末，全县共有收养性社会福利单位24个，拥有床位3510张。全县城镇基本养老、医疗、失业参保人数分别为3.7万人、3.9万人和1.0万人。参加农村新型合作医疗的人数达96.1万人。农村社会养老保险参保居民达52.9万人。

民生事业扎实推进。大力实施33项民生工程，全年拨付民生工程资金10.28亿元。新建、改建农村敬老院2所。新建公租房870套、棚户区改造住房910套。

濉溪县2014年国民经济和社会发展统计公　报

一、综合

初步核算,全县全年实现地区生产总值203.5亿元，增长12.8%。其中，第一产业增加值41.8亿元，增长4.8%；第二产业增加值113.7亿元，增长17%；第三产业增加值48亿元，增长8.4%。人均地区生产总值18046元，增长10.1%。三次产业比为20.5∶55.9∶23.6，其中工业对经济增长的贡献率达75.4%。财政总收入占GDP比重达13%。

2010-2014年全县地区生产总值及增幅

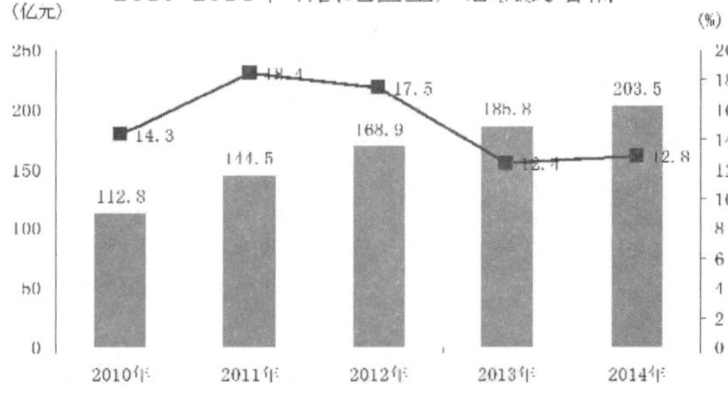

2010、2014年地区生产总值结构变化情　况

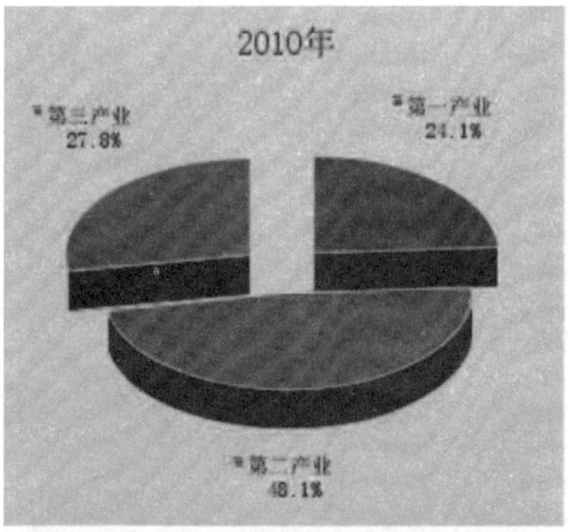

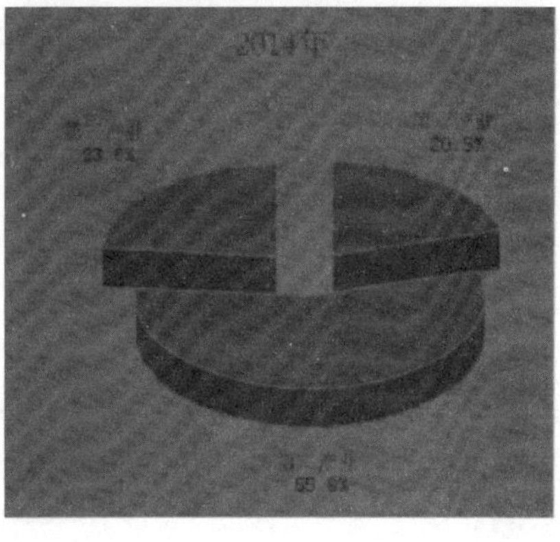

2014年全县地区生产总值（GDP）
单位：万元

指标	完成数	比上年增长（%）
地区生产总值	2035054	12.8
第一产业	418195	4.8
第二产业	1137372	17.0
工　业	1024372	18.0
建筑业	113000	7.2
第三产业	479487	8.4
交通运输、仓储和邮政业	83711	8.7
批发和零售业	137880	8.9
住宿和餐饮业	16095	7.8
金融业	36993	15.7
房地产业	64310	6.3
营业性服务业	36686	10.6
非营业性服务业	103812	5.7

二、农业和农村

全年实现农林牧渔业总产值69.5亿元，增长3.7%。其中，农业总产值41.56亿元，增长1.5%；林业总产值2.01亿元，增长9.3%；牧业总产值2.15亿元，增长6.2%；渔业总产值2.04亿元，增长6.8%；农林牧渔服务业总产值2.42亿元，增长15.8%。

全年粮食种植面积297万亩，比上年增加4万亩。其中夏粮播种面积152万亩。全年粮食总产量104.2万吨，增长1.1%，其中夏粮产量77.37万吨。粮食生产实现“十一连增”，连续10年被评为“全国粮食生产先进县”。

全年肉类总产量5.5万吨，增长2.9%；生猪出栏量38.5万头，增长3.5%；家禽出栏量1049.2万只，增长3.9%；水产品产量1.14万吨，增长4%。

2014 年主要农产品产量

产品名称	计量单位	完成数	同比增长（%）
粮食	万吨	104.2	1.1
油料	吨	1753	-13.1
棉花	吨	566	-40.7
蔬菜	万吨	20.5	-8.8
水果	吨	4928	87.2
肉类	万吨	5.5	2.9
禽蛋	万吨	1.7	3.2
水产品	吨	11386	4.0

美好乡村建设加快推进。落实各项支农惠农政策，实施 33 项民生工程，投入资金 12.71 亿元，全年民生事业支出占财政总支出的 89.7%。全年流转土地 3 万亩。被评为全省“美好乡村建设先进县”。小城镇功能进一步完善，镇域实力不断增强，百善镇被评为全国重点镇。南坪镇、濉溪镇和百善镇黄新庄村被评为第三届“安徽省文明村镇”。

三、工业和建筑业

年末全县规模以上工业企业 239 家。全年实现工业总产值 478.4 亿元，增长 15.8%；规模以上工业实现增加值 120.9 亿元，增长 18.2%。分行业看，石油加工、炼焦及核燃料加工业总产值 2.4 亿元，农副食品加工业总产值 84.5 亿元，非金属矿物制品业总产值 57.5 亿元，黑色金属冶炼及压延加工业总产值 6.6 亿元，有色金属冶炼及压延加工业总产值 25.7 亿元，专用设备制造业总产值 40.7 亿元，电气机械及器材制造业总产值 46.9 亿元。

2010-2014 年全县规模工业增加值增长速度

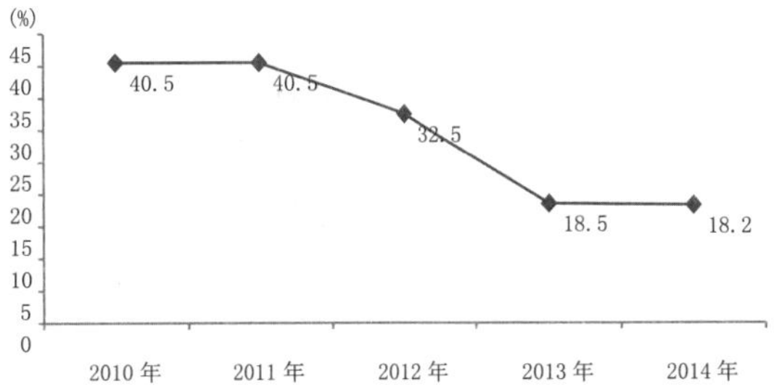

2014 年全县主要工业产品产量

产品名称	计量单位	完成数	比上年增长（%）
白酒	千升	13770	11.4
服装	万件	2748.5	4.1
小麦粉	万吨	92.7	-7.9
饲料	万吨	47.6	39.5
铝材	万吨	12.3	91.3
铁矿石	万吨	221.8	12.6
砖	亿块	24.6	-2.5
水泥	万吨	322	-36.3

各类型企业增加值全面增长。国有企业增长 19.1%，外商及港澳台企业增长 15%，股份制企业增长 17.4%。轻工业增加值增长 13.2%，重工业增加值增长 21.7%。全县规模以上工业累计实现主营业务收入 451.4 亿元，增长 11%；利润总额 22.4 亿元，增长 1.9%；利税总额 35.0 亿元，增长 2.1%。

年末全县资质等级以上建筑企业 11 家，建筑业增加值 11.3 亿元，同比增长 7.1%。房屋建筑施工面积 39.6 万平方米，下降 24.7%。房屋竣工面积 30.5 万平方米，下降 34.3%。

四、固定资产投资

全年固定资产投资完成 217 亿元，增长 12%。按产业分，一产完成投资 4.8 亿元，增长 22.7%；二产完成投资 141 亿元，增长17%；三产完成投资71.2亿元，下降2.1%。房地产市场回落，全年房地产开发投资完成17.2亿元，下降0.6%。215个重点项目完成投资154亿元，其中39个省“861”项目、73个市重点项目，分别完成投资75.5亿元、110.4亿元。铝基新材料、装备制造、食品精深加工等“2+1”产业项目加快推进，相江实业、华中天力等铝加工项目竣工试产，伺服电机、金鸿盛电气等装备制造项目加快建设。

2010-2014年全县固定资产投资及增幅

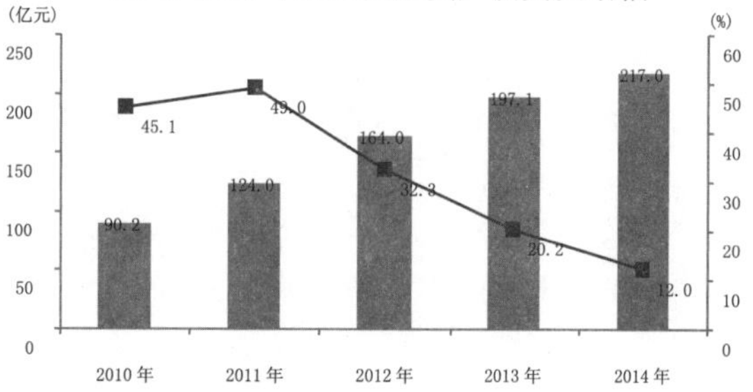

五、国内贸易

出台加快流通产业发展意见。全年新增限额以上商贸企业23家，总数达80家。中瑞商贸、顺达商贸被评为“全省诚信商贸企业”。中瑞批发市场被省商务厅确立为省级应急商品调运企业，临涣培乳肉被评为“安徽老字号”。

全年实现社会消费品零售总额60.1亿元，增长13.2%。其中限额以上单位实现零售额17.2亿元，增长14.8%，限额以下单位实现零售额43亿元，增长7.5%。限额以上单位中，批发零售贸易业日用品类零售额1035万元，增长26.7%，服装、鞋帽、针纺织品类零售额317万元，增长44.7%，粮油、食品、饮料和烟酒类零售额6544万元，增长52.4%。

六、对外经济

完善外贸进出口奖励政策。全年实现进出口总额21259万美元，比上年增长26.5%。其中，出口总额20612万美元，增长38.4%，进口总额648万美元，下降66.2%。

完善投资项目准入管理、绩效考核办法等配套文件，突出重点地区招商。全年引进省外资金90.3亿元，利用外资18173万美元。引进亿元以上规模项目27个，其中投资1-3亿元项目19个，3-5亿元项目3个，5亿元以上项目5个。综合排名全市第1位。

七、交通

实施“畅通工程”，S203淮六路连接线、S101合相路改线、濉漆路北段、濉岳路南段加快推进，淮六路、宿涡路完成大修工程，郭小路、百宋路西段建成通车，S202萧淮路改建、濉刘路（孙疃-陈集）完成年度计划。年末全县公路里程2285.2千米。

全年完成客运量3489万人次，货物运输量2960万吨。客运周转量14745万人千米，货运周转量511330万吨千米。

开发区工作扎实推进。县开发区争创国家级开发区各项工作准备就绪，已上报国务院待批。中小企业孵化园建成并入驻5家企业，在建重点项目32个。当年被评为“中国中小企业创新服务先进园区”、“全省投资环境十佳园区”。

八、财政和金融

全年实现财政总收入26.4亿元，增长8%。其中地方财政收入14.2亿元，增长8.5%。各项税收25.5亿元，增长14.4%。全年财政支出40.1亿元，增长10.8%。其中，教育支出7.2亿元，下降4.5%；医疗卫生支出5.4亿元，增长18.5%；农林水事务支出6.8亿元，增长16.1%；住房保障支出2亿元，增长9.8%；科学技术支出0.4亿元，增长167.4%。

2010-2014年全县财政收入及增幅

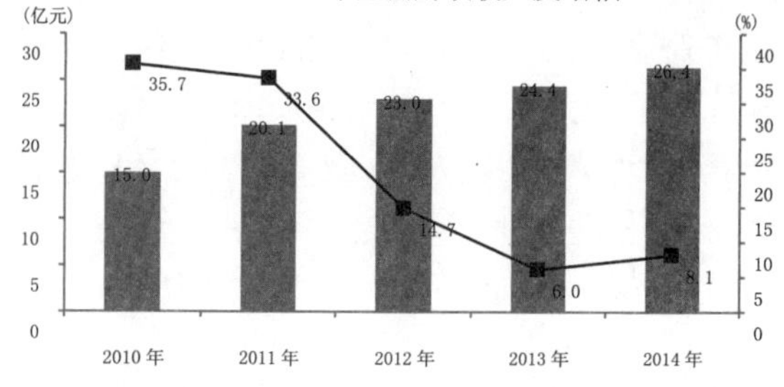

濉溪湖商村镇银行、濉溪农商行和招商银行濉溪支行挂牌营业，全县银行金融

机构达11家。年末全县金融机构各项人民币存款余额265.8亿元，比上年增加36亿元，同比增长15.7%；居民储蓄存款余额193.1亿元，比上年增加29.1亿元，同比增长17.8%；金融机构各项人民币贷款余额138亿元，比年初增加30.9亿元，同比增长28.9%。

2010-2014年全县居民储蓄余额及增幅

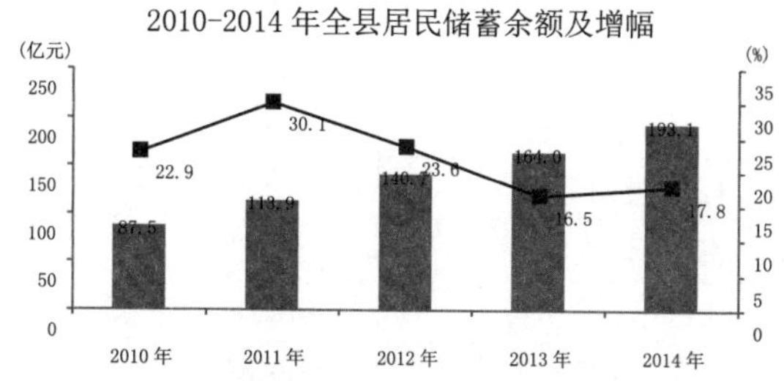

九、教育和科技

年末全县有普通中学55所，在校学生2.8万人。小学205所，在校学生7.0万人。中职学校1所，在校学生2039人。幼儿园83所，在园幼儿3.0万人。年末全县拥有专任教师7941人。

新增9家国家级高新技术企业、4家省级创新型企业、12个省级高新技术产品。淮北矿山机器生产的液压传动式浓缩机被评为国家重点新产品。全年申请专利790件，专利授权291件。

十、文化、体育和卫生

文化事业繁荣发展。柳孜运河遗址入选《世界遗产名录》，临涣镇被评为“安徽民间文化艺术之乡”，双堆集镇被评为“全省特色景观旅游名镇”。再次荣膺“全国文化先进县”称号。

文明创建成效显著。被评为第三届“安徽省文明县城”和“全省园林县城”。

年末全县各类医疗卫生机构316家，其中，医院、卫生院21家，执业（助理）医师1443人、注册护士1428人。卫生机构床位数3686张。

十一、人口、就业、社会保障和人民生活

年末全县户籍人口110.4万人，比上年增加2.6万人，其中，男性56.8万人，增加1.3万人；女性53.5万人，增加1.4万人。当年出生人口31747人，死亡人口5285人。

全年城镇居民可支配收入21255元，增长8.8%，农村居民可支配收入9056元，增长11.7%。全年城镇非私营单位职工平均工资51828元，增长11.2%。

年末全县收养性社会福利单位23个，拥有床位2765张。全县城镇基本养老、医疗、失业保险参保人数分别为5.2万人、4.1万人和1.6万人。参加农村新型合作医疗的人数达95.6万人。农村社会养老保险参保居民达52.3万人。

常用电话

报警电话	110
火　警	119
医疗急救	120
交通事故报警	122
天气预报	12121
电话故障	112
查 询 台	114
中国邮政服务热线	185
中国电信服务热线	10000
中国移动服务热线	10086
中国联通服务热线	10010　10011
中国铁通服务热线	10050
供电服务	95598
煤气维修	3030222　6086122
自来水抢修	6077976
公交免费投诉热线	8008682626
汽车站咨询热线	3023084
火车站咨询热线	2122222
工商投诉举报	12315
价格投诉举报	12358
质量投诉举报	12365
环保投诉举报	12369
建设服务热线	12319
电力投诉举报	12398
公共卫生公益电话	12320
城管热线	2128888
气象灾情免费报告电话	8008689121
市食品药品监督管理局服务热线	质量投诉举报 3887063 广告投诉举报 3022780 转 8033
农技 110 咨询服务热线	96800110
全市检察机关举报电话	市检察院：3032000 县检察院：6072000 相山区院：3022000 烈山区院：5202000 杜集区院：4012000 淮矿检察室： 4952000

查分热线

自学考试	16897728
成人高考	16897720
高考文科	16897722
高考理科	16897723
高考录取院校	16897801
中考查分	16897727
硕士同等学历	16896028
各大医院急救电话	
市人民医院急救	3055120
120 值班室	3055197
市矿工总医院	4952089
市中医院	3196307
市妇幼保健总机	3022480
濉溪县人民医院	

政府机关单位电话

单位名称	联系电话	单位地址
县政府办公室（外事办）	6088822	濉溪县沱河路92号
县发展和改革委员会(物价局)	6077528	濉溪县虎山路
县经济和信息化委员会	6077010	濉溪县沱河路133号
县监察局	6077951	濉溪县沱河路委办公楼四楼
县民政局	6077132	濉溪县淮海中路117号
县城乡建设委员会	6077187	濉溪县沱河路139号
县财政局	6077912	濉溪县沱河路121号
县交通运输局	6077315	濉溪县岱河路2号
县农林委员会	6077428	濉溪县沱河路124号
县文化旅游体育委员会	6074109	濉溪县淮海路南段
县卫计委	6063810	濉溪经济开发区玉兰大道23号
县水务局	6077403	濉溪县沱河路133号
县环境保护局	6886476	濉溪县浍河路37号
县统计局	6077376	濉溪县沱河路92号

县粮食局	6077393	濉溪县沱河路123号
县国土资源局	6077950	濉溪县岱河路74号
县安全生产监督管理局（县煤炭工业局）	6889661	濉溪县浍河路
县人力资源和社会保障局	6077948	濉溪县沱河路92号
县审计局	6077642	濉溪县县委大院内
县教育局	6077431	濉溪县淮海路107号
县商务局（县招商局）	6075216	濉溪县岱河路49号
县司法局	6077351	濉溪县岱河路76号
县科学技术局	6088638	濉溪县沱河路92号
县公安局	6872811	濉溪县岱河路186号
县市场监督管理局	6077731	濉溪县虎山路
县地方志编纂委员会办公室	6077320	濉溪县沱河路县政府办公楼三楼
县房管局	6887563	濉溪县浍河路东段南侧（县加油站东50米）
县委县政府接待处	6089191	濉溪县沱河路92号（县政府三楼）
县市容管理局	6075973	濉溪县沱河路123号
县招标采购管理局	6066015	濉溪县闸河路仲家巷（原林业局）
县政府房屋征收安置办公室	6898122	濉溪县淮海路中段
县政府金融工作办公室	6081833	濉溪县财政局院内
县供销合作社联合社	6077209	濉溪县岱河路北侧
县红十字会	6063814	濉溪经济开发区玉兰大道23号
县行业管理办公室	6080660	濉溪县岱河路北侧
濉溪经济开发区管委会	6061215	濉溪经济开发区玉兰大道1号
县政务服务中心	6888781	濉溪县淮海南路
濉溪芜湖现代产业园管委会	6069019	
县建设投资有限公司	6091306	濉溪县虎山路
县人民防空和防震办公室	6073897	濉溪县农机局四楼
县宗教局	6077535	县政府三楼
督查室	6077896	县政府二楼
县法制办	6080779	县政府三楼
县目标办	6093622	县政府三楼

11镇电话

名称	联系电话
濉溪镇	6077217
刘桥镇	7081624
百善镇	7021006
南坪镇	7031016
韩村镇	7519000
五沟镇	7869200
双堆集镇	7038020
四铺镇	7091301
临涣镇	7071004
孙疃镇	7041001
铁佛镇	7228013

市属其他单位电话

单位名称	联系电话	单位地址
县国税局	6071632	濉溪县虎山北路1号
县地税局	6076338	濉溪县沱河西路130号
县气象局	6875121	濉溪县濉溪镇八里
濉溪供电公司	6077894	淮海南路34-1号
县电信公司	6077205	濉溪县淮海中路6号
县联通公司	7518073	
县移动公司	6086188	
县邮政局	6077015	濉溪县淮海中路6号

索 引

A

艾滋病患者救助 168
安徽徽商银行濉溪支行 73
安徽快乐真棒集团商贸有限公司（原淮北市新惠康商贸有限公司）58
安徽省弘顺医药有限责任公司 59
安徽省濉溪二中 145
安徽省濉溪县职业教育中心 144
安徽省濉溪中学 145
安徽顺达商贸集团 58
安康杯竞赛及夏季送清凉 120
安全生产标准化创建 90
安全生产监督管理 89
安全生产检查 89
安全生产宣传教育活动 90
安置帮教工作 131
案件查处 102

B

白蚁防治 67
百善镇 177
百善镇卫生院 161
保密工作 93
编制审批 113
标准化工作 82，85

C

财税　金融 68
财政 68
财政保障 68
财政审计 79
财政收入支出 68
财政重点改革 68
参加文明县城创建 134
参政议政 118
餐饮服务食品安全监管 163
残疾人工作 170
残疾人就业培训 171
查分热线 242
常务会议 107，116
常用电话 242
城市基础设施管理 64
城市绿化 62
城市棚户区改造 66
城市投资建设 39
城乡低保 167
城乡规划 62
城乡建设用地增减挂钩 87
城乡居民合作医疗 157
城乡调查 78
城乡统筹 68
城乡医疗救助 168
城乡住户收支与生活状况调查 78
惩防体系建设 105
出入境管理 127
出生人口性别比综合治理 164
畜牧业 44
创建国家级档案馆 101
创新管理模式 48
创新管理模式 77
创业扶持项目品牌 123
村“两委”换届 93
村级组织服务用房建设 169
存贷款业务 71
存贷业务 70，72，73

D

打非治违专项行动 89
打击传销 82，84
打击侵犯知识产权和制售假冒伪劣商品专项行动 81，85
打击侵权假冒 56
大事记 1
大型书画展、摄影展、工艺美术展 141
代表大会 106
代表活动 107

单位核定和调整 114
单位设置及变更 112
档案工作 101
档案管理及利用 101
党的群众路线教育实践活动 117
党的群众路线教育实践活动 96
党史工作 101
党校工作 101
党员教育管理 97
道路养护 60
道路运输 60
地方税费收入 69
地方税务 69
地方志工作 115
地理位置 31
地形地貌 35
地震监测 156
电子商务 55
电子银行 72
电子政务和信息工作 114
动物卫生监督 45
督查督办 99
督查工作 93
队伍建设 100
队伍建设 130
对外联谊 118

F

发展改革管理 74
法律援助工作 131
法制工作 110
反腐倡廉工作 98
反贪反渎工作 128
防范和处理邪教 124
防控体系建设 126
防汛抗旱 49
房地产管理 65
房地产交易 66
房地产市场运行 66
房屋征收 67
房屋征收安置 67
非公经济和社会组织工作 95
非物质文化遗产传承保护 136
扶持少数民族企业 111
服务保障 134
服务工作 100
服务经济发展举措 68
妇女创业 121
妇女儿童关爱 122
妇女儿童维权 122
妇女文明创建 122
妇幼保健 159
附录 220
赴台文艺交流 140

G

改制工作圆满完成 72
概况 111，120，121，124，128，129，135，142，154，167，170，171，44，45，48，52，56，63，65，67，70，70，71，72，73，76，78，79，86，89，98，124，131，134，70，80，82，83
干部队伍建设 104
干部教育监督 104
高新技术产业快速发展 154
高中教育 143
个私工商业 57
个体经济 57
耕地保护和土地整治 87
工会工作 144
工会组织建设 120
工商行政管理 80
工商联工作 123
工商质监食药监管体制改革 83
工业　园区建设 51
工业 51
工业经济平稳增长 51
公安 124
公安队伍建设 128
公诉工作 128
公务用车改革 75
公证、律师工作 132
共青团濉溪县委员会 120
供电 52
供气 63
供水 63

供销 57
供用电 52
孤儿基本生活保障 167
广播电视 140
广告监管 80，86
广告渣土管理 64
规范执法工作 127
国防动员演练 132
国家税务 69
国民经济和社会发展综述 38
国税收入 69
国土资源管理 87
国有土地招拍挂 87

H

韩村镇 193
韩村镇工业园 54
韩村镇卫生院 161
行业管理 60
行政服务管理 76
行政审判 129
合同监管 80，85
淮北科尔能源有限责任公司 59
淮北龙升商贸有限责任公司 58
淮北茂昌粮油贸易有限公司 59
淮北市三丰肥业有限公司 59
淮海国际商贸城 58
环保绿色通行管理 65
环保审批 88
环境监测 88
环境监察 88
环境监督保护 88
环境宣传教育 89
惠农政策落到实处 43
火灾扑救 135

J

机构编制工作 112
机关公务员及事业单位人事管理工作 75
机关事业单位工作人员工资改革及职工退休保障 76
机关效能建设 105
基本单位名录库建设 77
基本公共卫生服务 157
基层服务型党组织建设 94
基层妇女组织建设 123
基层民主政治建设 169
基层人防工作站 135
基层医院改革 157
基层组织建设与党务公开 98
基础建设 131
计划生育队伍建设 165
计划生育服务 166
计划生育优惠政策落实 165
计量监督工作 82
计量监督工作 85
计生经费投入 166
纪检监察工作 102
价格法制宣教 86
价格监测 86
价格监督检查 86
价格鉴定认证 87
价格举报 87
价格调节基金征收 87
监督工作 106
监督指导 101
监所管理工作 126
监所检察 129
检察 128
检察技术 129
检务保障 129
建立健全宗教信息数据库 112
交通 60
交通管理工作 126
交通运输　邮政　电讯 60
教科研工作 144
教育 142
教育民生工程 142
教育培训 101
教育宣传工作 144
结对挂钩帮扶 132
金融创新 72
金融管理 70
晋升副高职称人员名单 213
经济监督检查 103
经济检查执法 81

经济检查执法 84
经济责任审计 80
经贸管理 74
经营体制机制不断创新 43
精神文明建设 97
救灾救济 168
救助工作 167
就业再就业工作取得新成绩 169
举办晚会 140
决议决定 106
军事训练装备保障 132
军转工作 75

K

科技工作 154
科技计划项目争取工作成效显著 154
科协工作 155
科学技术奖励工作 155
客运场站设施建设 60
控告申诉检察 129
控违拆违监督 65
矿产资源 36

L

劳动竞赛 119
老干部工作 171
离任村干部补助工作 95
理论教育 96
理想信念教育活动 118
联合收割机等大中型农机具增长快 47
联通 61
廉租房补贴发放 66
廉租房建设 66
粮食 56
粮食安全储存 56
粮食仓容建设 56
粮食产量调查 78
粮食市场建设 56
林业 44
林业有害生物防治 44
林政管理 44
临涣镇 185
临涣镇卫生院 161
临涣中心学校 150
领导干部名录 213
领导接访 99
刘桥工业园 54
刘桥镇 181
流动人口管理 165
流浪乞讨人员救助站建设 167
柳孜运河遗址申遗工作 138
落实财经管理规定 133
落实目标管理，严格兑现奖惩 164
落实中央“八项规定”102

M

马鞍山农村商业银行濉溪支行 73
美好乡村环境整治 65
美好乡村建设 39
民办教育 143
民兵训练 133
民兵整组工作 133
民商事审判 129
民生工程 68
民生工程建设 137
民生检察 129
民事行政检察 128
民营经济 52
民政工作 167
民主党派干部工作 119
民主监督 118
民族宗教工作 111
名称来历 31
模范人物 212
目标管理 100

N

纳税服务 69
南坪镇 191
南坪镇工业集中区 54
南坪镇中心卫生院 161
南坪中心学校 150
农村公路危桥改造 60
农村经济稳步增长 43
农村能源 50
农村市场体系建设 55

农村五保供养 167
农村饮水安全工程 48
农机教育培训 46
农机社会化服务体系建设 46
农机市场整顿 47
农机午、秋会战 46
农民人均纯收入增加 43
农田水利建设 48
农业 43
农业机械 45
农资市场监管 81
农资市场监管 85

P

贫困白内障患者免费复明手术 170
贫困残疾儿童抢救性康复项目筛查 170
贫困监测调查 79
贫困精神病残疾人药费补助 170
平安农机创建 45
评选科普示范社区 155
普法依法治理 131

Q

其他审计 80
气候 35
气象 155
气象预测服务 155
强化管理,防范风险 70
青年就业创业 120
青年志愿者行动 121
青少年法制宣传和维权 121
青少年思想道德教育 120
清费治乱 87
清理“吃空饷”75
清理行政审批项目 76
全体会议 116
群众路线教育实践活动 96

R

人大 政府 106
人防“结建”135
人防法制化建设 134
人防宣传教育 134
人防指挥通信 135
人工影响天气服务 156
人口计生工作 164
人口控制成效明显 164
人口面积 35
人口信息化建设 166
人民防空 134
人民调解与矛盾纠纷排查工作 131
人民武装 132
人事管理 75
人事任免工作 107
人物 210
人员核定和调整 113
人员培训 102

S

11 镇电话 243
三农业务开展 71
森林公安 44
商标监管 80
商贸 55
商贸流通 55
商贸流通诚信体系建设 55
商贸企业简介 58
商品质量监测 81
商品质量监测 86
商务民生 55
商业业态 55
少数民族人口管理 111
设立青少年科技创新县长奖 155
社会保险体系逐步完善 169
社会保障工作 169
社会抚养费征收 165
社会客运 60
社会生活保障 167
社会事务管理工作 168
社会养老机构建设 167
社区矫正工作 131
涉诉信访 130
申诉举报工作 171
审计监督 79
审计整改与结果公告 80
审判 129

审判管理工作 129
审判监督工作 130
生活待遇 171
省道建设 60
实名制系统核查 114
实施“彩虹计划”活动 120
实施科普行动计划 155
实施名牌战略 83
实施名牌战略 85
食品安全监管 81，82，83
食品安全专项整治 163
食品药品监督管理 163
市场监督管理 83
市场监督管理稽查 86
市场监督检验 83，86
市容 63
市容环境卫生 63
市容秩序管理 64
市属其他单位电话 243
市政 市容 62
市政建设 62，62
事业单位登记管理 114
逝世离休干部名单 210
收费年审 87
首长机关和参谋业务训练 132
书画大赛 140
双堆集镇 204
双堆集镇卫生院 162
双堆集镇卫生院三和分院 163
双堆中心学校 153
水产业+45
水利 48
水文 35
司法 武装 124
司法公开 130
司法行政 131
司法行政队伍建设 132
司法行政服务平台建设 132
司法为民 130
私营经济 57
思想政治建设 171
四铺镇 207
四铺镇卫生院 163
四铺中心学校 154
饲料生产 45
送温暖和促进再就业 119
送文化下乡活动 136
诉调对接 130
素质教育 143
《濉溪大事记》编纂发行 115
《濉溪年鉴》出版发行 115
濉芜现代产业园 53
濉溪初级中学 146
濉溪经济开发区 53
濉溪经济开发区中心学校 147
濉溪农商银行 72
濉溪县 2013 年国民经济和社会发展统计公报 235
濉溪县 2014 年国民经济和社会发展统计公报 238
濉溪县白沙中心学校 152
濉溪县百善中心学校 149
濉溪县陈集中心学校 154
濉溪县城北梨园情艺术团 142
濉溪县城关中心小学 148
濉溪县城关中心学校 148
濉溪县城关中心学校第七小学 148
濉溪县第三次全国经济普查 78
濉溪县妇女联合会 121
濉溪县海孜中心学校 151
濉溪县韩村中心学校 151
濉溪县级劳动模范(先进工作者)名单 212
濉溪县临涣中学 146
濉溪县刘桥镇卫生院 161
濉溪县刘桥中心学校 149
濉溪县民间职业泗州戏剧团 141
濉溪县祁集中心学校 150
濉溪县人民代表大会常务委员会 106
濉溪县人民政府 107
濉溪县任集中心学校 150
濉溪县实验小学 146
濉溪县四铺青年花鼓剧团 141
濉溪县孙疃中学 145
濉溪县铁佛中心学校 151
濉溪县欣诚五交化有限公司 59
濉溪县新城幼儿园 147

濉溪县新时代文化艺术团 142
濉溪县杨柳中心学校 153
濉溪县医院 160
濉溪县艺术团 141
濉溪县邮政储蓄银行 72
濉溪县岳集中心学校 152
濉溪县中瑞农副产品有限责任公司 58
濉溪县中医院 160
濉溪县总工会 119
濉溪镇 172
濉溪镇社区卫生服务中心 160
孙疃镇 202
孙疃镇卫生院 162
孙疃中心学校 153
索引 244

T

特种设备安全监察 82
特种设备安全监察 84
提案工作 118
提升担保能力 70
体育工作 139
体制机制建设 100
铁佛镇 196
铁佛镇卫生院 161
厅市合作协议项目 169
统计法制建设 79
统计服务与监督 78
统计监督管理 77
统计执法 78
统战工作 118
统战文化建设 119
投诉举报工作 164
图书出版 141
图书馆工作 136
土地登记发证 87
团组织建设 121
拓展办学方式 101

W

外贸进出口 56
完成《濉溪县志》（通志）编修的前期准备工作 115
完善金融体系 70
完善商贸流通政策体系 55
网点布设 72
网络安全管理 127
网民留言办理 115
为群众义务写春联 141
维护劳动者合法权益取得新进展 170
维护社会稳定 124
维护稳定工作 124
卫生　食品药品监督　计划生育 157
卫生 157
卫生服务体系建设 159
卫生监督执法 159
文化　教育　科技 136
文化 136
文化工作 97
文化工作成果 136
文化建设 130
文化市场管理 137
文联工作 140
文明创建工作 40
文明县城创建 63
文物保护与管理 138
文学研讨 140
文艺采风 140
文艺获奖 141
文艺团体简介 141
五沟镇 199
五沟镇卫生院 162
五沟镇卫生院白沙分院 162
五沟中心学校 152
武警 135
物价监督管理 86

X

“希望工程”“爱心助学” 121
戏剧大赛 140
县道建设 60
县级公立医院改革 157
县教育局直属学校简介 144
县情综述 31
县区政协主席座谈会在县召开 117
县委书记李加玉在县委十届六次全体

（扩大）会议上的报告 220
县长赵德志在县第十六届人民代表大会第五次会议政府工作报告 227
县政府办公室文件 109
县政府文件 109
县直机关工委工作 97
乡道建设 60
乡镇街道集市建设 63
香舍黎饭店 59
消防 135
消费市场 55
消费维权 171
消费者权益维护 171
校干、教师队伍建设 143
协会成立 141
协会换届 141
新机具、新技术推广应用 46
新网工程 57
信访工作 88，98，93
刑事审判 129
刑事侦查工作 125
徐楼分院 161
徐楼中心学校 149
许可受理 163
宣传工作 96
宣传教育 101
选派选聘工作 94
学雷锋，树新风 134
学前教育 142

Y

压煤村庄搬迁 87
药品医疗器械监管 163
药品医疗器械监管 84
医院简介 160
依法治水 49
移动 61
义务教育标准化建设 142
艺术创作 136
艺术交流 140
议案和建议办理 106
应急分队训练 133
拥政爱民 135
优抚安置工作 168
邮政 61
舆论宣传 96
园区建设 53
源头化解 99

Z

造林绿化 44
赠送字画 141
招商引资 38
召开民营经济发展研讨会 117
侦查监督 128
镇　简　介 172
争取交通建设资金 60
征兵工作 134
整顿村党组织 94
整体工作水平提升 69
政党 91
政法委工作 124
政法委及综治工作 124
政府机关单位电话 242
政府投资审计 79
政府网站建设 114
政府信息公开 115
政情通报会 117
政区沿革 31
政务办公网建设 115
政务服务中心标准化建设 76
政务信息工作 114
政务招投标管理 77
政协　人民团体 116
政协濉溪县委员会 116
政治待遇 171
政治协商 117
知识产权工作稳步推进 155
执行工作 129
职务犯罪预防 128
制度建设 114
质量技术监督 82
质量强县工作 83，85
质量认证监管 83
质量认证监管 85
治安管理工作 125

中共濉溪县委员会 91
中国工商银行濉溪支行 70
中国建设银行濉溪支行 70
中国农业发展银行濉溪支行 71
中国农业银行濉溪支行 71
中国银行濉溪支行 70
中文域名注册 114
中小河流治理 49
中心学校简介 147
中医药 159
种植业 43
重大动物疫病防控 45
重大疾病防控 158
重点商贸项目建设 55
重点市场整治 81
重点项目建设 38
重点小型水利工程 48
重要会议 92
重要文件 91
主要畜禽监测调查 79
专项活动 99
专项审计和审计调查 79
转变工作作风 77
资料征编 101
自然灾害 37
宗教财务监督管理 112
宗教公益慈善事业 112
宗教活动场所安全 112
宗教人员备案及社保 112
宗教团体和教职人员队伍建设 112
综合改革 57
综合观测体系建设 155
综合管理 74
综合治理 130
总量减排 88
组织工作 93
组织领导 98